教　育　硕　士　示　范　性　教　材　丛　书

广东省学位与研究生教育改革研究项目“基于‘双师型’教师培养的教育硕士培养体系改革研究”（2019JGXM75）和广东技术师范大学项目“高水平‘双师型’教育硕士培养体系建设提升工程”资助出版

学前教育课程与教学

主　编　孙文云　李灵丽
副主编　叶彤彤　彭道愔湛　冯嘉慧　李　春　黄秀珍

WUHAN UNIVERSITY PRESS
武汉大学出版社

图书在版编目(CIP)数据

学前教育课程与教学/孙文云,李灵丽主编.—武汉:武汉大学出版社,2022.10

教育硕士示范性教材丛书

ISBN 978-7-307-23130-6

Ⅰ.学…　Ⅱ.①孙…　②李…　Ⅲ.学前教育—教学研究—研究生—教材　Ⅳ.G612

中国版本图书馆 CIP 数据核字(2022)第 102768 号

责任编辑:黄　殊　　　责任校对:李孟潇　　　版式设计:马　佳

出版发行:**武汉大学出版社**　(430072　武昌　珞珈山)
(电子邮箱:cbs22@ whu.edu.cn 网址:www.wdp.com.cn)

印刷:武汉邮科印务有限公司

开本:720×1000　1/16　印张:24.5　字数:396 千字　插页:1

版次:2022 年 10 月第 1 版　　2022 年 10 月第 1 次印刷

ISBN 978-7-307-23130-6　　定价:78.00 元

前　言*

为深入贯彻落实习近平新时代中国特色社会主义思想和党的十九大精神，贯彻落实全国教育大会精神，落实立德树人根本任务，以广东省学位与研究生教育改革研究项目《基于“双师型”教师培养的教育硕士培养体系改革研究》和广东技术师范大学出库项目《高水平“双师型”教育硕士培养体系建设提升工程》为抓手，加快推进教育硕士专业学位研究生教育改革，形成教育硕士“双师型”培养特色，提升教育硕士研究生培养质量，进行该书的开发。同时，该书的内容基于学前教育课程与教学的实际情况，旨在帮助学前教育专业硕士更系统地了解学前教育课程与教学问题，更深入地理解学前教育课程与教学的内容，更灵活地开发与设计学前教育课程与教学，夯实理论基础，增强实践的时效性，培养复合型的学前教育专业硕士。

本书首先在大教学论与大课程论的基础上，探索学前教育课程与教学整合的基本理念，通过概述学前教育课程与教学的基础、历史脉络发展，明确学前教育课程与教学发展的趋势以及当前关注重点和广大学习者的迫切需求。学前教育课程与教学是教育机构促进学前儿童身心发展的主要载体和媒介，是学前儿童沟通社会的桥梁。当前，关于学前教育课程与教学存在一些争议，如关于“教学”的提法是否适合学前教育，尤其是幼儿园教育？学前教育课程与教学是怎样的关

---

* 本书是2019年度广东技术师范大学教育硕士培养体系改革“示范课程教材建设”课题的申报项目。

系？只有深入把握学前教育课程与教学之间的关系，才能为学前教育课程与教学奠定概念基础。其次，从价值、教育价值历史发展的角度把握相关概念的内涵，定位学前教育课程与教学的价值。本书从应然价值和实然价值两个层面进行分析，指出学前教育课程与教学的价值体现了一直以来的教育理想追求，是教育价值的应然体现之一，但教育受一定的历史、社会、政治、经济、文化等因素的影响，并为一定时代的发展服务，因此，学前教育课程与教学又具有时代特征，体现了它的实然价值。最后，探讨学前教育课程与教学的研究方法。方法是解决问题的重要工具，本书的探讨基于具有一定的哲学理念基础的研究范式，为研究所采用的方法论提供指导与理论支持，明确具体研究方法的步骤、过程等，为学前教育课程与教学研究的发展奠定了方法论基础。

近年来，我国课程与教学论研究的理论依据逐渐拓展和深化，一般认为课程与教学的主要受哲学、社会学、心理学、生理学和物理等基础学科的影响，课程与教学的基础是影响课程与教学目标、内容以及实施与评价的重要因素。本书梳理了学前教育课程与教学理论的基础，有利于指导学前教育理论与实践。学前教育课程与教学存在“喜新厌旧”的现象，而其实然价值是永恒存在的。课程与教学是一种社会历史现象，应基于历史的线索和时代的脉络，着眼于学前教育课程与实践，关照学前教育课程与教学思想，并对其历史发展进行梳理，以期把握学前教育课程与教学在历史进程中的传承与发展，为未来课程与教学改革指明方向。不同时期的政策法规为学前教育课程与教学指明了方向，确保学前教育工作有法可依，依法治教。为了让广大学前教育工作者更好地理解、把握和贯彻国家在学前教育课程与教学方面的政策法规，本书本着“求新”“求实”和“求准”的原则对相关文件进行了解读。其中，《幼儿园教育指导纲要(试行)》自 2001 年颁布后的十年间，一直是学前教育发展的指导文件。2010 年后，《3—6 岁儿童学习与发展指南》《幼儿园工作规程》《国家教育事业发展“十三五”规划》相继颁行，成为提升我国学前教育质量，推进学前教育课程与教学改革的纲领性文件。

本书通过引导读者理解学前教育课程与教学的概念、基础、历史发展以及政策法规，展开对学前教育课程与教学的深入探讨。第一，学前教育课程与教学目标。它反映了一定期限内的学习效果预期，体现了学前教育课程与教学的价值，在课程设计中处于核心地位。怎样确立学前教育课程与教学目标，课程与教学目标的层次结构如何，怎样进行表述？这是学前教育课程改革要解决的基本问题。第二，“教什么”的内容问题和“怎样教”的方法问题。课程开发者在编制课程时，常常会考虑选择什么内容才能够有效实现教育目标？什么样的内容适合3—6岁幼儿学习？3—6岁幼儿学习的内容有什么特点？如何才能有效选择适宜的教育内容？在选择内容时，应遵循什么原则，注意什么问题？内容选好后，应依据什么原则来组织，有哪些组织形式？面对未来的教育，培养面对未来的学习者，教育内容又有何发展趋势？为此，本书主要帮助学习者明确学前教育课程与教学内容的范围，把握选择原则与选择策略、组织原则与组织形式，了解学前教育课程与教学组织、实施的基本要素，认识在其发展过程中所应重点关注的课程实施的价值取向，领会学前教育课程与教学组织的途径与模式、类型与原则，懂得学前教育课程与教学实施的途径以及发展趋势。第三，学前教育课程与教学的方法。学前教育课程与教学常用的教学方法包括活动法、直观法、口授法、实践法；常用的课程与教学指导策略包括组织策略、语言运用策略、提问策略、观察策略等。第四，学前教育课程与教学评价。在我国学前教育领域中，课程与教学评价仍是学前教育评价中较为薄弱的环节之一，缺乏系统的评价理论和实践，因此，厘清我国学前教育领域课程与教学评价的历史概况及发展趋势，了解并借鉴国外相关研究成果，才能促进我国学前教育课程与教学评价的发展。

为了更好地开发学前教育课程，本书还介绍了课程开发的原理以及确定课程目标、选择和组织课程内容、实施课程和评价课程等阶段性内容，阐明了学前教育课程开发的主要模式(目标模式、过程模式、实践模式)和批判模式的理论基础、主要观点、不足之处，明确学前教育课程开发的三种主要形式(园本课程开发、生成课程开发与隐性课程开发)，旨在通过建立课程开发的组织机构、分析幼儿园现状、拟定园本课程开发目标、编制园本课程开发方案、园本课程实施与评价等课程开发流程来建构园本课程，并在此过程中坚持关注表现性课程目标和生成性课程目标、课程实施中的突发性事件和问题，提倡弹性化的课程设计，注重建立民主平等的师幼和幼幼关系，同时加强培养教师的生成课程意识、提高教师的课程能力、尊重幼儿的兴趣和个性差异等课程开发策略。为了探讨学前教育课程与教学的实践研究，本书梳理了幼儿园课程设计的类型，主要包括学科(领域)课程、综合课程、区域活动课程、主题活动课程和游戏课程，清晰地阐述五种课程设计的背景、概念、特征与步骤，并辅以该课程设计在幼儿园课程中运用的实例，再通过案例讨论，进一步让课程设计者将理论转化成幼儿园课程设计实践。

全书共分为十一章：第一章“绪论”(广东技术师范大学孙文云)、第二章“学前教育课程与教学的理论基础”(广东技术师范大学叶彤彤)、第三章“学前教育课程与教学的历史发展”(孙文云)、第四章“学前教育课程与教学目标”(叶彤彤)、第五章“学前教育课程与教学内容”(深圳职业技术学院彭道愔湛)、第六章“学前教育课程与教学的组织”(彭道愔湛)、第七章“学前教育课程与教学的方法”(叶彤彤、孙文云)、第八章“学前教育课程与教学评价”(广州市番禺区直属机关幼儿园黄秀珍)、第九章“学前教育课程开发原理”(广东技术师范大学冯嘉慧)、第十章“学前教育课程开发”(广东技术师范大学李灵丽)、第十一章“学前教育课程与教学设计”(广州市天河区荟雅苑幼儿园李春)。全书由孙文云修改、统稿和定稿。每章主要包括本章导读、正文、知识地图、知识链接、学者观点、案例讨论、本章小结、主题词以及思考题等模块。本章导读是由问题或社会热点等引入本章的学习内容。知识地图即本章结构图，以思维导图的形式将章、节、目的要点清晰地展示，便于学习者建立章节框架，不断充实知识体系。知识链接则列出佐证相关内容的其他学科知识，或用于辨析本书中的相关基本概念。学者观点主要引用其他学者关于某问题的论述，以深化读者理解。案例讨论是以实际案例来总结具有典型意义的经验、教训、探索等，并提出“讨论题”。本章小结综述了本章的知识点。主题词展示了本章中重要的名词、术语等。思考题主要是针对正文中提出问题，引发学习者深入思考与讨论。第一章至第三章是对学前教育课程与教学的概述，突出强调学前教育课程与教学的基础知识、基本性质与特点、历史发展情况等，为本专业的学习奠定基础。第四章至第八章阐述学前教育课程与教学的过程，围绕教育家泰勒的教育价值取向理论，探索学前教育课程与教学的“目标”“内容”“组织”“方法”以及“评价”等环节。第九章至第十一章讲解学前教育课程的开发与设计，立足于国内外学前教育发展的情况，探索多样化、多元化的学前教育课程与教学形式，不断丰富学前教育课程与教学实践。本书对接学前教育专业硕士必修课程，注重强化教材内容的专业性、职业性、技术性、实践性特色，体现了先进的教育教学理念，较好地反映了本领域的前沿及发展趋势，有足够的广度与深度。

伴随着时代发展，学前教育课程与教学也在不断发展，未来依然面临很多未知的挑战，学前教育课程与教学理论与实践的融合过程中将不断产生新的问题，对学习者提出更高的能力要求，最终会推动学前教育课程与教学日臻完善。本书即将付梓之际，我要感谢在工作、学习过程中真诚帮助、启发我的老师们、编者们、同事们和同行们。特别感谢广东技术师范大学的黄崴教授对本项目的大力支持及提出的宝贵建议，具体指导了本书的整体框架；感谢华南师范大学的黄甫全教授、张广君教授、蔡黎曼教授以及广州大学的周燕教授在本书的主题选定及框架制定过程中给予的专业指导。

本书参考和引用了大量的中外论著，而注释可能挂一漏万，特此说明并向其作者和出版社致谢！

限于编者的学识，书中错漏在所难免，恭请大家教正。

编者

2021 年 11 月

C O N T E N T S 目录

第一章　绪　论

【本章导读】

课程与教学是教育的根本所在，也是教育的核心内容，课程与教学的关系问题是困扰现代教育理论与实践的重要问题。课程是教育系统中最重要的内容之一。学前教育课程与教学是教育机构促进学前儿童身心发展的主要载体和媒介，是帮助学前儿童沟通社会的桥梁。当前，对于学前教育课程与教学存在一些争议，如关于“教学”的提法是否适合学前教育，尤其是幼儿园教育？学前教育课程与教学之间是怎样的关系？

【知识地图】

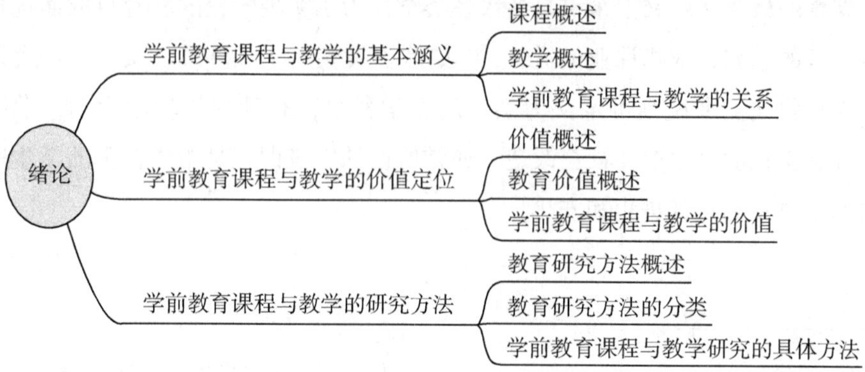

第一节 学前教育课程与教学的基本涵义

学前教育课程与教学是学前教育的核心内容，是学前教育开展的重要载体，在学前教育中具有举足轻重的作用。在对学前教育课程与教学进行相关探索前，必须明确学前教育课程与教学是什么的问题。

一、课程概述

美国学者理查德·斯考德(Scotter，R. D.)说："课程是一个用得最普遍的教育术语，同时又是一个定义最差的术语。"①一直以来，对于"课程"的定义众说纷纭，尚未达成共识。在我国，"课程"一词始见于唐宋年间。唐代的孔颖达为《诗经·小雅·巧言》中"奕奕寝庙，君子作之"作疏："维护课程，必君子监之。"但这里的课程并不是我们现在所谓的课程，而是指礼仪活动的相关程式。宋代的朱熹在《朱子全书·论学》中多次提及课程，如"宽着期限，紧着课程""小立课程，大作功夫"等。此处的课程指学习的范围和进程，与现代多数人对课程的理解基本相似。在英语国家，"课程"(curriculum)一词最早出现在英国教育家斯宾塞《什么知识最有价值?》(*What knowledge is of most worth*)(1859)一文中。"curriculum"一词源于拉丁文，由"currere"一词衍生出来，意为"跑道"(race-course)。根据这个词源，最常见的课程定义是"学习的进程"(course of study)，简称学程。

课程的概念从广义上来讲是各级各类学校为了实现学校的教育目的而选择的教育内容的总和，或指课业的进程，② 如课程设置、实训环节、实习、社会调查等；而从狭义上来说则可定义为某一门教学科目，有计划的教学活动，学习经验、社会文化的再生产，社会改造。通常所说的学校课程是指学校里的学生所应学习的学科总和及其进程和安排。

---

① 刘晓东，卢乐珍，等．学前教育学[M]．南京：江苏教育出版社，2004：393.

② 顾明远．教育大辞典(增订合编本上)[M]．上海：上海教育出版社，1998：892.

(一)课程本质

不同的学者由于其哲学价值观的不同，因而对知识、学习理论等方面的理解也不同，所以对课程本质的认知也有所不同。归纳起来大概有以下几种：

1. 课程即教学科目

把课程等于教学科目的认知，在历史上由来已久，影响深远。我国古代的课程有礼、乐、射、御、书、数“六艺”，欧洲中世纪初的课程有文法、修辞、辩证法、算数、几何、音乐、天文学“七艺”。目前我国《辞海》以及众多的教育书籍也普遍认为，课程即学科。该定义的实质过多地强调学校向学生传授的学科知识体系，往往容易忽视学生的情感陶冶、心智发展、创造性表现、个性培养等一些对学生成长有重大影响的维度。现在，随着我国课程改革的深入，活动和社会实践等已被列入正式课程，将课程仅界定为教学科目是不周全的。

2. 课程即有计划的教学活动

该定义认为课程是指一定学科有目的、有计划的教学进程，它也泛指各级各类学校中某阶段的学生所学习的学科总和及其进程和安排。这一说法把教学的范围、序列和进程，甚至教学方法和教学设计，以及所有有计划的教学活动都组合在一起，较之前者显得更全面。但这一定义本身也存在疑义。首先，何谓计划?人们常常会认为它是指书面上的东西，如教学大纲、教学计划等，但在实践中，教学活动往往比书面计划的活动范围要广得多。如果把非书面计划的活动都包括在内，那么该定义又显得太宽泛；其次，把有计划的教学活动作为课程的主要特征，容易本末倒置，即把活动本身作为目的，而忽视了学生的实际体验。事实上，我们应该注意的是教学活动对学生学习过程和个性品质的影响，而不是活动本身。

3. 课程即学习经验

把课程定义为学习经验，是试图把握学生实际学到了什么。美国教育家杜威根据实用主义经验论，反对“课程是活动和预先决定的目的”这类说法。在杜威看来，手段和目的是同一过程中不可分割的部分。虽然，经验要通过活动才能获得，但活动本身并不是关键所在，因为每个学生都是独特的学习者，在同一活动过程中所获得的体验都不一样。因此，学生的学习取决于自己做了什么，而不是教师做了什么。也就是说唯有学习经验，才是学生学到的课程。在实际教学情境中，教师无法同时满足数十名学生的独特要求，从而导致不能为每个学生量身定制合适的课程计划。因此，这种课程定义也过于宽泛，它把学生的个人经验都包容进来，以致让人对课程的研究无从下手。

4. 课程即社会文化的再生产

部分学者认为任何社会文化中的课程，实际上都是对这种社会文化的反映。学校的职责是再生产对下一代有用的知识和技能。该定义是基于个体是社会的产物，教育就是要使个体社会化的假设。这种课程的实质是使学生适应现存的社会结构，从而把课程的重点从教材、学生转向社会。政府有关部门根据国家需要来规定教学内容，教育工作者的主要任务是考虑如何把教学内容转化成传递给学生的课程。但现实的社会文化并未达到完满的状态，课程不应该不加批判地再生产社会文化，否则，社会变革将难以进行，社会文化中现存的偏见和不公正也将永久化。

5. 课程即社会改造

一些激进的教育家认为，课程总是落后于社会上汹涌的变革浪潮，课程不应该使学生适应或顺从社会文化，而是要帮助学生摆脱现存社会制度的束缚。因此，他们提出“学校要建立一种新的社会秩序”的口号。他们认为，课程的重点应该放在当代社会的问题、弊端和学生关心的社会现象等方面，要让学生通过社会参与形成从事社会规划和行动的能力以及批判意识。然而，在社会上，学校组织并未强大到足以促使社会发生重大变革的地步，以为学校课程可以起到指导社会变革的作用，未免过于天真。

6. 课程是教育领域的特殊文化①

文化的本质就是人的自我生命存在及其活动，文化世界的本体就是人的自为的生命存在。② 而课程作为进入教育领域的特殊文化，就是一种特殊的“人的自我生命存在及其活动”。虽然在具体教育情境中，有着教师和学生两种不同的生命存在及其各自的活动，但课程是为学生的生命存在及其优化活动而专门创造

---

① 黄甫全．现代课程与教学论(第三版)[M]．北京：人民教育出版社，2014：65-66.

② 李鹏程．当代文化哲学沉思[M]．北京：人民出版社，1994：71.

的，其中存在一种特殊的生命本性和潜能，这就是学习。这也是课程的生成和发展的根本依据，体现了课程的特殊文化性。此外，课程是教师与学生进行的以一定文化内容为对象的教育活动，也是涵盖了观念(计划、预期结果或经验)以及由观念生成的实践性整体活动，因此，课程实质上是蕴含一定文化观念的实践形态的教育。课程作为教育领域的一种特殊文化，具有预期性、计划性、主体性等特点，具有特定的功利价值，能满足个体和社会的需要。所以，课程概念有广义和狭义之分。广义的课程是指人的一切有目的、有计划、有程序的实践状态的学习生命存在及其优化活动；狭义的课程专指学校课程，实质就是学校或教师组织学生进行的有目的、有计划、有程序和制度化的学习生命存在及其优化活动，通过这样的活动，学生获得一定水平的知识或经验，达到特定的预期教育结果，并被授予社会承认的专门资格证书。

上述各种关于课程的定义，从不同的角度或多或少地涉及课程的某些本质，但均存在明显的缺陷。本节内容并不是为了得出一个精确的课程定义，而是为了说明每一种有代表性的课程定义都指向当时特定社会历史条件下课程所关注的问题，所以每种定义都有其合理性。对于教育工作者来说，重要的不是选择哪种定义是正确的，而是要意识到各种课程定义所要解决的问题及其不足，结合课程实践，作出正确判断。当代课程观注重学习者在学校环境中的全部经验。同时，静态的课程观也受到了挑战，课程不再被看作单向的传递过程，而是双向的、流动的实践过程。

(二)课程的类型①

按照不同的标准，课程可以被划分为不同的类型。例如，按课程的横向结构特征不同，课程可分为分科课程与综合课程。其中综合课程又可分为学科本位综合课程(相关课程、融合课程、广域课程)、社会本位综合课程(核心课程)、儿童本位综合课程(活动课程)；按照课程的纵向结构特征不同，课程又分为直线式课程、螺旋式课程和阶梯式课程；按照规定性分类，课程可以分为显性课程和

---

① 任平，孙文云．现代教育概论(第二版)[M]．广州：暨南大学出版社，2018：204-231.

隐性课程；按照不同的教育层次，课程可以分为幼儿园课程、小学课程、中学课程、大学课程、研究生课程；按照教育内容的组成部分，又可分为德育课程、智育课程、体育课程、美育课程和劳动技术课程等；从课程设计、开发和管理主体来分，课程可以分为国家课程、地方课程和校本课程。鉴于课程类型众多，这里仅阐述几类典型的课程类型。

1. 分科课程、综合课程与活动课程

(1)分科课程通常又称为科目课程、学科课程。它是一种单学科的课程组织模式，它强调不同学科门类之间的相对独立性，以及每一门学科的逻辑体系的完整性，其课程的主导价值在于使学生获得逻辑严密和条理清晰的文化知识。从学校产生与发展的历史来看，分科课程是所有类型的课程中历史最为长久的。若追溯其根源的话，分科课程从学校教育产生即已存在。孔子定“礼、乐、射、御、书、数”这“六艺”来教授学生，可以看作分科课程的雏形；古希腊智者学派创文法、修辞、辩证法，柏拉图将其与算术、几何、天文、音乐并称，成为“七艺”；及至亚里士多德在吕克昂学园，以“逍遥学派”之风，教学生政治、物理、天文、生物、历史等课程，这是西方分科课程之原始形态。

分科课程的特点有：第一，强调知识本位，从不同的知识体系出发设计课程；第二，以知识的内在逻辑体系为核心编制课程；第三，重视学科的理论知识，强调将基本概念、基本原理、规律和事实教给学生。分科课程的优点在于重视教材的逻辑组织，强调对系统知识的学习，以便于对知识的掌握和运用。但其也有不足：分科课程会加深学科分离，限制学科交叉，禁锢学生的思维，不利于学生全面发展。在实践中，容易出现轻视儿童的需要、以成人生活世界代替儿童生活世界、对知识体系进行人为的学科划分从而割裂知识的整体性、学科知识内容脱离现实生活等问题，这些问题引发了人们对学科中心课程理论的质疑。

(2)活动课程又称为“儿童中心课程”“经验课程”。与分科课程相对，它是打破学科逻辑组织的界限，以学生的兴趣、需要和能力为基础，通过学生自己组织的一系列活动而实施的课程。一般来说，活动课程起源于19世纪末20世纪初欧美的“新教育运动”和“进步教育活动”。在活动课程的发展历史中，杜威被认为是代表人物之一，他主张“教育即生长”“教育即生活”“学校即社会”，教育即经验的改组和改造。他反对以教师、书本和课堂为中心的传统教育，而主张以生活化的活动教学代替传统的课堂讲授，以儿童的亲身经验代替书本知识，以学生的主动活动代替教师的主导。活动课程在20世纪二三十年代前后风靡一时，克伯屈的设计教学法实际上就是实施活动课程的一种方式。

活动课程的基本主张是：第一，课程即经验，对学生的经验增长有教育意义的各种经历和体验就是课程；第二，课程的价值在于促进儿童本能的生长，使学生能够应对各种社会生活问题；第三，儿童成长与发展的标志是其经验的状况，因此课程内容应该以儿童自身的生活活动为基本源泉；第四，以儿童的活动及其产生的经历和体验为课程安排的出发点，在"做"中学；第五，课程的目标在于通过"做"来培养学生的思维能力，实现学生的经验改组或改造；第六，课程实施的方式为"主动作业"，打破学科界限，以单元或主题为实施路线，由学生根据个人的兴趣与学习进度，自主选择和完成作业。

活动课程的特点是：第一，从儿童的需要、兴趣和个性出发设计课程；第二，以儿童的心理发展顺序为中心编制课程；第三，主张儿童在活动中探索、尝试错误，学到方法。其优点是有利于培养实用型人才，增强社会适应性；重视学生的兴趣、动机，有利于其调动积极性，培养学生的个性。但活动课程也有它不足的地方，主要表现在：第一，活动课程以学习者的经验为中心来组织，容易导致学科知识的支离破碎，学生难以掌握完整、系统的学科知识体系。第二，活动课程以学习者的活动为中心，但学习者的活动具有多种性质，并非所有的活动都有教育价值，也并非所有的活动都能带来同样的教育价值，在实践中容易导致为活动而活动，若把握不当，会极大地影响教学效率和教育质量。第三，活动课程在课程实施中对教师的教学组织能力以及相关教学设施提出了较高要求，它要求教师具有相当高的专业知识和教育艺术素养。师资条件不完善的地方，实施活动课程的风险是较大的。

(3)综合课程又称广域课程、大范围课程、统合课程、合成课程，它是打破传统的学科课程知识领域，组合两门以上学科领域而构成的课程。它有意识地运用两种或两种以上学科的知识观和方法论去考察和探究一个中心主题或问题。综合课程最初是由怀特海率先提出的，强调各个学科领域之间的关联性、统一性和内在联系，其课程的主导价值在于通过相关学科的整合，促进学生认识的整体性发展并把握解决问题的全面的视野与方法。

综合课程的优势在于：第一，打破分科课程固有的界限，实现课程内容与教育价值的有机整合。尽管学科知识的分化有其合理性，但这并不意味着学科课程要相互隔离与封闭，文化或学科知识的健康发展需要持续的交流，需要不同学科间相互开放、相互作用、彼此关联。第二，增进课程内容与现实生活的联系。学生的发展与当代社会生活息息相关。过于强调分科课程的一个弊端是使学生的学习与当代社会生活剥离，容易引发学生对学习的不满、消极情绪，导致学习的最终失效或失败。第三，实现学生心理的整体发展。每一个学习者都是基于知识和经验的背景整体地建构知识的。学生心理发展的整体性必然要求学校课程具有综合性。从课程发展的历史和世界各国课程改革实践的现状与发展来看，课程综合化也是一个必然趋势。

2. 理想的课程、正式的课程、领悟的课程、运作的课程和经验的课程

美国学者古德莱德(Goodlad, J. I.)依据课程决策的层次为标准，将课程划分为五种类型①。

一是理想的课程(ideological curriculum)，指由一些研究机构、学术团体和课程专家提出的应该开设的课程。这种课程的影响取决于是否被官方所采纳。

二是正式的课程(formal curriculum)，指由教育行政部门规定的课程计划、课程标准和教材，也就是列入学校课程表中的课程。这也是大部分人所理解的课程。

三是领悟的课程(perceived curriculum)，指任课教师实际领会的课程。由于不同教师对正式课程的认识和理解程度不同，从而产生了对课程的“实然状态”和“应然状态”的领会。这与正式课程之间存在差异。

四是运作的课程(operational curriculum)，指教学过程中所实施的课程。教师领悟的课程与实际实施的课程之间也存在差异，因为教师需要依据学生的需求、教学环境等因素来随时调整。

五是经验的课程(experiential curriculum)，指学生实际体验到的课程。“师傅领进门，修行在个人”。不同的学生具有不同的学习背景和经历，即使是相同的

---

① Goodlad, J. R.. Curriculum Inquiry: The Study of Curriculum Practice[M]. New York: McGraw-Hill, 1979: 60-64.

课程也会对他们产生不同的影响，从而获得不同的体验或学习经验。

3. 国家课程、地方课程和校本课程

(1)国家课程有广义和狭义之分。从广义上来说，国家课程是指国家有关部门制定和颁布的各种课程政策，如教育部制定、颁布的课程管理与开发政策、课程方案，各类课程的比例和范围，教材编写、审查和选用制度等。从狭义上来说，国家课程是指国家委托有关部门或机构制定的基础教育中必修课程(或称核心课程)的课程标准或大纲。国家课程的主导价值在于通过课程体现国家的教育意志，确保所有国民的共同基本素质。它对政治方向的把握、教育方针的贯彻、培养目标的落实起着决定性作用。

国家课程的目的主要有以下四个方面：①确保所有学生学习的权利；②明确规定学生在接受学校教育期间应达到的标准；③提高学生在接受学校教育期间的连续性和连贯性；④为公众了解学校教育提供依据。

(2)地方课程指地方教育主管部门以国家课程标准为基础，在一定的教育思想和课程观念的指导下，根据地方经济、特点和文化发展等实际情况而设计的课程，它是不同地方对国家课程的补充，反映了地方社会发展状况对学生素质的基本要求。实施地方课程的目的在于：①调动地方参与课程改革与课程实施的积极性，促进国家课程的有效实施；②加强教育与地方的联系，弥补国家课程的空缺。相较于国家课程，地方课程与学校课程在课程开发与实施上具有更多的灵活性，更能体现地方特色，其具体工作包括：根据国家有关规定和本省(自治区、直辖市)实际，确定本省执行的课程计划和必修科目课程标准；确定本省课程改革方案，报国家教育部批准；审批县以上教育行政部门组织编写的选修教材、乡土教材；审查省编教材(包括经批准编写的、在相应行政辖区内使用的教材)；指导市(地)、县教委选用教材；指导、检查各地课程管理工作，确定中考实施办法，指导考试工作；确定某些课程管理权限的下发。

(3)20世纪70年代，校本课程在英、美等发达国家受到广泛重视。校本课程也有广义和狭义之分。广义的校本课程是指学校所实施的全部课程，既包括学校所实施的国家课程、地方课程，也包括学校自己开发的课程；而狭义的校本课程专指校本课程，即学校在实施好国家课程和地方课程的前提下，自己开发的适合本校实际的、具有学校自身特点的课程。

校本课程的目的主要有以下三个方面：①确保国家课程的有效实施；②照顾学生的个别差异，满足学生多样化的需要；③促进教师专业能力的持续发展。开发校本课程，其意义不仅在于使课程迅速适应社会、经济发展的需要，更重要的是建立一种以学校教育的直接实施者(教师)和受教育者(学生)为本位、为主体的课程开发决策机制，使课程具有多层次地满足社会发展和学生需求的能力。

4. 显性课程与隐性课程

按照课程的呈现方式划分，课程可以分为显性课程与隐形课程这两种在性质和功能上都不同的课程类型。显性课程亦称公开课程，是指在学校情境中以直接的、明显的方式呈现的课程。显性课程的主要特征是计划性——这是区分显性课程和隐性课程的主要标志。隐性课程亦称潜在课程、自发课程，是学校和班级情境中以间接的、内隐的方式呈现的课程，对学生起着潜移默化的影响作用，影响着学校的目标实现。它与显性课程相伴而生，没有显性课程就没有隐性课程。

显性课程与隐性课程虽然有所不同，但是两者之间也存在着内在联系。在显性课程的实施过程中常常伴随着隐性课程，特别是当显性课程的实施过程能充分发挥师幼双方的自主性和创造性时，那么在课程实施的过程中就一定会出现更多非计划的、非预期的教育影响。隐性课程也在课程实施过程中不断地转化为显性课程，这就是说，当在显性课程实施过程中发生了隐性课程的影响时，如果是不好的影响，那么就会引起对隐性课程所产生影响的控制；如果是好的影响，那么隐性课程就有可能转化为显性课程，而这些新的显性课程在实施过程中又会产生新的隐性课程。

杜威曾在《经验与教育》一书中提出过“连带学习”的概念。他认为“连带学习”在一定条件下，甚至比正规教学内容有更重大的教育影响。例如，一个学生可以得到优秀的数学成绩，但如果他在学习数学的过程中，由于某种原因而“学会”了对数学的厌恶，那就可以预料，在离开学校后，他很可能永远不会再去主动钻研数学问题了。

美国教育家克伯屈曾提出“附属学习”的概念，是指在学习正规课程内容时，学生在有意无意之间接受的态度、兴趣和情感的熏陶。后来的学者就把“连带学习”或者“附属学习”的内容称为“隐蔽课程”或“潜课程”。

（三）学前教育课程的概念

对于学前教育课程的概念也是众说纷纭，至今尚未达成统一的定义。学前教育系统作为教育系统的一个有机组成部分，学前教育课程与其他教育阶段的课程也具有相似之处，但由于学习对象身心发展特点的差异较大，因此，学前教育课程与其他阶段的课程也不尽相同。在不同时期，关于学前教育课程概念界定的侧重点也不同。广义的学前教育课程指面向早期儿童的各种学前教育机构的课程；狭义的学前教育课程专指幼儿园课程，幼儿园是最主要的学前教育机构。因此，本书可能更多地侧重于幼儿园课程。

20世纪30年代，我国幼教界开始普遍使用“课程”一词，并进行了深入的研究。学前教育家张雪门在《幼稚教育概论》《幼稚教育新论》《新幼稚教育》等著作中对幼稚园的课程问题进行了深入探讨。他提出，“课程是什么？课程是经验，是人类的经验用最经济的手段，按有组织的调制，用各种方法，以引起孩子的反应和活动。”①这体现了学前教育课程即教育活动的理念，是一种更宏观、更广义的学前教育课程定义。它泛指在学前教育机构中对学前儿童的一切教育活动，因此，学前教育课程包括学前教育机构开展的其他任何类型的教育活动，这种定义更全面、准确地反映了学前教育课程的本质特点，在20世纪80年代末成为我国学前教育课程改革中的一种主流的、被普遍认可的课程定义。

【知识链接】

我国第一个统一制定的学前教育课程标准②

1928年5月，在南京召开的全国第一次教育会议上，讨论通过了陶行知和陈鹤琴提出的“注重幼稚教育案”，共7项，其中有一项就是由陶行知提出的“审查编辑幼稚园课程及教材案”。会后，受大学院（后改为教育部）之聘，由陈鹤琴、张宗麟、郑晓沧、葛鲤庭、甘梦丹、杨保康等人，依据南京鼓楼

① 戴自俺．张雪门幼儿教育文集（上卷）[M]．北京：北京少年儿童出版社，1994：126.
② 周玉衡，范喜庆．学前教育史[M]．上海：复旦大学出版社，2009：37.

幼稚园的课程实验结果，中央大学附属幼稚园以及晓庄乡村幼稚园的经验，负责起草了《幼稚园课程暂行标准》，并通过《幼稚教育》月刊和各种教育杂志的《幼稚教育专号》进行交流研讨。1929 年 9 月，《幼稚园课程暂行标准》拟定完成，由教育部令各省作为暂行标准试验推行，并于 1932 年 10 月由教育部正式公布，称为《幼稚园课程标准》。这是我国第一个自己制定的统一的幼稚园课程标准。

《幼稚园课程标准》分幼稚教育的总目标、幼稚园课程的范围、教育方法要点三个部分。其中总目标有四点：增进幼稚儿童身心的健康；力谋幼稚儿童应有的快乐和幸福；培养人生基本的优良习惯(包括身体、行为等各方面的习惯)；协助家庭教养幼稚儿童，并谋家庭教育的改进。幼稚园的课程内容有音乐、故事和儿歌、游戏、社会和自然、工作、静息、餐点，共 7 项。每一项都分别阐述，各项均列目标、内容及最低限度的要求。第三部分为教育方法要点，共列 17 项，说明了幼稚园具体的教育方法。

20 世纪 50 年代至 80 年代初，由于我国学习苏联的教育经验，采取中央集中管理的模式，广大研究者和教师更多地关注如何实施既定的课程计划，从而导致课程在我国学前教育中无声地消失了。实际上，课程的本质并未消失，学前教育课程特指幼儿园课程，具体体现为幼儿园所设科目，如体育、语言、常识、计算、音乐、美术六科，这些科目及其进程安排就构成了幼儿园课程的总体。① 这是中华人民共和国成立以来我国学前教育界对学前教育课程本质的普遍认识，也是曾经影响我国时间最长、范围最广的一种课程定义，甚至在当今的学前教育领域还时有所见。

20 世纪 80 年代末，我国幼儿园课程改革历程中出现了“课程即学习经验”的课程观。它主张以经验作为维度来界定课程，起源于杜威的进步主义教育思想。杜威认为“教育是在经验中，由于经验、为着经验的一种发展过程。”因此，他主张“把各门学科的教材中各个部分的知识恢复到原来的经验。”这对我国学前教育课程产生了重要影响，不仅后续陈鹤琴、张雪门等学前教育前辈的课程理念中均

① 王春燕，等．幼儿园课程论[M]．杭州：浙江工商大学出版社，2018：11-12.

有体现，现代学者的学前教育课程的著作中也均有涉及，如“幼儿园课程是一组系统的有利于幼儿全面、和谐发展的经验”①，“幼儿园课程是儿童在幼儿园环境中获得的旨在促进其身心全面发展的教育性经验”②。由此可见，“课程即学习经验”把课程从“教育活动”转到“教育经验”，再到“学习经验”，重视幼儿通过亲身经历来获得对事物的认识和理解，课程本质的焦点由“教师”转变为“幼儿”，体现了当代“幼儿为本”的教育理念。这一定义拓展了课程的范围，反映了课程的统整性，既有预期课程又有非预期课程，既有显性课程又有隐性课程。因此，这一课程定义对学前教育课程的理解更全面、更合理、更实质和更深刻。但由于幼儿个体经验的差异性、随意性、模糊性和主观性等特点，导致在具体实践中难以把握，影响了学前教育课程的有效组织与实施，不利于操作。

【学者观点】

张雪门关于幼稚园课程的定义③

课程是什么？课程是经验，是人类的经验。用最经济的手段，按有组织的调制，用各种的方法，以引起孩子的反应和活动。幼稚园的课程是什么？这是给三足岁到六足岁的孩子所能做而又欢喜做的经验的预备。

张雪门还做了进一步概括，认为：“课程源于人类的经验，只为这些经验对于人生(个人和社会)有绝大的帮助，有特殊的价值；所以人类要想满足自己的需求，充实自己的生活，便不得不想学得这些经验，学得了一些又想学得多些，而且想把学得的传给后人。”④

20世纪90年代以来，伴随《幼儿园工作规程(试行)》的施行，学前教育课程进行了整体的改革，学者们对学前教育课程的理解逐步综合化⑤：第一，幼儿必

① 虞永平．学前教育学[M]．苏州：苏州大学出版社，2001：58.
② 刘焱．学前教育原理[M]．沈阳：辽宁师范大学出版社，2002：222.
③ 张雪门．幼稚园的研究[M]．北京：北新书局，1929：46.
④ 张雪门．幼稚教育概论[M]．上海：商务印书馆，1931：31.
⑤ 唐淑．幼儿园课程实施指导丛书·总论[M]．南京：南京师范大学出版社，1997：3.

须通过活动，才能获得经验，幼儿期应以获得直接经验为主。从这个层面来看，幼儿园课程是幼儿园进行的各种活动的综合。第二，幼儿习得的经验应是经过精选的、有价值的经验，而不是零散的、杂乱的自然经验。从这个层面来看，幼儿园课程是指有目的、有计划、有组织的学习经验。第三，教育、教学方案必须经过实施才能产生教育效应。从这个层面来看，幼儿园课程是由教育目标、教育内容、教育组织和教育评价组成的系统工程，并始终处于持续发展中。

2001 年，教育部颁布了《幼儿园教育指导纲要(试行)》。它体现了我国学前教育课程的发展方向，呈现了我国学前教育课程改革的时代特点：第一，课程理念发生转变，课程设计由封闭走向开放，由预设转向生成，由关注结果转向关注过程，如《幼儿园教育指导纲要(试行)》强调“感受探究的过程和方法”等。第二，课程规划与建设注重整体性，如课程注重“知识、能力、情感、态度”的全面发展；内容包括健康、语言、社会、科学、艺术五大领域，各领域内容之间“有机联系、相互渗透”，注重综合性。第三，课程关注儿童的主体性，《幼儿园教育指导纲要(试行)》要求课程“保证幼儿的积极参与”，注重幼儿“在与成人、同伴之间交往、探索、游戏”，“关注个别差异，促进每个幼儿富有个性地发展”。第四，课程强调“以游戏为基本活动”，注重课程“寓教于游戏之中”。这一时期，在《幼儿园教育指导纲要(试行)》引导下的学前教育课程与教学改革，确立了以儿童发展为本的教育价值取向，① 进一步规范了我国的学前教育课程与教学。由此，全国各地开始了学前教育课程改革，如探索游戏课程、原本课程等。

综上所述，学前教育课程的涵义具有历史性、多元性的特点。因此，我们需要结合具体的社会历史文化背景，把握学前教育课程的价值取向，基于学前教育课程的本质特点，探索多元化的课程模式，促进学前儿童多元化、个性化的发展。

二、教学概述

教学是学校教育的一种重要而又特殊的方式，是实现学校教育目的的重要途径。教学是教育领域中最重要的活动，在历史上，先有教学然后才有学校。长期

---

① 唐淑，冯晓霞．百年中国幼教[M]．北京：教育科学出版社，2003：157.

以来，人们通过研究与探索，试图解决“教学是什么”和“有效的教学应该是什么”等问题，积累了丰富的教学理论知识，为深入了解学前教育的教学奠定了基础。

(一)教学的词源分析

早在商朝，中国最早的文字甲骨文中就出现了“教”，即“”。例如，“丁酉卜，其呼以多方小子小臣其教戒”①。“教”左上方的“”是八卦里的基本符号，表示占卜活动，是教的内容；左下方“”表示一个孩子，是教的对象；右下方表示手，右上方表示木棍，合起来是一只拿着木棍的手，是教的过程和手段，整个字合起来展现的是成人手中拿棍子督促孩子学习的情形。此外，甲骨文中也出现了“学”字，即“”。例如，“壬子卜，弗酒小求，学”。“学”的左上方和右上方为两只手，位于中间的是同于“教”中的“”，中部表示房子，代表学习的地方，下部表示孩子，整个字合起来展现的是孩子在一所房子里学习知识的情形。② 实际上，在20世纪之前，人们在论述教育问题时，多数使用“学”，少数使用“教”，如被称为世界第一篇教育著作的《学记》、“四书”之一的《大学》、王安石的“兴学”变法以及张之洞的《劝学篇》，等等。古代用的“教”和“学”是表示同一种活动，只是从不同的角度来描述这一现象。“教学”二字连用，始见于《尚书·商书·兑命》：“学学半。”③据此，《礼记·学记》阐述：“学然后知不足，教然后知困。知不足，然后能自反也，知困然后能自强也。故曰教学相长也”“建国君民，教学为先”。此中“教学”含有教者和学者双方活动的意思。至于宋代，欧阳修《胡先生墓表》云：“先生之徒最盛……其教学之法最备。”可见，教与学依然是一体的。由此来总结双音词“教学”的含义，一是指教育，如《礼记·学记》所云；二是指教师教学生读书、学习的“教”的活动，这种活动是“上所施，下所效”的双边活动；三是与现代汉语中的“教学”相近，如《战国策·秦策五》云：“王使子诵，子曰：‘少弃捐在外，尝无师傅所教学，不习于诵。’王罢之，乃留

① 孟宪承，等．中国古代教育史资料[M]．北京：人民教育出版社，1961：15.
② 沈灌群．中国古代教育和教育思想[M]．武汉：湖北人民出版社，1956：5.
③ 邵少佩．幼儿园课程与教学[M]．北京：北京师范大学出版社，2015：12.

止。"这里的"教学"，就是师傅教徒弟习诵之事。汉末曹魏以后，"教学"一词开始大量出现在文献中，从而流播于世。①

在英语中，涉及教学的单词有 teach(教)、learn(学、学习)、instruct(教导)。其中，teach 和 learn 是由同一词源派生出来的，只不过 learn 与所教的内容相互联系，teach 与使教学得以进行的媒介相联系。研究者认为，前者多与教师的行为相联系，作为一种活动；后者多与教学的情境有关，作为一种过程。但是大多数西方的研究者采取前者为"教学"。②

(二)教学的概念

我国当代的教学思想主要受到三个方面的影响：一是我国传统的教学思想；二是西方国家以教育心理学为依据的认知学派、行为主义学派和人本主义学派的教学思想；三是以苏联教育家凯洛夫为代表的"授受知识为中心"和以维果茨基学派为代表的"发展能力为中心"的教学思想。③ 总结归纳我国典型的教学观点，主要包括四类：①"教师的教"；②"教学是指教的人指导学的人的统一学习活动"④；③"由教师和学生相互作用，以教材为中介而专门组织起来的教育活动"；⑤ ④从不同角度(层次)给予不同的界定，如广义和狭义之分，操作层次、社会学层次以及哲学层次等。

教学是一种相对独立的特殊活动，不能对其进行简单的逻辑归属，因而黄甫全等人对教学概念的多个方面进行了探究。一是教学的独立性，教学指教师的教与学生的学相统一的一种专门活动，已经从教育中分化独立出来了，是教育的核心部分。二是教学的整合性，广义上的教学就是教的人引导学的人学习一定文化的专门活动，教的人包括教师、各种教育者，学的人包括学生和各种学习者；狭义上的教学专指学校中教师引导学生在专门环境里，以特定文化为内容而进行的教与学相统

① 黄甫全．现代课程与教学论(第三版)[M]．北京：人民教育出版社，2014：67.

② 邓金．培格曼最新国际教师百科全书[M]．教育与科普研究所，译．北京：学苑出版社，1989：7-11.

③ 邵少佩．幼儿园课程与教学[M]．北京：北京师范大学出版社，2015：13.

④ 李秉德．教学论[M]．北京：人民教育出版社，2001：2.

⑤ 吴也显．教学论新编[M]．北京：教育科学出版社，1991：5.

一的活动，从而让学生掌握知识、形成技能、发展能力和提升道德品质。三是教学文化兴起，涉及教师的教学文化、教学活动文化和文化教学方式等。

(三)学前教育的教学

苏联的学前教育对我国早期学前教育的影响较大。苏联幼教研究者乌索娃将“学前教学”这一概念引入幼儿园，形成了以作业教学为基本组织形式的幼儿园教学活动模式。① 苏联教育家奥多耶夫斯基称学前教学为“任何科学前的教学”，他认为幼儿园传授学前儿童有关周围的物体和现象的科学、可靠的知识和技能，对儿童的进一步发展有着重大意义。② 1950 年，在苏联学前教育专家戈林娜的指导下，我国拟定了《幼儿园暂行纲要》。1951 年，中央教育部在吸取解放区的学前教育经验和借鉴苏联教育理论的基础上，制订了《幼儿园暂行教学纲要》。此时，恰逢陈鹤琴等人的“单元教学”遭受质疑，因而在上述两个政策文件的引导下，更强调教师的主导作用，注重“作业”和分科教学的组织形式。③ 此时，课程主要被“作业”所取代，而教学就相当于课程。④

【学者观点】

苏联教育家凯洛夫认为，教学是在学校内有计划地实行着的工作，其要点在于教师有系统地和循序地把知识传达给学生和组织学生的活动，使其自觉地、积极地和坚实地学会一定的知识、技能和熟练技巧，并且在积极的教学工作的基础上，使他们每一个人都养成与共产主义教养任务相适应的品格。⑤ 凯洛夫认为：“教师本身是决定教学的培养效果之最重要的、有决定作用的因素。”虽然他也主张“学习是学生自觉地与积极地掌握知识的过程”，但是他同样认为，“教学的内容、方法、组织之实施，除了经过教师，别无他法”。

---

① 邵少佩．幼儿园课程与教学[M]．北京：北京师范大学出版社，2015：13.

② 黄人颂．学前教育学(第三版)[M]．北京：人民教育出版社，2015：265.

③ 苏敏，朱立萍．幼儿园课程设计与组织[M]．上海：华东师范大学出版社，2017：3.

④ 杨敏，田景正．中国学前教育课程发展历程分析及其启示[J]．学前教育研究，2012(11)：56-59.

⑤ [苏]凯洛夫．教育学(上册)[M]．沈颖，等，译．北京：人民教育出版社，1953：14-15.

学前教育的教学也有广义和狭义之分。广义上，学前教育的教学是指在学前教育机构中，教师依据教育政策法规，有目的、有计划地指导学前儿童的学习活动；狭义上，学前教育的教学指幼儿园教学，即教师根据一定的教育目的、教育计划等要素来设计、组织与幼儿互动的活动，旨在促进学前儿童的全面发展。它主要包括集体的正规教学活动以及教师对个别儿童的专门指导，与儿童的日常生活、游戏、区域活动和自发活动等多种多样的学习活动有机结合、相互联系，共同促进儿童的身心和谐发展。《幼儿教育百科辞典》将幼儿园课程定义为："实现幼儿园教育目标而组织安排的全部教育活动，或指规定的全部教学科目及其目的、内容、范围和进程的总和。狭义指某一门学科课程，主要包括教育目标、教育内容、教育方法、教育评价等内容。"①

三、学前教育课程与教学的关系

学前教育课程与教学的关系是影响学前教育课程与教学理论建设和实践探究的重要因素。但学前教育课程与教学作为基础教育，还受我国教育学界中对课程与教学关系认知的影响。

(一)课程与教学关系的模式②

以往的观点认为，课程与教学是两个领域，对应形成了课程论和教学论两门学科。对于二者之间的关系问题，国内外尚未达成一致意见。

1. 大教学论

1632 年，捷克教育家夸美纽斯(Comenius，J. A.，1592—1670)出版了《大教学论》③，这标志着教育学和教学论的诞生。该书概述了教育目的、学校性质和结构、教育原则和方法以及课程教材内容与组织等问题，从而构建起"大教学论"体系，形成了"教学包含课程，教学论包含课程论"的传统观念。

这种观点长期主导着我国的教育，在苏联乃至独联体国家具有较大影响。这

① 祝士媛，唐淑．幼儿教育百科辞典[Z]．上海：上海教育出版社，1989.

② 黄甫全．现代课程与教学论[M]．北京：人民教育出版社，2014：8-11.

③ [捷克]夸美纽斯．大教学论[M]．傅任敢，译．北京：人民教育出版社，1984.

种观点隐含着课程等同于教学内容的趋向，例如，把课程定义为“学校教育科目及各科教材(即教学内容)”，从而认为课程应成为教学理论中的一个基本要素。① 这与我国的教育体制相适应，因为我国通常采用的课程是部编教材。

当前课程与教学之间关系有四种不同模式，分别是二元独立模式(dualistic model)、相互交叉模式(interlocking model)、包含模式(concentric model)和二元互联模式(cyclical model)。

(1)二元独立模式。在该模式中，课程与教学相对独立，互不依赖。布鲁纳将课程和教学看作分离的实体；蔡斯主张对课程和教学分离研究，他认为课程是一个广义的概念，教学则是一种特殊的现象或亚系统，在某种程度上，教学是课程的延续。② 课程与教学作为两个独立领域的观点，得到了一些学者的认可。因此，课程研究与学校的教学实践应该分离，两者独自变化而互不影响(见图 1-1)。

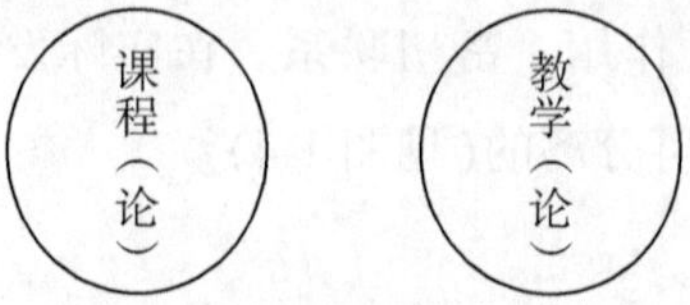

图 1-1　二元独立模式

(2)相互交叉模式，即教学与课程、教学论与课程论存在部分交叉部分，课程(论)包含了教学(论)的一部分，教学(论)包含了课程(论)的一部分，这体现了课程与教学是平行又相互交叉的(见图 1-2)。

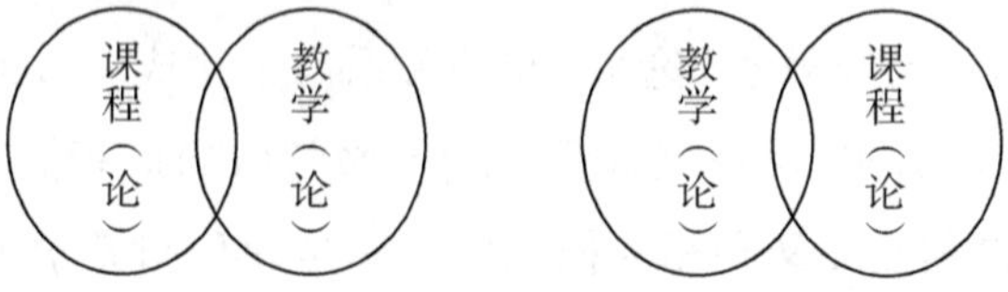

图 1-2　相互交叉模式

① 崔允漷．课程与教学[J]．华东师范大学学报(教育科学版)，1997(01)：54-60.

② 施良方．试论北美教学理论的形成与发展：兼论教学理论与学习理论[J]．教育研究，1993(01)：53-60.

(3)包含模式存在两种变式：一是课程(论)包含了教学(论)；二是教学(论)包含了课程(论)，这体现了课程(论)与教学(论)之间相互依赖、相互归属的根本关系特征(见图 1-3)。

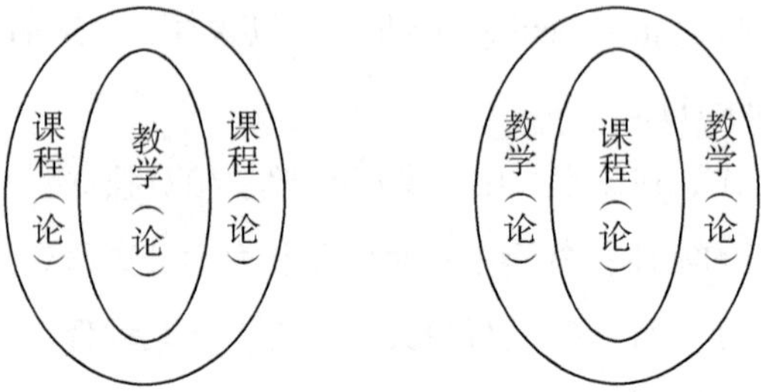

图 1-3 包含模式

(4)二元互联模式体现了课程(论)与教学(论)之间既相对独立又相互联系，课程(论)与教学(论)相互作用、密切联系。在实际发生的教学实践中，课程与教学必然是密切相关、不可分离的(见图 1-4)。

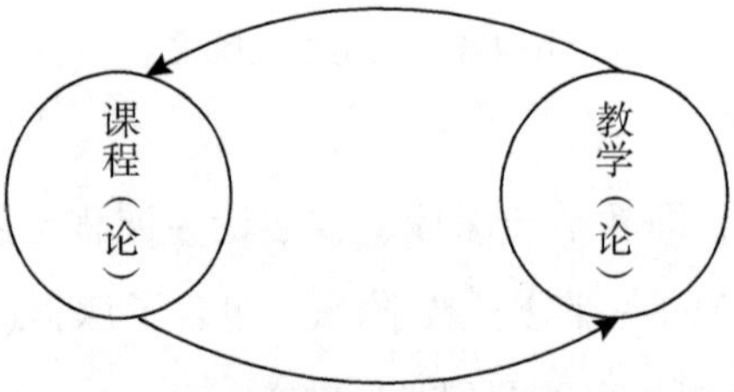

图 1-4 二元互联模式

虽然关于课程(论)与教学(论)之间的关系尚未达成一致的观点，但是大部分学者赞同以下三种看法：[①] 一是课程(论)与教学(论)既相关又不同；二是课程(论)与教学(论)是相互交叉和相互依赖的；三是课程与教学可以分别单独地进行研究，但是不能彼此独立地起作用。

---

① Oliva, P. F. Developing the Curriculum(7th Ed.)[M]. Boston: Pearson/Allyn and Bacon, 2009: 11.

2. 大课程论[①]

纵观历史，关于课程(论)与教学(论)关系的认识，自大教学论始，历经四百年的发展和变化，似已嬗变出大课程论。这种观点在北美影响较大。美国现代课程理论奠基人泰勒把教学作为课程理论的组成部分，这种理念在其代表著作《课程与教学的基本原理》中提出的四个基本问题中得以体现，即①学校应该试图达到哪些教育目标？②学校提供哪些教育经验才能实现这些目标？③怎样才能有效地组织这些教育经验？④我们怎样才能确定这些目标正在得到实现？[②] 20世纪以来，学者们深刻认识到课程的本质表现于教育进程中，而课程作为教育进程的重要组成部分包含了教学过程。《国际课程百科全书》中第三部分的标题为“课程过程”(curriculum process)，并以“课程研制过程”(the process of curriculum development)为核心。[③] 课程研制过程包括“课程规划、课程实施和课程评价”，教学是课程实施的主要活动或图景，因此，课程包含教学。大课程论正在努力揭示和建构课程包含教学、课程论包含教学论的新图景(landscape)。它提出课程不仅包含教学，并且在内容和形式上均有所表现。首先，大课程论的课程属性和类型是多方面的，包含了学科课程与活动课程、显性课程与隐性课程，也包含了课堂教学与课外教学、模仿教学与陶冶教学；其次，大课程论揭示了课程系统包括课程研制的基本单元或基本因素，也包括课程系统(课程研制者、课程学习者和课程内容)的基本单元或基本因素。第三，大课程论的构成更丰富，既包括物化构成，如课程原理、课程计划、课程标准、课本、教学指南、教师指导、补充材料、课程包以及多媒体课件等，还包括层次构成，主要分为决策层次(国家课程、地方课程和学校课程)和运行层次(研制、操作和运行的课程)。总体而言，大课程论主张课程(论)与教学(论)进行全面整合，建设和发展有机统一的“课程与教学论”。

---

① 黄甫全. 大课程论初探[J]. 课程·教材·教法，2000(05)：1-7.

② 崔允漷. 课程与教学[J]. 华东师范大学学报(教育科学版)，1997(01)：54-60.

③ Lew，A. The International Encyclopedia of Curriculum [M]. Oxford：Pergamon Press，1992：274-396.

(二)对课程与教学关系的正确认识

学者们认为，学习是认知结构的组织与重新组织，既强调已有的知识、经验，即原有认知结构的作用，又重视学习材料自身的内在逻辑。正是通过具有内在逻辑结构的教材与学生原有的认知结构的相互作用，学生才能将新知识纳入认知结构、重组认知结构，从而获得对新教材意义的理解。教育科学发展中的这一新的研究动向，使越来越多的学者认识到教育科学应该建立一套与过去截然不同的新的概念体系，以此揭示科研发现的课程实施与课堂教学实践的关系。“教学中的课程(curriculum in instruction)”“作为课程进程的教学(teaching as a curriculum process)”等反映课程与教学一体化研究趋势的新概念也被提了出来。①

尽管在20世纪初期，杜威就确立了课程与教学整合的理念，但其影响主要体现在思想层面，而实践层面依然呈现出课程与教学相互分离的特点。20世纪末期，伴随人类的认识发展和价值探究，如现象学、存在主义、法兰克福学派、哲学解释学以及后现代哲学的发展，课程与教学被重新整合。② 因而，课程与教学的价值取向是“解放兴趣”，对课程与教学的主体(教师和学生)进行增权赋能——他们不仅是课程计划的实施者，而且是课程开发者与教学设计者；课程既是“制度课程”，又是“体验课程”(the experienced curriculum)，从而推动其内涵产生质的变化：③ 课程是“一个情境化的社会过程”，课程是“一系列事件(events)”，课程是“学生有机会学习的东西”，课程是由师生交互作用而产生的“一种不断生成的建构(construction)”。

(三)学前教育课程与教学的关系

学前教育课程与教学的关系不仅受课程与教学的关系影响，而且学前教育作为一种特殊的存在形式，学前教育课程与教学的关系也具有其独特性。

1. 学前教育课程与教学的独立关系

① 高文．试论课程与教学的一体化研究[J]．外国教育资料，1996(06)：13-17.

② 张华．课程与教学整合论[J]．教育研究，2000(02)：52-58.

③ 张华．课程与教学整合论[J]．教育研究，2000(02)：52-58.

在这种关系中，学前教育课程与教学是相互分离、互不影响的。学前教育课程被理解为规范性的教学内容，其根本任务是传授知识经验，基本途径是以教师为主的教学形式，从而把学前教育课程与教学截然分开。

【学者观点】

陈鹤琴关于幼稚园的主张①

幼稚园这种教育机关，在中国本来是没有的，现在我们既然来创办这件事，就应当先自己问一问，用什么目标，怎样办，倘是一些主张都没有，仍旧像中国初办教育时候，今日抄袭日本，明日抄袭美国，抄来抄去，到底弄不出什么好的教育来，我以为无论对于任何事体，要想去办，总得先计划一下，规定哪几种步骤去做，否则只是盲目的效法，哪里会有好的结果呢！

……我们不能把幼稚园里的课程像大学的课程那样独立，什么音乐是音乐，故事是故事的不互相发生影响。我们应当把幼稚园的课程打成一片，成为有系统的组织。但是这种有系统的东西，应当以什么为中心呢？这当然要根据儿童的环境，儿童的环境不外乎两种：一种是自然的环境，一种是社会的环境，自然的环境就是各种动植物的现象，社会环境就是个人家庭集社市廛等类的交往。这两种环境都是与儿童天天要接触的，所以我们应当利用这两种环境作为幼稚园课程的中心。

……大学、中学甚至小学都有规定的课程，试问幼稚园有没有相当的课程？幼稚园的课程素来是有规定的；什么故事、手工、图画、唱歌、舞蹈、游戏、谈话等项目，我们都听见过；但是做什么样的手工，画什么样的图画，唱什么样的歌，唱多少歌，做什么样的游戏，都是没有规定的。除了这些普通课程之外，还有什么别的东西，幼稚生应该学的？如关于卫生上的习惯，做人的德行，我们都要顾到，有了一定的课程，做教师的就有所适从，

---

① 中国学前教育史编写组．中国学前教育史资料选［M］．北京：人民教育出版社，1990：148-164.

否则，好的教师勉强可以应付，没有经验的教师就不知怎样做了。所以近年来研究幼稚教育的都感觉到这种需要。什么课程，什么内容，什么目的，怎样做，种种问题都要解决。

2. 学前教育课程与教学的包含关系

早在蒙养院设立之初，各地幼稚园章程中明确提出了“学科”①作为教育的内容，并列入每周的“课程单”中(见表1-1)，体现了课程是教学科目的理念，重视以相应的学科逻辑为基础来组织幼儿园课程，注重系统的知识教学，强调教师应该向幼儿传授人类社会长期遗留下来的、必要的、有价值的知识。张宗麟在《调查江浙幼稚教育后的感想》中指出幼儿在幼儿园的一切活动，包括一切教材、科目、其他活动等都是课程。②

【知识链接】

表1-1 甲班课程单③

星期	9:00—9:40	10:20—10:50	12:30—1:00	1:30—2:00	2:30—3:00
(一)	游戏	折纸	识字	唱歌	习字
(二)	游戏	织纹	识字	习算	画图
(三)	游戏	温课	结子	识字	习字
(四)	游戏	排板	识字	唱歌	温字课
(五)	游戏	贴纸	温课	唱歌	谈话
(六)	游戏	签豆			

中华人民共和国成立后，我国的教育理论在发展过程中，来不及思考就照搬

① 中国学前教育史编写组．中国学前教育史资料选[M]．北京：人民教育出版社，1990：114.

② 张宗麟．张宗麟幼儿教育论集[M]．长沙：湖南少年儿童出版社，1985：31.

③ 中国学前教育史编写组．中国学前教育史资料选[M]．北京：人民教育出版社，1990：115.

苏联教育学的概念体系时，“教学计划、教学内容、教科书”成了“课程”一词的代名词。这反映了当时教学包含课程的教育思想，对学前教育课程与教学关系的影响比较深远。这是中华人民共和国成立以来学前教育界对学前教育课程的本质认识。

3. 学前教育课程与教学的整合关系

“万物并育而不相害，道并行而不悖。”课程领域发生变化的同时，教学领域的研究也在逐渐深入。学前教育课程与教学的整合关系是指学前教育课程与教学是相互融合的、统一的整体。学前儿童作为一个有机体，总是以整体的方式感受、认识和表达周围世界的事物。杜威主张将儿童与课程置于统一情境或环境中。他设想，教学应该是各种“作业”(occupations)，在完成作业的过程中，内容应成为师生围绕熟悉的对象和事件进行思考和解决问题时可使用的工具。这种观念模糊了课程与教学之间的界限，类似于“教学中的课程”“作为课程进程的教学”①，反映了学前教育课程与教学之间联系。学前教育课程与教学伴随社会历史文化发展而逐步整合，体现了学前教育课程与教学是教师与学前儿童共同处理内容、获取意义的过程。《幼儿园教育指导纲要》(试行)把教师角色定位为“幼儿学习活动的支持者、合作者、引导者”，确定课程活动中的一种新型师幼关系，即师幼互动关系，认为教育活动是教师和幼儿两个主体的相互影响、相互促进②。因此，教师和学前儿童作为课程与教学的双主体，两者通过“对话”共同参与课程与教学，推动了课程与教学的交互作用，融合了双主体的经验，更强化了课程与教学的体验性。

第二节　学前教育课程与教学的价值定位

价值引领着教育的发展方向，指引着课程与教学改革。同理，学前教育课程与教学需要明确价值理念，才能奠定未来发展的基础。

---

① 高文．试论课程与教学的一体化研究[J]．外国教育资料，1996(06)：13-17.

② 刘晶波．社会学视野下的师幼互动行为研究——我在幼儿园里看到了什么[M]．南京：南京师范大学出版社，2006：19.

一、价值概述

无论是中国还是外国，无论是在思辨者的逻辑体系结构里，还是在芸芸众生的现实生活中，人们都离不开价值追求与价值选择，人们总是期望自己的理论或活动趋向于最理想的价值，如中国老子的“道”、孔子的“仁”等，西方柏拉图的“理念”、黑格尔的“绝对精神”、海德格尔的“存在”等。

西方最早明确提出“价值”概念的哲学家是苏格拉底，他提出了价值概念，并且论及什么是价值、公道、平等、自由等问题。杜威认为价值是不可定义的。他说：“价值就是价值，它们是直接具有内在性质的东西。仅就它们本身作为价值来说，那是没有什么可讲的；它们就是它们自己。”①他还说：“对于我们的喜爱和享受所作的说明，乃是与一个价值存在的原因有关，而跟这个‘价值性质’的内在性质或本质是没有关系的，这种‘价值性质’只是存在或者不存在而已。”②

【学者观点】

哲学在其全部历史中一直是由两个不调和地混杂在一起的部分构成的：一方面是关于世界本性的理论，另一方面是关于最佳生活方式的伦理学说或政治学说。这两部分未能充分划分清楚，一直以来是大量混乱想法的一个根源。③

马克思曾对“价值”作过词源学考证，引用了《试论哲学词源学》这本书。④ 该书中认为“价值”一词源于古代梵文和拉丁文的“堤坝”，含有“掩盖、保护、加固”的意思。价值是一种关系范畴，马克思指出：“‘价值’这个普遍的概念是在人们对待满足他们需要的外界物的关系中产生的。”⑤它反映了主体与客体之间的

---

① ［美］杜威．经验与自然［M］．傅统先，译．北京：商务印书馆，2005：251.

② ［美］杜威．经验与自然［M］．傅统先，译．北京：商务印书馆，2005：252.

③ ［英］罗素．西方哲学史(下卷)［M］．北京：商务印书馆，1981：395.

④ 李德顺．价值论——一种主体性的研究［M］．北京：中国人民大学出版社，2013：2.

⑤ ［俄］马克思，恩格斯．马克思恩格斯全集(第19卷)［M］．北京：人民出版社，1979：406.

需要与满足的关系。在我国哲学界，关于价值的界定有一些不同的见解，学者们从不同角度提出过“需要说”“意义说”“属性说”“劳动说”“关系说”“效应或功能说”等，① 这些定义认为价值存在于主体或存在于客体，甚至是主客体之间。通过考察价值理论研究的历史过程，我们发现“价值”是一种被广泛使用的概念，可以从三个层面理解其涵义。② 一是日常生活中人们使用的价值概念，它主要指客体的某种效用性或“积极作用”，即通常所说的“好”“善”“美”等。二是指经济学、社会学、伦理学、美学、教育学等社会科学中广泛使用的价值概念，如经济学中的“价值”涵义，是指凝集在商品中的一般的无差别的社会劳动。伴随学科分化独立，各门具体学科中都存在价值概念，从而构成了一个内容丰富且关系错综复杂的价值概念系统，这也是当前社会科学研究的重要课题。三是哲学意义上的一般价值概念，这是来自人类生活实践和各门具体学科的理论抽象，或者通过研究人类社会生活中的价值现象而形成价值理论体系。在此，我们是在教育范畴内谈论价值，而我国教育界普遍认为“价值是人的需要与满足需要的对象之间的关系，是主客体之间的一种现实关系，价值不单纯是客体属性，也不单纯是主体的需要，而是客体属性与主体需要之间的现实关系，它表示客体属性在多大程度上能满足主体的需要”③。

二、教育价值概述

教育作为人类社会的一种实践活动，自它产生开始，便具有价值。教育价值问题是诸多教育问题中最根本的问题，教育价值观问题也是当前迫切需要解决的重大理论问题。

(一)教育价值的涵义

不同的学者从不同的角度出发，在不同层次上说明了教育价值的涵义。第一，教育价值有两种含义：④ 教育中的价值和教育的价值。前者指教育中应该在

① 王玉樑．价值哲学新探[M]．西安：陕西人民教育出版社，1995：127-128.
② 王坤庆．教育哲学新编[M]．武汉：华中师范大学出版社，2010：159.
③ 瞿保奎．教育基本理论之研究 1978—1995[M]．福州：福建教育出版社，1998：409.
④ 傅统先，张文郁. 教育哲学[M]．济南：山东教育出版社，1986：107.

学生身上培养哪些价值；后者是指怎样的活动才具有教育上的价值，才能有效地获得那些教育中的价值。具体而言，教育中的价值是指在教育活动中应该达到什么目的，实现哪些人生价值和应该教给学生什么价值的内容；教育价值是指在教育活动中应该怎样活动，应该采取哪些方式方法才能达到教育的要求，获得预期的教育效果。① 第二，“教育价值是主体的教育需要通过教育客体得到满足，是主客体之间以教育为纽带的一种利益关系”。② 由此可见，教育价值是教育主体价值的实现，并且教育价值本质上是一种主客体之间的利益关系。第三，教育价值是主体根据自己的需要来判断客体是否有价值，③ 这体现了“主体的需要是价值关系的主动方面，是主体需要去选择、去说明客体的属性”。④ 因此，主体决定了价值关系的性质，而教育活动的主体是社会和个体，教育的价值能够促进社会发展即人类共同发展，但教育实践无法同时满足两个主体的要求，就会有所取舍。有些时候，我们坚持社会需要的至上性，坚持认为教育实践应该首先满足社会发展的要求。⑤ 教育价值的复杂性、多样性，一方面是由于主体的需求是多样性的；另一方面也由于教育客体的属性在不同层次上是有差别的，因此，教育价值呈现出不同的形式。⑥

(二)教育价值的产生与发展

在人类教育思想史上，诸多教育家都曾探究过教育价值。1861 年，斯宾塞发表《教育论》，提出了“科学知识最有价值”的著名论断，他也成为历史上第一个系统研究教育价值的思想家。19 世纪末 20 世纪初是西方价值哲学迅速发展的时期，以新康德主义为代表的所谓“价值哲学”，推动了教育价值研究的思潮，其中以美国和德国为盛。1911 年，美国教育家巴格莱出版的《教育的价值》(*Educational Values*)，是最早的教育价值论专著，该书在继承斯宾塞对教育价值

---

① 傅统先，张文郁．教育哲学[M]．济南：山东教育出版社，1986：107.
② 桑新民．呼唤新世纪的教育哲学[M]．北京：教育科学出版社，1993：184.
③ 陈理宣．教育价值论[M]．成都：四川大学出版社，2003：13.
④ 马凤歧．教育价值的理论问题[J]．北京师范大学学报(社科版)，1994(06)：35-42.
⑤ 马凤歧．教育价值的理论问题[J]．北京师范大学学报(社科版)，1994(06)：35-42.
⑥ 虞永平．学前课程价值论[M]．南京：江苏教育出版社，2002：7.

研究的基础上，提出“最有价值的判断是人类文化中的那些共同的要素”的观点，从而为要素主义教育哲学奠定了思想基础。德国是“价值哲学”的故乡，19世纪80年代，尼采提出“重估一切价值”的著名口号，后续德国出版了大批价值哲学相关的著作，为教育价值论的发展提供了条件。德国的教育价值研究的特点体现在两个方面：一是直接运用“价值哲学”观点的教育价值研究，代表人物是价值学派的杜尔(Dürr，E.)、瓦格涅(Wagner)等，如1924年瓦格涅出版的代表作《教育价值论》；二是主张教育中的文化价值研究，代表人物是“文化教育学派”的斯普郎格(Spranger，E.)、李特(Litt，T.)等。其中“文化教育学派”的影响更为深刻和久远，成为20世纪上半期德国教育理论的主潮。第二次世界大战使教育价值研究受到冷落，20世纪60年代又重新复苏，如英国教育家班托克(Bantock，G. H.)的《教育与价值》(*Education and Values—Essays in the Theory of Education*，1965)、拉斯思(Raths，L. E.)等人合著的《价值与教学》(*Values and Teaching—Working with Values in the Classroom*，1972)等，在教育价值研究范围和方法上都有新的突破。20世纪70年代以后，伴随分析教育哲学的衰退，教育价值理念再次被推到教育哲学的前沿，并将教育价值研究的微观领域扩大到宏观领域，如关注人的存在本质及发展状况的本体论，关注教育在政治、经济、文化生活中的地位等。20世纪后期的西方教育价值问题的研究打破理论的限制，开始渗透到教育实践领域。

教育价值是教育理论中的一个重要范畴。但“教育价值”这一范畴曾随着哲学的“价值”范畴一起在我国的学术理论领域中消失，人们以多样化的词语涉及教育价值中的这些或那些方面，但不再使用“教育价值”一词，也不从整体上去研究和把握“教育价值”这一理论的范畴。从20世纪80年代开始，“教育价值”范畴又出现在我国的教育理论体系之中。① 21世纪以来，教育价值逐步回归教育的价值定位。2015年11月4日，第38届联合国教科文组织全体大会通过了《教育2030行动纲领》，并发布《反思教育：向“全球共同利益”的理念转变》的研究报告，该报告是教科文组织成立70周年以来的第三份重要报告，其中指出“维护和增强个人在其他人和自然面前的尊严、能力和福祉，应是二十一世

① 虞永平．学前课程价值论[M]．南京：江苏教育出版社，2002：1.

纪教育的根本宗旨”。① 因此，促进人更好发展的教育才是优质的教育，这也是教育价值的所在。

（三）教育价值、课程与教学价值

教育价值问题是教育的核心问题。教育在本质上是一种价值选择和价值追求的过程，是求真、求善、求美的认知活动，也是培养适应社会要求的人以及形成人自我发展、自我完善的能力、品行等素质的过程。课程与教学是教育的基本构成，居于教育活动中的核心地位。价值是课程与教学的逻辑起点，课程与教学的价值是指课程与教学作为客体满足主体的需要，即课程与教学对人、社会的意义。

斯宾塞探讨“什么知识最有价值”这一问题时，认为“数学、化学、天文学、地质学、生物学、社会科学等实科知识最有价值”。而实科知识的主要载体是课程与教学，这间接说明课程与教学是最具教育价值的实践形式。实践是检验教育价值的客观标准，课程与教学的价值是教育价值的具体体现。课程与教学的本质为科学育人，它包含两层含义：一是为学生主动发展指引方向，二是引导学生主动参与学习活动，使学生真正成为认识客观世界、发现未来世界、提升主观世界的主人。② 而主体是构成教育价值关系的基本方面，也是认识和实现教育价值的能动性因素，重视并提高人的价值是马克思主义价值论的重要认识。因此，课程与教学价值重视在具体的教育实践中实现教育主体的价值。

三、学前教育课程与教学的价值

学前教育是教育的重要组成部分，学前教育价值是教育价值的特殊呈现。一般认为，学前教育价值是学前教育满足人们需要的关系属性，③ 这体现了学前教育与人和社会需要之间的关系，反映了学前教育对主体的人和社会的价值。

---

① 联合国教科文组织．反思教育：向“全球共同利益”的理念转变［M］．巴黎：place de Fontenoy，75352 Paris 07 SP，2015：36.

② 刘启迪．课程理论发展与实践进展［J］．课程·教材·教法，2006（10）：3-9.

③ 石筠韬．我国学前教育价值取向探微［J］．学前教育研究，1997（06）：9-11.

(一)学前教育价值的历史演变

时代不同，学前教育价值定位和取向也不同，人们对学前教育总的看法和认识，以及在学前教育目标、内容、组织与实施等方面都呈现出时代倾向，反映了一定时代人们的学前教育理念以及具体实施情况。

第一，原始社会尚未产生正式的学前教育机构。学前教育体现为生活情境中，围绕生活、生产劳作有关的经验、技能、习俗或礼仪等，主要采用口耳相传的方式开展。

第二，奴隶社会出现了早期学校。学校教育主要为统治阶级服务，培养王侯贵族子弟。因此，学前教育具有阶级性，教育内容较全面，“保，保其身体；傅，傅之德义；师，道之教训”。

第三，伴随私学的兴起，封建社会的学前教育也得以发展。此时，传承“学而优则仕”的思想理念，教育既有“齐家治国平天下”的理想追求，又有服务于统治阶级的人才培养现实目标。学前教育亦如此。

第四，近代至1949年前，我国学前公共教育机构相继产生并得到发展，例如，1903年，在武昌成立最早的“湖北省立幼稚园”和北京成立的“京师第一蒙养院”，对学前儿童进行保育和教育。虽然侧重保育，辅助家庭教育，但此时学前教育坚持社会本位取向，依然为统治阶级服务。

“五四运动”后至30年代，学前教育受西方进步主义思潮的影响，尤其是杜威的教育思想的影响，注重学前儿童的身心健康发展；同时在当时内忧外患的特殊历史背景下，中国以陶行知、陈鹤琴、张宗麟、张雪门等为代表的教育家，积极探索学前教育的中国化、科学化，因此，学前教育一方面注重学前儿童身心健康发展的需求，另一方面关注国家、社会的发展需求。

第五，中华人民共和国成立至60年代，我国学前教育深受苏联教育的影响，采用以传授知识、技能为主的分科教育，帮助学前儿童获得系统的学科知识。

【知识链接】

1951年颁布的《幼儿园暂行教学纲要(草案)》中明确提出：“过去幼儿园一般都采用单元教学，各项作业围绕着一个中心题，不顾作业本身的科学系统性。这基本上是以幼儿为本位的教育思想体系，今天要明确肯定地废除它。”①

第六，20 世纪 80 至 90 年代，我国学前教育逐渐恢复和发展。随着国外教育论的引入，学前教育的价值定位发生了变化，把学前儿童发展作为重要任务，例如，1981 年《幼儿园教育纲要(试行草案)》明确指出：“根据我国的教育方针和总的培养目标，结合幼儿的年龄特点，幼儿园的教育任务应是向幼儿进行体、智、德、美全面发展的教育，使其身心健康活泼地成长，为入小学打好基础，为造就一代新人打好基础。”由此可见，学前教育价值在于促进学前儿童发展。此外，《幼儿园教育纲要(试行草案)》还指出：“幼儿园的教育内容与要求，分为生活卫生习惯、体育活动、思想品德、语言、常识、计算、音乐、美术八个方面。”并提出了各项内容的详细知识、技能学习的要求，这表明学前教育价值应立足个体发展，兼顾社会需要，重视基础知识、技能的学习。

第七，21 世纪以来，我国学前教育得到国家、教育相关部门的大力支持，通过不断总结、反思我国学前教育发展的历史经验，最终确立“幼儿为本”的教育理念，并不断深入发展。学前教育的内容、形式多样化，关注儿童的好奇、探究等个性特点，重视激发儿童学习的乐趣和兴趣，培养儿童的学习能力，提升儿童终身发展的学习品质。

(二)学前教育课程与教学的应然价值、实然价值

学前教育价值是伴随学前教育发展而不断变化的，时代变迁、教育改革都是引发价值思考与选择的重要因素。价值问题不仅仅是理论层面的问题，而且是教育实践中不可忽视的重要问题。学前教育课程与教学是学前教育的根基，不管其具体形式如何，性质怎样，也必然是一种价值活动。根据学前教育价值的类型分类，可以对学前教育课程与教学的价值进行划分。鉴于价值既是理想追求，又是实践效果。此处将从应然价值和实然价值两个层面来

---

① 中国学前教育研究会．中华人民共和国幼儿教育重要文献汇编[M]．北京：北京师范大学出版社，1999：571.

展开探讨。

1. 学前教育课程与教学的应然价值

应然是指在可能的条件下事物应该达到的状态，或者说基于事物自身的性质和规律所应达到的状态；它是一种价值导向，反映了基于主体的自身情况而形成的一种价值追求方向。苏霍姆林斯基说："人是最高价值。"因此，不管是教育、学前教育，还是学前教育课程与教学的应然价值都是促进人的发展。2012 年的《幼儿园教师专业标准(试行)》提出"以幼儿为本"，认为幼儿园教师要"尊重幼儿权益，以幼儿为主体，充分调动和发挥幼儿的主动性；遵循幼儿身心发展特点和保教活动规律，提供适合的教育，保障幼儿快乐全面健康地成长。"因此，学前教育机构及其教师在设计和组织课程与教学活动时，应把握学前儿童的身心特点，通过课程与教学活动开展，调动和激发学前儿童的良好学习品质，从而促进学前儿童的全面发展。

2. 学前教育课程与教学的实然价值

实然与应然通常被看作根本对立的范畴。实然是事物存在的实际状况，指通过主体的价值选择而形成的价值事实。因此，学前教育课程与教学的实然价值反映了应然到实然的过程，体现了应然价值在实践中的结果，即学前教育课程与教学的价值事实；通过对价值事实的评价，形成对学前教育课程与教学的实然价值的认识。例如，2018 年 7 月教育部又发布了《关于开展幼儿园"小学化"专项治理工作的通知》，主要针对"一些幼儿园违背幼儿身心发展规律和认知特点，提前教授小学内容、强化知识技能训练"的现象。由此可见，尽管政府、教育主管部门多次发文严禁幼儿园"小学化"，但这种倾向依然存在，主要原因在于学前教育的实然价值被夸大，而应然价值被遮蔽；其中的根本原因在于缺乏对学前儿童的本性认识，缺乏对学前教育课程与教学的本真理解，也由于深受我国社会文化的现实影响。

一般来说，作为事物的现实表现样态之实然，总是与其应然之间存在着某种程度的脱节或背离；而作为事物客观存在本性及其理性要求的应然，也肯定是超越其外在表现的。正是由于事物应然的存在，才使得事物的实然状态的改善成为必要与可能。教育不在于使人仅仅获得死板的知识，而应使人通过对文化价值的汲取，获得人生的全面体验，进而陶冶自己的人格和灵魂，达到灵与肉"全面唤醒”的高度，成为多维的人——全面发展的人。① 因此，学前教育课程与教学的应然价值、实然价值在未来必然走向融合，学前儿童个体发展与当前社会发展是密不可分的。儿童个体发展的价值得不到实现，社会价值也不可能真正实现，所以，我们不应该把学前教育价值简单放在相反对立的两极，为了儿童或个体发展与为了成人或社会发展应是统一的。②

第三节 学前教育课程与教学的研究方法

一、教育研究方法概述

任何一门学科都有其研究方法。黑格尔指出：“方法并不是外在的形式，而是内容的灵魂和概念。”③冯友兰指出：“一门学问的性质，与它的方法，有密切的关系。”④在一门学科中，从广义的角度来说，一切理论、学问皆是方法；从狭义的角度来说，方法则指研究视角、手段、工具、程序、规则等方面的内容。这里所要探讨的是狭义的研究方法。研究方法是依照学科性质、依据研究对象和问题的性质确立的研究立场、手段、工具、程序、规则以及检验研究结论的标准的综合。研究方法制约甚至决定着研究的出发点、基本进路、研究的特点以及可能得出的结论。⑤

研究方法实质上有优劣、适当与否之分。在制订研究计划时，我们需要考虑两个问题：一是采用什么方法论和方法，二是如何证明这种选择和使用方法的合理性。⑥ 如何选择和使用方法才更加合理，主要取决于我们的研究目的——要回答和解决什么问题。而这些反映了我们的理论观点，并延伸到对相关知识的理解，因而属于认识论问题。认识论为我们提供了认识问题的理论视角，为我们选

---

① 邹进．现代德国文化教育学[M]．太原：山西教育出版社，1992：57.

② 虞永平．学前课程价值论[M]．南京：江苏教育出版社，2002：109-116.

③ [德]黑格尔．小逻辑[M]．贺麟，译．北京：商务印书馆，1980：427.

④ 冯友兰．三松堂全集(第五卷)[M]．郑州：河南人民出版社，1986：173.

⑤ 孙伟平．价值哲学方法论[M]．北京：中国社会科学出版社，2008：1.

⑥ Crotty, M. The Foundations of Social Research: Meaning and Perspective in the Research Process, Crows Nest: Allen and Unwin 9 Atchison Street St Leonards NSW 2005, 1998: 2.

择和使用方法论提供支持，并最终确定采用何种方法(见图 1-5)。

认识论(Epistemology)是指嵌入理论观点和方法论中的知识理论。理论观点(Theoretical perspective)为方法论提供哲学立场，并在此过程中提供背景，强化其逻辑和标准。方法论(methodology)是指特定方法的选择和使用背后的战略、行动计划、过程或设计，并将方法的选择和使用与期望的结果联系起来。方法(methods)是收集和分析与研究问题或假设有关的数据的技术或程序。

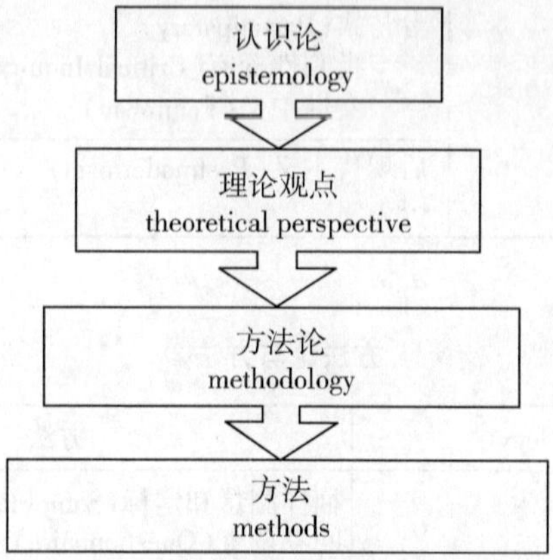

图 1-5　研究方法四要素图①

认识论是一种理解和解释我们如何知道所研究问题的方法。本体论(Ontology)是对存在的研究，它与“是什么”有关，与存在的本质有关，与现实的结构有关。本体论与认识论一起为理论观点提供信息，原因在于每个理论观点都包含了一种理解“是什么”(本体论)的特定方式，以及一种理解“意味着什么”(认识论)的特定方式。本体论问题和认识论问题往往同时出现。正如有关术语已经指出的，谈论意义的构建就是谈论有意义的现实的构建。因此，基于本体论和认识论的融合，与理论观点、方法论以及方法都是相互关联的。如果我们要选择和使用方法进行研究，那么我们需要沟通这四个要素，建立方法的理论体系(见表1-2、表 1-3)。

① Crotty, M. The Foundations of Social Research: Meaning and Perspective in the Research Process, Crows Nest: Allen and Unwin 9 Atchison Street St Leonards NSW 2005, 1998: 4.

表 1-2　　**认识论与理论观点①**

<table>
<tr><th>认识论　Epistemology</th><th>理论观点　Theoretical Perspective</th></tr>
<tr><td rowspan="5">客观主义
(Objectivism)

建构主义
(Constructionism)

主观主义
(Subjectivism)</td><td>实证主义(Positivism)
后实证主义(Post-positivism)</td></tr>
<tr><td>解释主义(Interpretivism)
符号解释学(Symbolic Interpretivism)
现象学(Phenomenology)
诠释学(Hermeneutics)</td></tr>
<tr><td>实用主义(Pragmatism)</td></tr>
<tr><td>参与式(Participatory)
批判性探究(Critical Inquiry)
女性主义(Feminism)</td></tr>
<tr><td>后现代主义(Postmodernism)
……</td></tr>
</table>

表 1-3　　**方法论与方法②**

方法论　Methodology	方法　Methods
实验研究(Experimental research) 调查研究(Survey research) 人种志(Ethnography) 现象学研究(Phenomenological research) 扎根理论(Grounded theory) 启发式探究(Heuristic inquiry) 行动研究(Action research) 话语分析(Discourse analysis) 女性主义立场研究(Feminist standpoint research) 个案研究(Case study)	抽样测量和定标(Sampling Measurement and scaling) 问卷调查(Questionnaire) 观察(Observation) 参与者(Participant) 非参与者(Non-participant) 访谈(Interview) 焦点小组(Focus group) 生活史(Life history) 叙事(Narrative) 视觉人种志法(Visual ethnographic method) 统计分析(Statistical analysis) 数据缩减(Data reduction) 主题识别(Theme identification) 对比分析(Comparative analysis) 认知方法(Cognitive methods) 解释方法 Interpretative methods 文本分析(Document analysis) 内容分析(Content analysis) 对话分析(Conversation analysis)

① Crotty, M. The Foundations of Social Research: Meaning and Perspective in the Research Process, Crows Nest: Allen and Unwin 9 Atchison Street St Leonards NSW 2005, 1998: 6.

② Crotty, M. The Foundations of Social Research: Meaning and Perspective in the Research Process, Crows Nest: Allen and Unwin 9 Atchison Street St Leonards NSW 2005, 1998: 6.

此四要素有助于提升研究的可靠性，使研究结果更加令人信服。这四个要素应在研究计划中操作，其作用在于：第一，描述使用的技术，明确收集和分析数据的具体研究方法，因而不仅是对方法的描述，而且是对它作为选择方法和使用方法的特定形式所提供的理论基础的说明。第二，描述所选择的方法论背后的哲学立场，例如，如果我们从事人种志调查，并通过参与观察来收集数据，那么在这种方式中隐含了什么假设？由于参与观察的特性，某些假设中会涉及语言问题、主体间性和沟通问题。因此，需要通过阐述我们的理论观点来证明假设的正确性，如符号解释学能以最明确的方式为这些假设奠定基础，因为它直接处理语言交流、相互关系和社区等问题。第三，描述认识论内在的理论视角，它是一种看待世界和理解世界的方式。其中包含了知识及其理解，使研究者能探究其何以可能。梅纳德(Maynard, M.)解释了认识论与研究计划的相关性："认识论关注的是提供一个哲学基础来决定什么类型的知识是可能的，以及我们如何确保它们是适当的和合法的。"①因此，我们需要识别、解释和证明我们所采取的认识论立场。

教育研究方法是有组织、有计划地、系统地进行教育研究和构建教育理论的方式，是以教育现象为对象、以科学方法为手段，遵循一定的研究程序，以获得教育科学规律性知识为目标的一整套系统研究过程。②

二、教育研究方法的分类

作为研究教育现象所采用的方式、手段或遵循的途径、程序、格式和规则，研究方法具有不同的分类。

(一)基础研究(Basic Research)和应用研究(Applied Research)

按研究目的或目标可分为基础研究和应用研究。基础研究具有普遍性，它为现有学科的知识体系增添新的内容，不断发展和完善理论，它回答"为什么"的

① Maynard, M. Methods, Practice and Epistemology: The Debate about Feminism and Research' Researching Women's Lives from a Feminist Perspective [M]. eds M. Maynard and J. Purvis, London: Taylor & Francis, 1994: 10-26.

② 裴娣娜.教育研究方法导论[M].合肥：安徽教育出版社，1995：5.

问题。基础研究可以是关于当下的、实际问题的研究，也可能不是。例如，关于学前教育本质、学前教育目的等方面的研究。应用研究通常指向当下的、实际的特定问题，它回答“是什么”的问题。例如，对学前教育教师进行调查研究，了解学前教育教师对绘本阅读计划的看法和意见，涉及绘本的选择和购买以及绘本阅读活动的开展，研究结果将为购买何种绘本和如何开展绘本阅读活动提供重要信息。基础研究和应用研究之间是相辅相成的关系，基础研究有助于应用研究的开展，而应用研究有助于基础研究的扩展。因此，基础研究的基本目的是扩展知识，应用研究的基本目的是解决当下的实际问题。①

(二)定性研究(Qualitative research)和定量研究(Quantitative research)②

根据对现象研究的不同取向可分为定性研究和定量研究。定性研究和定量研究是两种不同的研究方法。定性研究基于扎根理论，研究具有特定的情境性，关注研究过程，采用叙事性的描述分析，从特殊情境中归纳出一般结论。定量研究基于实证主义的认识论，追求普遍性意义，强调事实、关系和原因，重视研究结果，采用演绎推理的方式对统计结果进行分析(见表 1-4)。

表 1-4 **定性研究与定量研究区别③**

定性研究	定量研究
归纳探究	演绎探究
理解社会现象	关系、影响、原因
无理论或扎根理论	基于理论
整体探究	针对个别变量

① [美]威廉·维尔斯马，等．教育研究方法导论(第9版)[M]．袁振国，译．北京：教育科学出版社，2010：12-14.

② [美]威廉·维尔斯马，等．教育研究方法导论(第9版)[M]．袁振国，译．北京：教育科学出版社，2010：12-14.

③ [美]威廉·维尔斯马，等．教育研究方法导论(第9版)[M]．袁振国，译．北京：教育科学出版社，2010：17.

续表

定性研究	定量研究
特定情境	不受情境影响(普遍性)
观察-参与	研究者不介入
叙述性描述	统计性分析

总之，定性研究和定量研究归属于不同的研究范式，它们的研究目的不同，也具有不同的特征。

三、学前教育课程与教学研究的具体方法

学前教育作为教育的一个基础分支，在研究方法上也深受教育研究方法的影响。学前教育课程与教学的研究不仅需要适切的方法论指导，还需要坚持理论联系实际的原则。

克雷斯韦尔(Creswell，W.)在其著作《研究设计：定性，定量和混合方法》中归纳了两种定量研究：调查研究(survey research)和实验研究(experimental research)。① 调查研究对某一人口样本进行研究，采用定量或数值的方式描述样本的趋势、态度或观点，包括采用问卷调查或结构化访谈来收集数据的横向和纵向研究。② 实验研究为了确定某一特定的变量是否会影响结果，而对一组人提供特定的变量，并对另一组人不提供，然后对比两组的结果。实验研究包括真实验和准实验两种类型。③ 因此，定量研究的具体方法包括调查法、结构化访谈法以及实验法等。

克雷斯韦尔在《定性探究与研究设计：五种方法选择》一书中归纳了五种定性研究：叙事研究(narrative research)、现象学研究(phenomenological research)、扎根理论(grounded theory)、人种志(ethnography)和个案研究(case studies)。

---

① Creswell, J. w. Research Design: Qualitative, Quantitative and Mixed Method Approaches [M]. CA: Thousand Oaks, 2014: 62.

② Fowler, F. J.. Servey Research Methods (4th ed.) [M]. CA: Thousand Oaks, 2009.

③ Keppel, G. Design and Analysis: A Researcher's Handbook (3rd ed.) [M]. NJ: Prentice Hall, 1991.

叙事研究主要针对个体，聚焦人们的生活故事，侧重解释、讲述故事以及描述生活、事件和经验；现象学侧重研究不同人群的同一现象，它寻求经历过同一事件的人，并调查他们对这一现象以及时间或事件的经验和描述，基本上是自我反省和自我解释；扎根理论是一种基于定性数据收集的理论的归纳建构，其目的是寻找某种模式和潜在结构，不仅仅是对某一特定问题的文字描述，而是建立关于某一特定现象或问题的自主理论；人种志不仅对个体内部思维过程进行自我反省，而且可以洞察一起生活的特定社会群体(如价值观、习惯、习俗、信仰等)；也可以从个体开始，个案研究就成为可能。由此，一般定性研究中的具体研究方法同样适合艺术型研究。而克雷斯韦尔发现虽然文献中不断出现新的研究方法，但归纳起来可以划分为四种基本类型：观察（从非参与观察到参与观察）、访谈（从封闭走向开放）、文档（从私人到公共）和视听材料（包括照片、光盘和录像材料）。①

基于教育研究方法的概述与分类，可供学前教育课程与教学的研究方法同样很多，在此列举一些常用的具体研究方法。

(一)问卷调查法(questionaire)

问卷调查法是一种被广泛使用的研究方法。这种方法主要采用依据研究目标而详细制定的问卷，问卷以设问的方式收集可靠的资料。在学前教育课程与教学研究中，问卷调查法运用比较多，如调查早教机构、幼儿园教师们的教育理念、课程实施情况等。问卷调查法的优点是内容详细、完整，易于控制；标准化和成本比较低，而且还可以开展规范化、大规模的调查。

(二)实验法(experimental method)

实验法是指有目的地控制一定的条件或创设一定的情境，以引起研究对象的某些心理活动并以此展开研究的一种方法。本质上，学前教育课程与教学是一种科学性实验，即依据学前教育课程与教学理论，在实践中运用必要的控制方法和

① 孙文云，黄甫全．新技术在艺术型研究中的应用与开发[J]．高教探索，2018(09)：17-22.

策略，变革学前教育课程与教学的研究对象，探索教育中的因果规律的一种研究方法。学前教育课程与教学的实验法以课程与教学活动为对象，揭示学前儿童以及教师等主体在课程与教学影响下的发展过程与规律。因此，该实验法具有情境性、教育性与复杂性等特点。

(三)观察法(Observation method)

观察是人们感知、认识自然情境中的客观事物和现象的活动。这是一种有目的、有意识的认识活动，属于认识论范畴。观察的特点是“自然情境”，旨在强调对观察对象不加任何干预控制。观察法是研究者在自然情境中，对个体的行为和活动进行现场非结构化(unstructured)或半结构化(semi-structured)的记录方式。根据研究者的参与情况，可以分为参与式观察和非参与式观察两种类型；根据取样的不同，可以分为事件取样观察和时间取样观察；根据记录方式，可以分为连续记录观察和轶事记录观察等。① 通常，学前教育课程与教学中会根据具体需要而采取不同类型的观察法，用以了解婴幼儿在一日活动各环节中的表现情况。这种研究方法的优点是研究者通过不同的观察方式可以获取研究对象的第一手资料，通过观察记录可以及时了解研究对象的异常情况；其缺点是观察的好坏取决于观察者的观察技能，例如，不管是哪种类型的观察，如果无法与观察对象建立融洽的关系，就会干扰研究活动等。

(四)访谈法(Interview)

访谈法是指研究者对参与者进行面对面访谈、电话访谈以及焦点小组访谈等活动的一种研究方法。访谈法按照不同的标准可划分为不同的类型，如按照访谈工具划分为电子邮件访谈、电话访谈等。访谈需要提前设计访谈提纲，根据研究的需要，访谈提纲通常包括开放式的、半结构化的和结构化的三种类型。在学前教育课程与教学研究中，我们通常会访谈相关专家、幼儿园园长、教师等，以了解早教机构、幼儿园甚至高校等单位的课程与教学情况。访谈法的优点是在无法

---

① ［澳］格伦达·麦克诺顿，等．早期教育研究方法——国际视野下的理论与实践［M］．李敏谊，等，译．北京：教育科学出版社，2008：238-239.

直接观察参与者时非常有用；缺点是受访者需要在指定地点提供信息，并且研究者也可能因某些原因而引发偏见，受访者个体的语言表达与沟通能力也会有差异，例如，如果婴幼儿作为受访对象，那么他们的语言表达能力会影响访谈结果。

(五)文档法(Document method)

文档法是在研究过程中，研究者可能会收集相关文档的方法。这些文档包括公共文档资料(如报纸、会议纪要和工作报告等)或个人文档资料(如个人日记、信件和电子邮件等)。在学前教育课程与教学研究中，通常会围绕研究的问题收集相关文档资料，尤其重视过程性资料。文档法的优点是研究者节省了转录的时间和费用；缺点是有些资料记录不真实或不准确，有些资料不完整，还要注意对个人文档资料的隐私保护。

(六)视听材料法(Audiovisual materials)

视听材料法是根据研究目的的需要，收集视听材料(如照片、艺术品、录像带、录音带、网站主页、电子邮件、社交媒体等媒介中的视听形式的资料)，并提取和分析研究结果的一种研究方法。在学前教育课程与教学研究中，婴幼儿以游戏、区域活动为主，视听材料法可以很好地记录和捕捉活动过程。这种方法的优点是数据收集可以分享研究对象的实际情况，通过视听方式可吸引研究对象的注意；缺点是有些资料无法公开或私下访问获得，摄影师的存在可能会干扰或影响研究对象的反应。

以上也仅仅是列举一些常用方法，在具体的课程与教学研究中，研究者需要研究，或者说需要明确研究的理论基础、理论视角，从而确定研究的方法论和具体研究方法。“混合方法研究”(Mixed Method Research)是对定量研究和定性研究的重要补充，它也成为未来学前教育课程与教学研究的一种趋势。因此，我们在研究过程中注意研究方法的多元性，综合定量研究和定性研究。

【本章小结】

学前教育课程与教学是学前教育的核心内容，因而，本章首先明确学前教育课程与教学是什么。深入把握学前教育课程与教学之间的关系，为研究学前教育课程与教学奠定概念基础。其次，从价值、教育价值历史发展的角度把握其概念内涵，从而定位学前教育课程与教学的价值。本章从应然价值和实然价值两个层面进行分析，由此认为学前教育课程与教学的价值体现了一直以来的教育理想追求，是教育价值的应然体现之一，但教育受一定的历史、社会、政治、经济、文化等因素的影响，并为一定时代的发展服务，因此，学前教育课程与教学又具有时代特征，体现了它的实然价值。最后，探讨学前教育课程与教学的研究方法。方法是解决问题的重要工具，探讨基于一定的哲学理念基础的研究范式，为研究的方法论提供指导，并为研究具体采用的方法提供理念支持，进一步明确具体研究方法的实施步骤、过程等，为学前教育课程与教学研究的发展奠定了方法论基础。

【主题词】

课程，教学，学前教育课程与教学，价值，教育价值，学前教育课程与教学价值，研究范式，研究方法

【思考题】

1. 课程的定义是什么？教学的定义是什么？常见的课程、教学类型有哪些？它们之间有何联系和区别？
2. 试述学前教育课程与教学之间的关系。
3. 价值的定义是什么？教育价值的定义是什么？
4. 试述学前教育课程与教学的价值。
5. 教育研究方法的分类是什么？
6. 常见的学前教育课程与教学的研究方法有哪些？

第二章　学前教育课程与教学的理论基础

【本章导读】

课程与教学的基础是影响课程与教学目标、课程与教学内容、课程与教学实施与评价的重要因素。近些年来，我国课程与教学论研究的理论依据逐渐拓展和深化，一般认为课程与教学的主要受哲学、社会学和心理学等基础学科的影响。了解课程与教学的理论基础，有利于全面、深刻、系统地把握学前教育课程与教学的本质，进而指导课程与教学实践。

【知识地图】

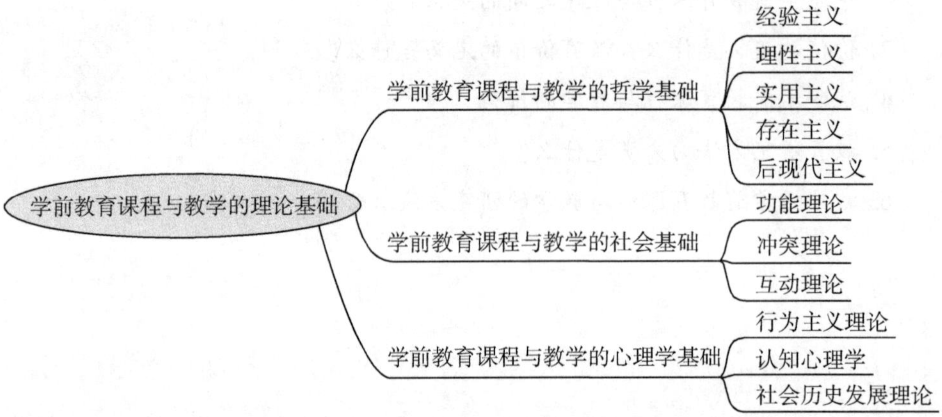

第一节 学前教育课程与教学的哲学基础

哲学是课程发展人员与课程实践者发展课程时的价值判断依据。① 课程涉及知识的来源、知识的性质与类别、认识的过程以及知识的价值取向等。根据彼得斯(Peters)的理解，哲学主要关注两个问题："你指的是什么?"以及"你如何认识?"认识作为哲学的重要命题之一，受哲学思想和哲学观念的影响，因此，哲学是课程研究的基础。

一、经验主义(Empiricism)

经验主义亦称"经验论"，经验论者都主张知识起源于感觉经验，是建立在感性知识之上的，感性经验是客观世界的反映，只有感性经验最可靠。经验论者认为，"我们所有的一切知识都是从感觉获得的"。在经验论者看来，一切观念都是思维从感官经验的感性内容中归纳、概括、抽象出来的。

亚里士多德(Aristotle)作为传统经验论者，他认为："人类认识的对象，是客观世界的具体事物，即实体，因此需要依靠感觉经验才能实现和完成这种认识。"约翰·洛克(John Locke)系统地阐述了经验主义，在他的《人类理解论》一书中指出："我们的全部知识是建立在经验上面；知识归根到底都是导源于经验的。"他提出了"白板说"，他认为"儿童最初的心灵像一块没有任何记号和任何观念的白板，一切观念和记号都来自后天的经验"。② 白板说隐喻了知识或经验独立于客观的实在性。经验主义对学前教育课程与教学产生了深远的影响。

意大利幼儿教育家蒙台梭利(Montessori)设计的课程充满了经验主义色彩，她认为儿童的心理发展既不是单纯的内部成熟，也不是环境、教育的直接产物，而是儿童和环境交互作用的结果，是"通过探索环境时所获得的经验实现的"。她肯定创造良好的环境，采取正确的教育措施，丰富儿童的经验，可以消除和防止智力落后的现象。她还认为感官训练既为儿童将来的实际生活做准备，又是儿

① 简楚瑛．课程发展理论与实务[M]．台北：心理出版社，2014：14.

② [英]洛克．人类理解论[M]．北京：商务印书馆，1975：366.

童接受知识和发展智力的基础，并根据儿童对不同的感官刺激存在不同敏感期的原理，将感官训练细分为触觉、视觉、听觉等方面的训练，每种训练单独进行，还创制了一套教具，共26种，供除嗅觉外的感官练习之用，这有利于儿童在教师创设的有准备的环境中实现自我教育的需要。

二、理性主义(rationalism)

理性主义是17、18世纪随着资本主义生产关系的确立、自然科学的发展，哲学家从理论角度论证人的自由本质，推崇人的理性力量的思潮。理性主义又称唯理论或知识内源论，与经验主义相对，是建立在承认人的推理可以作为知识来源的理论基础上的一种哲学方法，高于并独立于感官感知。理性主义者认为一切具有普遍性的必然的知识，不可能来自经验，而是先验的与生俱来的，是从“自明之理”出发并经过产密的逻辑推理得到的，唯有这样获得的知识亦即理性，才是真实可靠的。在理性主义者看来，思维本身具有超感官经验的先天认识原则，对象只有在先天认识原则的把握下才能被人所认识。在认识方法上，理性主义注重演绎和综合。

理性主义的主要奠基人笛卡儿提出，观念的来源有三种情况：一是“天赋的”，如数学、逻辑、宗教、伦理中的一般的抽象的观念和原则；其二是从“外面”得来的，如听到的、看到的和感觉到的；三是“臆造的”，根本不存在的观念。他认为，“外面”得来的观念与“臆造的”观念一样，都是没有真理性的，而只有“从我自己的本性得来的”一般观念才具有真理性。这就是说，“真理性”的认识只能是“天赋的”。康德提出：“人的理性能力是一种先天的逻辑基础和条件，知识的形成离不开理性的活动和加工。”①他认为，知识固然离不开感性经验，但主体的先验自我是认识成立的前提条件，感性经验只有在自我意识中才能成为认知对象，知识是主体依据先天能力和统觉原理对感性材料进行综合统一的结果。

裴斯泰洛齐将康德的理性主义认识论用于教学，提出理性认识与感性认识相联系的问题，他认为：“人生来具有各种能力的萌芽，教育在于激发儿童的天赋

---

① [德]康德. 形而上学导论[M]. 北京：商务印书馆，1978.

才能，由感觉物体的外形、数量和表示事物的词开始，发展心智能力，使模糊的感觉印象上升到清晰的观念。"①从而形成西方教育中的"形式训练"说。

福禄贝尔将理性主义用于学前教育，他有关儿童的"本能说"是其学前教育思想的基础。福禄贝尔认为儿童有四种本能，即活动的本能、认识的本能、艺术的本能、宗教的本能。他特别注重活动的本能，他认为活动的冲动是儿童的内部需要，在不同的阶段有不同的表现形式，主张组织儿童进行各种适当的活动，特别是通过游戏活动来发展他们各方面的能力。他通过长期研究，为幼儿编制了多种游戏活动，例如，其中一种运用他所设计的玩具"恩物"进行的游戏，可用来发展儿童的认识能力和空间观念。

三、实用主义(Pragmatism)

实用主义是从希腊词"行动"派生出来的，产生于19世纪70年代的现代哲学派别，在20世纪的美国成为一种主流思潮，主要代表人物有皮尔士(Charles Sanders Peirce)、詹姆斯(William James)和杜威(John Dewey)等。实用主义反对将主体和对象、经验与自然人为割裂开的"二元论"，强调行动、行为、实践在认识中具有决定性意义——经验和实在归结为行动的效果，知识归结为行动的工具，真理归结为有用、效用，或行动的成功。

杜威是20世纪美国著名的实用主义教育家和实用主义哲学家。杜威提出："经验就是主客体之间的相互作用，主体和对象，精神和物质之间不能独立存在，是统一的。"任何知识都包含行动的因素，知识也因为能指引行动而具有实用价值，以行动为核心的知识观反映在课程上就是注重活动课程，即把学生的实际经验与课程联系在一起，关注学生自己的行动。他从经验论出发，提出教育是经验的连续不断的改组或改造。教学应从儿童的经验和活动出发，而儿童的本能是他们获得经验的基础。儿童有四种本能，分别表现为四种活动：①语言和社会的本能及其活动；②制作的本能和活动；③研究和探索的本能及其活动；④艺术的本能和活动。学校课程的设置只能顺应这些自然的倾向，发展和满足它们，不能压抑和违反它们，不可忽视儿童的个性、个人经验以及其自由的、直接的和主动的

---

① 张焕庭．西方资产阶级教育论著选[M]．北京：人民教育出版社，1982：177.

活动。他还建议师生共同参与活动，要求各门课程的教学过程成为师生相互合作、相互作用的过程，成为师生两方面都作为平等者和学习者共同参与的过程。杜威还提出："人最初的知识，最能永久不忘的是关于'怎样做'的知识。"①"从做中学"是儿童的真正兴趣的所在，并会用一切的力量和感情去从事使他自己感兴趣的活动，儿童真正需要的就是自己怎样去做，怎样去探究。要遵循这种获取知识的"自然途径"，应为儿童准备相当的环境，使儿童"由做事而学习"。教学以儿童的实践活动为中心，立足于儿童的兴趣与爱好，同时也应着力于儿童的实践活动、亲身经验，并在实践中加深对所学内容的认识，提高儿童的动手与独立思维的能力。

在实用主义教育思想的影响下，产生了许多儿童教育的方法和课程，如克伯屈于1918年发表的《方案教学法》于20世纪六七十年代在英国幼儿学校中曾被广泛运用，英国著名的普劳顿报告提及的英国幼儿学校教学的核心部分就是方案教学。此外，瑞吉欧教育体系也充满杜威实用主义的教育观念，被视为欧洲教育改革的典范，并对世界各国的学前教育产生了深远的影响。

四、存在主义(Existentialism)

存在主义又称生存主义，是当代西方哲学主要流派之一。该词最早由法国天主教哲学家加布里埃尔·马塞尔提出。存在主义提倡以人为中心、尊重人的个性和自由，认为人是在无意义的宇宙中生活，人的存在本身也没有意义，但人可以在原有存在的基础上自我塑造、自我成就，活得精彩，从而拥有意义。

存在主义的主要创始人是海德格尔，将存在主义发扬光大的是萨特。海德格尔指出："个体就是世界的存在。在所有的哺乳动物中，只有人类具有意识到其存在的能力。他们不作为与外部世界有关的自我而存在，也不作为与世界上其他事物相互作用的本体而存在。"萨特将存在分为两种：自在的存在和自为的存在。自在的存在是一个物体同其本身等同的存在。自为的存在同意识一起扩展，而意识的实质就在于它永远是自身。我们的思想超越自身、超越一切，因此人类的存在永远是自我超越的——我们在存在中永远超越自我。但我们无法占有我们的存

① 崔青华，张丽霞．杜威学前教育思想探析[J]．河北学刊，2011，31(05)：252-254.

在，我们的存在永远在我们自身之外，由此提出存在先于本质的观点，即人的存在先于他的本质，其意义就是说人必须先存在，然后创造自己。但是存在并不创造人，人是在存在的过程中创造自己。这种观点肯定人的价值和尊严，强调人的主观能动性，激发人采取行动来创造价值。

存在主义对课程思想产生了极大冲击。存在主义认为，学校课程的全部重点必须从事物世界转移到人格世界，并且，一个重要的前提就是要承认学生本人为他自己的存在负责。在存在主义者看来，为学生规定一种固定不变的课程是不适当的，规定固定课程的出发点是它能消除学生的无知，并能给予学生一定的知识。然而，人的境遇是时刻变化的，没有任何东西是固定的、绝对的，且固定课程难以适应学生的情况和需要，也就无助于学生的发展。教材是学生自我实现和自我发展的手段，不能把教材看作学生为谋求职业做准备的手段，也不能把它们看作进行心智训练的材料，而应当把它们看作用来作为自我发展和自我实现的手段；不能使学生受教材的支配，而应该使学生成为教材的主宰。知识和有效的学习必须具有个人意义，必须与人的真正目的和生活相联系，只有这样，个人才能在时间和环境都适宜的条件下，按照他选择的知识和对于知识的理解来行动。存在主义者还认为，人文学科应该成为课程的重点，因为人文学科比其他学科更深刻、更直接地表现了人的本性及人与世界的关系，更能洞察和发展人存在的意义。

存在主义注重学生的情感和对自我的责任(能构建良好的师生关系)，重视学生的个性发展(能促进学生实现自我、发现自我并完善自我)。这种观念是值得提倡的。但它过于注重学生的需求和自我选择，导致过高估计学生的个人能力，缺乏系统知识的传授，忽视个人应承担的社会责任；过于强调人文学科的教学，忽略了自然学科的重要作用。

五、后现代主义(Postmodernism)

后现代主义是20世纪60年代以来在西方出现的具有反西方近现代体系哲学倾向的思潮，是对现代化过程中出现的剥夺人的主体性和感觉丰富性、整体性、中心性、同一性等思维方式的批判与解构。① 代表人物主要有美国哲学家理查

① [美]理查德·罗蒂. 文化政治哲学[M]. 北京：北京大学出版社，2011.

德·罗蒂(Richard Rorty)、法国哲学家雅克·德里达(Jacques Derrida)和后现代思潮理论家让·弗朗索瓦·利奥塔(Jean Francois Lyotard)。后现代主义思想的主要特征表现在：

一是怀疑与否定的思维特征。后现代主义对任何一种被奉若神明的前提和假定都提出质疑，志在摧毁传统、封闭、僵化的思维方式。

二是消除判断的价值取向。后现代主义主张摒弃表达认识深度的模式，消解阐释的必要性，赋予不同的话语以平等的权利。

三是非中心化和反基础、反权威的解构策略。

四是实用性的知识观。把知识看作按一定的规则而建构起来的一套语言，是再现人类认识世界活动的最基本的体现。

五是多元化的方法论。后现代主义强调文本的多义性和解释的无限性，允许采用任何方法容纳一切思想。①

西方涌起的后现代主义思潮观念与思维范式对现代教育产生了强烈的冲击，后现代主义教育思想提倡平等对话、重视多元化、强调开放与创新，后现代主义课程观就是在其影响下产生的。在众多的课程理论流派中，最引人注目的是美国著名后现代主义课程理论专家小威廉姆·E. 多尔的后现代课程观。他深入研究并吸收杜威的“变化”理论和经验主义思想、怀特海的“过程”哲学、皮亚杰的课程建议等，建构了后现代主义课程体系。他提出，课程的设计是开放的、动态的、过程性的；课程目标不是预设的，而是生成的；课程内容不应是绝对客观和稳定的知识体系；课程实施不应注重灌输和阐释；课程评价尊重价值多元，关注学生的组织建构能力，以及学生的自我意识和创造性；课程参与者即是课程的开发者和创造者；课程是师生共同探索新知、共同参与对话的过程。

后现代主义课程观对学前教育课程的实践与发展有着重要的指导意义。在学前教育课程与教学实践中，应注意将原来静态的、预设的课程转变为动态的、过程性的课程，即课程与教学应注重过程而非强调结果，注重教师、儿童、环境、教学内容之间的动态交互作用。课程与教学目标不是预设的终极目标，而应更多地关注儿童的兴趣和需要；课程与教学内容应包含多方面，各个领域相互衔接、

---

① 陈文华．幼儿园课程论[M]．北京：科学出版社，2011：11-12.

配合，将知识内容与儿童的实际生活相结合，注重儿童的全面发展。课程与教学实施应当打破师生地位不平等的格局，强调教师与儿童的平等对话，应鼓励、引导儿童表达自己的感受与想法，促进教师与儿童的互动。课程与教学评价应避免以量化测验为手段，提倡评价标准的动态性、多元化，要以和谐的师幼关系为基础来，并理解儿童之间是有差异的，评价要求尊重个体差异，多采用纵向评价，关注儿童在原有水平上的发展；评价主体应是多元的，教师和儿童都参与评价，做到教师评价、儿童自评和师幼互评相结合；采用多元的评价形式，应以过程性评价为主，结果性评价为辅，将评价更多地着眼于儿童的观察、思考、解决问题，着眼于儿童在学习过程中的兴趣、态度和情感。

后现代主义课程观是适应社会发展而提出的新的课程理论，为课程与教学的研究提供了新的视角，其主张的课程目标的生成性、过程性，课程内容的丰富性、建构性、开放性，课程实施的参与性、主动性，课程评价的差异性、多元性，提倡师生关系的平等性、交流性，注重学生的自由发展以及个性、创造性、批判精神的培养等，对现代课程与教学产生了重大影响。后现代主义课程观有先进性、优越性，但也存在弊端与局限性。它在大力提倡“不确定性”“差异性”的同时容易陷入相对主义、虚无主义的误区；过分注重个体自由发展，势必将失去目标，一味地“消沉”放纵自己，易陷入理想与精神的困境；由于缺乏稳定的目标，课程与教学改革也将失去持续发展的目标，阻碍其深入开展等，这一系列问题所造成的影响是值得我们反思的。此外，理论本身就是富于理想主义色彩，重批判轻建设，在操作性、可行性方面有很大的局限性。

第二节　学前教育课程与教学的社会基础

19 世纪末 20 世纪初，随着西方工业社会的发展，尤其是 20 世纪以来科学技术的迅速进步，现代教育在提高生产、促进经济发展方面显示出日益重要的作用，教育与社会的关系更加密切，教育社会学开始从社会学中分化出来，研究者开始以社会科学为原理，研究教育现象、教育问题及与社会之间的相互制约关系，开始从社会背景下剖析社会与教育、课程的关系，并作为课程研究的理论依据。诚如布鲁纳所言，“离开了社会背景，课程争论的意义也就黯然失色”。课程离不开社会背景，而课程理论的建构也应当以社会学为基础。

社会学作为学前教育课程与教学的理论基础，对学前教育课程与教学理论与实践具重要的影响。学前教育课程与教学作为人类社会文化的重要组成部分，受到社会政治、经济、文化等因素的影响和制约，同时也因其保存、传递或重建社会文化的职能而对社会发展和人类文明产生重要作用。

一、功能理论

功能理论也称结构功能主义，形成于第二次世界大战后，占主导地位的人物是社会学的学科奠基人涂尔干(Émile Durkheim)和美国社会学家塔尔科特·帕森斯(Talcott Parsons)。结构功能主义由社会有机体论和早期功能主义发展而来，主张用功能分析方法认识和说明整个社会体系和社会制度之间的关系，以及社会结构和制度对行动者的约束和影响。功能理论以“结构与功能”“整合”“稳定”等概念为基础，强调社会整合、共同的价值观念和社会稳定，突出社会成员所持有的价值取向对于维系社会整合，稳定社会秩序的作用。功能理论在社会学上的基本观点为：①社会是由许多不同部分构成的一个相对稳定和持久的结构，社会结构的各个部分对社会整体发挥着各自的功能。②社会因价值共识而整合。在整体中，某一部分的变化可能影响整体结构，但它不会破坏社会结构的协调和平衡，其关键性原因是社会中存在着共同的价值观和社会观。③社会的变迁尽管存在，但它总是处于稳定和和谐的状态。①

社会是一个由具有不同功能的子系统所构成的有机体，各子系统虽然功能不同，却共同遵循社会的共有价值观念。教育的目的“在于使年轻一代系统地社会化”，它作为社会的一个子系统，在社会大背景下，必须调整自身的功能以适应社会的现代化发展。课程与教学作为教育的核心，通过文本的形式传递社会的集体意识，进而通过这种价值观念的传递，获得意识上对社会的认可，从而实现社会的团结和稳定。

幼儿园是社会组织中的重要组成部分，学前教育作为教育的初级阶段，按照保育与教育相结合的原则，为社会和家长服务。学前教育课程与教学的作用在于

① 陈文华. 幼儿园课程论[M]. 北京：科学出版社，2011：12.

应满足儿童个体的社会化需求，使儿童获得适应社会的知识技能。功能理论对学前教育课程与教学的建议为：第一，强调课程与教学的社会化功能。课程与教学的目的在于使儿童社会化，应根据社会发展对各级各类人才的规格和要求，确定课程与教学的理念、内容、实施方式，规范儿童的行为和思想，以达到维护社会稳定和遵守社会秩序的目的。第二，课程内容生活化。在设计、组织、实施学前教育课程与教学时，主张与幼儿的社会生活、感性经验联系起来，与人的多方面发展需求相适应，提高适应社会变化的能力。第三，重视社会对课程发展的促进作用。把社会作为课程资源的生产主体和传递主体，充分调动社会的教育因素和教育功能，利用网络化、信息化的社会环境，使学前教育课程实践在与社会的紧密交流中进行，将学前教育融入学习型社会的发展大潮中，实现课程与教学的开放化、可持续发展，有效地促进儿童的社会化发展、个性化发展和自主发展。

二、冲突理论

冲突理论与结构主义相左，20 世纪 50 年代后流行于西欧和美国，着重探讨社会冲突的本质和根源，冲突的类型、预防及其在社会生活中的作用，强调社会整合、权利差异和社会变化。该理论的代表人物有德国的马克斯·韦伯(Max Weber)、卡尔·马克思(Karl Marx)和美国的兰德尔·柯林斯(Randall Collins)，塞缪尔·鲍尔斯(Samuel Bowles)与赫伯特·金蒂斯(Herbert Gintis)。德国学者韦伯认为社会冲突是人为的且可以而且应该被改变的，社会本身就是由特定阶级为强化从属阶级的控制而建构的，各群体之间连续不断的斗争，导致了社会是始终变化的；美国学者柯林斯指出学校的主要作用是传递特殊的身份文化，即使学生具备担任社会角色的语言、行为、价值观念，而且学校传授的科学技术知识，本身也可能是一种特殊身份文化的一部分；鲍尔斯和金蒂斯认为课程是社会结构再生产的工具，把维护统治者的劳动观念、权威观念、社会规范和价值观念，以各种潜移默化的方式渗透到学校课程中，使学生在头脑中不知不觉再生产统治者的意识形态。

从冲突论的角度出发，学前教育课程与教学作为社会结构再生产的工具，能够传递特殊的社会身份文化，体现统治者意图。通过课程与教学传递文化、训练思想与培养情感，以直接或间接、显性或隐性的方式从儿童开始，培养良好的国家公民意识。教育的结构体现着社会生产关系，教育中的不公平现象扎根于社会政治经济制度之中，而依靠课程与教学改革无法改变社会结构。

三、互动理论

互动理论也称解释理论，20 世纪六七十年代曾经盛行一时，到 21 世纪仍然是很有影响力的社会理论流派。解释理论属于微观社会学，包括知识社会学、符号互动论、民俗方法论等，它提出社会结构最终是由个人的行为和互动所构成和保持的。美国社会学家、社会心理学家乔治·赫伯特·米德(George Herbert Mead)从社会行为主义的立场出发，阐释了心灵和自我如何产生和发展于个体运用有意味的符号进行的社会性互动过程之中，探讨了心灵、自我和社会的内在统整关系。他认为人类有制造和使用符号的能力，通过符号进行交往。凭借这种能力，人类得以不断地用符号象征化各种客观事物、思想以及事实上他们经历的任何阶段，并进行交流；通过角色领会对他人的姿态、行为等进行解读，在此基础上形成互动。角色领会是一种视他人的态度和意向而行动的能力，互动的产生和维持有赖于自我和他人角色的萌发和确认，心智和自我的存在就是人类互动的结果。个体也只有以各种社会关系和社会互动为基础，并借助于他在一个有组织的环境中与其他个体进行的经验性的相互作用，从而获得自我意识。

互动理论对学前教育课程与教学的贡献在于：第一，师生之间的互动就是运用符号进行的互动，在教学情境应涉及一些概念，如符号、自我概念、定义以及社会互动，教师有目的地通过教授文化科学知识和技能来指导儿童学习，以使其身心获得全面发展。第二，师生在课程与教学活动中扮演好各自的角色。教师作为社会的委托者，应使学生参与教学交往和承担角色，内化其所从属的课程与教学的结构，使学生获得个体自我和社会方面的发展。第三，心智是人类在社会过程中与其他个体进行的外在姿态对话的内化，儿童心灵和自我的产生与发展都离不开教学交往，在教学过程中应多提供教师与儿童、儿童与同伴之间的有效互动。为更好地实现教学互动要求，教师应适当地转换角色，由传统的“师道尊严”式的教师角色转换为学生学习和生活的指导者、促进者，并以此作为进行互动的基础，拉近教师和学生的距离。

综上所述，社会发展对儿童素质发展的一般要求是学前教育课程与教学设计与实施的依据，受不同的社会生产力发展水平和状况的影响，社会文化价值观念会通过各种渠道影响学前教育课程与教学的实施。社会学理论探讨课程与教学和社会的关系，注重对社会结构、社会情境、社会互动、师生关系等方面的研究。课程与教学具有时代性，在这样的背景下，我们应该用多元的视角来审视课程与教学，借助社会视角的分析，更清晰地了解课程与教学的社会制约性以及它要发挥的社会功能，以促进社会和学前教育的相互协调发展。

第三节　学前教育课程与教学的心理学基础

对学前儿童实施全面发展教育是学前教育的基本出发点和落脚点，在编制学前教育课程与教学过程中，涉及对学前儿童学习过程本质问题的思考。心理学探讨了学习活动、学习内容和学习方法等，对学前教育教学具有重要的作用。自赫尔巴特以来，心理学就成为课程与教学的理论基础之一，并产生了各种心理学流派，包括行为主义心理学、认知心理学以及社会文化建构心理学，对课程与教学的实践产生了不同程度的影响。

一、行为主义理论

美国心理学家华生(Watson，J.)等人创立了行为主义理论，代表人物还有斯金纳(Skinner，B.)，他们认为人类学习是受社会及环境影响，幼儿从经验中了解到不同行为的后果，学会符合适应环境的行为。作为心理学的重要理论流派之一，行为主义理论对幼儿园课程与实践所产生的影响十分重大。

(一)行为主义理论的主要观点

行为主义理论认为，环境塑造幼儿的行为，其中人扮演了重要的角色，人应该顺应社会文化，避免偏离社会的规范；主张通过正面鼓励强化幼儿的良好行为，通过惩罚减少行为偏差。

华生认为学习是通过刺激—反应产生新旧知识之间的联系，从而引起行为变化的活动，是不断试错的过程。斯金纳在早期行为主义的基础上，提出操作性条件反射的概念，认为人类活动主要是操作性行为，学习就是通过操作性条件反射达成的。行为习得与强化有关，可以通过强化塑造儿童的行为，并通过练习不断重复强化。

(二)行为主义理论对学前教育课程与教学的影响

行为主义理论对学前教育具有深远的影响。教育者通过正面的奖励，鼓励幼儿养成良好的行为习惯；通过惩罚减少或消除偏差行为。美国的直接教学模式(The Direct Instruction model)也是建立在行为主义理论基础之上，特别是斯金纳的新行为主义理论基础之上。直接教学模式坚持教师的主导作用，认为教师应通过有目的、有计划地组织与设计儿童—环境之间的互动，促进儿童的学习。该教学模式采用程序教学的方法，以小步递进的方式进行，教学过程则采用强化和反馈的方式，加强儿童的行为习得。

此外，行为主义理论对特殊儿童的教育也具有积极影响。尤其是当前关注学前融合教育的背景下，合理运用行为主义理论对指导教师培养有特殊需要的儿童，通过行为训练发展有特殊需要儿童的学习技能，推动幼儿园全纳课程建设与发展具有重要作用。

二、认知心理学

20世纪50年代末，在苏联人造卫星上天的直接刺激下，美国教育开始了战后的第一次课程改革。学前教育课程作为认知性学科，与心理学有着密切的关系，皮亚杰(Jean Piaget)的认知发展理论正好迎合了教育工作者为课程改革所要寻找的理论依据，此后不少学前教育工作者将他的理论运用于学前教育课程与教学实践之中。

(一)皮亚杰的儿童认知发展阶段论

皮亚杰是近代最有名的心理学家，他的认知发展阶段理论一定程度上影响，甚至支配着儿童认知发展的理论研究，成为这个学科的典范。他认为，“儿童的发展是一个循序渐进的过程，教育要尊重儿童智力的发展特点”，并将儿童的认知发展分为四个阶段：感知运算阶段、前运算阶段、具体运算阶段、形式运算阶段。①感知运算阶段(0~2岁)，这个阶段的儿童的主要认知结构是感知运动图式，认为客体永久存在，尚无运算能力；②前运算阶段(7~11 岁)，儿童以自我为中心，将感知动作内化为表象，能够运用语言和符号，具有初步的思维能力，思维具有不可逆性；③具体运算阶段(7~11 岁)，在少年时期，认知结构发展为运算图式，具体逻辑思维，群集运算能力，去自我中心化，思维具有可逆性；④形式运算阶段(11 岁开始)，青少年思维形成，达到抽象逻辑推理水平，能运用符号进行运算，思维具有更大的弹性和复杂性。这四个阶段揭示了儿童认知产生和发展的规律性。

(二)建构主义发展观

皮亚杰认为，儿童的智力发展是一种自我建构的过程，是个体与环境相互作用，他用图式、同化、顺应和平衡来解释这一发展过程。图式是指儿童对环境进行适应的认知结构；同化即个体将外界因素与自身的智力相结合，将环境因素纳入已有的认知结构当中；顺应是主体改变主观因素，与环境相适应。同化和顺应不断发展以达到动态平衡，就是整个心理的发展过程。影响儿童智力发展的因素还包括成熟、练习与习得经验、社会性经验、平衡化。

在皮亚杰看来，任何知识都发源于动作，动作是联系主客体的桥梁。动作在儿童的智力发展中起着至关重要的作用，智力的发展随着动作内化程度的不断提高而得以进行。因此皮亚杰倡导“活动教学法”，认为活动贯穿于学前教育教学始终，认识的构建以“活动”为基础，活动是根据学前儿童的兴趣所进行的机能行为，学前儿童在积极参与活动中建构知识。

(三)皮亚杰理论对学前教育课程与教学的影响

受皮亚杰认知发展和建构主义理论的影响，学前教育界将他的理论作为学前教育课程与教学设计与实施的基础，从而涌现出认知课程模式，包括高瞻课程(High/Scope)、凯米和德弗里斯(C. kamii & R. Devries)的课程、瑞吉欧(Reggio)课程。

课程与教学设计和实施应以儿童为中心，充分体现儿童的主体性，引导儿童积极主动地探索外界环境。学前教育工作者在日常的课程与教学活动中创设良好的教育环境，提供大量实物材料，让儿童亲身经历、直接感知、动手操作，通过与环境的交互作用来建构知识，促进认知发展；除了外部环境和材料之外，主客体之间的相互作用还离不开教师与幼儿之间的互动，教师在活动中发挥指导作用，在与儿童互动过程中提出问题，引发其思考、探索和发现。教师与幼儿的互动应尊重儿童的认知发展规律和年龄特点，适应不同认知发展水平的儿童，提倡同化为主的游戏活动。

欧洲一些学者将皮亚杰的理论加以修正和完善，并带入社会交往领域，提出了社会建构理论。儿童在社会交往中进行知识建构时，社会情境会引起认知冲突，认知冲突是建构或重组理解网络的重要因素。当儿童与他人活动时，他不仅是在操作物体，还在与他人交往建构；儿童与其他同伴的观点不一致时，可能将自己的行为、观点进行比较，从而引发认知冲突，导致认知结构的重组。儿童与物体之间的交互作用不可能产生认知冲突，能增进认知冲突的动力是在社会交往中产生的，儿童单独活动也可能产生认知冲突，但社会交往有可能激发更高水平的思维活动。儿童在此过程将自己的认知图式与外部冲突进行协调，引起认知冲突的改变，建构新知识。

(四)皮亚杰理论对学前教育课程与教学的启示

1. 教学应充分发挥学生的主体性

在传统的教学过程中，教学围绕教师、课堂和课本展开，教师是课堂的主导者，发挥传授知识的作用，学生作为被动接受者。按照皮亚杰理论，教学活动要与学生的图式发生作用，教师应为学生创造学习条件，让他们在亲身实践中建构知识。《幼儿园教育指导纲要(试行)》指出，幼儿园应以游戏活动作为基本活动。活动必须以儿童的兴趣为先决条件，教学活动应围绕幼儿展开，教师扮演指导者和引导者的角色。

2. 强调适时适度原则

在学前教育课程与教学中，应特别强调适度适时的原则，根据儿童认知发展的不同阶段的特点设计教学活动、选择教学内容进行有针对性的教育，不能以成人的思维方式选择知识、传授经验，在教学过程中应适应儿童的认知思维方式，切勿操之过急。

3. 应用促进智力发展的因素

影响儿童智力发展的因素有成熟、社会因素、平衡化及经验。成熟指人的思维观念的转变，这一过程往往伴随着周围环境的改变而发生，经验因素包括物理经验和思维经验，在教育教学中应重视儿童好奇心强、活泼好动、乐于探索、热爱思考等特点，并充分根据儿童的不同年龄阶段的特征，创设丰富的情境，鼓励其进行积极活动、亲身实践、观察生活从而获得更多经验、促进认知发展；社会因素包括社会文化、社会语言、人际交往、家庭等。社会因素对儿童的影响是潜移默化的。在学前教育课程与教学中应着力营造社会情境，在活动中促进儿童人际关系的发展，培养其应对和解决问题的能力，让儿童在与社会环境的交互作用中获得生活经验，以便更好地适应社会环境。主体的认知结构与环境相互适应的过程称为平衡化，平衡是动态的。在儿童已有的认知基础上，反复同化，面对新刺激时出现顺应，儿童的智力在与外界环境相互作用中逐渐发展成熟。在学前教育课程与教学中应格外重视儿童自身与环境之间的平衡，充分了解其已有的认知水平，发挥教师在教学过程中的引导作用，通过启发、诱导与整合，将系统的知识学习与儿童的实践活动有机结合起来，提高儿童主动获取知识和运用知识的能力，达到符合环境要求的动态平衡。

三、社会历史发展理论

(一)维果茨基的社会历史发展理论

苏联的卓越教育家、认知心理学家维果茨基(Lev Vygotsky)提出社会文化历史理论，强调文化、社会对儿童心理机能的影响。从起源上看，他将心理机能分为两类，一类是作为动作进化结果的低级心理机能，是自然发展的结果，是种系发展的产物；另一类是作为历史发展产物的高级机能。维果茨基认为："无论在历史发展过程中还是个体发展过程中，心理活动的发展应被理解为对心理机能的直接形式，即'自然'形式的改造；运用各种符号系统对心理机能的间接形式，即'文化'形式的掌握。"从这个意义上说，人的心理发展的源泉与决定因素是历史进程中不断发展的文化，而文化是人的社会生活与社会活动的产物，人的心理活动是社会学习的结果，是文化与社会关系内化的结果。他认为人的心理机能不是从内部自发产生的，而只能产生于人们的协同活动和人与人的交往之中，人所特有的新的心理过程结构最初必须在人的外部活动中形成，随后才可能转移至内部并成为人的内部过程结构。据此，维果茨基阐明了儿童文化发展的一般发生法则："在儿童的发展中，所有的高级心理机能都两次登台：第一次是作为集体活动、社会活动，即作为心理间的机能；第二次是作为个体活动，作为儿童的内部思维方式，作为内部心理机能。"这种从社会的、集体的、合作的活动向个体的、独立的活动形式的转换，从外部的、心理间的活动形式向内部的心理过程的转换就是内化过程。

维果茨基还提出了反映教学与发展内部联系的重要概念——"最近发展区"，即学生现有的独立解决问题水平和通过成人或者更有经验的同伴的帮助而能达到的潜在发展水平之间的区域。儿童的智力发展有两种水平：一种称为现有发展水平，指儿童当前所达到的智力发展水平；另一种是即将达到的发展水平，指儿童在当前发展阶段还不能独立完成，需要通过成人或有能力的同伴的合作和帮助来完成任务，这两种水平之间的差距就是最近发展区。在儿童的发展总进程中，最近发展区是动态地变化的，教育要针对儿童智力发展的这两种水平，兼顾儿童发展的过去和未来，教学要走在儿童发展之前并发挥指引作用。

维果茨基的最近发展区理论认为，人类较高级的心理机能，包括思维、记忆、注意力、创造性和对符号系统的控制，特别是语言，都发生在人的社会交往之中。语言在人的认知发展中起着重要的作用，是人类为了组织思维而创造的一种最关键的工具，概念和知识都寓于语言之中，语言是思考和认知的工具。儿童运用语言符号和概念进行思考时，就不再需要具体的事物呈现在他们面前，从而激发了儿童的想象思维。儿童可以借助语言与他人进行互动，促进文化和思维交流，因此在教学中只有培养学生的语言运用能力，特别是交际能力，才能使学生在社会交往中运用语言有效地获取信息。

在维果茨基的理论中，除了"最近发展区"还有鹰架教学(脚手架教学)，这个概念都对学前教育课程与教学理论和实践产生了重要的影响。

鹰架教学也称脚手架教学，即儿童通过与一位比自己知识更渊博的人互动来建构社会所需的智能。在具体实践活动中，指导儿童学习一项新的概念或技巧时，可通过提供足够的资源来提高学生的学习能力，使用"鹰架"并没有使任务本身发生变化，但是学习者借助他人给予的帮助，使原先所要做的事情变得简单了，尔后逐渐地减少给予帮助，而学习者的行为责任却增强了。对儿童的帮助就像建筑一所鹰架，但当墙壁能够独自撑持时就要把鹰架逐渐拆掉，直到儿童能自己独立行动。

(二)维果茨基的理论对学前教育课程与教学的影响

维果茨基的理论对学前教育课程与教学的编制和实施产生了深远的影响，主要包括：①学前教育课程与教学应该能够促进儿童获得智慧和社会交往技能，特别是语言这一心理工具对儿童心理机能的发展具有重要作用；②学前教育课程与教学设置既要符合儿童的发展特点，又能对儿童的认知具有挑战性；③学前教育课程与教学能够为儿童提供帮助，对儿童的思维提出挑战，并使儿童获得满足感和成功感，不仅能促使儿童思维能力的发展，也能帮助儿童建立自信心；④学前教育课程与教学还应为儿童提供文化工具，帮助儿童适应外部世界和文化环境。

根据维果茨基的最近发展区理论，儿童的智力发展需要通过与成人或有能力的同伴的合作和帮助才能得以成长，因此，学前教育课程与教学的设计与实施应在儿童最近发展区的独立行为水平与在他人帮助下能够达到的行为水平之间提供更多类型的互动，包括儿童与水平相同的同伴之间的互动和与不同水平的同伴，或与教师、成人的互动等，来促进儿童心理机能的发展。

学前教育课程与教学实施在强调教育与儿童互动的同时，也要注重教师在互动中的作用。鹰架教学强调教师在儿童的学习过程中为儿童提供帮助。教师应依据儿童的不同需要，根据儿童的“最近发展区”，以相应的方式引导其掌握、建构、内化那些与自身年龄的认知水平相一致的知识，对那些超出学习者现有能力的部分加以控制，从而使儿童将精力集中到他们力所能及的内容上，并快速地掌握它们。随着儿童的能力不断提高，应逐步撤走教师所提供的帮助，将学习的控制权渐渐移交给儿童，使其独立完成任务。在教学中，教师可以通过创设儿童有兴趣参与的、处于其最近发展区中的问题情境，搭建支架，引导儿童进入问题情境。教师应提供不同类型的“支架”，如榜样、暗示、激励、提示、给予部分答案、出声交流以及直接教学、讲解、示范、启发式提问、开放式的讨论，以及对儿童独立学习的支持，包括情感的回应、环境的设置、增加兴趣、额外的鼓励等。“儿童在教育情境中与同伴或教师共同进行探讨，在共享集体思维成果的基础上达到对当前所学知识和所探索事物的比较全面、正确的理解，最终完成对所学知识和所探索事物的意义建构。”①

维果茨基的理论衍生出两种有效的评价方式：过程性评价与动态性评价。在儿童的发展总进程中，最近发展区随着个体的成长而变化，针对每一个儿童个体的最近发展区的动态和发展的特性，教师应该采取过程性评价和动态性评价方法，重视教育的过程，不过分关注成绩的考察；重视儿童发展不同阶段的现实情况，不仅评价儿童的独立行为水平，还要关注儿童在各种条件帮助下的潜在发展水平。也就是说，教师在对儿童进行评价时，应该使用动态的评价技术和方法，从多方面观察、评价和分析幼儿的长处和不足，将这些信息作为服务于儿童的出发点，并以此为依据选择和设计教学内容，使评价成为促进每一个儿童充分发展的有效手段。适时适度地对儿童的行为进行评价时，要多用肯定和赞扬的语言，少用否定和批评的语气，以增强儿童的学习自信心，让他们在解决问题的过程中体验成就感，在学习中得到快乐和满足。

学前教育课程与教学设计和实施应注重儿童与环境的交互作用，教师可以通过营造环境、建构开放的教学情境，建构最近发展区，再根据儿童的实际发展情况进行弹性调整。在课堂教学中，学习不是教师机械地传递知识的过程，而应注重在一定的情境中充分激发学生的学习积极性、能动性。

【本章小结】

任何一门学科都有其理论基础，这是学科生存和发展的土壤和根基。课程与教学的理论基础，是指某些学科领域中影响课程目标、课程内容、课程实施、课程评价的一些基本理论。学前教育课程与教学理论是以心理学、社会学、生理学和物理学等学科为客观基础并发展起来的，了解学前教育课程与教学的理论基础，有利于将学前教育理论与实践有效结合。

本章考察学前教育课程与教学的理论基础，目的是明确学前教育课程与教学的信息来源，即要确定课程与教学的基础学科，理解课程与教学是如何与这些基础学科发生作用并受其影响的。只有把握课程与教学的特质，才能更好地理解什

① 王慧．试论维果茨基“最近发展区”理论的现代教学启示[J]．井冈山学院学报，2006(04)：118-120.

么是学前教育课程与教学的问题，继而通过对学前教育课程与教学理论基础的梳理来了解其发展，把握学前教育课程与教学研究的发展趋向，更深入地服务于理论与实践的发展。

【主题词】

学前教育课程与教学基础，哲学，社会，心理，生理，物理

【思考题】

1. 学前教育课程与教学受哪些因素的影响?

2. 试述哲学、社会学、心理学、生理学、物理学对学前教育课程与教学的影响。

3. 社会学理论基础上的学前教育课程与教学有什么特点?

第三章　学前教育课程与教学的历史发展

【本章导读】

课程与教学是一种社会历史现象，本章基于历史的线索和时代的脉络，着眼于学前教育课程与实践，关照学前教育课程与教学思想，对学前教育课程与教学的历史发展进行梳理和论述，以期把握学前教育课程与教学在历史进程中的传承与发展，为未来课程与教学改革指明方向。在学前教育课程与教学的发展历程中，幼儿园课程与教学的发展是其主体，主要因为学前教育机构的主体是幼稚园或幼儿园，因此，本章所考察的学前教育课程与教学以幼儿园课程与教学为主，也涉及其他的学前教育课程与教学。

【知识地图】

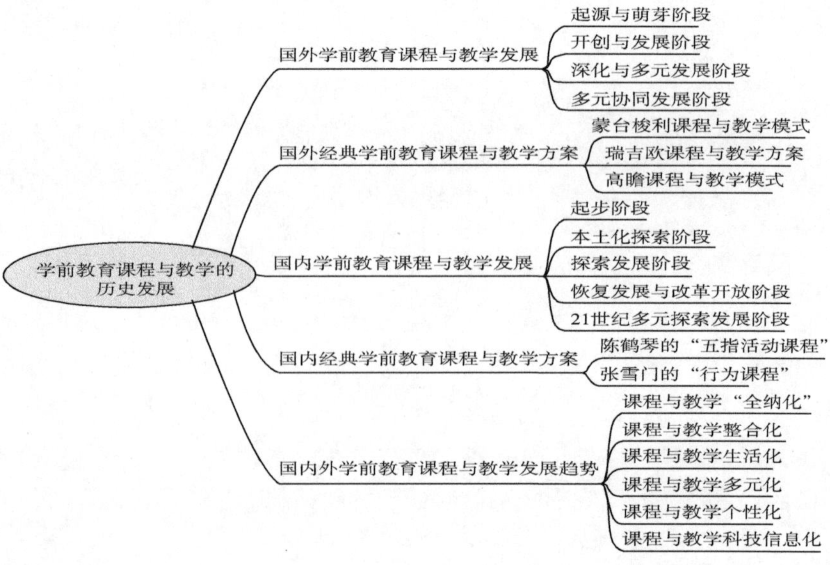

第一节　国外学前教育课程与教学发展

早在17世纪，国外的学前教育课程与教学理论以及思想就已经产生了。欧洲工业大生产的发展，对近代学前教育机构的产生与发展具有极为重要的影响。1816年，英国空想社会主义思想家欧文(Owen，R.，1771—1858)创办了新兰纳克幼儿学校(在改造新兰纳克纺织厂的过程中创办的)，它是英国也是世界上最早的学前教育机构，由此开启了世界各国学前儿童教育的新纪元。1837年，德国教育家福禄贝尔(Fröbel，F.，1782—1852)在勃兰根堡创办了世界上第一所"幼稚园"，对世界各国的学前儿童教育的发展具有深远影响。因此，本节将梳理国外学前教育的历史发展阶段，从不同角度分析国外学前教育课程与教学理论研究以及实践运用情况。

一、起源与萌芽阶段(17—18世纪)

学前教育课程思想可以追溯到幼儿园诞生以前的17世纪。① 这一时期，捷克大教育家夸美纽斯(Comenius，A.，1592—1670)，英国哲学家、政治家和教育家洛克(Locke，J.，1632—1704)，自然主义教育家、哲学家卢梭(Rousseau，J.，1712—1778)和瑞士教育家裴斯泰洛齐(Pestalozzi，H.，1746—1827)等人都提出了学前教育理论，奠定了后期学前教育课程与教学理论的思想基础。

夸美纽斯在《大教学论》《母育学校》《世界图解》等著作中概述了有关学前教育的内容。《大教学论》中提出，"0~6岁，为婴幼儿期间，儿童在母育学校接受家庭教育"，并且他认为"一个人在人生旅途中所当具备的全部知识的种子播种到他的身上"。② 在《母育学校》中，夸美纽斯阐述了学前教育内容，包括保健、德育、智育等。学前教育的教学组织形式是集体教育，他认为同龄儿童在态度和思维方面的进步是相似的，因而集体中的同伴交往更能有效地促进学前儿童智力

---

①　石筠弢．学前教育课程论[M]．北京：北京师范大学出版社，2014：234.

②　[捷克]夸美纽斯．大教学论[M]．傅任敢，译．北京：人民教育出版社，1984：220-221.

的发展。在《泛教论》中，他提倡“母亲督导的班，第一个共同和积极的教学班”，在这里，4~6 岁的孩子在各家母亲们的照管下，相互交往、共同游戏、唱歌、数数，培养良好的习惯和信仰，在尚未进行读写的时候，锻炼情感和记忆。①夸美纽斯认为要采用符合学前儿童发展水平的恰当方法来教育孩子，他认为智力教育最有效的方法是通过感官认识外部世界，还可以运用故事和寓言；他还指出游戏对儿童的身体健康、肢体活动能力以及智力的灵敏性具有重要作用，因而建议父母和成人应支持和帮助学前儿童游戏。总体而言，夸美纽斯首次深入“研究了在家庭条件下学前教育的完整体系，规定了它的目的、内容和基本方法”②，这为学前教育课程与教学的发展奠定了基础。

洛克的代表作是《教育漫话》，该书体现了其“绅士教育”的思想理论，旨在为资产阶级培养有德行、有智慧、懂礼仪、有学问的人。此外，洛克也详细地论述了教育思想体系，最重要的是涵盖了学前儿童教育。他反对天赋的观点，并提出“白板说”。洛克受蒙田的教育理论影响，认为教育主要包括体育、德育和智育，并尤其重视体育，因而《教育漫话》开篇就提出“健全的心智寓于健康的身体”③。在教育形式上，洛克提倡采取家庭教育的形式，原因是学校环境不利于培养绅士，学校人数太多，儿童容易从同伴身上沾染恶习，甚至学校也会采取体罚。④ 洛克的教学原则是培养儿童的学习兴趣，根据不同的学习内容采用不同的方法，如在德育中他采用了说理、榜样示范、练习、正确的惩罚等方法。虽然洛克强调家庭教育而非学校教育，但其教育思想理论对儿童个体发展具有重要借鉴价值，同时对学前教育课程与教学也有重要启发。

卢梭作为 18 世纪法国的启蒙思想家、教育家，他的教育代表作是《爱弥儿——论教育》，他从唯物主义经验论的观点出发，提出了自然教育思想，即遵循受教育者的身心发展潜能来开展教育活动。因此，卢梭的教育目的是培养自然人，即天性得到自由发展的人，最主要的特征是具有独立自主性。⑤ 卢梭将儿童

---

① 任钟印．世界教育名著通览[M]．武汉：湖北教育出版社，1994：340.
② [苏]沙巴耶娃．教育史[M]．北京：人民教育出版社，1995：69.
③ [英]洛克．教育漫话[M]．徐大维，译．上海：上海人民出版社，2014：1.
④ 唐淑．学前教育思想史[M]．北京：人民教育出版社，2009：294.
⑤ 唐淑．学前教育思想史[M]．北京：人民教育出版社，2009：305.

发展划分为四个各具特点的年龄阶段，每个阶段都具有独特的教育内容和方法，例如，0~2 岁婴儿期以身体的养护为主，2~12 岁儿童期以体育锻炼和感官训练为主。[①] 在教育方法上，他重视给予儿童行动的自由，并提出合理的养护和锻炼，他关注儿童语言的发展，强调感觉教育，鼓励模仿学习以及自然后果法的惩罚方式。[②] 虽然卢梭也反对天赋观点，但他不赞同洛克的"白板说"。他主张遵循儿童的自然本性进行教育，其儿童观和教育观确立了学前教育课程与教学的基本理论，并影响了裴斯泰洛齐、赫尔巴特、福禄贝尔、蒙台梭利，甚至杜威等一大批教育家。

裴斯泰洛齐是 18 世纪末至 19 世纪初瑞士著名的资产阶级民主教育家。他主张热爱儿童，尊重儿童，并提出爱的教育理论。他首次明确提出"教育心理学化"的口号，对后世的儿童教育与儿童心理学的研究起到了积极的推动作用。裴斯泰洛齐曾总结自己的教育实践经验，强调"教育的主要原则是爱"[③]，此外还要遵循直观性教学原则和循序渐进性教学原则。裴斯泰洛齐受卢梭的影响，在自然法则以及教育原则基础上，他强调教育的目的是遵循儿童心理发展的顺序，进行心理化教学，"发展各人天赋的内在力量，使其经过锻炼，使人能尽其才，能在社会上达到他应有的地位"[④]。在教育组织形式上，他受洛克的影响，认为家庭教育是最好的教育方式，原因在于家庭的凝聚力是爱，这是最纯洁的形式，也是人类教育中最高尚的因素，因而他认为"如果公共教育要对人类有任何真正的价值的话，它必须模仿家庭教育的优点"[⑤]。裴斯泰洛齐提出学前儿童家庭教育的内容是体育、德育、智育、音乐教育和绘画教育等。[⑥] 总而言之，裴斯泰洛齐的教育思想推动了欧洲各国的教育发展，对后期学前教育课程与教学产生了深远影响。

---

① 石筠弢．学前教育课程论[M]．北京：北京师范大学出版社，2014：238.
② 单中惠，刘传德．外国幼儿教育史[M]．上海：上海教育出版社，1997：122-126.
③ 单中惠，刘传德．外国幼儿教育史[M]．上海：上海教育出版社，1997：137.
④ 张焕庭．西方资产阶级教育论著[M]．北京：人民教育出版社，1979：173.
⑤ 张焕庭．西方资产阶级教育论著[M]．北京：人民教育出版社，1979：197.
⑥ 单中惠，刘传德．外国幼儿教育史[M]．上海：上海教育出版社，1997：147.

二、开创与发展阶段(19世纪)

近代自然科学迅速发展，推动了第一次技术革命，随着欧洲资本主义产业的发展，学前儿童的保护和教育成为亟待解决的社会问题。欧文开办幼儿学校，旨在使工人阶级的孩子摆脱不良的生活环境，培养学前儿童良好的性格，开启了近代学前教育的先河，起初在英国形成一种运动浪潮，以后又波及法、德、美等国。新兰纳克幼儿学校以3~6岁的儿童保育和教育为主，重视智育和德育，也开展舞蹈、音乐和军事训练活动，采用开放式的教学形式(不局限于室内)，提倡实物教学、集体游戏，这为早期学前教育课程与教学奠定了基础。

福禄贝尔是德国19世纪著名的幼儿教育家，他创办了世界上第一所幼稚园，建立了比较完整的幼儿园教育体系，在外国教育史上被誉为“幼儿教育之父”。福禄贝尔的代表作是《人的教育》，他认为教育的目的是唤起和发展潜藏在人体内部的“上帝的本源”，促进儿童本能(活动的本能、创造的本能、艺术的本能和宗教的本能)的发展，因此他坚持发展和教育应适应自然的原则。① 为了实现教育目的，福禄贝尔为儿童设计的课程内容包括游戏、作业和语言，其中游戏以福禄贝尔设计的六种恩物为主要玩具来开展；作业是一种教育活动形式，也会运用恩物进行绘画、手工、拼图等活动，还包括一些劳动作业，如照料植物；此外，在游戏和作业过程中，福禄贝尔注重开展歌唱、朗诵、讲故事等活动以引导学前儿童语言的发展。福禄贝尔受裴斯泰洛齐的影响，他也强调家庭教育的重要性，同时注意采用直观性教学的方式开展学前儿童教育活动。总之，福禄贝尔的学前教育思想涉及学前教育课程观、教学内容、教育方法等，推动了学前教育课程与教学逐步走向规范。

三、深化与多元发展阶段(20世纪)

20世纪教育的一个最基本的特征是：教育在不断地进行改革，不断地发生

---

① 唐淑．学前教育思想史[M]．北京：人民教育出版社，2009：326-330.

着变化。[1] 因此，学前教育也在原来的基础上产生了新发展，并伴随社会环境的变化而改变，学前教育课程与教学呈现多元化趋势。瑞典学者爱伦·凯(1847—1926)在1899年预言："20世纪是儿童的世纪。"

(一)19世纪末至第二次世界大战以前

第二次工业革命之后，西方国家飞速发展，产生了以欧洲"新教育运动"和美国"进步主义教育运动"为代表的新教育思潮，并逐步形成一场范围广泛的教育革新运动，开展了各式各样的课程与教学实验，对现代欧美教育，包括学前教育的发展有很大影响。

19世纪末，伴随美国政治和经济的发展，为了改变福禄贝尔教育的形式主义，从儿童实际、美国社会生活实际出发，开启了声势浩大的教育革新运动——进步主义教育运动，并一直持续到20世纪50年代，代表人物有心理学家斯坦利·霍尔(Hall, S.)和哲学家、教育家杜威。杜威提出了"教育即生长""教育即生活""教育即经验的改组""做中学"等重要观点。杜威强调以儿童为中心，他认为教育目的是培养儿童适应社会生活的能力，主张学前儿童课程要把游戏和家庭日常生活联系起来，在现实生活中得到发展。在霍尔和杜威思想的引导下，美国出现了进步主义幼儿园运动，开展儿童研究、教育实验和教育调查，重视儿童在教育中的主体地位，强调自我教育、创造性活动、社会合作活动以及劳动在儿童发展中的作用。

20世纪初期，意大利教育家蒙台梭利创办"儿童之家"，并于1912年出版了《蒙台梭利方法》。蒙台梭利教育的目的是运用科学的方法，促进学前儿童的发展，培养具有"独立、自主"精神和善于工作的人。[2] 蒙台梭利教育的内容包括日常生活教育、感官教育、语言和数学四个基本领域，此外还涉及音乐、艺术、运动和戏剧。

1913年，英国的麦克米伦姐妹在原有的普特福德学校治疗中心的基础上，发展为"野外保育学校"，其宗旨是确保贫民和工人家庭子女的健康、预防流行

---

① 陆有铨．躁动的百年：二十世纪的教育历程[M]．济南：山东教育出版社，2001：1.

② 郑建成．学前教育学[M]．上海：复旦大学出版社，2007：276.

疾病。这奠定了英国保育教育的基础。麦克米伦开设的保育学校教学以福禄贝尔方法为基础，又从蒙台梭利的环境论及其教具设计中得到许多启发的，重视每个儿童的个性发展，教学形式以自由游戏为主，反对形式主义的教学，并注重为所有幼儿创设良好的教育环境，提供教育。①

后续还出现了银行街(Bank street)课程模式、华德福课程模式等，在此我们就不再赘述，在本章第二节中将详细阐述。

(二)“二战”后至80年代初的学前教育

英国、美国等国家意识到学前教育的社会价值，开始发展学前教育，并开始扩大5岁以前的学前教育。在当时的幼儿园里，没有任何正式的课程，幼儿以自由活动为主。美国心理学家布鲁姆关于儿童早期智力发展的观点受到许多国家的重视，加强早期智力开发成为美、苏、日、德等国教育改革的重要内容之一。②在此背景下，当时的学前教育课程主要用于训练幼儿的感觉，培养其观察事物的能力，以获得关于自身与环境的知识，养成良好的习惯和品行，促进幼儿的身心健康发展。

1965年，美国开始实行“开端计划”(Head Start Program)，主要为贫困家庭4~5岁的学前儿童提供免费的学前班，课程内容包括体检、治病、自由游戏、集体活动、户外锻炼、校外活动、文化活动等，旨在实现“教育机会均等”。

这个时期的课程模式包括瑞吉欧课程(Reggio)、高瞻课程(High/Scope)、基于皮亚杰的课程模式(Piaget-based Curriculum)、发展适宜性实践(Developmentally Appropriate Practice)等。此时，蒙台梭利教育也开始复兴与发展。

(三)20世纪80年代至90年代末

在这一时期，伴随新技术革命的发展，在系统反思六七十年代教育的基础上，开始了以整体性、综合性为特点的教育改革运动。③ 多种形式和多功能的学

---

① 周采，杨汉麟．外国学前教育史[M]．北京：北京师范大学出版社，2012：146.
② 周采．国外学前教育的主要发展趋势综述[J]．外国教育研究，1999(05)：52-54.
③ 周采，杨汉麟．外国学前教育史[M]．北京：北京师范大学出版社，2012：177.

前教育机构相继产生与发展，人们对学前教育进行了更深入的理解和探讨，并加强了学前教育立法，保障学前教育机构的顺利开展。1985 年，在日本召开的“日、美、欧幼儿教育、保育会议”提出从“智育中心”转向幼儿个性的全面发展，学前教育目标强调面向全体学前儿童，指向个性化、全面化发展，尤其注重整体发展；并在此背景下开启了学前教育课程与教学的改革，课程发展逐步从“生活化课程”转向“综合化课程”；同时，伴随多元文化教育的发展，学前教育也开启多元化模式，如活动形式呈现出不同文化特征和民族特色，教具也体现了多元文化的要求，等等。

四、多元协同发展阶段(21 世纪)

21 世纪以来，世界各国在大力推进学前教育事业发展的同时，进一步促进教育公平，保障每个儿童公平享有优质学前教育的机会。为保障多元化、高质量的保育和教育服务，学前教育机构体系呈现多样化、覆盖面广、服务对象多元化的特点。例如，在美国，克林顿总统于 1994 年颁布《2000 年目标：美国教育法》；2001 年颁布了《不让一个儿童落后法》；2011 年，美国教育部与卫生及公共服务部联合发布了《力争上游——早期学习挑战》计划(*Race to the to Early Learning Challenge*)，等等。这些法律的颁布都是为了促进学前教育质量，并且推动了国家主导的政策法规下的学前教育课程与教学发展。

第二节 国外经典学前教育课程与教学方案

西方国家的学前教育课程纷繁复杂，这些学前教育课程依据一定的教育理念，密切联系国家的政治、经济、社会、文化，并随着国家或社会的变迁而发生变化。

一、蒙台梭利课程与教学模式

蒙台梭利(Montessori, M. 1870—1952)是意大利幼儿教育家，是世界上第一位杰出的女性幼儿教育家，被誉为世界教育史上自福禄贝尔以来影响最大的人物之一。蒙台梭利最初研究智力缺陷儿童的心理教育问题，后来也关注正常儿童的教育实验。1917 年，她在罗马的贫民窟创办了"儿童之家"(Children's House)，并相继开设蒙台梭利学校的教师培训班，盛行于欧洲，后续因法西斯政权影响而导致推行受到阻碍；20 世纪 60 年代，蒙台梭利教学法得以复兴发展，至今仍在世界上具有广泛影响。

(一)蒙台梭利教育理念

蒙台梭利在卢梭、裴斯泰洛齐、福禄贝尔的自由教育观点的影响下，提出了自己的教育理论，体现出她对儿童及其发展的理解，也就是她的儿童观和儿童发展观。

首先，儿童发展具有"内在潜能"。蒙台梭利认为，"存在一种神秘的力量，它给新生儿孤弱的躯体一种活力，使他能够生长，教他说话，进而使他完善，我们可以把儿童心理和生理的发展说成一种是'实体化'"①。由此，蒙台梭利认为遗传是第一位的，重视遗传素质和内在的生命力。

其次，儿童发展具有"吸收性心智"。蒙台梭利认为，人有生理和心理两个胚胎期，而心理胚胎期是人类所独有的。自新生儿出生之时，心理胚胎期就已经开始了。婴幼儿能从周围环境中获取信息，并能够无意识地、自觉地形成各种心理活动，从而促进心理的发展。

再次，儿童发展具有"敏感期"。蒙台梭利在《童年的秘密》一书中首次提出儿童发展的"敏感期"这一观点。蒙台梭利认为"敏感期"也是"内在潜能"的具体体现，不同的年龄阶段、不同的感官具有不同的敏感期，并在此基础上提出个别化教学的观点，从侧面反映了蒙台梭利关于儿童的自由教育理念。

(二)蒙台梭利课程与教学目标、内容与方法

蒙台梭利课程与教学目标是采用科学的教育方法，激发儿童的"内在潜能"，培养儿童具备独立思考、自律、自信的品质，成为身心均衡发展的人(见表3-1)。

---

① [意]蒙台梭利．童年的秘密[M]．马荣根，译．北京：人民教育出版社，1990：30.

【知识链接】

表 3-1　　儿童一日生活作息表①

9:00—10:00	进校、问好、检查个人的卫生情况；日常生活练习：相互帮助穿脱工作围裙、仔细检查教室；对话时间：儿童叙述前一天发生的事情；宗教活动
10:00—11:00	智力练习、命名练习和感官训练
11:00—11:30	简单的体育活动。进行日常动作练习，身体的正常姿态、行走、直线行进、敬礼、注意力的移动、优美地放置物体
11:30—12:00	午餐：简短的祷告
12:00—13:00	自由游戏
13:00—14:00	指导性游戏。如果可能的话，在户外进行。年龄稍大的儿童轮流进行日常生活练习、清洁教室、除尘、把东西按照顺序放好。对话时间：对清洁的检查
14:00—15:00	手工工作：陶土制作、设计等
15:00—16:00	集体性体育活动和唱歌。如果可能的话，在户外进行。参观和照顾动植物

蒙台梭利课程与教学体系涉及日常生活、感官、数学、语言、科学文化、历史、地理、艺术等领域，其中日常生活练习、感官训练、肌肉训练和初步知识的学习四个领域是关键内容。② 日常生活练习旨在培养儿童的独立自主能力，引导儿童掌握生活技能，形成良好的生活习惯。感官教育是基本的智力活动，具体活动过程坚持循序渐进和自我教育的原则，采用不同的方法和材料进行不同的感觉训练。肌肉训练旨在促进儿童身体的生长发育，训练儿童动作的灵活性和协调性，并由此锻炼儿童的意志和合作精神。此外，蒙台梭利还设计专门的器具以协助发展，安排了听音乐走线、跑步和跳跃等练习游戏活动。初步知识的学习包括

① ［美］斯泰西·戈芬，等．课程模式与早期教育(第二版)［M］．李敏谊，译．北京：教育科学出版社，2008：74.

② 朱家雄．幼儿园课程(第二版)［M］．上海：华东师范大学出版社，2011：209-210.

阅读、书写和算术，同样会借助一些教具进行训练。

(三)蒙台梭利课程与教学实施——有准备的环境

蒙台梭利认为儿童发展是在与环境的相互作用中进行的，因此她重视环境的创设，为儿童提供有准备的环境。所谓“有准备的环境”就是采用一套经过组织及协调的材料或玩具，用来促进儿童有效的学习。有准备的环境包括物质环境和精神环境，物质环境主要指各种各样的蒙台梭利教具、符合儿童身形比例的室内设施以及教师自己制作的系列教学辅助材料；精神环境是指为儿童身心健康发展所创设的温馨、舒适的人文环境以及良好的氛围。

【案例讨论】

结合幼儿园环境创设案例，分析如何创设班级环境？

(四)教师的作用

在蒙台梭利学校中，教师依据工作需要扮演不同的角色：首先是“环境的创设者与维护者”。为了对儿童进行教育，教师要为儿童提供具有吸引力的环境，如教学活动场所应美观、明亮、配备齐全等；其次是观察者。在创设的环境中，教师要善于观察并发现不同儿童的特点，引导他们关注周围环境，利用环境中的材料促进儿童发展；再次是榜样示范者。在蒙台梭利学校中，教师很少直接传授知识，因此，教师的示范引导就格外重要。

二、瑞吉欧课程与教学方案

瑞吉欧是意大利北部的一个小城镇，具有良好的艺术传统和人文精神。20世纪60年代以来，洛利斯·马拉古奇(Loris Malaguzzi)与当地学前教育工作者合作兴办和发展学前教育，形成了一套“独特与革新的哲学和课程假设、学校组织方法以及环境设计的原则”。瑞吉欧课程与教学方案被称为欧洲教育改革的典范，对当今世界各国的学前教育产生了重要影响。

(一)理论基础

瑞吉欧学前教育思想立足于意大利的独特文化特点，同时兼容并蓄地吸收了杜威的进步主义教育思想、皮亚杰与维果茨基的建构主义理论，在实践探索形成了独特的教育观念与教育经验。

一是杜威的进步主义教育思想。杜威提出“教育即生长，教育即生活，教育即经验的不断改造”，并提倡“儿童中心主义”的教育理念、“从做中学”的教育原则等，对瑞吉欧教育体系产生了重要影响。

二是皮亚杰和维果茨基等心理学家的建构主义理论。基于皮亚杰的认知建构理论，瑞吉欧课程与教学重视儿童的创造性表现与表达。维果茨基认为人与人之间的交往是高级心理发展的源泉和动力，提出了“最近发展区”理论，强调社会交往在儿童心理发展中的重大作用。瑞吉欧课程与教学重视教师、儿童、家长以及周围的社会文化环境之间的互动，可见“最近发展区”对瑞吉欧课程与教学产生了深远的影响。

(二)课程与教学目标

【学者观点】

马拉古奇认为，“我们确实没有什么计划和课程。如果说我们靠的是一种值得让人羡慕的即席上课的技巧，那也不正确。我们也不依靠机会，因为我们深信，我们在某种程度上可以期待我们尚未了解的事物。我们可以确定的是，与幼儿在一起，三分之一是确定的，三分之二是不确定的或新的事物。三分之一确定的东西使我们了解或可以帮助我们了解不确定的新事物。我们想探讨学习本身是否会发生变化，学习时间和地点是否合适，如何组织和鼓励学习，如何布置适于学习的情景，哪些机能和认知图式值得支持，如何发展幼儿词汇、图像、逻辑思维、身体语言、象征语言、幻想、描述和论证等潜能，如何游戏，友谊如何形成和消失，个体和集体的同一性如何发展，以及差异性和相似性如何出现……我们可以相信的是，幼儿随时准备帮助我们，他们可以为我们提供想法、建议、问题、线索和遵循的路线……幼儿所有的帮助，加上我们对情境的付出，形成了一种十分完美的宝贵资源。”①

瑞吉欧教育体系没有明确规定的课程目标，但是其方案活动则提出目标——“通过发展儿童所有形式的语言来促进儿童教育的发展，这些语言包括表现性语言、交流性语言、符号性语言、道德性语言、隐喻性语言、逻辑性语言、象征性语言和关系性语言。”②因此，从教育内容中可以看出，其所追求的目标是儿童愉快、幸福、健康地成长。其中，主动性和创造性又被视为这些目标的前提与核心。

(三)课程与教学内容

瑞吉欧教育体系没有明确规定的课程内容，更没有固定的教材或预先设计好的教育活动方案，而是开放的生成课程，课程内容来自周围环境，来自儿童生活中感兴趣的事物、现象和问题，来自他们各自的活动。瑞吉欧教育体系比较突出的是方案活动，这是其主要实践形式，与方案教学(the project approach)和生成课程(an emergent curriculum)有诸多相似之处。瑞吉欧方案活动的特点③：一是创造性表现和表达是知识建构的基本要素；二是共同建构在方案活动中有重要的地位；三是记录既是学习的过程，又是学习的结果。

(四)教师的作用

在瑞吉欧教育实践中，首先，教师是观察者、记录者和倾听者。费列皮尼(Filippini，T.)认为“成人的重要角色之一便是倾听、观察，进而了解孩子在学习情境中所运用的策略”④。因此，要求教师应尊重学前儿童的游戏活动，用心地

---

① Edwards，C.， et al. The Hundred Languages of Children [M]. Ablex Publishing Corporation，1998：62.

② [美]斯泰西·戈芬，等. 课程模式与早期教育(第二版)[M]. 李敏谊，译. 北京：教育科学出版社，2008：298.

③ 朱家雄. 幼儿园课程(第二版)[M]. 上海：华东师范大学出版社，2011：229.

④ [美]卡洛琳·爱德华兹，等. 儿童的一百种语言[M]. 罗雅芬，等，译. 南京：南京师范大学出版社，2008：17.

聆听学前儿童的需要，促进儿童的主动学习。其次，教师是学习者、研究者以及引导者。教师和儿童是形成与推动活动发展的共同建构者。最后，教师是家庭、社区的沟通者，构建一种“参与式”的和谐关系。“瑞吉欧教育的成功在于使教育中的传统与进步、幼儿与教师、游戏与学习、幼儿园与家庭和社区、个体与集体、历史文化与现实等本来相对对立的种种关系达到‘独特的和谐’。”①

三、高瞻(High Scope)课程与教学模式

高瞻课程与教学模式于20世纪60年代由戴维·P. 韦卡特(Weikart, D.)及其同事创立，它是美国密歇根州高瞻斯佩里学前学校项目(High Scope Perry Preschool Project)的一部分，也是美国“开端计划”中首批通过的帮助处境不利的学前儿童摆脱贫苦的学前教育方案。

(一)理论基础

高瞻课程与教学模式是在皮亚杰和维果茨基的儿童发展理论、杜威的进步主义教育哲学以及最新的认知发展心理学和大脑研究的基础上，提出并逐步发展的。② 高瞻课程与教学模式主要经历了三个发展阶段③：第一阶段(1963—1971年)，出版《认知导向课程：学前教育者框架》(*The Cognitively Oriented Curriculum: A Framework for Preschool Educators*)，在这个阶段，佩里方案的教育目标与重点是教老师有关皮亚杰派的实验工作与学说，将皮亚杰理论中的结构部分予以逐字地解释与应用，以期促进儿童的认知发展，促使儿童提早进入下一个认知阶段。第二阶段(1971—1979年)，出版《行动中的幼儿：学校教育者手册》(*Young Children in Action: A Manual For School Educators*)，该书反映了佩里方案的发展与改变，从强调皮亚杰式的认知性工作转变为强调儿童是知识的建构者，虽然其一

---

① 裘指挥. 来自瑞吉欧理念的思考——关系和谐中建构幼儿教育[J]. 学前教育研究, 2003: 7-8.

② [美]贾珀尔·L. 鲁普纳林，等. 学前教育课程(第六版)[M]. 赵俊婷，译. 上海：华东师范大学出版社，2014：257.

③ 简楚瑛，等. 幼教课程模式理论取向与实务经验[M]. 台北：心理出版社，2007：474.

般性的教育目标仍属于认知性的，但在其认知发展的主要经验(Key experience of cognitive development)目标中增加了“主动学习”(active learning)，由此可见佩里方案课程越来越重视儿童的“主动性”“主体性”。第三阶段(1979 年以后)，1995 年高瞻教育基金会出版《教育幼儿：主动学习，学前班和儿童保育计划的实践》(*Educating Young Children*：*Active Learning*，*Practices for Preschool and Child Care Program*)，该书中进一步将“主动学习”从主要学习经验之一提升为整个课程发展的核心，虽然理论基础依然是来自皮亚杰的理论，但笔者认为这时的佩里方案更看重的是皮亚杰学说中的建构论部分。

(二)课程与教学目标

高瞻课程与教学最主要的目标在于培养学生上小学时所应具备的认知能力，其课程与教学目标是反映儿童认知能力的五类共 49 条关键经验，即主动学习的关键经验、语言运用的关键经验、经验和表征的关键经验、发展逻辑推理的关键经验(分类、排序、数概念)、理解时间和空间的关键概念(空间因子、时间)。① 1995 年佩里方案将“主动学习”作为课程与教学设计的核心，旨在促进儿童认知、情感、社会性等方面的协调发展。

(三)课程与教学内容

高瞻课程与教学基于 58 条关键发展指标(学习目标)，分为 8 个学习领域：学习品质(approaches to learning)，语言、读写和交流(language，literacy，and communication)，社会性和情感发展(social and emotional development)，身体发展和健康(physical development and health)，创造性艺术(creative arts)，数学(mathematics)，科学和技术(science and technology)，社会学习(social studies)。②

“计划—工作—回顾”模式与关键发展指标同样重要，其目标是鼓励学前儿童在学习过程中积极、主动参与。主动参与式学习(active participatory learning)是

① 王春燕．幼儿园课程概论[M]．北京：高等教育出版社，2007：224.

② [美]莉森纳·福拉里．早期教育的基本理念与最佳实践(第 3 版)[M]．霍力岩，等，译．北京：教育科学出版社，2019：182-183.

高瞻课程与教学的重要理念，它涉及五个要素①：一是材料，课程提供充足的、多样化的、适宜的操作材料；二是操作，儿童摆弄、探究、组合和转化材料并形成自己的观点；三是选择，儿童选择材料、玩伴，改变或形成自己的想法，并根据他们的兴趣和需要来计划活动；四是儿童的语言和思维，儿童描述他们所做和所理解的；五是，成人的支持(鹰架)，成人支持儿童当前的思维水平并挑战他们，使其进入新的发展阶段(见表 3-2)。

第一步，计划时间。这一步骤是对儿童赋权增能，激发儿童主动参与式学习。教师引导儿童制定计划，思考怎样使用材料以及与其他儿童一起工作的方法，预测将要发生的事情。

第二步，工作时间。当儿童被允许选择材料和参与活动时，他们自然有自主权，对所学习的内容更感兴趣。因而工作时间就是给予儿童很长的时间(接近 2 个小时)来实施计划，确保儿童真正投入游戏和学习中，从而满足儿童的兴趣或需要。

【知识链接】

表 3-2　　高瞻幼儿园典型的一日生活作息表②

上午 8:00—8:30	入园和早餐
上午 8:30—9:00	晚到儿童自助早餐
上午 8:30—8:45	小组讨论:制定计划
上午 9:00	活动区活动
上午 10:45	清理时间
上午 10:50	小组讨论:反思计划
上午 11:15	户外活动

① [美]安·S. 爱泼斯坦. 学前教育中的主动学习精要——认识高瞻课程模式[M]. 霍力岩，等，译. 北京：教育科学出版社，2012：13.

② [美]莉森纳·福拉里. 早期教育的基本理念与最佳实践(第 3 版)[M]. 霍力岩，等，译. 北京：教育科学出版社，2019：185.

续表

中午 12:00	准备/午餐
下午 1:00	休息/安静活动
下午 2:00	小组活动
下午 3:00	户外活动
下午 4:30	准备回家

第三步，反思和回顾时间。教师和儿童聚在一起，回顾自己活动的过程，反思自己的预期和结果是否一致，与同伴和成人一起分享学习的快乐。教师鼓励儿童对话的方式有：询问开放式的问题；将儿童的活动与之前的学习经验相联系；向儿童建议未来计划，扩展儿童的思维；指出其他儿童做过的类似活动，鼓励合作。①

(四)教师的角色

高瞻课程鼓励学前儿童主动参与式学习，打破了以往教师通过讲述和示范来给幼儿“传授”知识的传统角色。第一，教师是学前儿童学习的支持者、引导者和协助者。教师创设学习环境，提供动手操作的学习经验和材料，鼓励学前儿童积极思考，教师协助学前儿童计划每日活动，为学前儿童提供工作时间以及回顾与反思等。第二，教师是学前儿童学习的合作者。教师可以和学前儿童一起参与活动，但并不掌控儿童的活动；教师主动参与但不主导学前儿童的活动。教师可以通过“建议使用新材料、通过问问题或给出建议来扩展学前儿童的想法、支持儿童与同伴和成人进行互动”②等方式扩展学前儿童的活动思维。第三，教师是学前儿童活动的观察者。教师通过观察可以“了解儿童、掌握儿童的需要和兴趣、

① [美]莉森纳·福拉里．早期教育的基本理念与最佳实践(第 3 版)[M]．霍力岩，等，译．北京：教育科学出版社，2019：186.

② [美]莉森纳·福拉里．早期教育的基本理念与最佳实践(第 3 版)[M]．霍力岩，等，译．北京：教育科学出版社，2019：187.

设计有意义的教学、进行个性化的指导、评价儿童的进步”①。

（五）高瞻课程与教学的评估工具

高瞻课程已经研发了两个综合性的评估工具对课程进行检验和改进。《学前儿童观察评价系统》（COR Advantage）帮助教师对儿童进行观察，内容涉及学前儿童学习的所有领域。《学前儿童观察记录量表》针对2岁半~6岁的儿童，涉及6个条目（主动性、社会关系、创造性表征、运动和音乐、语言和读写、数学和科学）和32个观察项目。② 在实践过程中，教师会为每一位儿童准备一份观察评价清单，每个项目对应一段时间内应进行多少次独立观察。

《学前教育机构质量评价系统》（*Preschool Program Quality Assessment*，PQA）是针对机构的质量评价系统，主要观察整个机构以及具体的班级，对教师、管理人员，甚至对儿童的访谈可以辅助观察。质量评价系统涉及学习环境、一日常规、成人—幼儿互动、课程计划和评价、家长参与和家庭服务、员工资质和员工发展以及机构管理七个方面。③

第三节　国内学前教育课程与教学发展

1903年，我国创立了最早的一所官办学前教育机构——湖北武昌蒙养院，由此掀开了我国学前教育发展的新篇章。在我国学前教育发展的百年历程中，学前教育课程与教学是其核心，因此梳理我国学前教育课程与教学发展的历程，总结其发展的原因、关注内容，能为当前及今后我国学前教育课程与教学发展提供有益的经验和借鉴。

---

① ［美］莉森纳·福拉里．早期教育的基本理念与最佳实践（第3版）［M］．霍力岩，等，译．北京：教育科学出版社，2019：188.

② ［美］安·S. 爱泼斯坦．学前教育中的主动学习精要——认识高宽课程模式［M］．霍力岩，等，译．北京：教育科学出版社，2012：320-321.

③ ［美］莉森纳·福拉里．早期教育的基本理念与最佳实践（第3版）［M］．霍力岩，等，译．北京：教育科学出版社，2019：190.

一、起步阶段(20 世纪初至 20 年代)

20 世纪初，随着我国学前教育机构的创立和发展，学前教育课程与教学逐渐产生，从最初的模仿国外到开始独立探索。受国内维新派代表人物康有为等人的影响，1904 年颁布的《奏定学堂章程》(以下简称《章程》)，确定了较为完备的近代学制系统，并设立了早期的学前教育机构“蒙养院”，在我国这是首次把学前教育列入正规的学制之中。此时，学前教育课程与教学处于起步阶段，课程与教学普及面较小，课程与教学目标涉及广泛，但区别于小学的科目，尚未形成体系。

1911 年，辛亥革命推翻了清政府的统治，结束了中国两千多年的封建君主专制。1912 年，颁布的《壬子癸丑学制》将蒙养院改为蒙养园，招收 6 岁以下儿童。① 但学前教育课程与教学科目、教育内容和方面并无实质性突破。此时，德国福禄贝尔和意大利蒙台梭利的教育思想开始在中国传播，学前教育课程与教学中增加了福禄贝尔的“恩物”游戏和蒙台梭利教育法。总体而言，这一时期的学前教育课程与教学体现出一定的民族性，并开始探索基于儿童年龄特点的学前教育，但后期受日本、美国、意大利等国的学前教育思想影响，有些偏离中国的实际情况。

二、本土化探索阶段(20 世纪 20 年代至 30 年代)

1919 年，“五四运动”之后，在“科学”与“民主”口号的影响下，国外教育思想在中国得到广泛传播。特别是 1919 年，约翰 · 杜威应北京大学的胡适的邀请来中国讲学之后，其实用主义教育思想对我国的教育影响较大，尤其对学前教育课程与教学的影响更为深远。我国早期教育家陶行知、陈鹤琴、张雪门和张宗麟等人，基于幼儿园实践调查，发现当时学前教育课程与教学存在严重的“外国病”“花钱病”和“富贵病”，于是提出了学前教育的科学化、本土化的主张，从而开始第一次独立探索和研究适合中国国情的学前教育课程与教学。

1922 年，《学校系统改革令》(壬戌学制)颁布，将蒙养院改名为幼稚园。随

① 石筠弢．学前教育课程论[M]．北京：北京师范大学出版社，2014：193.

后，我国相继建立了南京高师附属幼稚园、厦门集美幼稚园、北京香山慈幼院、南京鼓楼幼稚园等多所幼稚园，推动了我国学前教育的发展，并对学前教育课程与教学提出了诉求。但因为当时学前教育课程与教学主要是从国外引进的，不符合中国幼稚园的实际情况，并且关于学前教育课程与教学的标准也不统一。后来，陈鹤琴提出以大自然、大社会为中心的幼儿园课程，实施“整个教学法”，即整体的、系统地教儿童，不采取分科的形式，并提出“五指活动课程”；课程编排以自然和社会为中心，运用圆周法、直进法和混合法，将儿童一日活动组成一个单元来实施，采用游戏式、小团体式等教学方法，以分组施教、区别对待来激发儿童的兴趣，促进儿童的发展，这就是单元教学模式。张雪门提倡幼稚教育生活化、儿童生活教育化。经过理论和实践研究，他认为“课程是经验，是人类的经验。用最经济的手段，按有组织的调制，用各种的方法，以引起孩子的反应和活动”，因此要把“技能知识、兴趣、道德、体力、风俗、礼节种种的经验，都包括在课程里”，从而形成了幼稚园行为课程方案。

1932 年，教育部颁布我国第一个《幼稚园课程标准》，该标准规定了幼稚园的教育目标、课程范围和教育方法，推动了我国学前教育课程中国化与科学化的发展，并且该课程标准一直沿用到 40 年代末。1939 年，教育部颁布了我国学前教育史上一部重要的法规——《幼稚园规程》；1943 年修改为《幼稚园设置办法》，规定“招收四足岁以上至六足岁以下儿童，必要时，得呈准主管教育行政机关，收受未满三足岁之婴儿予以保育”①。该方法强调幼稚园的课程设置要顺应儿童的个性，遵循儿童的身心发展规律，并且不得教授小学功课。

总体而言，这一阶段虽然国家处于混乱阶段，但是学前教育课程与教学得到较大的发展。一是受杜威的“教育即生活”“教育即社会”的思想影响，确立了生活化的课程与教学理念。二是受杜威“儿童中心”的思想影响，确立学前儿童的主体地位，强调学前儿童的直接经验，重视学前儿童的身心健康发展。三是建立了适应中国国情和儿童身心发展的课程模式——单元教学。②

---

① 中国学前教育史编写组．中国学前教育史资料选[M]．北京：人民教育出版社，1989：227-230.

② 石筠弢．学前教育课程论[M]．北京：北京师范大学出版社，2014：197.

三、中华人民共和国成立后的探索发展阶段(20世纪40年代至60年代中期)

1949年10月1日，中华人民共和国成立。自此，中国进入了建设社会主义的新时期。随着我国政治经济体制的发展变化，学前教育也随之发生了革命性的变化。

1949年12月，中央人民政府召开第一次全国教育工作会议，该会议明确了教育工作的指导方针——“以老解放区新教育经验为基础，吸收旧教育有用经验，借鉴苏联经验，建设新民主主义教育”①。1951年，政务院颁布《关于改革学制的决定》，将幼儿教育列为第一部分，并规定实施幼儿教育的机构为幼儿园，幼儿园课程成为学前教育课程与教学的重要组成部分。鉴于新中国的幼儿教育经验不足，1952年，在苏联专家的指导下，教育部颁布了《幼儿园暂行规程(草案)》②。该规程依据幼儿的年龄特点，明确幼儿的培养目标、教养活动项目(体育、语言、认识环境、图画和手工、音乐、计算六科)，从而形成了完整的课程目标体系和分科教学模式，对后续学前教育课程与教学的发展产生了重要影响。

在这一时期，我国在全国范围内第一次真正统一学前教育课程与教学。学前教育课程与教学基于心理学和教育学理论，根据儿童的年龄特点，明确目标为培养全面发展的儿童，突出强调教学计划、教学大纲，重视系统学习学科知识和技能，多采用集体教育。这在某种程度上比“单元教学”要完善，但课程模式较单一，不利于学前教育课程与教学的多样化发展，教育过程忽视了学前儿童的主体性和个性化发展。

四、恢复发展与改革开放阶段(20世纪70年代至90年代)

1978年，党的十一届三中全会以来，我国进入从拨乱反正到全面改革开放的社会主义建设新时期。教育处于恢复发展阶段，课程与教学是实现教育目标的

---

① 《中国教育年鉴》编辑部．中国教育年鉴(1949—1981)[M]．北京：中国大百科全书出版社，1984：684.

② 中国学前教育研究会．中华人民共和国幼儿教育重要文献汇编[M]．北京：北京师范大学出版社，1999：49-55.

主要手段，因此，学前教育课程与教学是恢复学前教育工作的关键所在。此时，学前教育课程与教学关注的是“为什么而教”“教什么”“怎么教”的问题，① 所以在学前教育恢复和规范后，学前教育课程与教学成为改革学前教育发展的突破口和核心内容。

1979 年，教育部颁布《城市幼儿园工作条例(试行草案)》，该条例的任务是对“幼儿进行初步的全面发展的教育”，坚持“保教结合的原则”，课程与教学内容包括“卫生保健和体育锻炼、游戏和作业、思想品德教育”。这对恢复和规范学前教育课程与教学具有重要意义。

1981 年，教育部颁布了《幼儿园教育纲要(试行草案)》，它继承了 1952 年《幼儿园暂行教学纲要(草案)》的教育理念，立足幼儿身心特点，在加强学前儿童卫生保健的基础上，将课程与教学内容分为“生活卫生习惯、体育活动、思想品德、语言、常识、计算、音乐、美术”八个方面，强调采用“游戏、体育活动、上课、观察、劳动、娱乐”等教学手段。《幼儿园教育纲要(试行草案)》将“教学纲要”改为“教育纲要”，旨在避免“教学”窄化“教育”内涵的现象，而提倡一日生活皆教育，教育不局限于“上课”，这也体现了大教学论的理念，从而提示我们在后续研究中须对“教学”“上课”等教育概念进行合理理解。人民教育出版社基于《幼儿园教育纲要(试行草案)》出版了系列幼儿园教材，对推动我国学前教育课程与教学发展做出巨大贡献。《幼儿园教育纲要(试行草案)》将 50 年代以来幼儿园传统的教学形式——“作业”改为“上课”，强调分科教学，也在一定程度上造成了幼儿园教育教学小学化的倾向。②

伴随我国改革开放的深入，国际学术交流日益增多。西方关于儿童心理、教育思想、课程论等传入我国，如皮亚杰的儿童认知发展理论、布朗芬布伦纳的人类发展生态学理论、泰勒的课程模式等对我国的教育影响较大。首先，学前教育理念发生转变，逐渐形成了整体教育观、整体发展观、活动观、个性观、主体性教育观等。③ 其次，课程与教学改革成为教育发展的核心。此阶段的课程与教学

---

① 中国学前教育研究会．百年中国幼教[M]．北京：教育科学出版社，2003：157.

② 中国学前教育研究会．百年中国幼教[M]．北京：教育科学出版社，2003：157.

③ 石筠弢．学前教育课程论[M]．北京：北京师范大学出版社，2014：204.

突出基础学科的教学，加强“双基”，这在《幼儿园教育纲要(试行草案)》中也有具体体现；强调不同学科课程之间的结构合理均衡，注重综合化、多样化、实用化、个性化，也与“整体教育观”相匹配。例如，1983 年，南京师范大学和南京实验幼儿园开始了“幼儿园综合教育结构”的探讨，北京崇文区第二幼儿园也进行了以常识课为核心的综合教育实验。由此，学前教育课程与教学的新浪潮产生，学前教育界再次关注自 50 年代开始已被遗忘的“课程”，旨在打破分科教学的限制，加强内容、方法之间的整合，重视以“主题”为单元来设计和组织教育内容。

1989 年，原国家教委颁布了《幼儿园工作规程(试行)》，旨在“加强幼儿园的科学管理，规范办园行为，提高保育和教育质量，促进幼儿身心健康”，体现了国家对学前教育的重视。它推动了学前教育观念的转变，对创建适宜儿童观、教育观的学前教育课程模式进行了探讨。《幼儿园工作规程(试行)》的主要改革精神体现在①：第一，注重幼儿的身心全面发展；第二，强调德智体美各方面的相互渗透和有机结合；第三，强调幼儿的主动活动，为幼儿发展提供充分的活动机会；第四，强调游戏在幼儿教育中的重要作用；第五，强调要注重幼儿的个体“发展适宜性”，注意“因人施教”；第六，强调寓教育于幼儿园一日活动和环境中；第七，强调幼儿园教育活动的过程性。

《幼儿园工作规程(试行)》于 1990 年开始试行，对 20 世纪 90 年代学前教育课程与教学发展具有重要影响。《幼儿园工作规程(试行)》的正式颁布与实施，为学前教育课程与教学的科学化发展奠定了基础。

五、21 世纪多元探索发展阶段(21 世纪以来)

步入 21 世纪，学前教育整体发展为学前教育课程与教学发展提供了新的动力。学前教育研究逐步拓展到“生活和生命领域”，倡导从全面、综合的视角关注和促进生命个体的发展，体现了“重过程、重体验、重探究、重对话”等研究趋向，因此，关注学前儿童、关注学前儿童的生活及周围世界、关注学前儿童的生活意义和生命价值成为学前教育课程与教学的价值导向。

---

① 邵小佩．幼儿园课程与教学[M]．北京：北京师范大学出版社，2015：319.

2001年，教育部颁布了《幼儿园教育指导纲要(试行)》。它是对《幼儿园管理条例》《幼儿园工作规程》的全面深化，“标志着中国大陆学前教育改革进入了一个新的阶段”①。第一，课程与教学中学前儿童的主体性。《幼儿园教育指导纲要(试行)》指出，“幼儿园教育应尊重幼儿的人格和权利，尊重幼儿身心发展的规律和学习特点……关注个别差异，促进每个幼儿富有个性的发展”。第二，课程与教学目标的全面性。它注重促进幼儿“知识、能力、情感、态度”的全面发展。第三，课程与教学内容的综合性。它从健康、语言、社会、科学、艺术五个领域开展课程与教学。第四，课程与教学的教育空间的延展性。它提出“幼儿园应与家庭、社区密切合作，与小学相互衔接，综合利用各种教育资源”。第五，课程与教学资源的丰富性和情境化。它指出要综合利用各种资源“为幼儿提供健康、丰富的生活和活动环境”。第六，课程与教学中师幼关系的互动性。它要求在活动中应“保证幼儿的积极参与”，幼儿“在与成人、同伴之间交往、探索、游戏”中“感受探究的过程和方法”等；要求教师“应成为幼儿学习活动的支持者、合作者、引导者”。第七，课程与教学的组织形式的游戏性。它提出要“以游戏为基本活动”。第八，课程与教学评价的适宜性、有效性和发展性。它要求“以发展的眼光看待幼儿，不仅要了解现有水平，更要关注其发展的速度、特点和倾向”。总而言之，《幼儿园教育指导纲要(试行)》在吸收国际教育的先进课程与教学理念和实践的基础上，提出了全新的学前教育课程与教学指导理念，奠定了新式学前教育课程与教学的发展方向，并由此开启了游戏化课程与教学、园本课程与教学的探索。

当前正是学前教育跨越式发展的历史新阶段，学前教育的历史重任为加快学前教育发展，加强科学保教。2010年，为贯彻落实党的十七届五中全会、全国教育工作会议精神和《国家中长期教育改革和发展规划纲要(2010—2020年)》，国务院颁布《关于当前发展学前教育的若干意见》，旨在“积极发展学前教育，着力解决当前存在的‘入园难’问题，满足适龄儿童入园需求，促进学前教育事业科学发展”。当前，中国特色社会主义事业取得了举世瞩目的成就，其中《关于当前发展学前教育的若干意见》为新时代学前教育的长足发展奠定了基础。后续

---

① 朱家雄．中国视野下的学前教育[M]．上海：华东师范大学出版社，2007：24.

相继出台了有关学前教育的政策法规，2012 年教育部颁发的《3—6 岁儿童学习与发展指南》(以下简称《指南》)，明确了幼儿的身心发展特点和规律，对幼儿园孩子应该“学什么”“怎么学”和“教什么”“怎么教”提出了指导性要求。这标志着政府的学前教育管理理念的转变和管理职能的创新，是继《关于当前发展学前教育的若干意见》之后，新时期、新阶段学前教育改革发展史上又一件具有重要里程碑意义的大事。① 《3—6 岁儿童学习与发展指南》中“各年龄段典型表现”的内容有助于教师了解学前儿童的学习与发展水平、行为特点、年龄特征等，还能够通过“教育建议”的引导，帮助教师进一步提高针对幼儿的某一发展目标，设计或开展相应的活动、改善课程与教学、创造课程的能力。②

2016 年教育部颁布《幼儿园工作规程》提出“德、智、体、美等方面的教育应当互相渗透，有机结合”，首次将德育放于首位提出，并进一步确立了“幼儿园要坚持以游戏为基本活动”的理念。伴随着“学前教育三年行动计划”“学前教育宣传月”等活动的开展，有计划、有组织的全国性幼儿园课程改革逐步推进，课程与教学模式也更加多元化和个性化。

第四节　国内经典学前教育课程与教学方案

在我国学前教育课程与教学发展过程中，出现过一些有代表性的方案，如陈鹤琴基于“活教育”理论的“五指活动课程”和张雪门的行为课程。

一、陈鹤琴的“五指活动课程”

陈鹤琴(1892—1982)，浙江上虞人，我国现代著名的儿童教育家、儿童心理学家，是我国现代幼儿教育的奠基人。陈鹤琴先生早年毕业于国立清华大学，并留学美国学习和研究教育学、心理学，他师从克伯屈、孟禄、桑代克等教授，1919 年获得哥伦比亚大学硕士学位。“五四运动”期间回国担任南京高等师范学

① 李季湄，冯晓霞.《3—6 岁儿童学习与发展指南》解读[M]. 北京：人民教育出版社，2013：4.

② 李季湄，冯晓霞.《3—6 岁儿童学习与发展指南》解读[M]. 北京：人民教育出版社，2013：14.

校教授，讲授儿童心理学课程；更名为东南大学后，又担任教授和教务主任。1923年在南京创办了我国第一个幼儿教育研究中心——南京鼓楼幼稚园。

(一)课程思想产生背景

20世纪20年代，我国幼稚园课程主要照搬国外，本土的幼稚园课程没有发展。陈鹤琴先生认为当时的幼稚园课程主要存在五种弊病①：一是儿童与环境接触少，室内游戏时间太长；二是功课太简单；三是团体动作太多；四是没有具体的目标；五是教师少，训练设备太简陋。基于此，陈鹤琴开始探索中国化和科学化的幼稚园教育，提出了“活教育”理论。

(二)课程的理论基础

陈鹤琴先生把大自然、大社会作为出发点，立足于儿童独特的身心发展特点，批判传统幼稚教育的弊端，提出“活教育”思想。

1. “活教育”的目标②

(1)“做人，做我国人，做现代我国人”。这要求做一个真正的人，热爱人类、热爱真理、热爱国家。第一，要有强壮的身体；第二，必须有影响社会发展的创造能力；第三，要有合作的精神；第四，必须有为社会服务的热情；第五，必须心胸开阔和目光远大。

(2)大自然、大社会是知识的主要源泉。书本知识的学习是死的、间接的，而大自然、大社会的学习是活的、直接的。因此，需要恰如其分地参考书本资料，积极运用大自然、大社会中的资源创造儿童学习的条件。

(3)做中学，做中教，做中求进步。这是借鉴了杜威的“做中学”的教育理念，并且延伸至“做中教”，旨在强调儿童的各类生活都要在户外，包括游戏、劳作、与大自然接触活动、自我表达课程、使用工具锻炼等。教师应参与儿童的活动，必要时给予适当的指导，让儿童在做与教的过程中取得直接经验，并获得

① 陈鹤琴. 现今幼稚教育之弊病[J]. 新教育，1924(02).

② 北京市教育科学研究所. 陈鹤琴全集(第六卷)[M]. 南京：江苏教育出版社，1992：300-307.

进步与发展。

2.“活教育”的学习步骤

“活教育”理论结合具体的幼稚园教育实践，提出了适宜的学习步骤。一是实验与观察，要求在学习实践中通过观察与实验获得活的知识。二是广泛阅读和运用参考材料，要求为儿童提供充分的阅读材料，帮助儿童学习。三是发表与创作，鼓励儿童发表自己的观点并创作新的作品。四是批评与研讨，集体评论和研究成果，开展小组讨论与共同研究，可以相互启发、相互鼓励。

(三)五指活动课程

五指活动中的五指，是指生长在儿童的手掌上的手指，换句话说，就是一切的活动要在儿童的生活上、智力上、身体上相互联系，连续地发展。① 这说明五指活动是基于儿童的生理和心理发展特点而开展的，并且关注儿童生活的周围世界，对儿童进行适当的教育。此外，五指活动中的五指，是活的，可以伸缩又相互联系。幼稚园的课程不同于中小学的分科教学，幼稚园的课程是整体的、相互关联的。因此，五指活动课程指依据儿童身心发展特点，基于儿童的生活实际情况，有组织地组合成幼儿园的系统性课程。

1. 五指活动课程的内容

幼稚园的课程全部包括在五指活动中，并采用单元制，各项活动都围绕单元进行教学。①儿童健康：包括饮食、睡眠、早操、游戏、户外活动、散步等；②儿童社会：包括朝夕会、周会、纪念日集会、每天的谈话(单元研讨)以及政治常识等；③儿童科学：包括植物培植、动物饲养、自然现象的研讨、当地自然环境的认识等；④儿童艺术：包括音乐(唱歌、节奏、欣赏)、图画、手工等；⑤儿童语文：包括故事、儿歌、谜语、读法等(见表3-3)。②

---

① 北京市教育科学研究所．陈鹤琴全集(第二卷)[M]．南京：江苏教育出版社，1992：613.

② 北京市教育科学研究所．陈鹤琴全集(第二卷)[M]．南京：江苏教育出版社，1992：613-614.

【知识链接】

表 3-3　　五种课程文本所包含的内容①

幼儿园分科课程	综合教育课程	五大领域课程	生存课程	生态式融合课程
以科目形式把课程内容分为语言、计算、常识、音乐与美术五个科目	以主体的形式将生活习惯、思想品德、科学、数学、音乐、美术、体育活动等方面的有关内容加以结合，构成了相对独立又相互联系的若干主题	课程内容包括健康、语言、社会、科学、艺术五大领域，涵盖了科学、数学、音乐、美术及原有的体育、生活卫生习惯等方面的内容	课程由学做人、学生活和学学习三大领域构成。领域之间相互兼顾、相互促进。以主题形式开展，共计 29 个主题	将幼儿园各科内容融合在一起，形成社会、科学、艺术三大领域。以主题形式把儿童的健康与游戏活动融合在一日生活之中

2. 课程的组织

陈鹤琴先生认为“要有目标，又要合于生活”②。每个学期应该有总设计，以决定本学期应该注重的目标。每个星期又有预定的课程表，拟定一星期内教导的中心；但是此课程预定表并不是固定的、不能变换的，儿童身边或社会上发生的临时的事情，教师就可以采为课程内容，可以把一切预先所定的暂时搁起，重新再来做一番筹备工作；倘若新发生的事情与预定的有些相像，那就把它容纳进去。③

关于组织课程，主要有时令、自然环境和家庭与社会的生活三个来源。时令方面涉及纪念日、节气以及生日等；自然环境最丰富，动植物、自然现象等都包含其中；家庭与社会的生活是儿童密切接触的，需要留心生活加以取材并用于儿

① 王春燕．中国学前课程百年发展与变革的历史研究[M]．北京：教育科学出版社，2004：188.

② 北京市教育科学研究所．陈鹤琴全集(第二卷)[M]．南京：江苏教育出版社，1992：44.

③ 北京市教育科学研究所．陈鹤琴全集(第二卷)[M]．南京：江苏教育出版社，1992：44.

童教育。

3. 课程的教学方法

整个教学法是把儿童所应该学的知识整体地、有系统地教给儿童。① 这种教学法旨在解决分科教学的弊端，强调把各科整合，不规定各学科学习的时间；所用的教材是以故事或社会，或自然为中心的或做出发点的，但是所用的故事或关于社会、自然的材料，总是以儿童的生活、儿童的心理为根据的。陈鹤琴先生要求“教材最好一个教师教，一个教师不能教，二三个教师也可，不过时间稍难支配罢了”。

4. 课程编制的原则与方法

根据我国国情以及儿童身心发展的特点，陈鹤琴先生提出系统地编制课程的原则与方法。

(1)课程编制的原则②。

第一，课程是民族的；第二，课程是科学的；第三，课程是大众的；第四，课程是儿童化的；第五，课程是发展的、连续的；第六，课程是符合当前世纪需要的；第七，课程是适合儿童身心健康发展的；第八，课程是培养五爱的国民公德和民主、团结、勇敢、守纪律的优良品质；第九，课程是陶冶儿童的性情，培养儿童的情感；第十，要培养儿童说话的技能。

(2)课程编制的方法③。

关于幼稚园课程的编制，陈鹤琴先生提出了三种方法。

一是圆周法。所谓圆周法就是各班预定的单元相同，研究的事物也相同，不过取材内容随着儿童年龄的不同而分别予以适当的教材和分量。

二是直进法。所谓直进法就是将儿童生活中可能接触到事物，依照事物的性质和内容的深浅而分布在各个不同年龄的班级里。

---

① 北京市教育科学研究所．陈鹤琴全集(第二卷)[M]．南京：江苏教育出版社，1992：224.

② 北京市教育科学研究所．陈鹤琴全集(第二卷)[M]．南京：江苏教育出版社，1992：611.

③ 北京市教育科学研究所．陈鹤琴全集(第二卷)[M]．南京：江苏教育出版社，1992：614.

三是混合法。所谓混合法就是在编制课程的时候，以上两种方法均须采用。

5. 课程评价

陈鹤琴先生认为幼稚园“没有具体的目标”，这是当时的弊病之一。因此，他提及“我们办幼稚园究竟为什么？我们教育儿童究竟要教养到什么地步？什么技能什么习惯儿童应当养成的？什么知识什么做人态度是儿童应当学得？”①可见，陈鹤琴先生非常关注教育目标以及相关联的教育标准——这也是评价教育的依据——间接表达了其对课程标准、课程评价的关注。他认为“考察品行，应当有品行的标准；甄别习惯，应当有习惯的标准；检验技能，应当有技能的标准；测验知识，应当有知识的标准”②。1925年，陈鹤琴与张宗麟共同编制了《幼稚生应有的习惯和技能表》，具体包括卫生习惯、做人的习惯、生活技能、游戏运动技能、表达思想的技能以及日常的常识等185项指标，并尝试以此为基础在鼓楼幼稚园中考察幼稚生。这种基于儿童身心发展特点，采用直观、形象、生动的方法进行观察、记录与评价教育实践的评价方法，开创了我国幼儿园课程评价的先河。

陈鹤琴先生立足于本国国情和传统优秀文化，在早期教育理论和实践领域进行了探究，以独立思考的实践精神，批判性地融合了中西文化的精华，探寻本土化的学前教育。五指活动课程不仅对当时学前教育产生重大影响，而且对20世纪80年代以后的学前教育课程与教学发展也具有深远影响，尤其80年代中期的“幼儿园综合主题课程”就是对五指活动课程的继承与发扬。

二、张雪门的“行为课程”

张雪门(1891—1973)，浙江鄞县人，我国著名的学前教育专家。早在20世纪30年代，他与陈鹤琴先生被称为“南陈北张”。1918年，他创立了鄞县第一所中国人自办的幼稚园——星荫幼稚园(现为宁波市第一幼儿园)并任园长；1928年创设孔德幼稚师范学校，同年创设艺文幼稚园，并成为北平市教育局委托的

① 北京市教育科学研究所．陈鹤琴全集(第二卷)[M]．南京：江苏教育出版社，1992：4.

② 北京市教育科学研究所．陈鹤琴全集(第二卷)[M]．南京：江苏教育出版社，1992：189.

“大单元教学”实验学校；1930 年创设北平香山慈幼院第三幼稚师范学校，为半道尔顿制学校。张雪门先后出版了《幼稚园的研究》《幼稚园研究集》《幼稚园原理与实施》《幼稚园教育概论》《幼稚园组织法》《幼稚园行为课程》等十几本专著，为学前教育课程与教学的建设作出了重要的贡献。

(一)行为课程的理论基础

张雪门深受中国传统文化的浸染，王阳明“知是行之始，行是知之成”的观点对他的行为课程有直接的影响，是他建构行为课程的理论基石。① 行为课程强调儿童的直接经验，突出儿童与环境之间的相互作用。可见，张雪门也深受杜威的进步主义教育思想的影响。此外，张雪门的行为课程吸取了福禄贝尔、蒙台梭利教育思想。总之，张雪门的行为课程既立足于中国的国情，发扬中国传统文化精髓，又深受当时国外学前儿童教育思想的影响，从而为其行为课程奠定了理论基础。

(二)行为课程的基本观点

张雪门认为“生活即教育，五六岁的孩子们在幼稚园生活的实践，就是行为课程”。行为课程“从生活而来，从生活而开展，也从生活而结束，不像一般完全限于教材的活动。幼稚园实施的行为课程应注意幼儿实际行为，举凡扫地、抹桌、养鸡、养蚕、种植花草蔬果等，只要幼儿能自己做的，都应该给幼儿机会去做。唯有从行动中所得的认识，才是真实的知识；从行动中所发生的困难，才是真实的问题；从行动中获得的胜利，才是真正制驭环境的能力”。②

1. 行为课程的特点

第一，课程是整体的，打破各科的界限，整体融合到学前儿童的一日生活中。第二，课程是直接的，关注学前儿童的直接经验，为学前儿童创设环境，提供符合儿童经验能力与兴趣的活动、材料；第三，课程注重学前儿童的个体发

---

① 王春燕．幼儿园课程概论[M]．北京：高等教育出版社，2007：210.

② 戴自俺．张雪门幼儿教育文集(下卷)[M]．北京：北京少年儿童出版社，1994：1088.

展，注意满足儿童个体发展的需要。

2. 行为课程的内容

张雪门认为“儿童学些什么”“教师须教些什么”“教和学又是怎样地联络起来”，这是幼稚园教材研究的中心。① 而“教材”是衔接教师和儿童之间开展互动关系的重要教育内容，教材反映了“是否满足儿童生活的要求，是否扩充了儿童的生活经验”，从而达到“充实儿童个体生活和社会生活”的目的。因此，张雪门认为教材的标准体现在五个方面②：一是须顾及我国现时劳动意义的重要；二是须注意儿童团体生活的重要；三是须比后期的儿童多注意其生理的发展；四是须根据儿童直接的经验；五是各科的界限须混合而不分。幼稚园教材作为学前儿童教育的重要载体，一般也是源自学前儿童生活的经验③——儿童本身个体发展而得，和自然环境相接触而得，与社会环境交际而得。在此基础上，张雪门将其课程内容具体划分为手工和美术、言语和文字、文学、音乐、游戏以及算术。

3. 行为课程的教学方法

行为课程主要采用单元教学，通常根据社会需要、教育政策、教育目的以及学前儿童的实际能力水平进行单元选择。课程开始前，教师有目的、有计划地准备内容、创设环境和详细的活动方案；在课程进行中，教师巡视指导，注重指导幼儿行为的实践；课程结束后，教师对学前儿童的知识、技能、思考、习惯、态度、兴趣等方面进行评量，并作为改进教学的参考。至于单元的选择，则须配合教育宗旨、教育政策、社会需要及幼儿的能力，具体包括幼儿的工作、游戏、音乐、故事、儿歌以及常识等。

4. 行为课程的评价

张雪门认为评价需要考察儿童和老师两个方面。他认为，“对于儿童，不论一种动作完了以后，一种课程完了以后，都应该把课程中的动作好的地方或劣的地方一一指点出来，且应把它所以好的地方和所以劣的地方也加以客观具体的说明，这样对于儿童积累经验才有指导作用。尤其要紧的，对儿童动作上的评价，

① 张雪门．幼稚园教材研究[M]．北京：商务印书馆，2014：3.

② 张雪门．幼稚园教材研究[M]．北京：商务印书馆，2014：10-14.

③ 张雪门．幼稚园教材研究[M]．北京：商务印书馆，2014：17.

并不是重在全体的评价，也并不在课程结束后的总评价，而需要的却是随时随地的像说话一样的个别评价；正唯这一种评价，才能使得儿童深刻地接受”①。儿童评价具体体现在记录儿童行为、检讨儿童行为、持续注意儿童行为和估计儿童的行为经验四个方面。张雪门先生认为教师“当儿童的一种动作完了之后，应该有一种笔记，把教学的经过，采用日记式意义把它具体记下来”②。这属于我们现在说的反思日志。除此之外，他认为教师还应有“经验的估计，即对儿童完成课程后的经验的估计”，以此来考察课程“是否符合于课程的总标准——就是合于改造民族中必需的条件”。

张雪门依据杜威“教育即生活”的理论和我国“知行合一”思想，在长期的教育实践中总结出幼稚园行为课程，对我国学前教育课程与教学发展做出了重大贡献。

第五节 国内外学前教育课程与教学发展趋势

自启蒙运动以来，人们的思想受现代主义的极大影响，呈现出结构化、系统化、中心化、一致性、连续性的特点，并注重通过客观的方法论发现可证实的真理。21 世纪以来，科学技术发展推动教育改革，脑科学研究的新进展以及社会的变化发展，对学前教育课程与教学发展具有重要影响。

一、课程与教学“全纳化”

1994 年，联合国教科文组织在西班牙萨拉曼卡召开“世界特殊教育需要大会”，重申人的权利，明确提出了“全纳教育”思想，主张“有特殊需要者必须有机会进入普通学校，这些学校应该将他们吸收在能够满足其需要的、以儿童为中心的教育活动中”。③ 联合国教科文组织于 2005 年发布的《全纳教育指南：确保全民教育的通路》中对全纳教育的定义是：全纳教育是通过增加学习、文化和社

---

① 张雪门．幼稚园教材研究[M]．北京：商务印书馆，2014：136.
② 张雪门．幼稚园教材研究[M]．北京：商务印书馆，2014：137.
③ 朱家雄．幼儿园课程(第二版)[M]．上海：华东师范大学出版社，2011：240.

区参与，减少教育系统内外的排斥，应对所有学习者的多样化需求，并对其做出反应的过程。学前儿童接受适合其发展的教育和特殊教育训练，有助于儿童的个性发展。全纳课程是对儿童当前技能水平和兴趣的反映，是对教育内容、途径、结构的适宜性调整，提倡采用传统课程模式，创造适宜所有儿童学习的全纳社会，保障所有儿童的发展权利。例如，1997 年美国议会通过的《个体残疾教育法》(IDEA)的新法案，该法案完善了对父母参与早期评价、做出适宜的决定的规定，并制定了针对个别化发展的办法。

二、课程与教学整合化

课程与教学的整合化主要体现在两个方面。一是保育与教育的整合。学龄前儿童在生理和心理上都对成人有较大的依赖性，这种依赖逐渐转变为生理与心理发展共同的需求，保育对幼儿的成长十分必要，教育对儿童的发展更为重要。保育与教育相整合的学前教育课程，成为学前教育课程发展的必然趋势之一。

二是学科与领域的整合。随着社会的发展及教育理念的更新，学者和幼教工作者们意识到，学前儿童不是与单一学科的内容与环境对话，而是整个身心与环境相互作用，因此分领域课程内容逐渐成为学前儿童教育的主要模块。与学科相比，领域是一种组织知识较为广泛的形式，一个知识领域可能包含两个或两个以上的学科，因此，领域课程的综合化水平高于分科课程。当前随着知识观的演变，新知识观强调知识的开放性，促使领域课程又慢慢演变为综合课程、主题课程或项目课程等多种形式。这些课程在发展中打破传统的分科、分领域教学，将课程内容相整合，以促进学习内容之间的相互联系。可以说，幼儿园课程内容的整合化是幼儿园课程发展的整体趋势之一。

三、课程与教学生活化

对学前儿童来说，最有效的学习就是他们感兴趣的学习，最有效的学习内容就是他们可以感知的、具体形象的内容。这种学习内容主要源自幼儿周围的现实生活。儿童周围的生活是丰富的、广泛的，有大量的人、事、物和活动，有大量的有利于儿童发展的时机，但现实生活是复杂且多层次的。因此，必须对生活进行过滤，才能使之成为课程内容。这些内容不应是以知识的逻辑组织起来的严格的学科，而应是以生活的逻辑组织起来的多样化、感性化、趣味化的活动。幼儿园课程的生活化还意味着幼儿园课程的内容并不是严格的学科知识再现，课程内容是随着生活情境的变化而变化的。

四、课程与教学多元化

全球化的趋势必然导致多元文化的交流与融合，基于此背景下，如何培养一个全人、完人，一个和谐发展并对社会有用之人？以培养新人改造社会、以改造社会促进发展，这是全世界各国学前教育发展共同努力的方向。我国幼儿园的课程改革呈现出多元化趋向。主要表现在课程理论基础多元化、课程模式多元化、课程价值取向多元化以及课程教材选择多元化等方面。

一是课程理论基础多元化。20 世纪 80 年代以来，除了一些基本思潮，如新科学观、新知识观、以人为本理念等对我国幼儿园课程产生深远影响之外，一些著名的社会学家、心理学家、教育学家的思想对我国幼儿园课程乃至幼儿园教育的影响更是不可不提的。其中，具有代表性的有杜威的实用主义、皮亚杰的认知发展理论、布鲁姆的心理结构论、维果茨基的社会建构理论和最近发展区理论、布朗芬布伦纳的生物生态学理论、加德纳的多元智能理论以及埃斯萨的自我概念理论等。

二是课程模式多元化。目前，在我国引起广泛关注的外国课程模式或理论包括瑞吉欧方案教学模式、以皮亚杰的认知发展理论为基础的高瞻课程、以加德纳多元智能理论为基础的光谱方案、蒙台梭利教育教学法等。我国幼儿教育工作者在借鉴这些课程模式或理论的同时，对课程本土化进行了探索。目前，我国幼儿园课程模式主要形态有分科课程、主题综合课程、五大领域课程、主题网络课程以及区域活动课程等。

三是课程价值取向多元化。当前我国幼儿园课程价值取向呈现多元整合的趋势，概括起来有三种：①知识本位的价值取向，重系统知识的学习，强调为未来生活做准备；②社会本位的家长取向，重课程与外部因素的互动；③人本位的价值取向，认为应从幼儿的兴趣、需要出发安排课程，并把课程作为发展人的个性的基本手段。

四是课程教材选择多元化。多数幼儿园的课程教材来源主要包括公开发行的较权威的幼儿园课程有关的教材、地方或区本教材、园本课程、网络资源及其他资源等。这使得教师在设计和组织教育教学活动时可以充分根据幼儿的特点和发展水平，灵活选择适当的教材，发挥教师的积极性和能动性，更好地促进幼儿和谐且富有个性的发展。

五、课程与教学个性化

个性化的课程包含两个方面的含义：一方面是指课程应适应不同发展水平中的儿童，另一方面是指建构来自不同社会文化背景的儿童课程。

传统的学前教育课程倾向于以儿童发展的一般水平与一般规律为出发点，展开具有普遍性的幼儿园教育。然而，每个儿童的成长环境与身心发展水平都不同。1983 年，美国教育心理学家加德纳的《智力的结构：多元智能理论》一书出版，加德纳认为每个人都有不同的智能组合，并且每种智能发展的顺序及水平都不同。这使教育者们开始意识到学生的个体差异性，而对于早期教育工作者来说，则意味着以包容的眼光来看待儿童，承认并适应儿童的个体差异性及独特性，关注儿童的个性发展。

随着学前教育课程走向多元化，其目标必然更关注儿童的个体性与独特性，同时提出建构“为了更好地培养幼儿的主体性、创造性等个性特质，促进幼儿成为个性独立、具有独创精神的人”的个性化课程。换言之，强调个体性与独特性并不意味着放弃普适性，以儿童发展的一般规律为指向，教育者更应该了解每名儿童的成长背景、成长需要、学习方式等，为儿童制定个性化的培养方案，以特殊性促进普遍性发展，反之又以普遍性支持特殊性的发展，使学前教育中的群体与个体相互协调、相得益彰。

六、课程与教学科技信息化

20 世纪 80 年代以来，伴随着科学技术的飞速发展，人类逐渐走进信息化时代，电子媒体的使用成为社会发展进程中必不可少的手段，计算机也开始进入学前教育领域。但由于儿童易沉迷于计算机、手机、高科技玩具等电子科技产品，使人们对于儿童是否能使用现代科技手段来学习各执一词。

越来越多的研究证明，儿童能够通过运用现代科技手段为自身发展带来有益的经验，在意大利瑞吉欧课程当中，可以看到电脑、投影仪、打印机、照相机等现代电子设备，都成为辅助教学活动的重要工具。在今天的美国幼儿园，计算机及其相关知识已经成为幼儿园教育的重要工具与课程内容，如芝加哥实验学校幼儿园专门开设了“计算机科学”课程，儿童能够学习各种计算机基本技能，同时也可以在教师的引导下利用计算机进行交流或解决实际问题。①

可见，儿童终究是社会中的儿童，不能脱离社会而独立存在，因此社会中的一切事物都是影响其发展的因素。科技和信息不可能通过物质途径被隔离，传统的说教式课堂模式必然是不合时宜的，那么如何正确理解与利用科学技术和社会信息而非回避它们，才是当今早期教育所面临的迫切问题。也就是说，在早期教育课程中使用电子科技产品或者互联网，其目的并不在于掌握科技本身，而是希望借助科技的手段去构建知识、积累经验，保护儿童的创造欲望、思考能力——这种能力也是科技化、信息化社会对于人才的重要要求之一。

【本章小结】

本章以历史发展为重要线索，对国内外学前教育课程与教学发展的历史脉络进行了梳理，阐述了不同历史时期的关键事件、关键教育家以及关键的政策法规，以便于学习者清晰地了解和掌握学前教育课程与教学历史发展的背景、原因以及发展过程中的突出特点。在此基础上，本章重点介绍了国内外经典的学前教育课程与教学方案，一方面了解和把握国外经典学前教育课程与教学的优点，有利于促进我国学前教育课程与教学发展，中西合璧；另一方面了解和把握国内经典学前教育课程与教学方案，立足国情并适宜性地借鉴，有助于为探索中国社会主义特色的学前教育课程与教学做好准备。最后，通过了解历史发展脉络和经典课程与教学方案，把握学前教育课程与教学的发展趋势，为未来的改革奠定基础。

【主题词】

历史发展，起源与萌芽，开创与发展，蒙台梭利，瑞吉欧，高瞻课程，本土

---

① 陈时见，何茜．幼儿园课程的国际比较：侧重幼儿园课程设计的经验、案例与趋势研究[M]．重庆：西南师范大学出版社，2011：41.

化探索，多元化发展，陈鹤琴的五指活动，张雪门的行为课程，发展趋势

【思考题】

1. 简述国内外课程与教学的发展历史。

2. 为什么说瑞吉欧教育不仅仅是一种早期教育方法？

3. 简述蒙台梭利教室中教师的角色。

4. 基于高瞻课程的十类58条关键经验，思考该课程与教学模式应如何组织与实施。

5. 简述陈鹤琴先生的五指活动课程的理论基础及课程内容与实施方法。

6. 试述国内外学前教育课程与教学的发展趋势。

第四章　学前教育课程与教学目标

【本章导读】

学前教育课程与教学目标是对幼儿在一定期限内的学习效果预期，是学前教育的“指南针”和“方向盘”，使学前教育的特定价值观在课程与教学中得以体现，在课程设计中处于核心地位，只有明确课程与教学目标“是什么”的问题，才能解决课程如何实施的问题。因此，怎样确立学前教育课程与教学目标，课程与教学目标的层次结构如何，怎样进行表述，是学前教育课程改革的基本问题。本章对课程与教学目标进行概述，明确目标取向，提出学前教育课程与教学目标制定的理论依据，并对学前教育课程与教学目标的层次结构进行了系统的划分。

【知识地图】

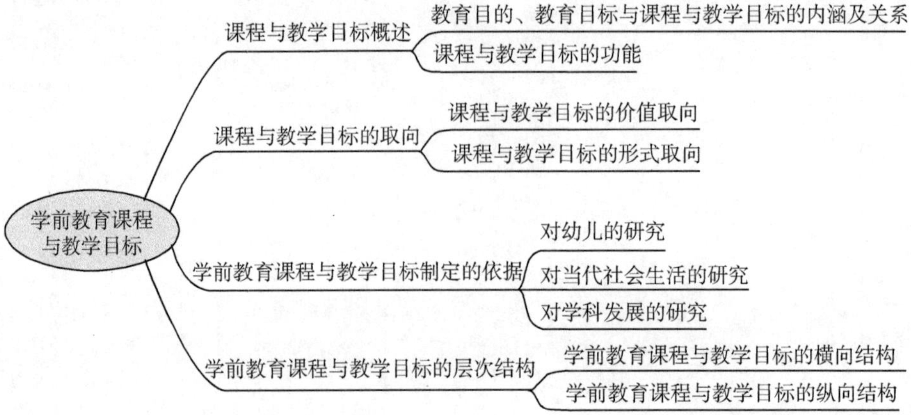

第一节　课程与教学目标概述

一、教育目的、教育目标与课程与教学目标的内涵及关系

教育目的是教育的总体方向，是“一定社会培养人的总要求，是根据不同社会的经济、政治、文化、科学、技术发展的要求和受教育者身心发展的状况确定的。它反映了一定的社会对于教育者的要求，是教育工作者的工作出发点和最终目标，也是制定教育目标、确定教育内容、选择教育方法、评价教育效果的根本依据”①。例如，在2015年12月27日颁布的《中华人民共和国教育法(2015修正)》中对教育目标的规定为“教育必须为社会主义现代化建设服务、为人民服务，必须与生产劳动和社会实践相结合，培养德、智、体、美等方面全面发展的社会主义建设者和接班人”。

教育目标是依据教育目的制定的，它体现的是不同性质教育和不同阶段教育的价值，我国现阶段的教育目标是培养青年、少年、幼儿在品德、智力、体质等方面全面发展，成为有理想、有道德、有文化、有纪律的社会主义建设人才。中华人民共和国教育部于2016年1月5日发布的《幼儿园工作规程》中指出幼儿园的教育目标是“贯彻国家的教育方针，按照保育与教育相结合的原则，遵循幼儿身心发展特点和规律，实施德、智、体、美等方面全面发展的教育，促进幼儿身心和谐发展”。

课程与教学目标是教育目标的下位概念，是国家和学校为实现培养目标而安排的教育内容、进程及要求学生达到的程度，是培养目标的分解和师生行动的依据，是教育主体对课程与教学预期的结果，具体体现为课程开发与教学设计中的教育价值，它受到教育目的、培养目标的制约。课程与教学目标可分为课程教学目标、单元教学目标，课时教学目标。课程与教学目标的内涵有两个基本点，其一，它是教育主体的一种预期，体现了学校教育是一种有组织、有计划的活动，尽管并非所有的教学目标都是预设的，但在教学中预设目标仍然占有突出的位

---

①　辞海. 教育学·心理学分册[M]. 上海：上海辞书出版社，1987.

置；其二，这种教育主体的预期蕴含的是一种教育价值，课程与教学目标的确定实际上是教育主体的一种价值选择。

【知识链接】

2001年6月教育部印发的《幼儿园教育指导纲要(试行)》，将幼儿园课程划分为五大领域，即健康、社会、语言、科学、艺术。其中社会领域的目标为：

1. 能主动地参与各项活动，有自信心；
2. 乐意与人交往，学习互助、合作和分享，有同情心；
3. 理解并遵守日常生活中基本的社会行为规则；
4. 能努力做好力所能及的事，不怕困难，有初步的责任感；
5. 爱父母长辈、老师和同伴，爱集体、爱家乡、爱祖国。

综上所述，课程与教学目标与教育目的、教育目标具有内在的联系，从教育目标到教育目的，再到课程与教学目标，是一个从宏观到中观再到微观的过程。① 教育目的是一切教育活动的最高目标、最终目标，层次最高。教育目标次之，包括各种教育形式的阶段性目标、课程与教学目标等。课程与教学目标是教育目的、教育目标的具体化和实践依托。在这一系统中，各层次的目标是紧密联系、不可分割的(见图4-1)。

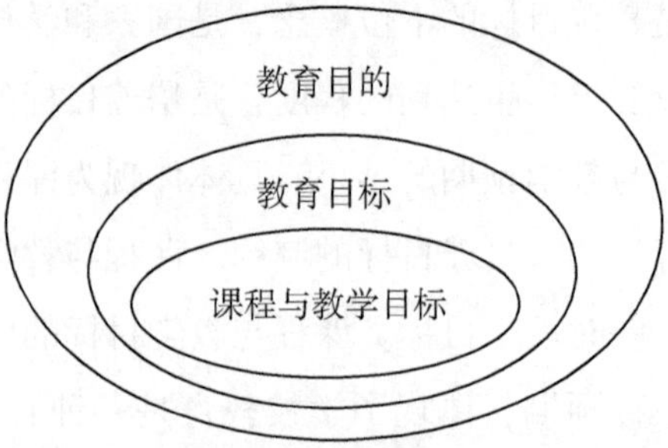

图4-1 教育目的、教育目标、课程与教学目标之间的关系

① 张晓辉，倪志明．幼儿园课程[M]．北京：北京师范大学出版社，2012：26-27.

二、课程与教学目标的功能

课程与教学目标在课程开发与教学活动中的功能主要有以下几方面：

(一)为课程开发与教学活动提供导向和依据

课程与教学目标决定课程开发与教学设计的依据，对课程开发和教学过程起着导向作用，具体体现在：一是选择适宜的教学内容教授给学生，利用恰当的教学形式进行教学，视目标为基础；二是为课程组织提供依据，课程组织包括学科课程或经验课程、分科课程或综合课程等类型。教学组织形式包括班级授课制或个别化教学，采用何种课程与教学组织形式取决于目标要求；三是课程与教学实施是达成既定目标的过程，课程实施以目标为基础做出相应调整。

(二)激发学生学习动机

美国心理学教授爱德温·洛克和休斯在研究中发现，目标具有激励功能，能引导活动指向，调动人的积极性，充分发挥人的主观能动性和智力效应，把人的需要转变为动机，使人向一定的方向前进，并将自己的行为结果与期望达到的目标进行比较，从而对自己的行为进行调整。因此，在教学过程中，适度、明确的教学目标能激发学生的学习动机，诱发学生良好的学习行为。学生明确了教学目标就明确了学习内容，在学习过程中对已有的认知与新知识、新问题形成冲击，从而引发学生的思考，探索知识的真谛。

(三)评价课程实施程度与教学效果

评价是一个价值判断过程，评价对象包括课程与教学计划本身，也包括参与课程实施的教师和学生，课程与教学评价以目标为基础，其实现的程度成为判定课程设计与教学活动效果的尺度，并能据此作出改进策略。在教学中，不仅要关注教师的发挥，也要兼顾学生的个性、能力等有没有得到充分发展。教学方式要基于学生的认知展开，教师的能力能否结合教学实际来选择适当的教学方式并灵活运用，达到教学效果，以及教师是否能够把握课程标准中的任务，包括知识与技能、过程与方法、情感态度与价值观等，都是以课程与教学目标作为衡量的依据。教师可以通过多种途径和方式检验自身能力及学生对目标的达成情况，并根据检验的结果，及时采取矫正性措施，实施补偿性教学。

(四)整合课程与教学各要素

课堂是动态生成的，课程与教学的目标就是要将课程与教学的各个要素有机整合，从而达到最佳的教学效果。从课程的角度来看，课程包括课程目标、课程内容、课程实施与课程评价，这四个要素是通过目标整合起来的。从教学的角度来看，教学是由教师、学生、教学内容、教学环境、教学方法、教学评价等众多因素组成的，这些因素在教学过程中都发挥着各自的作用。课程与教学系统中的各个要素相互制约，相互影响，目标在课程与教学组织系统中起着统整、支配和协调作用，各要素围绕目标发挥各自的功能，进而产生整体效能。

第二节 课程与教学目标的取向

课程与教学目标是一定社会的教育价值观指导下的教育目的与追求在课程与教学领域的具体化。合理的课程与教学目标，应全面考察学科的发展状况和未来发展趋向、学生的发展状况和需要、社会的发展状况和需要等。课程与教学目标取向分为价值取向和形式取向两个方面：价值取向包括知识本位的价值取向、社会本位的价值取向和学生本位的价值取向，形式取向包括普遍性目标、生成性目标、行为性目标以及表现性目标。

一、课程与教学目标的价值取向

(一)知识本位

知识本位目标主要反映学科的固有价值，在知识选择上特别重视学科本身的逻辑和结构。我国课程与教学的知识本位倾向既受到外国教育思想的影响，又与我国文化传统有着密切关系。在早期社会，以生产生活经验为教育内容，教育与生产过程融为一体，以言传身教作为教育方式；随着自然科学的发生和发展，知识出现系统化、分科化。在我国古代社会，封建教育以儒家经典《大学》中提到的“修身、齐家、治国、平天下”作为教育宗旨和目标，在教育形式上以反复记诵为主，教师最常用的教育手段为灌输式教育。随着西方自然科学的迅速发展，夸美纽斯从民主主义的泛智思想出发，提出“把一切知识教给一切的人”，学生必须掌握对人类来说必需的一切知识，要求普及百科全书式的教育。“工业革命以后，科学技术迅猛发展及其产生的巨大效益，引起了人们对科学知识的重视，斯宾塞随即从幼儿生活需要出发，提出了科学知识最有价值的主张，科学知识的传授在教育中开始占据显要的地位。”①在教育的知识本位背景下，课程与教学目标也呈现出知识本位的价值取向。

(二)社会本位

教育的目的是把受教育者培养成为一定社会所需要的人，其总体要求是学校教育所要培养的人的质量规定。社会学家涂尔干(Émile Durkheim)指出：“教育就是一种使年轻一代系统地社会化的过程。”孔德认为：“真正的个人是不存在的，只有人类才存在，因为不管从哪个方面看，我们个人的一切发展都来自社会。”②人的身心发展等各个方面都依赖于社会，课程与教学目标应适应社会对人才培养的需求，体现社会价值，帮助学生学会如何参与制定社会规划，并将它们付诸社会行动。

(三)学生本位

课程与教学目标主要反映其促进个体成长的价值，强调以学生发展为中心的人本主义理论。核心是情感与认知和学生行为的整合，以全面提升学生综合素质，并以此作为目标的出发点和落脚点。法国思想家卢梭在西方教育史上首次提出了系统的幼儿教育观，其著作《爱弥儿》强调以幼儿为本的教育观念，要求教育遵循自然天性，幼儿在自然的教育和成长中取得主动地位，教师只需创造学习的环境，这充分体现了以学生为中心的主张，让学生自由发展的教育思想。美国

---

① 陈佑清．论教育的知识本位倾向[J]．湖北大学学报(哲学社会科学版)，1998(03)：76-81.

② 吴俊申．教育哲学大纲[M]．北京：商务印书馆，1935：145.

著名心理学家罗杰斯将“以病人为中心”的理论和模式应用到教学上，产生了学生为中心的教学理论，他主张把学生放在教学的中心地位，其教学目标是“在教学活动中将情感活动与认知活动有效地结合起来，最大限度地促进学生健康协调的发展”。罗杰斯希望通过教学促进个体认知情感的发展从而成为“完整的人”。①

二、课程与教学目标的形式取向

(一)普遍性目标

“普遍性目标”是根据一定的经验、哲学或社会政治、伦理观的需要推导出教育的一般宗旨或原则，并把这些宗旨和原则作为课程领域规范性或总结性的目标，这种目标把教育的一般宗旨或原则作为课程与教学目标，将课程与教学目标与教育的一般宗旨和原则等同起来，因此它具有普遍性、模糊性、规范性的特点，可适应各种具体的教育实践情境和需要。“普遍性目标”可追溯到我国的先秦时期，西方的古希腊古罗马时期。例如，儒家经典《大学》开篇即言：“大学之道，在明明德，在亲民，在止于至善。”教育的最终目标要达到至善。再如“格物，致知，诚意，正心，修身，齐家，治国，平天下”强调经过修炼成为“内圣外王”之人。在西方古希腊时期，柏拉图指出教育的终极目的是培养哲学家兼政治家；苏格拉底认为“美德即知识”，美或美德是永恒的教育目标；古罗马时期，昆体良在《雄辩术原理》提出教育的目标是培养具有最高道德修养的演说家。以上都是普遍性教育目标的取向。

【知识链接】

我国于2016年发布的《幼儿园工作规程》中提出的幼儿园保育和教育的主要目标：要萌发幼儿爱祖国、爱家乡、爱集体、爱劳动、爱科学的情感，培养诚实、自信、友爱、勇敢、勤学、好问、爱护公物、克服困难、讲礼貌、守纪律等良好的品德行为和习惯，以及活泼开朗的性格。

① 唐小丹．罗杰斯教学理论对数学教学的启示[J]．贵州民族大学学报(哲学社会科学版)，2013(01)：178-180.

英国幼儿园的教育目标：幼儿是幼儿园的主体，要培养语言能力、独立性、创造性；发展聆听、观禀、讨论、实验的能力；注重对兴趣和个性的培养，注重对能力的全面发展；注重思维与想象，在开放式的环境中充分展示自己；培养爱的理念，铸造自信的人格，锻炼社交技能。

法国幼儿园的教育目标：幼儿教育与家庭教育密切结合，提高机体的平衡性及协调性；发展口语表达能力，能正确表达自己的思想、情感和需要；积极地与教师、同伴交往；发展艺术表现能力和创造力，提高审美能力；发展自由探索、独立创造的精神；获得有关科学技术方面的粗浅知识与技能。

由于各国的意识形态和政治要求不同，教育目标的内容也有所不同，教育目标要适应各自国家的教育情境，具有典型性和普遍性。

普遍性目标是教育实践中的一般宗旨或原则，这类目标的含义不够清晰，具有一定的随意性，因此，教育工作者为了适应具体教育实践情境的特殊需求，会对目标进行创造性的解释。

(二)生成性目标

生成性目标也称为发展性目标或展开性目标，是在教育情境中随着课程与教学的展开而自然生成的目标，是教育在情境下的创生。它强调学习者、教师与教育环境的相互作用，认为课程与教学目标不是预设的目标，教育是一个动态发展的过程，目标反映的是此过程的方向的性质，而不是此过程的某些阶段的或外部的性质，旨在培养学生将知识转化为智慧、提出和处理问题的能力。

“生成性目标”的渊源可以追溯到杜威“教育即生长”的命题。杜威反对将外在的目标强加于教育，认为课程与教学目标不是对教育经验的预先具体化，而是教育经验的体现。他认为人获取认识就是一个不断变化的、未完成的、不确定的和有疑难的经验性过程。教育是幼儿经验的不断改造、重组、转化的过程，只有这样的教育才能真正促进学生的成长。

著名现代课程论专家斯滕豪斯(Lawrence Stenhouse)以“过程模式”给予“生成性目标”另一种定义，他是在批判泰勒等人的目标模式的基础之上提出此概念的。他认为目标模式不但误解了知识的性质，而且误解了改造实践过程的性质，这种模式只对某些较低级的技能和简单的学习有效，而“过程模式”则根据过程原则来详细说明教师将做什么、学生将做什么，但不预先详细规定。课程与教学应建立在探究的知识基础上。斯滕豪斯认为教育包括“训练”“教学”和“引导”三个过程，“训练”是使幼儿获得动作技能的过程，“引导”则是将幼儿带入知识之中的过程，这个过程的本质是不可预测的，将其用作生成性目标最为恰当。

生成性目标的目标取向在人本主义课程理论中发展到了极点，此理论认为教学活动应把学生放在居中地位，培养个性充分发展的人，这种人具有主动性和责任感，具有灵活地适应变化的能力，是自主发展的人，而非注重课程本身的界定和测量。它将教师定位于“促进者”角色，认为教师不应该是传统的控制者，只需帮助学生引出并澄清问题、组织材料，提供更广泛的学习活动，学生则应重点关注学习过程中的体验。例如，罗杰斯曾说：“凡是可以教的东西，相对而言都是无用的，对人的行为基本上不会产生影响，而真正能够影响人的行为的知识，只能是他自己发现并加以同化的知识。”

【案例讨论】

幼儿园小班健康领域与大班科学领域活动

小班幼儿的自我保护能力差，安全意识薄弱。有些孩子在户外活动时，对一些大型玩具没有正确的使用方法，也很难自我保护，针对此情况，教师设计了户外活动“安安全全玩玩具”，教给幼儿正确的游戏方法，变教师被动地预防事故的发生为引导幼儿主动地去认识危险、避开危险。

活动目标：

1. 教会幼儿用正确的方法玩大型玩具。

2. 帮助幼儿懂得用不正确的方法玩滑梯等玩具易造成伤害，初步培养幼儿的安全意识和自我保护能力。

再如，大班科学领域活动“食物的旅行”，《幼儿园教育指导纲要(试行)》指出：科学教育应密切联系幼儿的实际生活进行，利用身边的事物与现象作为科学探索的对象。生活中有多种多样的食物，孩子们总是吃不够、说不完，为满足孩子们的好奇心和探究愿望，“食物的旅行”主题活动由此生成展开——让幼儿在认识人体消化器官、了解食物的消化过程的同时，重点知道胃与身体健康的关系，提高他们的自我保护意识，同时培养幼儿的观察力及合作能力。

活动目标：

1. 初步认识人体的主要消化器官，了解食物的消化过程。
2. 学习简单的自我保护方法，提高自我保护意识。
3. 培养幼儿良好的饮食和卫生习惯。

由此可见，生成性目标与预设目标不同，它不是教育者预先设计好的、在教学过程中不可改变的僵死的计划，也不是无目的地追随幼儿的随意的、自发的活动，而是在师生互动中根据对幼儿的需要、兴趣的观察及所做的价值判断来不断生成活动，但这类目标具有一定的模糊性和不确定性，比较难实施，既要求教师有把握生成目标的意识，又要求教师对幼儿的身心发展规律了然于胸，课程资源的利用得心应手，这对教师的专业素质和能力提出了较高的要求，而且容易忽略必要的、系统的知识学习。

(三)行为性目标

行为性目标是以具体的、可操作的行为的形式加以陈述的课程与教学目标，它强调课程与教学实施之后学生所产生的行为变化。行为性目标是预期的，是在课程与教学实施前设定的；行为性目标最终表现为外显的行为，而这种行为的主体是学习者；行为性目标是具体的、可操作的。与普遍性目标相比，行为性目标表现出具体、精准和可操作的特点，能有力地提高教学的有效性。

行为目标在课程与教学中的确立始于博比特，博比特是现代课程理论的奠基人。1924 年，博比特在《如何编制课程》中提出了“活动分析法”，他认为：“人不是一个知识的储存器，人是由无尽的活动构成的无限复杂的生物，人最显著的特征不是记忆，而是行为活动，人的生活是由行为构成。在活动中，人才能生活，才能意识到自己存在的目的。”所谓的行为是学生表现出来的行为，因此，行为是课程与教学目标的取向，他的理论为泰勒的原理奠定了坚实的基础。相较于博比特提出的具体化目标，泰勒则认为应把目标看成一般反映模式，而非具体习惯，注重学生的个性发展与一般的行为方式。在泰勒原理中，教育是一种改造人的行为方式的过程，其目标既要指出学生需要培养的社会所期望的行为，也要将行为运用于社会生活之中——这里的“行为”是广义的，包括人的思维、情感以及外显的行为。

20世纪五六十年代，美国著名教育学家、心理学布鲁姆(Benjamin Bloom)继承和发展了泰勒的行为目标的理念，布鲁姆认为“教学行为目标是以特定的方式描述在一个教学单元或一个学科完成之后学生应该能做些什么，或者学生具备了哪些特征”。1956年，他制定了教育目标分类体系，将行为目标推进到新的发展阶段。行为目标使课程与教学重心切实落到了学生身上。行为目标的提出，体现了教师为主导、学生为主体的教学原则。

20世纪六七十年代，梅杰、波法姆领导发动了“行为目标运动”，该运动将行为目标取向的发展推到了顶峰。关于行为目标的表述，梅杰认为行为目标应包含三部分：一是幼儿外显行为的行为表现，二是幼儿这种行为表现所面对的条件，三是幼儿可接受的最低的熟练水平。由此可见，行为目标由四个基本要素构成，即行为主体、行为、条件及标准。“行为主体”是指教学过程中的学习者，“行为”即学习者在接受教学后所能做到的事和教师能够观察到的行为表现，“条件”是行为产生的环境，“标准”是学习者所要达到的最低熟练水平。

【案例分析】

行为目标在幼儿园大班科学领域“有趣的影子”活动中的体现：

(1)选择有太阳的天气，在户外进行踩影子游戏。

(2)在踩影子游戏中，增强对科学活动的探究欲，能积极地探索影子的奥秘，感知太阳光对影子的作用，获取有关影子形成的具体经验。

(3)能与同伴合作玩手影的游戏，提高观察力及想象能力。

(4)认识到自然事物是不断变化的，事物的变化之间是有联系和有规律的，激发幼儿对大自然的好奇心。

在该目标中，行为主体为幼儿园大班学生，有太阳的天气、户外场所是行为产生的必要环境条件，在观察影子时能与同伴合作玩手影的游戏，是行为表现的准则和具体化可观察的行为。

因此，在拟定行为目标时，要包括两个方面：第一，达到行为目标所要具备的条件。明确达成目标的条件，并尽可能满足行为产生所需的条件，便能依据幼儿的年龄、能力制定出详细的目标，对他们的学习提出合理的期望；第二，目标要具体，学习者的行为可观察。依据教学性质和内容，指明幼儿通过教学活动所能达到的具体的、可观察的行为。

（四）表现性目标

表现性目标所侧重的是学生在教学过程中的经历和体验，它是由美国课程学者艾斯纳提出的一种最新的课程目标取向。这种取向认为学生的个体性充分发挥、个体充分发展的时候，其在具体教育情境中的具体行为表现及所学到的东西是无法准确预知的，表现性目标是每个学生在具体教育情境的种种"际遇"中所产生的个体化表现。他更强调学习者和教育者的主体精神和创造性表现，以人性解放为根本目的，已有的技能和理解是这种活动得以进行的条件。艾斯纳认为，只要幼儿的创造性得到充分发挥，他在教育情境中的具体行为表现和所学到的东西是无法准确预知的，因此表现性目标追求的不是幼儿反应的同质性，而是反应的多元性。

在课程编制中存在两种目标，即教学性目标和表现性目标。表现性目标以表现技能为基础，艾斯纳说："表现不仅仅是情感的发泄，而是感情、意象与观点转化成某种材料的表达，一旦转化成了，这一材料就成为表达的媒介，在此种转化中，技能是必需的，因为没有了此种技能，转化就不会发生。"①此观点表明了教学性目标与表现性目标的关系，在教学中获得的某种技能，将用于表现活动之中，学习者能运用已有的技能，拓展并探索自己的观点、意象和情感。教学性目标是预先设定好的，是在学生完成一项或几项学习活动之后所应习得的知识与技能，表现性目标则更注重学生的个性化发展。在艺术领域中，一些预先设定好的目标在执行过程中并不能够完全适用，因此，艾斯纳提出表现性目标作为补充，目的不在于期待教学新目标，而是对其进行完善，从而使目标能适用于不同的学

① [美]艾斯纳. 儿童的知觉与视觉的发展[M]. 孙宏，等，译. 长沙：湖南美术出版社，1994：150.

科和学习活动。

【案例讨论】

(1)《听大灰狼与小红帽》的故事，谈谈自己的感受或用角色扮演、情境对话等形式展现故事的内容。

(2)参观科技馆后，讨论其中有趣的发现。

(3)在郊游后分享所见所闻，分享自己的收获。

(4)知道我们只有一个赖以生存的地球，具有保护环境的意识。

这类目标的意旨不在于学习结果与预期的目标一一对应，而在于学习者的创造性和个性化表现，尊重学生的个体差异性。表现性目标要求教师在制定活动计划时要关注幼儿的多样化表现而非同质化表现，制定出的课程是幼儿经由本身的个体经验差异所诠释并产生的一种课程。

第三节　学前教育课程与教学目标制定的依据

学前教育课程与教学目标的制定需要考虑各种依据，目前教育界普遍认同的依据有三个方面：学习者的需要、当代社会生活的需要以及学科发展的需要。因此，在制定学前教育课程与教学目标时就必须从研究幼儿、研究社会、研究学科的角度出发，从研究中提取信息。

一、对幼儿的研究

学前教育课程与教学的一个基本功能，就是通过支持、帮助和引导幼儿学习，促进幼儿的身心全面和谐发展，达到良好的学习效果和发展状况的期望。课程与教学设计应关注幼儿的发展，充分考虑幼儿的发展需求及兴趣，了解幼儿的身体动作发育与认知情感发展，以及需求社会化及个性化行为等方面的规律和特点，制定出科学合理的课程与教学目标。

要促进幼儿的身心全面和谐发展，应当在幼儿的“理想发展”和“现实发展”之间建立起智慧的桥梁，即解决“应该和能够怎么样”和“实际是怎么样”之间差距的问题。幼儿的理想发展是指幼儿发展心理学研究中所揭示的幼儿应该和可能达到的理想发展水平，可以通过对幼儿发展心理学知识的学习来获得。幼儿的现实发展是指幼儿到目前为止的实际发展水平，可以通过观察幼儿的身体动作、认知情感及社会性等方面的表现来分析得出。二者之间的差距就是学前教育课程与教学得以有效发挥，引导并促进幼儿学习和发展的空间。通过对现实发展水平和理想发展水平进行比较，能够明确幼儿发展的潜力和前景，以及一定阶段可能达到的能力水平，因此，课程与教学设计者应充分了解幼儿，使课程与教学目标既符合幼儿发展水平的需要，又尊重幼儿的个性差异。

维果茨基的“最近发展区”是其社会文化理论的重要组成部分，他特别关注幼儿未来潜能的发展水平，认为幼儿的发展有两种水平：一是已经达到的发展水平，表现为幼儿具备独立解决问题的智力水平；二是可能达到的发展水平，处于这种水平的幼儿需要借助成人的引导或帮助才能解决问题，他把幼儿的这两种水平之间的差距定义为最近发展区，且幼儿的发展水平是一个变动的“区段”。该理论倡导教育工作者在课程与教学设计时，要考虑学生的实际水平和可接受的能力，从而填补学生的现有发展水平与他们潜在发展水平之间的鸿沟。

此外，在设计课程与教学目标时，要考虑幼儿的年龄阶段特征和个性差异，受生活环境、遗传因素、生理特点、生长发育等因素的影响，不同年龄阶段的幼儿之间存在差异，同一年龄阶段的不同幼儿之间也存在差异。在目标建设上，应根据不同年龄阶段表现出来的身心发展的总体特征与主要矛盾，以及面临的不同任务来设定，分阶段进行并做好前后相邻的衔接工作。面对不同幼儿同一方面的发展速度和水平不同，不同幼儿在不同方面的发展存在差异，不同幼儿具有不同个性心理倾向时，提倡尊重个性差异，因材施教，以动态发展的眼光看待幼儿的个性特征及发展需求。

【案例讨论】

在学前教育发展心理学的研究中，学前幼儿的语言是为交际而产生，在交际过程中发展的。学前幼儿掌握语言的过程，即社会化的过程。学前期是语言发展至关重要的时期，3 岁以前的学前幼儿与成人的交际的主要形式是对话，3~4 岁时期幼儿的发音水平进步最为明显。在良好的教育条件下，他们几乎可以学会世界上各民族语言的各种发音。幼儿的语言发展具有年龄特征，为此应该采取哪些行之有效的教育措施呢？

我国于2016年发布的《幼儿园教育指导纲要(试行)》对学前阶段幼儿语言领域的目标要求如下：

1. 乐意与人交谈，讲话礼貌；
2. 注意倾听对方讲话，能理解日常用语；
3. 能清楚地说出自己想说的事；
4. 喜欢听故事、看图书；
5. 能听懂和会说普通话。①

二、对当代社会生活的研究

幼儿的成长与社会发展密不可分，幼儿不仅生活在幼儿园之中，也生活在家庭、社区和社会之中，而且始终必然走向社会，教育是帮助幼儿实现社会化的主要途径。在考虑教育课程与教学目标时，必须关注社会对幼儿成长的期望和社会生活的需求。

对于社会的研究可以从两个维度进行——空间维度和时间维度。空间维度指幼儿成长必不可缺的环境，包括幼儿生活的家庭、社会，乃至幼儿所在的国家、民族，幼儿不能脱离环境而成长。时间维度是指社会需求的现在和未来，包括当前现实的社会生活、社会生活的变迁趋势和未来需求。《幼儿园教育指导纲要(试行)》指出，幼儿教育应为幼儿的近期生活和终身发展奠定良好的素质基础。在确立目标时，不仅要立足于幼儿当下的生活，也要为其适应未来的社会生活做准备。

面对时代的发展与变迁，根据社会发展对人才培养规格所需，在制定课程与教学目标时应充分考虑社会与时代变化对人才素质的要求，培养幼儿的责任感、创新能力、应变能力、处理人际关系和组织协调的能力以及合作精神等方面的素

① 李艳玲，王美娜．学前幼儿发展心理学[M]．北京：人民邮电出版社，2019：337-352.

质。但仅仅局限于幼儿知识技能的获得是不利于幼儿全面和谐发展的，更要注重幼儿良好行为品质、情绪情感及生活能力的培养，同时也要体现教育公平，满足社会各阶层对于幼儿培养的殷殷期望。

【案例分析】

诚实守信是中华民族的传统美德，是立身之本、做人之道。诚实就是言行一致，以真诚的言行对待他人；守信就是要有责任心，答应别人的事情一定要做到，言必信、行必果，且出现失误能勇于承担责任，有错就改！

可确立的目标：

1. 让幼儿懂得诚实守信是中华民族的传统美德，做人要诚实守信；
2. 愿意做个诚实守信的人；
3. 做到言行一致，学会做事和处理事情。

三、对学科发展的研究

教育最深远的功能是传递社会文化知识、满足文化本身的延续和更新的要求。知识可以帮助幼儿更好地认识世界、认识社会、认识自己，使幼儿从一个自然人发展成为具有丰富知识经验的社会人。课程与教学作为知识传播的载体，学科又是知识分类的体现，在确立目标时应以学科知识作为依据。

施良方认为学科具有双重属性，即一般功能和自身特殊功能的统一。学科的一般功能是指学科的一般教育功能，即学科对一般公民的功用；学科自身的特殊功能即学科自身固有的特殊价值，倾向于学科知识体系本身。考虑到幼儿的年龄特点和身心发展状况，在学前教育课程与教学目标的选择上应基于学科的一般价值。《3—6岁儿童学习与发展指南》指出幼儿科学领域的学习核心是激发探索体验、探究过程，发展初步的探究能力，引导幼儿通过观察、比较、操作、实验等方法，学着发现问题、分析问题和解决问题，而非强调系统严密的学科知识体系。

【案例分析】

匈牙利作曲家柯达伊认为，“音乐是人的教育中不可缺少的部分，如果不具备这方面的修养，教育就不完整，离开音乐就谈不上是全面发展的人”。当“音乐”作为学前教育课程内容时，我们可以设置哪些目标？

1. 以大班为例：歌唱

(1)能用正确的姿势、自然美好的声音歌唱，并能正确地表现歌曲的节奏、旋律和歌词(音域在C1—C2之间)。

(2)在没有伴奏的情况下，也能独立而完整地演唱，并初步学会领唱、齐唱、轮唱和简单的二声部合唱。

(3)能用不同的速度、力度和音色变化来表现歌曲的形象、内容和情感，能注意到歌曲的字、词及乐句的变化，并较恰当地表现不同性质、风格歌曲的意境。

(4)能够为熟悉而多重复的歌曲增编新的歌词，并能即兴地独立地将新编歌词填入曲调中唱出。

(5)喜欢歌唱，能大胆地、独立地在集体面前进行歌唱表现，并能在集体中尝试用不同的合作表演形式歌唱。

2. 韵律活动

(1)能跟随音乐的节奏较准确地做各种稍复杂的基本动作、模仿动作和舞蹈动作组合。

(2)喜欢参加集体的韵律活动和音乐游戏，喜欢自发地随音乐自由舞蹈。

(3)进一步丰富舞蹈动作语汇，在掌握一些基本的舞蹈动作和集体舞的基础上，学习一些含有创造性成分的稍复杂的舞蹈组合。

(4)能够积极体验用动作、表情和姿态与他人交流的方法和乐趣，并在合作表演的过程中尝试用创造性的动作大胆主动地表现。

(5)能够在动作表演过程中熟练地使用一些简单的道具。

3. 打击乐演奏

(1)进一步学习并掌握更多打击乐器(三角铁、双响筒、钹等)的演奏方法。

(2)喜欢并积极参与集体的打击乐演奏活动，能部分地参与打击乐演奏配器方案的设计。

(3)能正确地根据指挥的手势开始、结束和变化演奏。

(4)能在集体的打击乐演奏中有意识地注意在音色音量和表情上与集体相协调一致。

(5)能自觉地遵守集体打击乐演奏活动中的一些常规，养成爱护乐器的态度和习惯。

4. 音乐欣赏

(1)能较准确地感受性质鲜明、结构适中的歌曲或器乐曲的形象、内容和情感，并产生一定的联想，用外部动作予以反应。

(2)能进一步丰富并加深对进行曲、舞曲、摇篮曲等不同风格、性质音乐的认识。

(3)喜欢倾听周围生活中的各种声音，并能用嗓音和动作表现等方式进行创造性的表达。

(4)能主动、积极地参与集体的音乐欣赏活动，享受并体验音乐欣赏过程的快乐。

(5)能够运用不同的艺术表演形式(如文学、美术、韵律动作等)来大胆表达对音乐的感受和理解。

第四节　学前教育课程与教学目标的层次结构

学前教育课程与教学目标的层次一般指把学前教育课程与教学目标按照某种维度在纵向上进行一定的划分，使之由抽象宏观趋于具体微观，更好地发挥目标的“导向”作用，以保证将教育目标逐层具体化、逐层落实到幼儿的发展上，包括课程与教学的总目标、年龄阶段目标、单元目标和教育活动目标四个层次；课程与教学目标的结构是横向对课程与教学目标进行探索，一方面体现为教育内容的范畴和结构，另一方面是幼儿的心理发展结构。

一、学前教育课程与教学目标的横向结构

(一)教育内容的范畴和结构

学前教育课程与教学是以教育内容作为框架来建构目标体系的。例如，我国的《幼儿园教育指导纲要(试行)》将学前教育内容划分为健康、艺术、社会、科学、艺术五大领域，各领域相互渗透，从不同的角度促进幼儿情感、态度、能力、知识、技能等方面的发展。

1. 健康领域目标

(1)身体健康，在集体生活中情绪安定、愉快；

(2)生活、卫生习惯良好，有基本的生活自理能力；

(3)知道必要的安全保健常识，学习保护自己；

(4)喜欢参加体育活动，动作协调、灵活。

2. 语言领域目标

(1) 乐意与人交谈，讲话礼貌；

(2)注意倾听对方讲话，能理解日常用语；

(3)能清楚地说出自己想说的事；

(4)喜欢听故事、看图书；

(5)能听懂和会说普通话。

3. 社会领域目标

(1)主动地参与各项活动，有自信心；

(2)乐意与人交往，学习互助、合作和分享，有同情心；

(3)理解并遵守日常生活中基本的社会行为规则；

(4)能努力做好力所能及的事，不怕困难，有初步的责任感；

(5)爱父母长辈、老师和同伴，爱集体、爱家乡、爱祖国。

4. 科学领域目标

(1)对周围的事物、现象感兴趣，有好奇心和求知欲；

(2)能运用各种感官，动手动脑，探究问题；

(3)能用适当的方式表达、交流探索的过程和结果；

(4)能从生活和游戏中感受事物的数量关系并体验到数学的重要和有趣；

(5)爱护动植物，关心周围环境，亲近大自然，珍惜自然资源，有初步的环保意识。

5. 艺术领域目标

(1)能初步感受并喜爱环境、生活和艺术中的美。

(2)喜欢参加艺术活动，并能大胆地表现自己的情感和体验。

(3)能用自己喜欢的方式进行艺术表现活动。

(二)幼儿的心理发展结构

如何建立一个结构合理的课程与教学目标体系？1956 年布鲁姆及其团队成员提出教育目标分类理论，该理论以人的身心发展的整体要求为依据，建立了具体化、精准化的目标形式，避免了过去笼统含糊的弊端，加深了课程与教学体系的再认识，明确各个阶段的要求，包括三个主要部分——认知领域、情感领域和动作领域。

1. 认知领域

认知领域是根据人的认知，从识记相对简单的知识到非常抽象的思维这样一个渐进的过程而划分的。认知领域分为知识、领会、应用、分析、综合，包括对知识的学习、理解或记忆，对所学知识进行重组，能够理性、深刻地对事物的本质或价值做出有说服力的判断等要求。

2. 情感领域

情感领域主要涉及一个人的情感、态度、兴趣和价值观等，包括接纳外界的人和事物，使人以观念的形式对客体及其规律和特性进行摹写、复制和再现，认定是非的思维取向等要求。

3. 动作技能领域

动作技能涉及骨骼和肌肉的使用、发展和调适，包括感知动作、运动调适、动作操作，达到能改变动作以适应新的具体情境的要求。

布鲁姆等人提出的按递进的方式制定教育目标是值得借鉴的，遵循知识学习应循序渐进的原则，符合学生认知特点和规律。对学前教育课程与教学而言，幼儿时期为个体各方面发展的关键期，在制定目标时，更应注重促进幼儿的身心全面健康地发展。

二、学前教育课程与教学目标的纵向结构

学前教育课程与教学目标的纵向结构就是目标的层次，一般来说，学前教育课程与教学目标可划分为四个阶段，通常包括学前教育课程目标、学年目标、单元目标和具体活动目标，四个层次从整体到局部、从粗略到细致，逐层明确化。

(一)学前教育课程总目标

为了加强幼儿园的科学管理，规范办园行为，提高教学质量，遵循幼儿身心发展特点和规律，实施德、智、体、美等方面全面发展，促进幼儿身心和谐发展，我国在《幼儿园工作规程》中提出了幼儿园保育和教育的主要目标，也相当于学前教育课程的总目标。具体包括：①促进幼儿身体正常发育和机能的协调发展，增强体质，促进心理健康，培养良好的生活习惯、卫生习惯和参加体育活动的兴趣；②发展幼儿智力，培养正确运用感官和运用语言交往的基本能力，增进对环境的认识，培养有益的兴趣和求知欲望，培养初步的动手探究能力；③萌发幼儿爱祖国、爱家乡、爱集体、爱劳动、爱科学的情感，培养诚实、自信、友爱、勇敢、勤学、好问、爱护公物、克服困难、讲礼貌、守纪律等良好的品德行为和习惯，以及活泼开朗的性格；④培养幼儿初步感受美和表现美的情趣和能力。这些目标是教育目标在学前教育阶段的落实，对学前教育工作具有纲领性作用，但比较宏观，表现得也很概括、抽象。

(二)学年目标

学年目标又称为年龄阶段目标，是以内容领域为结构框架的年龄阶段目标，是幼儿在这个特殊年龄阶段所要达到的要求。在学前教育课程中体现为小班、中班、大班的学年课程目标，各个年龄阶段的目标要有紧密的衔接性，能分阶段地实现学前教育课程的总目标。2012 年 10 月教育部颁发的《3—6 岁儿童学习与发展指南》以为幼儿的后继学习和终身发展奠定良好的素质基础为目标，对不同年龄阶段的教育提出了具体要求，针对幼儿应该知道什么、能做什么，大致可以达到什么发展水平等方面提出了合理期望，指明了幼儿学习与发展的具体方向。

1. 健康

(1)身心状况。

目标 1　具有健康的体态

3~4 岁	4~5 岁	5~6 岁
①身高和体重适宜。参考标准： 男孩： 身高：94.9~111.7 厘米 体重：12.7~21.2 千克 女孩： 身高：94.1~111.3 厘米 体重：12.3~21.5 千克 ②在提醒下能自然坐直、站直。	①身高和体重适宜。参考标准： 男孩： 身高：100.7~119.2 厘米 体重：14.1~24.2 千克 女孩： 身高：99.9~118.9 厘米 体重：13.7~24.9 千克 ②在提醒下能保持正确的站、坐和行走姿势。	①身高和体重适宜。参考标准： 男孩： 身高：106.1~125.8 厘米 体重：15.9~27.1 千克 女孩： 身高：104.9~125.4 厘米 体重：15.3~27.8 千克 ②经常保持正确的站、坐和行走姿势。

目标 2　情绪安定愉快

3~4 岁	4~5 岁	5~6 岁
①情绪比较稳定，很少因一点小事而哭闹不止。 ②有比较强烈的情绪反应时，能在成人的安抚下逐渐平静下来。	①经常保持愉快的情绪，不高兴时能较快缓解。 ②有比较强烈情绪反应时，能在成人提醒下逐渐平静下来。 ③愿意把自己的情绪告诉亲近的人，一起分享快乐或求得安慰。	①经常保持愉快的情绪。知道引起自己某种情绪的原因，并努力缓解。 ②表达情绪的方式比较适度，不乱发脾气。 ③能随着活动的需要转换情绪和注意。

目标 3 具有一定的适应能力

3~4 岁	4~5 岁	5~6 岁
①能在较热或较冷的户外环境中活动。 ②换新环境时情绪能较快稳定，睡眠、饮食基本正常。 ③在帮助下能较快适应集体生活。	①能在较热或较冷的户外环境中连续活动半小时左右。 ②换新环境时较少出现身体不适。 ③能较快适应人际环境中发生的变化。如对于换了新老师，能较快适应。	①能在较热或较冷的户外环境中连续活动半小时以上。 ②天气变化时较少感冒，能适应车、船等交通工具造成的轻微颠簸。 ③能较快融入新的人际关系环境。如换了新的幼儿园或班级，能较快适应。

（2）动作发展。

目标 1 具有一定的平衡能力，动作协调、灵敏

3~4 岁	4~5 岁	5~6 岁
①能沿地面直线或在较窄的低矮物体上走一段距离。 ②能双脚灵活地交替上下楼梯。 ③能身体平稳地双脚连续向前跳。 ④分散跑时能躲避他人的碰撞。 ⑤能双手向上抛球。	①能在较窄的低矮物体上平稳地走一段距离。 ②能以匍匐、膝盖悬空等多种方式钻爬。 ③能助跑跨跳过一定距离，或助跑跨跳过一定高度的物体。 ④能与他人玩追逐、躲闪跑的游戏。 ⑤能连续自抛自接球。	①能在斜坡、荡桥和有一定间隔的物体上较平稳地行走。 ②能以手脚并用的方式安全地爬攀登架、网等。 ③能连续跳绳。 ④能躲避他人滚过来的球或扔过来的沙包。 ⑤能连续拍球。

目标 2 具有一定的力量和耐力

3~4 岁	4~5 岁	5~6 岁
①能双手抓杠悬空吊起 10 秒左右。 ②能单手将沙包向前投掷 2 米左右。 ③能单脚连续向前跳 2 米左右。 ④能快跑 15 米左右。 ⑤能行走 1 千米左右(途中可适当停歇)。	①能双手抓杠悬空吊起 15 秒左右。 ②能单手将沙包向前投掷 4 米左右。 ③能单脚连续向前跳 5 米左右。 ④能快跑 20 米左右。 ⑤能连续行走 1.5 千米左右(途中可适当停歇)。	①能双手抓杠悬空吊起 20 秒左右。 ②能单手将沙包向前投掷 5 米左右。 ③能单脚连续向前跳 8 米左右。 ④能快跑 25 米左右。 ⑤能连续行走 1.5 千米以上(途中可适当停歇)。

目标 3 手的动作灵活协调

3~4 岁	4~5 岁	5~6 岁
①能用笔涂涂画画。 ②能熟练地用勺子吃饭。 ③能用剪刀沿直线剪，边线基本吻合。	①能沿边线较直地画出简单图形，或能边线基本对齐地折纸。 ②会用筷子吃饭。 ③能沿轮廓线剪出由直线构成的简单图形，边线吻合。	①能根据需要画出图形，线条基本平滑。 ②能熟练使用筷子。 ③能沿轮廓线剪出由曲线构成的简单图形，边线吻合且平滑。 ④能使用简单的劳动工具或用具。

（3）生活习惯与生活能力。

目标1 具有良好的生活与卫生习惯

3~4岁	4~5岁	5~6岁
①在提醒下，按时睡觉和起床，并能坚持午睡。 ②喜欢参加体育活动。 ③在引导下，不偏食、挑食。喜欢吃瓜果、蔬菜等新鲜食品。 ④愿意饮用白开水，不贪喝饮料。 ⑤不用脏手揉眼睛，连续看电视等不超过15分钟。 ⑥在提醒下，每天早晚刷牙、饭前便后洗手。	①每天按时睡觉和起床，并能坚持午睡。 ②喜欢参加体育活动。 ③不偏食、挑食，不暴饮暴食。喜欢吃瓜果、蔬菜等新鲜食品。 ④常喝白开水，不贪喝饮料。 ⑤知道保护眼睛，不在光线过强或过暗的地方看书，连续看电视等不超过20分钟。 ⑥每天早晚刷牙、饭前便后洗手，方法基本正确。	①养成每天按时睡觉和起床的习惯。 ②能主动参加体育活动。 ③吃东西时细嚼慢咽。 ④主动饮用白开水，不贪喝饮料。 ⑤主动保护眼睛。不在光线过强或过暗的地方看书，连续看电视等不超过30分钟。 ⑥每天早晚主动刷牙，饭前便后主动洗手，方法正确。

目标2 具有基本的生活自理能力

3~4岁	4~5岁	5~6岁
①在帮助下能穿脱衣服或鞋袜。 ②能将玩具和图书放回原处。	①能自己穿脱衣服、鞋袜、扣纽扣。 ②能整理自己的物品。	①能知道根据冷热增减衣服。 ②会自己系鞋带。 ③能按类别整理好自己的物品。

目标 3　具备基本的安全知识和自我保护能力

3~4 岁	4~5 岁	5~6 岁
①不吃陌生人给的东西，不跟陌生人走。 ②在提醒下能注意安全，不做危险的事。 ③在公共场所走失时，能向警察或有关人员说出自己和家长的名字、电话号码等简单信息。	①知道在公共场合不远离成人的视线单独活动。 ②认识常见的安全标志，能遵守安全规则。 ③运动时能主动躲避危险。 ④知道简单的求助方式。	①未经大人允许，不给陌生人开门。 ②能自觉遵守基本的安全规则和交通规则。 ③运动时能注意安全，不给他人造成危险。 ④知道一些基本的防灾知识。

2. 语言

(1)倾听与表达。

目标 1　认真听并能听懂常用语言

3~4 岁	4~5 岁	5~6 岁
①别人对自己说话时能注意听并做出回应。 ②能听懂日常会话。	①在群体中能有意识地听与自己有关的信息。 ②能结合情境感受到不同语气、语调所表达的不同意思。 ③方言地区和少数民族幼儿能基本听懂普通话。	①在集体中能注意听老师或其他人讲话。 ②听不懂或有疑问时能主动提问。 ③能结合情境理解一些表示因果、假设等相对复杂关系的句子。

目标 2 愿意讲话并能清楚地表达

3~4 岁	4~5 岁	5~6 岁
①愿意在熟悉的人面前说话，能大方地与人打招呼。 ②基本会说本民族或本地区的语言。 ③愿意表达自己的需要和想法，必要时能配以手势动作。 ④能口齿清楚地唱儿歌、童谣或复述简短的故事。	①愿意与他人交谈，喜欢谈论自己感兴趣的话题。 ②会说本民族或本地区的语言，基本会说普通话。少数民族聚居地区的幼儿会用普通话进行日常会话。 ③能基本完整地讲述自己的所见所闻和经历的事情。 ④讲述比较连贯。	①愿意与他人讨论问题，敢在众人面前说话。 ②会说本民族或本地区的语言和普通话，发音正确清晰。少数民族聚居地区的幼儿基本会说普通话。 ③能有序、连贯、清楚地讲述一件事情。 ④讲述时能使用常见的形容词、同义词等，语言比较生动。

目标 3 具有文明的语言习惯

3~4 岁	4~5 岁	5~6 岁
①与别人讲话时知道眼睛要看着对方。 ②说话自然，声音大小适中。 ③能在成人的提醒下使用恰当的礼貌用语。	①别人对自己讲话时能回应。 ②能根据场合调节自己说话声音的大小。 ③能主动使用礼貌用语，不说脏话、粗话。	①别人讲话时能积极主动地回应。 ②能根据谈话对象和需要，调整说话的语气。 ③懂得按次序轮流讲话，不随意打断别人。 ④能依据所处情境使用恰当的语言。如在别人难过时会用恰当的语言表示安慰。

(2)阅读与书写准备。

目标1　喜欢听故事，看图书

3~4岁	4~5岁	5~6岁
①主动要求成人讲故事、读图书。 ②喜欢跟读韵律感强的儿歌、童谣。 ③爱护图书，不乱撕、乱扔。	①反复看自己喜欢的图书。 ②喜欢把听过的故事或看过的图书讲给别人听。 ③对生活中常见的标识、符号感兴趣，知道它们表示一定的意义。	①专注地阅读图书。 ②喜欢与他人一起谈论图书和故事的有关内容。 ③对图书和生活情境中的文字、符号感兴趣，知道文字表示一定的意义。

目标2　具有初步的阅读理解能力

3~4岁	4~5岁	5~6岁
①能听懂短小的儿歌或故事。 ②会看画面，能根据画面说出图中有什么，发生了什么事等。 ③能理解图书上的文字是和画面对应的，是用来表达画面意义的。	①能大体讲出所听故事的主要内容。 ②能根据连续画面提供的信息，大致说出故事的情节。 ③能随着作品的展开产生喜悦、担忧等相应的情绪反应，体会作品所表达的情绪情感。	①能说出所阅读的幼儿文学作品的主要内容。 ②能根据故事的部分情节或图书画面的线索猜想故事情节的发展，或续编、创编故事。 ③对看过的图书、听过的故事能说出自己的看法。 ④能初步感受文学语言的美。

目标3　具有书面表达的愿望和初步技能

3~4岁	4~5岁	5~6岁
①喜欢用涂涂画画表达一定的意思。	①愿意用图画和符号表达自己的愿望和想法。 ②在成人提醒下，写写画画时姿势正确。	①愿意用图画和符号表现事物或故事。 ②会正确书写自己的名字。 ③写字、画画时姿势正确。

3. 社会

(1)人际交往。

目标 1 愿意与人交往

3~4 岁	4~5 岁	5~6 岁
①愿意和小朋友一起游戏。 ②愿意与熟悉的长辈一起活动。	①喜欢和小朋友一起游戏，有经常一起玩的小伙伴。 ②喜欢和长辈交谈，有事愿意告诉长辈。	①有自己的好朋友，也喜欢结交新朋友。 ②有问题愿意向别人请教。 ③有高兴的或有趣的事愿意与大家分享。

目标 2 能与同伴友好相处

3~4 岁	4~5 岁	5~6 岁
①想加入同伴的游戏时，能友好地提出请求。 ②在成人指导下，不争抢、不独霸玩具。 ③与同伴发生冲突时，能听从成人的劝解。	①会运用介绍自己、交换玩具等简单技巧加入同伴游戏。 ②对大家都喜欢的东西能轮流分享。 ③与同伴发生冲突时，能在他人帮助下和平解决。 ④活动时愿意接受同伴的意见和建议。 ⑤不欺负弱小。	①能想办法吸引同伴和自己一起游戏。 ②活动时能与同伴分工合作，遇到困难能一起克服。 ③与同伴发生冲突时能自己协商解决。 ④知道别人的想法有时和自己不一样，能倾听和接受别人的意见，不能接受时会说明理由。 ⑤不欺负别人，也不允许别人欺负自己。

目标3 具有自尊、自信、自主的表现

3~4岁	4~5岁	5~6岁
①能根据自己的兴趣选择游戏或其他活动。 ②为自己的好行为或活动成果感到高兴。 ③自己能做的事情愿意自己做。 ④喜欢承担一些小任务。	①能按自己的想法进行游戏或其他活动。 ②知道自己的一些优点和长处，并对此感到满意。 ③自己的事情尽量自己做，不愿意依赖别人。 ④敢于尝试有一定难度的活动和任务。	①能主动发起活动或在活动中出主意、想办法。 ②做了好事或取得了成功后还想做得更好。 ③自己的事情自己做，不会的愿意学。 ④主动承担任务，遇到困难能够坚持而不轻易求助。 ⑤与别人的看法不同时，敢于坚持自己的意见并说出理由。

目标4 关心尊重他人

3~4岁	4~5岁	5~6岁
①长辈讲话时能认真听，并能听从长辈的要求。 ②身边的人生病或不开心时表示同情。 ③在提醒下能做到不打扰别人。	①会用礼貌的方式向长辈表达自己的要求和想法。 ②能注意到别人的情绪，并有关心、体贴的表现。 ③知道父母的职业，能体会到父母为养育自己所付出的辛劳。	①能有礼貌地与人交往。 ②能关注别人的情绪和需要，并能给予力所能及的帮助。 ③尊重为大家提供服务的人，珍惜他们的劳动成果。 ④接纳、尊重与自己的生活方式或习惯不同的人。

(2)社会适应。

目标1 喜欢并适应群体生活

3~4岁	4~5岁	5~6岁
①对群体活动有兴趣。 ②对幼儿园的生活好奇，喜欢上幼儿园。	①愿意并主动参加群体活动。 ②愿意与家长一起参加社区的一些群体活动。	①在群体活动中积极、快乐。 ②对小学生活有好奇和向往。

目标 2 遵守基本的行为规范

3~4 岁	4~5 岁	5~6 岁
①在提醒下，能遵守游戏和公共场所的规则。 ②知道不经允许不能拿别人的东西，借别人的东西要归还。 ③在成人提醒下，爱护玩具和其他物品。	①感受规则的意义，并能基本遵守规则。 ②不私自拿不属于自己的东西。 ③知道说谎是不对的。 ④知道接受了的任务要努力完成。 ⑤在提醒下，能节约粮食、水电等。	①理解规则的意义，能与同伴协商制定游戏和活动规则。 ②爱惜物品，用别人的东西时也知道爱护。 ③做了错事敢于承认，不说谎。 ④能认真负责地完成自己所接受的任务。 ⑤爱护身边的环境，注意节约资源。

目标 3 具有初步的归属感

3~4 岁	4~5 岁	5~6 岁
①知道和自己一起生活的家庭成员及与自己的关系，体会到自己是家庭的一员。 ②能感受到家庭生活的温暖，爱父母，亲近与信赖长辈。 ③能说出自己家所在街道、小区(乡镇、村)的名称。 ④认识国旗，知道国歌。	①喜欢自己所在的幼儿园和班级，积极参加集体活动。 ②能说出自己家所在地的省、市、县(区)名称，知道当地有代表性的物产或景观。 ③知道自己是中国人。 ④奏国歌、升国旗时能自动站好。	①愿意为集体做事，为集体的成绩感到高兴。 ②能感受到家乡的发展变化并为此感到高兴。 ③知道自己的民族，知道中国是一个多民族的大家庭，各民族之间要互相尊重，团结友爱。 ④知道国家一些重大成就，爱祖国，为自己是中国人感到自豪。

4. 科学

(1)科学探究。

目标 1 亲近自然，喜欢探究

3~4 岁	4~5 岁	5~6 岁
①喜欢接触大自然，对周围的很多事物和现象感兴趣。 ②经常问各种问题，或好奇地摆弄物品。	①喜欢接触新事物，经常问一些与新事物有关的问题。 ②常常动手动脑探索物体和材料，并乐在其中。	①对自己感兴趣的问题总是刨根问底。 ②能经常动手动脑寻找问题的答案。 ③探索中有所发现时感到兴奋和满足。

目标 2　具有初步的探究能力

3~4 岁	4~5 岁	5~6 岁
①对感兴趣的事物能仔细观察，发现其明显特征。 ②能用多种感官或动作去探索物体，关注动作所产生的结果。	①能对事物或现象进行观察比较，发现其相同与不同。 ②能根据观察结果提出问题，并大胆猜测答案。 ③能通过简单的调查收集信息。 ④能用图画或其他符号进行记录。	①能通过观察、比较与分析，发现并描述不同种类物体的特征或某个事物前后的变化。 ②能用一定的方法验证自己的猜测。 ③在成人的帮助下能制定简单的调查计划并执行。 ④能用数字、图画、图表或其他符号记录。 ⑤探究中能与他人合作与交流。

目标 3　在探究中认识周围事物和现象

3~4 岁	4~5 岁	5~6 岁
①认识常见的动植物，能注意并发现周围的动植物是多种多样的。 ②能感知和发现物体与材料的软硬、光滑和粗糙等特性。 ③能感知和体验天气对自己生活和活动的影响。 ④初步了解和体会动植物与人们生活的关系。	①能感知和发现动植物的生长变化及其基本条件。 ②能感知和发现常见材料的溶解、传热等性质或用途。 ③能感知和发现简单物理现象，如物体形态或位置变化等。 ④能感知和发现不同季节的特点，体验季节对动植物和人的影响。 ⑤初步感知常用科技产品与自己生活的关系，知道科技产品有利也有弊。	①能察觉到动植物的外形特征、习性与生存环境的适应关系。 ②能发现常见物体的结构与功能之间的关系。 ③能探索并发现常见的物理现象产生的条件或影响因素，如影子、沉浮等。 ④感知并了解季节变化的周期性，知道变化的顺序。 ⑤初步了解人们的生活与自然环境的密切关系，知道尊重和珍惜生命，保护环境。

(2)数学认知。

目标1 初步感知生活中数学的有用和有趣

3~4岁	4~5岁	5~6岁
①感知和发现周围物体的形状是多种多样的，对不同的形状感兴趣。 ②体验和发现生活中很多地方都会用到数字。	①在指导下，感知和体会有些事物可以用形状来描述。 ②在指导下，感知和体会有些事物可以用数字来描述，对环境中各种数字的含义有进一步探究的兴趣。	③能发现事物简单的排列规律，并尝试创造新的排列规律。 ④能发现生活中许多问题都可以用数学的方法来解决，体验解决问题的乐趣。

目标2 感知和理解数、量及数量关系

3~4岁	4~5岁	5~6岁
①能感知和区分物体的大小、多少、高矮长短等量方面的特点，并能用相应的词表示。 ②能通过一一对应的方法比较两组物体的多少。 ③能手口一致地点数5个以内的物体，并能说出总数。能按数取物。 ④能用数词描述事物或动作，如我有4本图书。	①能感知和区分物体的粗细、厚薄、轻重等量方面的特点，并能用相应的词语描述。 ②能通过数数比较两组物体的多少。 ③能通过实际操作理解数与数之间的关系，如5比4多1；2和3合在一起是5。 ④会用数词描述事物的排列顺序和位置。	①初步理解量的相对性。 ②借助实际情境和操作(如合并或拿取)理解“加”和“减”的实际意义。 ③能通过实物操作或其他方法进行10以内的加减运算。 ④能用简单的记录表、统计图等表示简单的数量关系。

目标 3　感知形状与空间关系

3~4 岁	4~5 岁	5~6 岁
①能注意物体较明显的形状特征，并能用自己的语言描述。 ②能感知物体基本的空间位置与方位，理解上下、前后、里外等方位词。	①能感知物体的形体结构特征，画出或拼搭出该物体的造型。 ②能感知和发现常见几何图形的基本特征，并能进行分类。 ③能使用上下、前后、里外、中间、旁边等方位词描述物体的位置和运动方向。	①能用常见的几何形体有创意地拼搭和画出物体的造型。 ②能按语言指示或根据简单示意图正确取放物品。 ③能辨别自己的左右。

5. 艺术

(1)感受与欣赏。

目标 1　喜欢自然界与生活中美的事物

3~4 岁	4~5 岁	5~6 岁
①喜欢观看花草树木、日月星空等大自然中美的事物。 ②容易被自然界中的鸟鸣、风声、雨声等好听的声音所吸引。	①在欣赏自然界和生活环境中美的事物时，关注其色彩、形态等特征。 ②喜欢倾听各种好听的声音，感知声音的高低、长短、强弱等变化。	①乐于收集美的物品或向别人介绍所发现的美的事物。 ②乐于模仿自然界和生活环境中有特点的声音，并产生相应的联想。

目标 2　喜欢欣赏多种多样的艺术形式和作品

3~4 岁	4~5 岁	5~6 岁
①喜欢听音乐或观看舞蹈、戏剧等表演。 ②乐于观看绘画、泥塑或其他艺术形式的作品。	①能够专心地观看自己喜欢的文艺演出或艺术品，有模仿和参与的愿望。 ②欣赏艺术作品时会产生相应的联想和情绪反应。	①艺术欣赏时常常用表情、动作、语言等方式表达自己的理解。 ②愿意和别人分享、交流自己喜爱的艺术作品和美感体验。

(2)表现与创造。

目标 1 喜欢进行艺术活动并大胆表现

3~4 岁	4~5 岁	5~6 岁
①经常自哼自唱或模仿有趣的动作、表情和声调。 ②经常涂涂画画、粘粘贴贴并乐在其中。	①经常唱唱跳跳，愿意参加歌唱、律动、舞蹈、表演等活动。 ②经常用绘画、捏泥、手工制作等多种方式表现自己的所见所想。	①积极参与艺术活动，有自己比较喜欢的活动形式。 ②能用多种工具、材料或不同的表现手法表达自己的感受和想象。 ③在艺术活动中能与他人相互配合，也能独立表现。

目标 2 具有初步的艺术表现与创造能力

3~4 岁	4~5 岁	5~6 岁
①能模仿学唱短小歌曲。 ②能跟随熟悉的音乐做身体动作。 ③能用声音、动作、姿态模拟自然界的事物和生活情景。 ④能用简单的线条和色彩大体画出自己想画的人或事物。	①能用自然的、音量适中的声音基本准确地唱歌。 ②能通过即兴哼唱、即兴表演或给熟悉的歌曲编词来表达自己的心情。 ③能用拍手、踏脚等身体动作或可敲击的物品敲打节拍和基本节奏。 ④能运用绘画、手工制作等表现自己观察到或想象的事物。	①能用基本准确的节奏和音调唱歌。 ②能用律动或简单的舞蹈动作表现自己的情绪或自然界的情景。 ③能自编自演故事，并为表演选择和搭配简单的服饰、道具或布景。 ④能用自己制作的美术作品布置环境、美化生活。

(三)单元目标

单元目标是学年目标的进一步细化，单元目标可以以时间或内容进行划分。

以时间划分时，如主题活动的“单元”，以时间为单元时，这个层次的目标相当于“学期计划”“月计划”“周计划”的目标，这个目标是动态的，可以根据幼儿的实际行为表现相应地做出调整(见表4-1至表4-3)。

表4-1 幼儿园学期计划目标

内容	目标
身体和动作发展	(1)能熟练地听口令和信号集合、分散、整齐队列、变化队形，能随音乐节奏动作准确地完成操节，会灵活使用剪刀，保持饭前饭后进餐卫生。 (2)能有次序地穿、脱衣物鞋袜，有独立安静地睡觉的习惯。 (3)喜欢集体生活，能享受集体生活的乐趣，愿意主动用动作、表情和语言表达自己的想法。 (4)知道远离危险，懂得爱护自己的牙齿、保护视力。
认知能力	(1)能清晰地说出自己想说的事情，喜欢听故事、看图书。 (2)感受自然的奇妙，热爱大自然，体会科学的乐趣，能对事物进行多维分类，有初步的概括能力，初步体会数量守恒、图形守恒。 (3)学习领唱、齐唱、轮唱、简单的两声部合唱等形式，懂得欣赏及乐意制作一切美好的事物。
语言发展	(1)乐意与人交谈，讲话礼貌。 (2)注意倾听对方讲话，能理解日常用语。 (3)能清楚地说出自己想说的事。 (4)喜欢听故事、看图书。 (5)能听懂和会说普通话。
社会性发展	(1)有初步的同情心，懂得爱周围的人，乐意与他人共同生活。 (2)能初步认识家庭和幼儿园周围的环境。 (3)有初步与人合作的能力，能自然、大方、有礼貌与人相处、交往，有自我控制能力。 (4)能进一步认识自己的主要特征，知道优点和不足，有独立性。
艺术表现	(1)初步感受并喜爱环境、生活和艺术美。 (2)喜欢参加艺术活动，并能大胆地表现自己的情感和体验。 (3)能用自己喜欢的方式进行艺术表现活动。

表 4-2 **月计划目标**

<table>
<tr><th>内容</th><th colspan="5">目　标</th></tr>
<tr><td rowspan="2">健康</td><td>大肌肉动作</td><td>小肌肉动作</td><td>心理健康</td><td>生活习惯</td><td>自我保健</td></tr>
<tr><td>(1)能闭眼向前走5步以上。
(2)用脚着地屈膝爬。
(3)抛接球。
(4)双脚立定跳。</td><td>(1)会画简单的人物。
(2)会用画双线条画人物、风景。
(3)能正确使用各种工具材料进行剪贴、折叠塑造。</td><td>(1)能经常参加各类活动。
(2)乐于表现所学的各种技能，不怕失败。</td><td>(1)养成正确的进餐习惯。
(2)养成洗手、洗脸和使用毛巾的良好习惯。</td><td>知道保护眼睛的简单常识。</td></tr>
<tr><td rowspan="2">语言</td><td>倾听</td><td colspan="2">理解</td><td colspan="2">表达</td></tr>
<tr><td>注意倾听老师的讲话。理解简单的行为要求。</td><td colspan="2">喜欢欣赏故事、诗歌，知道主要内容和情节。</td><td colspan="2">(1)能主动与同伴或成人交往，并能针对别人提出的问题做出回答。
(2)能掌握和运用常用的连词和副词。</td></tr>
<tr><td rowspan="2">社会</td><td>情感</td><td colspan="2">个性</td><td colspan="2">交往</td></tr>
<tr><td>(1)知道周围不同职业人们的劳动及关系并尊敬他们。
(2)爱集体，愿意为同伴和集体服务。</td><td colspan="2">喜欢探索自己感兴趣的事。</td><td colspan="2">知道关心人，愿意帮助人，能礼貌待人。</td></tr>
<tr><td rowspan="2">科学</td><td>环境</td><td colspan="2">数量、时空</td><td colspan="2">智力</td></tr>
<tr><td>(1)认识几种植物及其结构，能根据根、茎、叶、花、果等部分的外形特征，比较其明显不同。
(2)了解植物与人关系。</td><td colspan="2">(1)正确认读10以内的阿拉伯数字。
(2)在日常生活中辨别厚薄。</td><td colspan="2">(1)能运用多种感官认识事物的基本特征，了解它们之间的关系；掌握观察方法。
(2)能按问题的特征、性质、性能进行二维配对。</td></tr>
<tr><td rowspan="2">艺术</td><td colspan="2">感受</td><td colspan="3">表现</td></tr>
<tr><td colspan="2">(1)愿意在音乐伴奏下做动作，感受音乐节奏、旋律的明显变化并随之变换动作。
(2)喜欢学唱歌曲。</td><td colspan="3">(1)学习用1~2种打击乐器打击出不同的节奏。
(2)能随音乐做游戏、表演、自由舞蹈、演奏乐器。</td></tr>
</table>

表 4-3　　幼儿园一周目标

内容	目　　标
健康领域	(1) 练习沿指定路线来回跑。 (2) 能根据信号做动作，体验和同伴一起做体育游戏的快乐。
语言领域	(1) 能用普通话大声回答问题，理解故事《滚滚和蹦蹦》。 (2) 学习复述故事。
科学领域	(1) 初步了解瓶盖子的作用。 (2) 尝试用目测和一一对应的方式比较长短。
艺术领域	(1) 学习欣赏歌曲，感受音乐欢快的旋律。 (2) 教幼儿在各种图形框内使用蜡笔在一定的范围内顺着一个方向平涂颜色，通过多练习，能逐步较自如地运用油画棒。
社会领域	(1) 能积极大胆地参与活动，主动与同伴交往。 (2) 知道人与人之间要相互帮助。
安全教育	知道不跟陌生人走，出幼儿园大门后要紧拉着自己家人的手。

以内容进行划分的单元目标是把某一组目标及相关的内容有机组织起来，构成主题，相较以时间进行划分的目标，涉及的范围相对小，目标更为具体。

【案例分析】

我上大班啦

主题活动目标：

1. 引导幼儿实现从以家庭生活为主到以幼儿园生活为主的转变，渐渐熟悉小朋友和老师，为以后的教育教学工作做好铺垫。

2. 巩固幼儿已有的一日生活常规，巩固幼儿的各种生活习惯。培养幼儿上课集中注意力的习惯，培养幼儿具有做值日生的责任感和光荣感。

3. 学习用语言、绘画、泥塑等方式表达自己的情感，用连贯的语言表达自己的见闻，用绘画、泥塑等方式表现人物的动态。绘画时，坐姿和握笔姿势正确。

4. 学会关心和帮助中小班的弟弟妹妹，学会和同伴团结友爱，学习用关心爱护的语言和小朋友交往。

5. 锻炼幼儿的身体，增强幼儿的体质，动员幼儿坚持上幼儿园。

6. 和插班生幼儿的家长做好沟通，了解幼儿的情况，并及时把幼儿在园表现反映给家长。

(四)具体活动目标

具体活动目标是微观层次的课程目标，是一日中生活活动、游戏活动或教学活动的目标，具有很强的操作性，能够引起幼儿行为的变化。

【案例分析】

小班社会领域“认识交通工具”活动目标为：

1. 认识多种交通工具。
2. 了解各种车辆的用途。
3. 知道简单的交通规则。

在学前教育课程与教学目标中，课程总目标和学年目标由国家教育部门或课程研究专家制定，单元目标和具体活动目标由幼儿园教师根据幼儿的实际情况和现实条件参与制定。

【本章小结】

本章对什么是教育目的、教育目标、课程与教学目标进行定义，并说明了三者之间的关系。课程与教学目标是教育目标的下位概念，它是根据教育目的和教育规律而提出的课程与教学的具体价值和任务指标。学前教育课程与教学目标的取向主要有四种形式：普遍性目标、行为性目标、生成性目标和表现性目标。确立学前教育课程与教学目标的依据主要来自对幼儿需要、对当代社会生活和对学科知识发展的研究。学前教育课程与教学目标的结构包括横向结构和纵向结构，纵向结构包括课程与教学的总目标、年龄阶段目标、单元目标和教育活动目标四个层次；横向结构是对课程与教学目标进行探索，一方面体现为教育内容的范畴和结构，另一方面是幼儿的心理发展结构。无论从什么角度对目标进行划分，都是为了更好地发挥目标的“导向”作用，以保证将教育目标逐层具体化、逐层落实到幼儿的发展上。

【主题词】

教育目的，教育目标，课程与教学目标，知识本位，社会本位，学生本位，普遍性目标，生成性目标，行为性目标，表现性目标，幼儿，社会生活，学科发展，横向结构，纵向结构

【思考题】

1. 教育目的、教育目标与课程与教学目标之间存在什么关系？

2. 学前教育课程与教学目标的来源包括哪些？

3. 结合见习和实习经历，根据幼儿园的具体情况，制定不同层次或阶段的目标。

4. 依据《幼儿园教育指导纲要(试行)》的内容，具体分析幼儿园五大领域目标所涉及的结构内容与表述问题。

第五章　学前教育课程与教学内容

【本章导读】

教育领域中的两个教育本体问题，一个是“教学什么”，这是内容问题；另一个是“怎样教学”，这是方法问题。可见，关于教育内容的问题是教育领域中的重要问题。课程开发者在编制课程时，常常会考虑选择什么内容才能够有效实现教育目标？什么样的内容是适合3~6岁幼儿学习的内容？3~6岁幼儿学习的内容有什么特点？如何才能有效选择适宜的教育内容？在选择内容时，应遵循什么原则，注意什么问题？内容选好后，应依据什么原则来组织，有哪些组织形式？面对未来的教育，培养面对未来的学习者，教育内容又有何发展趋势？以上这些问题都是在学前教育课程与教学中关于内容的重要问题。本章主要围绕学前教育课程与教学内容的相关问题展开论述，帮助学习者了解相关知识，激发学习者更深入地思考。

【知识地图】

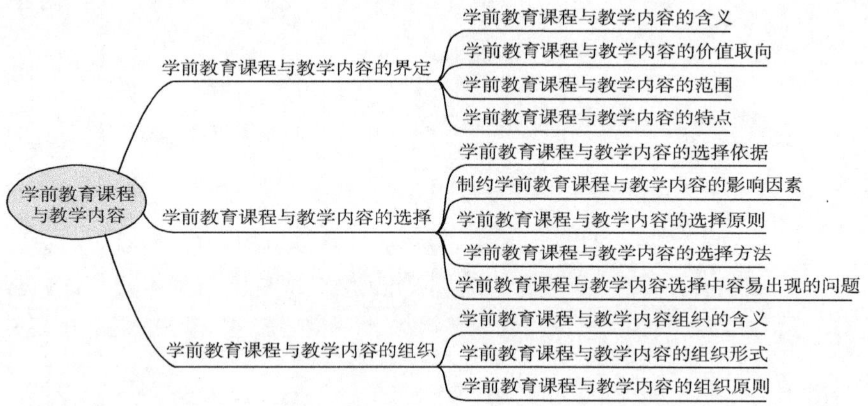

第一节 学前教育课程与教学内容的界定

一、学前教育课程与教学内容的含义

教育内容，常常简称为“内容”(contents)，在有些场合人们又称之为课程内容或教学内容。① 学前教育课程与教学内容，也就是学龄前阶段的教育内容。

(一)学前教育课程内容的含义

要定义学前教育课程内容，首先要明确课程内容的内涵。课程内容(curriculum contents)常被使用在课程研究和研制领域，指课程所包含的具体事实、观点、原则、问题，等等。迄今为止，课程内容这一概念并没有一个统一的表述，不同的教育研究者根据自己的教育价值取向对此概念进行了不同的定义。

课程的研究者往往将课程内容界定为：以教学计划的具体形式(课表和课程)存在的知识、技能、价值观念和行为。这些内容是按照不同教育层次、类型、年级和学科安排，并根据某种教育目的制定的，是构成具体学习过程的对象。②施良方在《课程理论》中指出，课程内容是指各门学科中特定的事实、观点、原理和问题，以及处理它们的方式。靳玉乐在《现代课程论》中指出，课程内容是作为符合课程标准要求的、一系列比较规范的间接经验和直接经验组成的、用以构成学校课程的文化知识体系，课程内容是课程的主体部分。陈文华则认为课程内容是一系列比较系统的直接经验和间接经验。③

在对课程内容的界定中，课程目标对课程内容具有方向指导的作用。也就是说，课程目标一旦有了明确的表述，就在一定程度上为课程内容的选择和组织提供了基本的方向。而课程内容是课程目标最直接的体现，是实现课程目标的手段，直接指向“应该教什么”的问题。所以，课程内容是课程价值的主要载体，

---

① 黄甫全．现代课程与教学论[M]．北京：人民教育出版社，2006：330.

② 张亚军．幼儿园课程概论[M]．上海：华东师范大学出版社，2015：36.

③ 陈文华．幼儿园课程论[M]．北京：科学出版社，2011：35.

它的主要作用在于根据各个层次的课程目标恰当地选择和组织信息。

学前教育课程内容的概念界定亦具有多样性。我国学者根据学前教育的特点从不同角度对学前教育课程内容给出了自己的定义。

朱家雄认为学前教育课程内容是“实现幼儿园课程目标的手段，对于教师和儿童而言，主要解决的是‘教什么’和‘学什么’的问题”。①

虞永平认为，学前教育课程内容是指“依照幼儿园课程目标选定的，通过一定的形式表现和组织的基本知识、基本态度和基本行为”。②

高敬提出学前教育课程内容是“根据幼儿园课程目标，有目的选择的各种直接经验和间接经验的知识和活动体系”。③

综上所述，学前教育课程内容是依据学前教育课程目标，有目的、有计划地选择和组织各种帮助孩子获得有益经验的一切课程因素的总和。

(二)学前教育教学内容的含义

教学内容，通常指在一个课目、一个单元或者一节课、一个具体教育活动中，作为师生教学对象的具体知识、主题、事实、概念和原理等。④

学前教育教学内容从广义上讲，与学前教育的教育内容相同，从狭义上讲，学前教育教学内容主要指幼儿园教学活动的内容，即按照学前教育的教育目标，教师在幼儿园教育活动中选择学习活动的范畴，常包括健康、社会、科学、语言、艺术这五大领域。

(三)学前教育内容的含义

教育内容是指“经选择而纳入教育活动过程的知识、技能、行为规范、价值观念、世界观等文化总体”。⑤ 教育内容作为一种特殊文化，是人类优化的学习

① 朱家雄．幼儿园课程(第二版)[M]．上海：华东师范大学出版社，2011：161.
② 虞永平．学前课程价值论[M]．南京：江苏教育出版社，2002：196.
③ 高敬．幼儿园课程[M]．杭州：浙江教育出版社，2010：141.
④ 黄甫全．现代课程与教学论[M]．北京：人民教育出版社，2006：330.
⑤ 顾明远．教育大辞典[M]．上海：上海教育出版社，1998：765.

条件，是人类文化的精华，是教学活动的对象和客体，是社会权力分配与传递的载体。①

2016年教育部颁布的《幼儿园工作规程》中规定了幼儿园保育与教育的目标：促进幼儿身体正常发育和机能的协调发展，增强体质，促进心理健康，培养良好的生活习惯、卫生习惯和参加体育活动的兴趣；发展幼儿智力，培养正确运用感官和运用语言交往的基本能力，增进对环境的认识，培养有益的兴趣和求知欲望，培养初步的动手探究能力；萌发幼儿爱祖国、爱家乡、爱集体、爱劳动、爱科学的情感，培养诚实、自信、友爱、勇敢、勤学、好问、爱护公物、克服困难、讲礼貌、守纪律等良好的品德行为和习惯，以及活泼开朗的性格；培养幼儿初步感受美和表现美的情趣和能力。

《幼儿园工作规程》中提出德、智、体、美等方面的教育应当互相渗透，有机结合。教育活动内容应当根据教育目标、幼儿的实际水平和兴趣确定，以循序渐进为原则，有计划地选择和组织。幼儿园应当为幼儿提供丰富多样的教育活动，综合组织健康、语言、社会、科学、艺术各领域的教育内容，渗透于幼儿一日生活的各项活动中，充分发挥各种教育手段的交互作用。

学前教育阶段的教育内容就是幼儿需要学习的基本知识、态度、行为与技能，教师通过活动将教育内容蕴含或组织在教育活动对象和过程中，幼儿则通过参与活动来内化教育内容，获得发展。

二、学前教育课程与教学内容的价值取向

课程内容由课程目标决定，而目标的达成又以内容为载体。没有课程内容作为载体，目标也就无从实现。课程内容也是课程价值的主要载体，它的主要作用在于根据各个层次的课程目标，恰当地选择和组织信息。一般对课程内容的理解存在三种不同的取向，反映了人们对课程内容的不同理解，体现出不同的课程价值取向。②

---

① 黄甫全．现代课程与教学论[M]．北京：人民教育出版社，2006：100.

② 张亚军．幼儿园课程概论[M]．上海：华东师范大学出版社，2015：36.

(一)课程内容即教材

把课程内容等同于教材的取向，是将课程内容看作向儿童传递的知识，而知识的传递以教材为依据的。课程内容在传统上历来被视作学生应学习的知识，而知识的载体就是教材。持有此取向的课程编制者会将课程内容的重点放在教材上，较多地考虑知识本身的系统性和逻辑性，使教材成为教和学过程中的基本材料。

把课程内容等同于教材，将课程内容作为预设的东西，规定了教师应该教什么和儿童应该学什么，有利于保持学科知识的逻辑性、系统性和完整性，使教师明确教与学的内容，从而使教学有据可依，容易把握和评价。因此，在教育教学实践中很多教育工作者都认同这种取向。然而，如果课程内容是课程编制者规定儿童必须接受的知识，而不一定是儿童感兴趣和需要的知识，那么对于儿童而言，对教材的学习是由于家长和教师需要，而不是他们自己当前生活的需要，这种课程内容的编制无疑是有弊端的。

(二)课程内容即学习活动

把课程内容看成学习活动的取向，其关注重心放在儿童在学习活动中应该做什么，强调课程与社会生活的联系，强调儿童在学习中的主动性，这是对“课程内容即教材”的挑战。这种观点认为，我们不应该只重视教材所体现出来的某门学科的知识体系，而应该关注儿童在学习过程中实际做了些什么。英国教育家怀特海说：“教育只有一种教材，那就是生活的一切方面。”这明确道出了该取向的本质。

持课程内容即学习活动的取向，课程编制者会刻意设计和安排大量的活动，并让儿童在参与活动的过程去探索和发现。显然，把动态的学习活动作为课程内容，有助于激发儿童的学习兴趣，培养儿童的行为能力，增长儿童的实际经验，使儿童在亲身体验中获得发展，从而把学习过程变成儿童积极主动地自主学习过程。课程与社会生活相联系，强调儿童在学习中的主动性，产生有意义的学习——这是一种探究式、发现式的教学。

但是如果片面强调这种观点，只关注儿童外显的活动，只注意学习活动的表象，忽略深层次的学习结构问题，那么就会走向另一个极端。这些活动表面上可能很活跃，但往往不是儿童对课程内容的同化，不会从根本上引起儿童深层次的心理结构的变化，也没有从根源上反映出儿童学习这一本质。此外，对系统学科知识的鄙视，导致仅关注外显活动，使活动容易流于形式，进而致使教学质量下降。

（三）课程内容即学习经验

课程内容即学习经验的取向，强调儿童的学习应以兴趣为中心，课程内容应该是儿童在学习活动中得到的经验，儿童是主动的学习者，决定着学习的质和量。学习是通过儿童的主动行为而发生的，儿童的学习取决于他自己做了什么，而不是教师安排了什么。儿童能否理解和获得课程内容取决于儿童已有的心理发展水平和儿童与环境之间的相互作用。换而言之，儿童的学习取决于儿童自己主动发生的行为，而不是教师呈现了什么内容或要求儿童有什么样的行为。同一班级的儿童，因为心理发展水平的差异可能会有完全不同的学习经验。

持课程内容即学习经验的取向，强调儿童与外部环境的互相作用，把关注的重心集中在幼儿园环境的创设和儿童学习经验的获得上，教师的职责是要构建适合儿童的能力与兴趣的各种情境，以便为幼儿提供有意义的经验。对于课程的编制者来说，把课程内容看作课程经验，加深了内容选择的难度。因为儿童的经验毕竟是儿童自己的心理体验，是相对主观的认识，无论是教师还是课程编制者都难以把握，容易将课程的内容泛化。过于强调以学习者为中心，于教育质量提高无太大益处。

综上所述，尽管不同取向的课程内容关注点各不相同，但都有其合理的一面，也都有明显的缺陷，如果在课程编制的过程中把它们对立起来，那是不可取的，可以相互兼顾，取长补短。或者说，可以根据幼儿园课程目标从幼儿的年龄特点出发，兼顾学科知识、学习活动和学习经验等方面，有所侧重地选择课程内容。

三、学前教育课程与教学内容的范围

所谓幼儿园课程内容的范围是指幼儿园课程内容的基本要素或基本组成部

分。[1] 我们可以将它理解为有助于幼儿发展的基本知识、基本态度、基本行为所组成的区域。[2]

(一)有助于幼儿发展的基本知识

知识是人类认识的成果，是智慧和文化的结晶。知识是学前教育课程的重要组成部分，它不仅是幼儿获得认知、情感、态度的基础，也是技能、能力提高的前提。知识具有多种价值，在课程中融入有助于幼儿发展的基本知识，能够帮助他们更好地认识自己的生活环境，促进其身心健康发展。幼儿的学习，无论是内容还是方式，都有其独特的地方。幼儿学习的内容是广泛的，包括与人交往、玩沙玩水及自己穿衣吃饭等；幼儿的学习方式是通过实际操作、亲身体验，在玩耍中学习，运用多感官，不断积累知识和能力。

无论在任何情况下，我们都不能忽略基本知识在课程内容中的作用，因为离开知识而奢谈促进幼儿发展是毫无意义的。需要注意的是，在对待基本知识的时候，不能走两个极端：一是过分注重知识，二是忽略必要的知识学习。[3]

虽然幼儿园课程不以传授系统知识为目的，不强调系统的知识学习，然而一些生活必需的知识还是需要掌握的，因此，在选择课程内容时，需要克服这两个极端倾向，将幼儿需要掌握的具有发展价值的基本知识纳入课程。

【知识链接】

所谓基本知识，是指关于周围世界(包括自己)的浅显而基本的知识。在北师大的冯晓霞教授所著的《幼儿园课程》中对此有这样的阐述：

(1)生活活动必需的知识，如与幼儿的健康、安全有关的知识。

(2)有利于幼儿解决基本的生活、交往问题的知识，如基本的社会行为规则、规则的意义等。

(3)帮助幼儿认识自己生活环境的知识，如自然和社会环境中常见事物

---

① 虞永平．学前课程价值论[M]．南京：江苏教育出版社，2002：196.

② 朱家雄．幼儿园课程(第二版)[M]．上海：华东师范大学出版社，2011：151.

③ 朱家雄．幼儿园课程(第二版)[M]．上海：华东师范大学出版社，2011：51.

的名称、属性，幼儿能理解的事物之间的关系和联系等。

(4)为今后学习系统的学科知识打基础的知识，如基本的数、量、形、时间、空间概念等。

(5)为成长为未来社会的高素质公民奠基的知识，如简单的环保知识等。①

(二)有助于幼儿发展的基本态度

这里的态度是指对人、对事、对己的一种倾向性，它构成行为的动机，影响人的行为。态度是一个人的内在感受、情感和意向。在学前教育课程中，基本态度是指幼儿的基本情感和个性品质方面的内容，如兴趣、自信、自我价值感、责任感、归属感、关心、友好、尊重、同情等。良好的态度是幼儿学习的驱动器，对幼儿知识的获得、能力的增强、适宜行为方式的养成等都具有积极的作用。

态度不是“教”出来的，是伴随着活动过程而产生的体验，它的形成是潜移默化的结果，更多地属于隐性课程。但不等于说显性课程无法对幼儿的态度倾向施加影响，可以依据研究揭示的教育规律，选择有趣适当的内容，将基本态度的相关内容贯穿于幼儿园的课程内容之中。这就要求教师善于在活动中捕捉有利于幼儿的基本态度发展的隐性课程内容，通过显性课程与隐性课程的相互补充，促进幼儿基本态度的形成和发展。

心理学的有关研究表明，态度一般可以通过三种途经形成：第一，环境的同化作用。周围人对某事的评价会不知不觉地影响个体，使他也持有同样的观点。第二，经验的情绪效应。对使自己体验到愉快、满意的事物会形成积极的态度，如喜好；对使自己感到痛苦的事物则形成相反的态度，如厌烦。第三，理智分析。当人们认识到并真正理解了某种事物或特定行为的真正含义时，会根据这种认识对它们形成“好”或“恶”的态度。②

(三)有助于幼儿发展的基本行为

行为是指受思想支配而表现出来的活动，人无时无刻不在活动，活动是人存

---

① 冯晓霞．幼儿园课程[M]．北京：北京师范大学出版社，2000：51.

② 冯晓霞．幼儿园课程[M]．北京：北京师范大学出版社，2000：54.

在的形式，也是人发展的方式。这里的基本行为是指关于基本活动方式、方法的知识和经验，即所谓“做”的知识或程序性知识——有助于幼儿发展的基本行为，其根本在于对幼儿活动有益的基本方式、方法。

幼儿的日常生活包括的活动很多，基本行为主要通过幼儿的一日活动安排来培养，如自我服务、身体锻炼、游戏、观察、交流、探索等。每一种活动都包含着一些基本的方式、方法、技能与技巧，如社会交往的技能、语用技能、解决问题的技能等。因此，掌握基本的活动方式、方法，自然有利于幼儿的日常生活顺利进行。

游戏作为幼儿最喜欢的活动，对促进幼儿的发展具有重要意义。《幼儿园工作规程》指出，“以游戏为基本活动，寓教育于各项活动之中”，意味着将游戏作为幼儿园教育的基本形式，让幼儿在游戏中学习，寓教育于游戏。游戏对幼儿身心发展的促进作用是全方位的，因为它不仅可以满足幼儿生理、认知等方面的发展，还可以满足幼儿自我表现、自我肯定的需要。

四、学前教育课程与教学内容的特点

儿童知识结构的特点是由其认识结构和活动范围决定的。他们从与周围事物的直接接触，对事物的直接感受、操作中以及自身积极活动中习得知识。直接、具体、形象是其认知的主要特征，缺乏分析、比较和系统化。经观察、分析和科学研究表明，学前儿童认知结构的建立，是在已有经验、表象的基础上不断发展的过程，是他们在日常生活活动中与外界相互作用的产物，经历着由小到大、由简单到复杂、由松散到系统、由无序到有序的过程，是知识系统化、结构化的过程。学前教育课程要针对学前儿童知识结构与认知结构特点，选择合适的知识。但教育不是适应，在本质上是改善和提高。因此要选择既适于学前儿童学习，又具有发展价值的知识。所以，学前教育课程与教学内容表现出以下基本特点：

(一)启蒙性

学前教育阶段的幼儿尚处于人生初期，对世界充满好奇，但具有较深的朦胧感，从幼儿教育出发，用幼儿的视角看问题，帮助幼儿建立自我与外界的联系，引导幼儿认识世界，是启蒙的目标所在。学前教育课程与教学内容作为学校教育的开端，是教育最初的开始阶段。幼儿园是幼儿从家庭迈入社会的第一个场所，幼儿园课程和教学的内容是初浅的，带有最基本的启发性质。在感知觉和思维发展的初级阶段，幼儿难以理解和运用高度抽象、具有概括性的符号，他们的学习源于现实生活中与具体的人、事、物的互动。幼儿天生好奇好问，充满探究精神，这些自发的探索欲望和对周围世界的兴趣应在教育中得到进一步的激发和鼓励。开启幼儿心灵的窗户、促进其思维幼芽的萌发，正是幼儿园课程启蒙之重任。

(二)生活化

幼儿认识世界以直接经验为主，较难接受系统化的知识，而最直接的经验就是幼儿的生活。生活化的特点一方面表现为教育内容的选择应与现实生活紧密相关，与幼儿真实的成长环境相适应，紧密联系幼儿的日常生活经验，在真实的生活场景中实施课程，并用幼儿可接受的方式开展，用日常生活化的方式开展；另一方面表现为生活教育，如养成良好的生活和卫生习惯、发展自理能力、学习照顾自己，幼儿在园的进餐、盥洗、午睡、如厕等，是学前教育阶段教育的重要组成部分，教师要将教育与生活相融，寓教育于生活。

(三)游戏性

游戏不仅是幼儿的活动需要，也是幼儿学习的基本途径，是幼儿园课程的基本组织形式。由于游戏所具有的自由、自发、自主的特性，最能符合幼儿的认知水平。寓教育于游戏，能满足幼儿全面和谐发展的需要，将游戏与幼儿的语言、情感、社会性等各方面的发展结合，达到良好的教学效果。

(四)活动性和直接经验性

幼儿的思维方式主要是具体形象思维，这决定了幼儿的学习方式主要是以学习直接经验为主。幼儿只有通过自己的感官感受事物，通过自己的行动操作事物才能获得直接经验。《3—6岁儿童学习与发展指南》中的“说明”部分指出：“幼儿的学习是以直接经验为基础，在游戏和日常生活中进行。要珍视游戏和生活的独特价值，创设丰富的教育环境，合理安排一日生活，最大限度地支持和满足幼儿通过直接感知、实际操作和亲身体验获取经验的需要，严禁‘揠苗助长’式的超前教育和强化训练。”因此，为幼儿选择的教育内容要适于用活动的形式来展现，而不是使用机械记忆的方式来学习，必须注重幼儿的亲身体验，让孩子多动手，在做中学。正如杜威所说：“只有在活动中的学习才是有意义的学习，只有以直接经验为基础的学习，才是理解性的学习。”

(五)潜在性

早在20世纪二三十年代，陈鹤琴先生就指出幼儿经验的来源有两种途径：一是与实物接触，二是与人接触。专门的集体教育活动并不是幼儿园课程与教学实施的唯一形式。学前教育阶段内容的潜在性特点指它是与环境相融合的，包括物理环境和人文环境。物理环境中园舍的建筑、空间的色彩、教室中的区域、墙面装饰等要素，人文环境中的师幼互动、幼儿与幼儿之间的关系、园长的管理风格、教师的个性特长等都对教育内容的选择有影响。适宜的环境创设、丰富的材料准备、多样的活动设计都能使幼儿在各种各样的活动中形成积极的态度和良好的行为倾向。

第二节 学前教育课程与教学内容的选择

学前教育课程内容应兼顾学科知识、学习活动和幼儿经验。但由于学前教育课程内容体系庞大，不可能也没必要将所有的内容都囊括其中。因此，我们仍然需要在这“浩瀚”的内容体系当中进行精细的选择，将那些最基本的、最适宜的知识、活动和经验作为幼儿学习的内容。我们必须明确课程内容选择的依据，建立课程内容选择的标准，掌握课程内容选择的方法。

一、学前教育课程与教学内容的选择依据

课程内容选择既具有理论性，又具有政治性，还具有个人性。相对于中小学教育来说，幼儿园课程内容的选择具有很大的自主性，但强调多元化和自主性不等于可以随意选择，课程内容是实现课程目标的手段，课程目标回答“是什么”“为什么教”的问题，而课程内容则解决“教什么”的问题，它在教育理念与教育

实践之间架起了一座桥梁。可以说，课程内容选择是整个课程要素的核心，直接影响教育教学效果和目标的达成。

幼儿园课程内容是幼儿园课程要素的重要组成部分，是实现幼儿教育课程目标的基本材料和媒介。

(一)课程内容的选择应围绕幼儿教育的目标

课程内容是课程目标的载体。有价值的幼儿园课程内容应该是“有助于孩子活动的基础知识，形成基本技能，培养正确的价值观和情感态度”的内容。所以，要选择幼儿园课程内容，应以幼儿教育的目标为导向，并在课程目标的基础上进一步丰富化、多样化。比如，相较传统应试教育中的“难、旧、繁、偏、深”的教育内容，在当前素质教育目标下的课程内容则要求必须发展学生的个性。课程目标是要求所有学生应达到的最低标准，学生潜能的充分发展则要依靠更丰富的内容。

(二)课程内容的选择应立足于幼儿的发展

《幼儿园教育指导纲要(试行)》指出幼儿园课程内容的选择应体现“既适合幼儿的现有水平，又有一定的挑战性”的指导思想，即内容的难易程度应处在“最近发展区”，所以，我们在选择课程内容时，应充分考虑幼儿的生理和心理特征，选择既与幼儿已有经验相适应，又有利于幼儿主动建构的活动内容，使幼儿园中各年龄段幼儿的教育活动内容具有衔接性和层次性，最终实现幼儿的全面发展。只有了解幼儿，才能更好地促进幼儿成长。

(三)课程内容的选择应基于幼儿的真实生活

杜威提出“教育即生活”“教育即生长”“教育即经验的重组和改造”，认为学生在学校，其实和在家里一样，也是一种生活过程，学生在这个过程中生长发展。教育内容要紧密结合有利于儿童发展的生活经验，儿童发展的特点、需求与日常生活经验是儿童教育内容的首要资源，还有社会、文化资源以及本土自然和人文资源也能丰富教育内容。所以，幼儿园课程是幼儿正在经历着的生活现实，课程内容必须具有真实性。“让教育回归生活”“生活教育”等口号相继提出，认为只有当幼儿园课程内容是儿童真正关心的、感兴趣的，他们才会发自内心地付诸行动，才能从中得到现实感和满足感。

【知识链接】

泰勒在《课程与教学的基本原理》中提出了选择学习经验的10条原则：

1. 学生必须具有使他有机会实践目标所隐含的那种行为的经验。

2. 学习经验必须使学生由于实践目标所隐含的那种行为而获得满足感。

3. 使学生具有积极投入的动机。

4. 使学生看到自己以往反应方式的不当之处，以便激励他去尝试新的反应方式。

5. 学生在尝试学习新的行为时，应该得到某种指导。

6. 学生应该有从事这种活动的足够的和适当的材料。

7. 学生应该有机会循序渐进地从事大量实践活动，而不只是简单重复。

8. 学生应该有时间学习和实践这种行为，直到成为他全部技能中的一部分为止。

9. 要为每个学生制定超出他原有水平但又能达到的标准。

10. 使学生在没有教师的情况下，也能继续学习，即要让学生掌握判断自己成绩的手段，从而能够知道自己做得如何。

二、学前教育课程与教学内容选择的影响因素

分析学前教育课程与教学内容的影响因素有利于我们明确幼儿园课程内容的研究范围，以及选择和组织幼儿园课程内容时应注意的问题。根据现有研究，影响学前教育课程与教学内容选择的因素主要包括三个方面。

(一)社会因素

社会对幼儿素质发展的一般要求，是学前教育课程与内容选择的客观依据。一定社会的生产力发展水平和状况、政治经济制度、社会意识形态等，对幼儿的素质发展提出了不同的要求。

(二) 学前儿童身心发展的规律

学前儿童身心发展的规律、水平和需要，制约着学前教育课程与教学内容选择。一方面，课程与内容的选择应基于幼儿现有的发展水平及其发展规律；另一方面，课程与内容的选择还应考虑幼儿身心发展的需要。

(三) 科学文化知识体系

课程内容的基本要素是知识。学前教育课程与教学内容选择需要考虑人类科学文化知识和技术本身的特点及其发展趋势。

三、学前教育课程与教学内容的选择原则

2001 年教育部印发的《幼儿园教育指导纲要(试行)》中针对教育活动内容的选择提出了以下原则：第一，既适合幼儿的现有水平，又有一定的挑战性；第二，既符合幼儿的现实需要，又有利于其长远发展；第三，既贴近幼儿的生活来选择幼儿感兴趣的事物和问题，又有助于拓展幼儿的经验和视野。由此可见，学前教育课程与教学内容既必须涵盖幼儿的知识、态度、行为三方面的内容，又要符合幼儿的身心发展规律，贴近幼儿的生活。

基于此，我们将学前教育课程与教学内容的选择原则总结如下：

(一) 目的性原则

所谓目的性，是指选择的课程内容必须符合并有助于实现课程目标。因为课程内容是实现课程目标的手段，内容必须围绕目标来选择，否则将会偏离方向，导致课程无效。也就是说，课程目标一旦确定，就要求选择与之相符的内容来保证它能顺利实现。按照这一原则，在选择课程内容时，需要注意以下几点：

1. 有目标意识

进行课程内容选择时，首先要考虑是为了实现什么目标，并基于此对准备选择的内容中可能包含的教育价值进行分析，衡量内容是否与目标有关联，是否还有关联更密切的内容等。

2. 正确理解目标与内容之间的关系

课程内容与目标并不是一一对应的关系，一个目标往往需要通过多项内容的学习才能达到，一项内容也可以达到多个目标。因此，在围绕某一个目标来选择课程内容时，需要考虑“有哪些内容可以实现这一目标，还存在哪些内容可以促进这一目标的实现”。因此，正确理解目标与内容之间的关系，会使得课程中的学习变得更有效。

3. 考虑目标达成所需要的“关键学习经验”

某些目标没有与之直接相对应的内容，很难保证通过特定的内容来实现这些目标。例如，培养幼儿的自信心，而自信心来源于多次的成功经验，我们无法通过“教或学”让幼儿获得这种经验，只能通过控制内容的难易程度、指导学习方法等，为幼儿创造获得成功经验的有利条件。

具体地讲，目的性原则主要从三个方面去衡量：内容与目标的一致性；内容的关联性；内容的交叉性。首先，选择课程内容时，要考虑所选择的内容是为了实现哪一个或哪几个目标，将那些易于实现目标的教育活动或内容添加到课程中来；其次，很多目标的实现并非仅仅通过一项内容的学习就能完成，往往需要通过多项教育活动或内容的开展才能达成，因此课程内容的选择还需要考虑这些为同一目标服务的教育活动或内容之间的关联性；第三，课程内容与课程目标之间往往不是一一对应的关系，既存在多项内容为同一个目标服务的情况，也存在一项内容为多个目标服务的情况，因此还需要考虑所选择的教育活动或内容可以同时实现哪些目标。

(二)适宜性原则

适宜性原则是指课程内容既要符合幼儿已有的发展水平，又能促进其进一步发展，即难度水平处在幼儿的“最近发展区”之内，是幼儿力所能及的，也要贴近幼儿的生活，是幼儿喜闻乐见的。因此，了解幼儿是遵循适宜性原则的关键，需要注意两点。

1. 掌握不同年龄阶段幼儿的一般特点

目前，大量的学前心理学研究已经揭示了幼儿在认知、语言、社会性等方面的年龄特征和一般发展趋势，为课程内容的选择提供了重要的心理学依据，对我们深刻把握当前幼儿的年龄特点也是至关重要的。

2. 细心观察现实中的每一个幼儿，确保个体适宜性

由于每个幼儿的自身特点不一样，所处的环境不一样，幼儿与幼儿之间表现出很大的差异。只有细心观察每个幼儿，针对不同幼儿的特点选择课程内容，才能确保课程内容的适宜性。因此，了解本地区、本园、本班幼儿的一般发展状况和特殊需要，是选择适宜的课程内容所必需的前提。

适宜性原则还要求所选课程内容要反映幼儿的现实生活，要充分结合幼儿的生活情境和生活经验，要符合幼儿的兴趣和需要，一方面要从幼儿感兴趣的事物中寻找富含教育价值的课程内容，另一方面要善于帮助幼儿形成新的、与课程目标衔接的兴趣中心。

(三)生活性原则

幼儿园课程内容是提供给3~6岁幼儿学习的，幼儿学习不同于成人学习，最突出的特点就是无意学习、直接学习，学习内容主要依靠直接经验的获得，对于幼儿来说，最有效的学习内容就是他们能直接感知的、具体形象的内容，而这种学习内容主要来源于幼儿周围的现实生活。

生活是幼儿获得直接经验的最理想的场所，选择的课程内容与幼儿熟悉的现实生活越接近，越能引起幼儿的学习兴趣，学习效果就好；如果脱离幼儿的生活经验，幼儿的学习就会事倍功半，《幼儿园教育指导纲要(试行)》第三部分“组织与实施”中明确规定：“教育活动内容的选择要贴近幼儿生活来选择幼儿感兴趣的事物和问题。”因此，幼儿园课程内容选择应充分体现生活性原则，让大自然、社会成为幼儿的活教材，从贴近幼儿的生活中选择具有直观性、情境性和活动性的内容，使幼儿能够通过直接感知来操作和体验，并在此基础上获得基本态度和基本行为方面的发展。从贴近幼儿的生活中选择课程内容，需要注意以下两点：

第一，贴近幼儿生活并不是对幼儿生活简单的重复，不能等同于生活本身，而是要在生活中挖掘课程内容，让幼儿亲身感受、自然学习，然后再通过生活化的课程内容，帮助幼儿整理、提升经验，促使他们进一步发展，即“来源于生活，又高于生活”。

第二，我们不能对“贴近生活”作过于狭隘的理解。随着电视、电脑、网络等大众传媒的普及，幼儿的经验获得不再局限于传统意义上的生活，应根据时代

的发展选择贴近幼儿的真实生活经验。

（四）兴趣性原则

兴趣具有一种动机力量，是个体力求认识某种事物或从事某种活动的心理倾向，人们对感兴趣的事物总是会愉快地主动地探究。现代心理学研究也充分证明了兴趣的高低会直接影响课程内容的学习效果。因此，也可以说遵循兴趣性原则是基于幼儿学习成效的考虑——如果幼儿的兴趣与课程所选择的内容相一致，就会极大地促进学习。

课程内容的选择必须考虑幼儿的兴趣，具体做法有：

一是关注幼儿的兴趣，从幼儿感兴趣的事物中选择具有教育价值的课程内容。在很多幼儿感兴趣的事物中，都蕴含着丰富的教育价值，教师要善于发现、分析并及时将它们纳入课程中。

二是关注必要的课程内容，使之转化为幼儿的兴趣。有些课程内容，幼儿可能不感兴趣，但是从幼儿长远的发展看来是有必要的，那么就需要教师巧妙地引导，使之转化为幼儿感兴趣的内容。

总而言之，贯彻兴趣性原则，需要教师要做到“心中有目标，眼中有幼儿”，关注、分析幼儿的表现，巧妙融入教育目标，促进幼儿的发展。

（五）基础性原则

幼儿园课程内容应该立足于幼儿基础素质的全面发展，并为其一生可持续发展奠定坚实的基础。因此，幼儿园课程内容应该涉及人生发展最基本的问题。判断所选内容是否具有“基础性”的参照标准可以看它是否与儿童现在的生活、学习有直接关系；是否必须现在学，以后再学就错过了最佳时机；是否是文化或人类知识中最基本的部分，而且是今后学习所必需的基础；是否具有最大的应用性和迁移性等。

所谓基础性原则，是指所选的课程内容必须使幼儿获得成长发展必备的基本生活技能、基础知识技能、基本情感态度和初步的价值观念等，使幼儿全面和谐地发展。因此，基础性原则要求我们必须注意尽量选择直观、简单和事实性的知识及经验作为学前教育课程的主要内容。

直观性知识和经验指向那些可观察、可听见、可触摸、可操作的事物和现象，比较符合幼儿的认知特点，有利于幼儿直接经验的获取；简单性则指学前教育课程内容应尽量避开复杂、晦涩、生疏的知识，应着力于学习兴趣的培养、学习习惯的养成等；事实性的知识和经验是指概念和原理本身不能直接成为幼儿学习的内容，而应将这些概念和原理以与幼儿息息相关的事物呈现出来。例如，“电”的概念不应该作为幼儿园课程的内容，但是电动玩具、电视机、电脑等与幼儿的生活经验相关的一些家用电器，则可以作为学前教育课程内容，为幼儿理解“电”这一概念奠定基础。

四、学前教育课程与教学内容的选择方法

（一）把握动静结合的原则，适当调整动态和静态内容的比例

从整体来看，课程内容是动态的，但又包含相对静态的知识形式，因此，幼儿园课程内容可以分为三种形式，即以知识为中心的静态形式、以活动为中心的动态形式和以生活为中心的动静融合形式。

以知识为中心的静态的课程内容观认为，课程内容就是静态的知识和知识体系。在一定意义上，课程即“教育方案或计划”，所指的课程内容是文本的，如“课程内容就是教材”“课程内容就是学科知识”等，实质上就是以学科为中心的课程观，代表人物为赫尔巴特、凯洛夫、布鲁纳等。这种课程内容观有利于教师把握教育进程，有利于教师进行教育教学评价，但它违背了幼儿的身心发展规律，也与现代教育观不符，因此逐渐式微。

以活动为中心的动态的课程内容观认为“课程即活动”“课程即经验”，以幼儿的兴趣、动机为中心构建的课程内容是动态的。杜威、陶行知的“做中学”等教育思想就体现了“课程内容是动态的”这种理解。幼儿在实际操作中获得“经验”——这里的“经验”是“结果”，不是课程内容。课程内容就是实际存在的活动过程。杜威认为，学校科目的互相联系的真正中心，不是科学，不是文学，而是幼儿本身的社会活动。源于这种思想的典型观点就是“课程即活动”“课程即经验”，即以幼儿的兴趣、动机为中心构建的课程内容，是动态的、不断生成的。这种动态形式的课程内容观的优点是能激发学生的兴趣，发展学生的实际行为能

力，增长实际经验，能将学生的非智力因素(如兴趣、需要、动机、情感、性格等)紧密结合起来，使学生在“切身体会”中获得发展。但它难以让学生掌握系统的知识体验。动态的课程内容确实生动形象，但教育时间有限，学生学习的特殊性之一也表现在集中学习时间，在短时间内学习人类的知识精华，所以，如果花费大量时间让学生从活动中获得直接经验，肯定是低效的。同时，由于系统学科知识受到轻视，易导致仅关注外显的活动，活动流于形式，致使教学质量下降。

以生活为中心的动静融合的课程内容观认为，“教育即生活”“生活即教育”，生活是幼儿学习的目标和内容。根据学前教育的特点，开展生活教育应当实行静态和动态融合的方式。合理科学的课程内容应该是既有动态形式，也有静态形式，静态和动态是应该融合的。教师应根据幼儿的心理发展顺序和知识经验基础以及接受能力来合理安排动态、静态课程内容的比例，并且随着年龄增长，课程内容的动态性减弱，静态性增强。

(二)把握由易到难、从已有经验到新经验、从具体到抽象的整体过程

学前教育课程与教学内容应由浅入深、由易到难展开。根据精神分析学派代表人物埃里克森的人格发展理论，3~5 岁是主动对内疚的冲突时期。此时期的幼儿活泼好学，经常提出很多问题，渴望把事情做得更好，愿意和同伴一起开展活动，进行学习，但同时这个时期的幼儿内心又比较敏感，受挫后容易内疚。因此，为了能更好地激发幼儿的主动性，引起幼儿的学习动机与学习兴趣，在确定课程内容时要考虑幼儿这一发展特点，先从简单的、较容易的内容引导与帮助幼儿逐步获得成就感，待幼儿有一定的自信心后，再增加难度大、更复杂的内容，从而促进幼儿学习能力的发展，同时也能培养幼儿不怕困难的精神。

学前教育课程与教学内容要帮助幼儿搭建由已有经验提升至新经验的桥梁。当内容来源于幼儿的生活经验，从幼儿生活中的事物出发时，可帮助幼儿将已有经验与新经验进行联结。教师实施课程时，先从幼儿已有的经验开始，引发幼儿的积极兴趣，再导入新经验，帮助幼儿搭建已有经验与新经验之间过渡的“脚手架”，使幼儿更容易理解课程内容。

学前教育课程与教学内容要引导幼儿从具体到抽象地展开思维。三岁前幼儿的思维是在直接感知和具体行动中进行的，以后逐渐向具体形象思维过度。形象

思维是幼儿期思维的主要形式。到六岁以后，幼儿的抽象逻辑思维开始发展。因此，在面对一些具有抽象概念的课程内容时，教师应先将内容具体化，转化成为幼儿所熟知的、所体验或经历过的，或能直接感知到的内容，为理解抽象概念打下基础，经过从具体到抽象的过程，幼儿才能比较容易接受并理解相应的内容。

五、学前教育课程与教学内容选择中容易出现的问题

(一)课程目标缺失

我国20世纪80年代的幼儿园课程内容偏重认知，非常注重学科知识的获得。与80年代相比，现在的幼儿园课程已经有了很大变化，认知内容已不占绝对优势。但是，目前许多幼儿园为了迎合家长“不让孩子输在起跑线上”的心理需求，经常选择读、写、算、英语、电脑等学科知识作为课程的主要内容，甚至直接打出“双语”幼儿园、“艺术”幼儿园等招牌，以吸引家长，扩大生源。这种做法导致部分目标缺失，使课程内容背离了课程目标的要求，从长远来看，并不利于幼儿发展。

知识与技能虽然具有很强的工具价值，但一个人的情感、态度、习惯等对他的终身持续发展更为重要。从幼儿发展的规律来看，幼儿期是学习态度、习惯及良好个性发展的关键时期，正如陶行知先生所言：“凡人生之态度、习惯、倾向，皆可在幼稚时代立一适当的基础，倘使培养得不好，那么习惯成了不易改、倾向定了不易移、态度决了不易变。”

总而言之，为防止课程目标缺失，首先，在选择课程内容时，应遵循目的性原则，从课程目标出发，全面地选择课程；其次，经常将课程内容与课程目标进行比照，思考课程内容是否兼顾了课程目标，查漏补缺。

(二)课程内容超载

课程内容超载是我国当前幼儿园课程内容选择中的突出问题，表现在以下三个方面：

第一，内容易、浅，没有构成对幼儿智力上的挑战，幼儿的学习是在重复自己的经验，没有适宜地提升和发展，容易导致幼儿对学习产生“无聊感”，觉得

枯燥乏味，使幼儿失去学习的兴趣。

第二，难度适中，容量过大，在有限时间内不能保证有质量地完成，导致要么“走过场”，无法让幼儿真正地学习；要么使得幼儿“沉重地奔跑”，剥夺了他们应有的自由游戏和自主活动的时间，有违其身心发展规律。

第三，难度过大，超出幼儿可接受的水平，幼儿学起来非常吃力，结果就是过多的机械记忆严重挫伤了幼儿学习的积极性，导致幼儿对学习产生厌倦情绪。

量大质不优，是课程内容超载的突出问题，造成这种状况的原因有很多，其中，知识总量不断增加，新的学习领域不断涌现，是一个客观原因。然而，课程设计者在选择课程内容时，除了考虑内容的适宜性，还要确定哪些内容确实需要在现阶段吸收，哪些内容可以安排在之后教育阶段的课程中更好。

总而言之，为了防止课程内容超载，必须注意以下几点：一是课程内容的选择必须遵循适宜性原则。教师对课程内容融会贯通，在幼儿已有水平的基础上，对幼儿进行点拨，以利于幼儿完善经验、迁移经验。二是掌握课程内容的整合技巧，将各学科或各领域的内容融会贯通并有效整合，在有限的时间里，提高幼儿的学习效率。三是课程内容的增加要有听证制度。邀请课程专家、主管部门、幼儿园教师、家长等组成联席会议，对要增加的课程内容进行听证、表决，综合多方面的意见，为幼儿选择和设计更有益于其健康成长的内容。

(三)课程内容选择脱离幼儿的生活和兴趣

生活性、兴趣性是幼儿园课程内容选择的重要原则，《幼儿园教育指导纲要(试行)》中明确指出教育活动“要贴近幼儿生活来选择幼儿感兴趣的事物和问题，有助于拓展幼儿的经验和视野”，要“寓教育于生活、游戏之中”，可见课程内容不能脱离幼儿的生活。幼儿园课程内容与现实生活越接近，越能引起幼儿的学习兴趣，越容易使学习内容与幼儿经验产生共鸣，学习效果就越好。总之，课程内容如脱离幼儿的生活，将不利于幼儿的身心全面和谐发展。

课程内容选择脱离幼儿的生活和兴趣，主要表现在以下几个方面：一是按照成人经验选择内容，并非幼儿的兴趣和需要所在。二是课程的选择局限于各种版本的教材内容，与幼儿实际所处的生活环境存在差距。

如何避免课程内容远离幼儿生活？可以注意以下几点：一是正确认识幼儿学

习的特点，明确幼儿的生活也是他们的学习。二是关注幼儿的生活，从幼儿感兴趣的事物中寻找有价值的学习内容。三是认识到课程是动态发展的，课程内容应随幼儿生活经验的变化而变化。

第三节 学前教育课程与教学内容的组织

一、学前教育课程与教学内容组织的含义

课程内容组织就是对选定的课程内容，按照课程的目的进行横向和纵向的组织。纵向组织，意在使整个课程内容具有连贯性，使具体课程中的概念逐步深入。调整课程的具体纵向组织，需要依据学生的实际情况来建立连贯性的学习结构。横向组织，意在使课程内容中的一部分与其他部分结合并达到平衡，包括不同学习课目之间、不同内容系列之间、不同学习领域之间的结合与平衡。这就要求课程设计者和教材编写者，在任何时候都必须注意课程内容的连贯整合和协调平衡。①

王春燕则认为课程内容组织简称课程组织，是指在一定教育价值观的指导下，将所选出的各种课程要素妥善地组织成课程结构，使各种课程要素在动态运行的课程结构系统中产生合力，以便有效地实现课程目标。②

冯晓霞认为，幼儿园课程内容组织是指“创设良好的课程环境，使幼儿园课程活动兴趣化、有序化、结构化，以产生适宜的学习经验和优化的教育效果，从而实现课程目标的过程”。③

可见，对于幼儿园课程内容的组织，首先需要分析课程内容的构成要素，其次应明确课程内容之间的关系，再次要将课程内容的各个要素系统化、结构化，最后要保证这些内容的呈现方式是活动性的、趣味性的。

---

① 黄甫全．现代课程与教学论[M]．北京：人民教育出版社，2006：99.

② 王春燕，等．幼儿园课程论[M]．北京：新时代出版社，2009：47.

③ 冯晓霞．幼儿园课程[M]．北京：北京师范大学出版社，2000：72.

二、学前教育课程与教学内容的组织形式

课程内容的取向不同，其所形成的学前教育课程内容的组织形式也不一样。在幼儿园教育实践中，学前教育课程内容组织形式有四种：以学科为中心的组织形式、以活动为中心的组织形式、以经验为中心的组织形式和以社会为中心的组织形式。学前教育课程的组织形式主要以前三种为主。

(一)以学科为中心的组织形式

以学科为中心的组织形式强调按知识的内在性质及其内在结构组织课程内容，对幼儿进行科学、系统、连贯的教育。其所形成的课程称为学科中心课程。学科中心课程理论认为，学科是传递知识和技能的最为有效的方式，能以最系统、最经济和最合理的方式为儿童提供社会文化遗产。在学前教育课程中，“分科教育”就是一种典型的学科中心课程，它有统一的要求、统一的教学计划和统一的教材，便于教师组织和引导，将不同学科的知识系统化地传授给幼儿，充分体现了知识本身的完整性和系统性。然而，学科中心课程也有自身的不足之处：过于强调学科的内在逻辑，容易造成学科之间的分离，脱离幼儿的实际生活；过于强调知识技能的灌输，容易忽视幼儿动手操作能力的培养；将集体教学作为主要的教学方式，不利于幼儿社会性的培养和因材施教。

(二)以活动为中心的组织形式

以活动为中心的组织形式强调按照幼儿的兴趣、需要和身心发展水平组织幼儿园课程内容。在此类组织形式下，幼儿的兴趣、需要和现有的身心发展水平成为课程内容组织的出发点，而且课程内容也可以根据幼儿活动的兴趣和需要做出相应的调整。在课程实施的过程中，幼儿获得了较多的参与各种活动的机会，能够在师生、生生互动中获得自我的发展，如幼儿园实施的“方案教学”，就明显体现出以儿童活动为中心的倾向。以活动为中心组织的幼儿园课程，其课程活动内容有很多种类型，如游戏活动、教学活动、生活活动等。在这些活动中，若再以幼儿参与活动的规模来划分，还可以分成集体活动、小组活动和个体活动等。这一组织形式能够给幼儿提供较多的自主活动的机会，对于发展幼儿的实践能

力、思维品质和个性心理等方面具有明显的促进作用。

(三)以经验为中心的组织形式

以经验为中心的组织形式强调依据儿童的学习和生活经验来组织课程内容。一般通过问题的解决来实现——大多是幼儿生活中可能遇到的各种问题，包含认知、情感、态度、价值观等方面。问题解决的过程主要是：教师依据对幼儿的观察，预先设计好问题，拟定所选问题的发展目标，然后引导幼儿主动参与问题的解决，让幼儿在发现和探索中获得知识技能，培育情感，形成态度观念等。此种组织形式与以活动为中心的组织形式的一致之处在于，都强调幼儿的兴趣和需要。不同的是，后者强调的是各种活动情境的构建，前者注重的是生活情境的构建。教师的任务是为幼儿提供学习材料和学习机会，创设富有教育性的情境，让幼儿自发地通过自己的直接经验发现和掌握知识，发展能力。以经验为中心的组织形式不仅有利于幼儿思维能力和动手能力的提高，更有利于幼儿个性、心理品质的养成。

(四)以社会为中心的组织形式

以社会为中心的组织形式又称社会中心课程论，主张围绕重大社会问题来组织课程内容。社会中心课程论认为，教育的根本价值是促进社会发展，学校应该致力于社会的改造而不是个人的发展。因此，社会中心课程论批判儿童中心论过于注重学生的个人需要、兴趣、自由及活动，而忽视了社会的需要，主张课程的最终价值是社会价值，课程是实现未来理想社会的运载工具。社会中心课程论强调课程建设要关注社会焦点问题，反映社会政治经济变革的客观需求，因此较多应用于高校的课程编制中。

可以看出，从理论上来说，学前教育课程组织形式是可以加以严格区分的。但是，在实践中，是不能简单地以一种形式作为中心去组织课程内容的，应该根据需要取长补短、有机结合。总之，幼儿园的课程内容组织形式，应该是能够使幼儿得到全面发展的形式，不仅要与系统的科学知识紧密联系，也要重点关注幼儿的生活、需要和兴趣。

二、学前教育课程与教学内容的组织原则

学前教育课程内容的组织原则，是指在学前教育课程组织过程中必须遵循的基本原则。那么，学前教育课程应该遵循哪些基本原则？根据《幼儿园教育指导纲要(试行)》中所规定的课程内容组织的基本要求，结合课程组织的相关理论，我们认为学前教育课程内容的组织需要遵循以下几个原则：逻辑顺序和心理顺序相结合，横向组织和纵向组织相结合，直线式组织与螺旋式组织相结合。

(一)逻辑顺序和心理顺序相结合

逻辑顺序是指根据学科本身的逻辑及其内在的联系组织课程内容；心理顺序是指以适宜幼儿心理特点的方式组织课程内容。前者更多地强调学科知识本身的体系结构，对于学科知识与儿童的心理发展之间的关联观照不足；后者更多地强调儿童的兴趣、需要、学习能力和发展特点，而较少考虑学科知识本身的固有体系。

就学前教育课程内容的组织而言，如果仅仅按照逻辑顺序或只按照心理顺序来组织课程，都存在一定的困难，而且取得的教学效果都无法让人满意。例如，如果按逻辑顺序，以学科为中心来组织和编排课程内容，这显然不符合幼儿的认知特点和身心发展规律；如果按心理顺序，以幼儿的需要和兴趣来组织和编排课程内容，也将阻碍幼儿获得系统的知识，延缓幼儿社会化的成长进程。同时，对于幼小衔接也将产生不利的影响。

按照逻辑顺序或心理顺序组织学前教育课程内容，两者都各自存在着优缺点。因此，在学前教育课程内容的组织环节中，应将逻辑顺序和心理顺序有机结合起来，充分发挥各自的长处，取长补短，有效地推进课程的实施，促进幼儿的身心和谐发展，最终达成教育目标。

(二)横向组织和纵向组织相结合

横向组织是指按照“广义概念”组织课程内容，即打破传统的知识体系，使课程内容与幼儿已有的经验相连接；纵向组织是指按照课程组织的某些准则，以先后顺序排列课程内容。

就学前教育课程内容的组织原则而言，横向组织和纵向组织均有其合理性。横向组织遵循了知识学习和获取的基本过程——从简单到复杂，从具体到抽象，从初级到高级的循序渐进的过程。纵向组织则与幼儿成长紧密联系，强调那些简单的、事实性的具体知识，这些具体知识因与幼儿的经验直接相关，比较容易被幼儿接受和掌握。

在学前教育课程内容组织中，应以纵向组织为主，以横向组织为辅，这样既考虑到了学龄前幼儿的发展特征和学习方式，同时也有利于幼儿循序渐进地掌握知识。

(三)直线式组织与螺旋式组织相结合

直线式组织是指将课程内容组织成一条逻辑上前后联系的直线，使前后内容互不重复；螺旋式组织是指在不同的阶段，课程内容会重复出现，但是这些重复出现的内容在深度和广度上都有所加强。

在学前教育课程内容的组织中，螺旋式组织原则运用得较为广泛。这是因为幼儿的认知与思维水平尚处于皮亚杰认知理论中所说的前运算阶段，即此时幼儿的思维方式以直觉思维为主。课程内容的不断重复有利于幼儿对知识的掌握和经验的获得，这种组织方式在综合课程、方案教学等许多幼儿园课程类型中都有所体现。但是，这并不是说直线式组织是一无是处的。在语言、数学等分科教育的学科课程中，直线式组织有助于幼儿以逻辑思维方式思考问题，同时在知识获取方面效率较高。因此，在“分科教学”中，直线式组织是较常用的学前教育课程内容的组织原则。

直线式组织和螺旋式组织各有其长处和不足。前者强调逻辑思维，使幼儿能够比较高效地掌握知识和技能；后者强调直觉思维，符合幼儿的发展特点，有利于幼儿学习过程中经验的获得以及创造性思维的发展。因此，在学前教育课程内容的组织过程中，应根据需要将两者结合，取长补短。

【本章小结】

本章主要围绕学前教育课程与教学内容的相关问题展开论述，共四节。首先，主要帮助学习者明晰学前教育课程与教学内容的含义，了解学前教育课程与教学内容的价值取向，明确学前教育课程与教学内容的范围，把握学前教育课程与教学内容的特点。其次，阐述学前教育课程与教学内容选择的依据、制约因素，分析学前教育课程与教学内容选择的原则与策略，并提出学前教育课程与教学内容选择时易出现的问题。最后，讲解学前教育课程与教学内容组织的含义，以及主要的组织原则和组织形式。

【主题词】

课程内容，教学内容，教育内容，课程价值取向，内容范围，内容特点，内容选择依据与原则，内容组织的原则及形式，内容发展趋势

【思考题】

1. 如何理解学前教育课程与教学的内容？

2. 学前教育课程与教学内容的特点有哪些？

3. 如何选择学前教育课程与教学内容？需要考虑哪些因素？

4. 作为一名幼儿园教师，在选择学前教育课程与教学内容的时候应注意什么问题？

5. 当前学前教育课程与教学内容改革和发展有哪些趋势？

第六章　学前教育课程与教学的组织

【本章导读】

学前教育课程组织、教学组织等概念在研究和实践中常常被提及，在课程目标的引领下，组织教育内容亦是当前学者研究的热点。那么，学前教育课程与教学组织是什么？基本要素有哪些？学前教育课程与教学组织的途径有哪些？学前教育课程与教学组织的模式是什么？学前教育课程与教学组织的类型和原则有哪些？以及学前教育课程与教学组织的发展趋势如何？本章将针对这些问题展开讨论。

【知识地图】

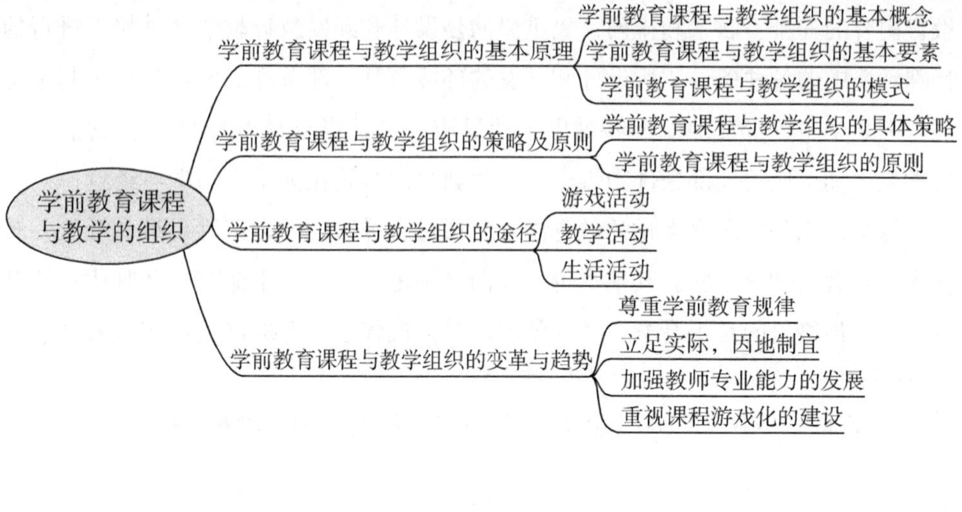

第一节 学前教育课程与教学组织的基本原理

学前教育具有组织性，集中体现在课程与教学方面。学前教育课程与教学的组织标准、取向、类型及结构是本章要探讨的基本问题。

一、学前教育课程与教学组织的基本概念

课程组织(curriculum organization)，既是课程研制过程中的一个重要环节，也是贯穿整个课程研制过程的关键因素之一。课程组织是一个处于变化发展中的概念。人们普遍认同，课程组织就是将教育内容加以安排，建立某种联系和排列顺序，从而形成有机的课程结构。课程结构主要关涉"水平的"和"垂直的"两个维度，所以可分为横向结构和纵向结构，也就是门类结构和程度结构。所谓门类机构，就是把教育内容分门别类地进行安排，使之形成有机的横向结构；所谓程度结构，就是将教育内容分学段、分年级、分学期甚至分单元进行排列，使之形成有机的纵向结构。①

泰勒强调课程组织的对象不是"知识"而是"学习经验"，拓展了课程组织的含义。泰勒指出，学习经验不是"一门学程所涉及的内容"，也不是"教师所从事的各种活动"，而是"学习者与他能做出反应的环节中的外部条件之间的相互作用"。这一定义意味着：学生是主动参与者，环境中的某些特征吸引着他们的注意力，学生所做的，正是对这些特征的反应。因此，课程组织就不仅仅局限于对教育内容的安排、联系和排列，更重要的是设计和开发教育教学活动赖以进行的特殊环境中的各种条件。所设计和开发的环境及其外部条件需要具备两个基本特征：一是学生置身其中就能够做出主动反应；二是将教育内容"融化"到能够引起学生主动反应的外部条件中去，进而将教育内容转化为学生的学习经验。

课程组织是将选自文化的教育内容，通过多种途径的创造性设计和开发，转化为学习者的学习经验，其基本价值取向是满足人类学习生命存在及其优化活动的需要，最终目的是提升学习者的学习效果。现代意义上的课程组织分宏观、中

---

① 黄甫全．现代课程与教学论[M]．北京：人民教育出版社，2006：281.

观和微观三个层面：宏观课程组织主要是在“课程方案”“学习领域”和“科目或学程”范围内的设计和开发；中观课程组织主要是在“课程模块或单元”和“学习主题”范围内的设计和开发；微观课程组织主要是在“课时教学计划”或“教案或学案”意义上的设计与开发。①

幼儿园课程组织包括编制幼儿园课程内容、选择幼儿园课程活动的组织与指导方式、制定幼儿园课程计划三个层面的工作内容。课程实施是把静态的课程方案转化为动态的课程实践的过程，也是教师以课程计划为依据来组织幼儿的活动的过程。

二、学前教育课程与教学组织的基本要素

施瓦布确认了课程的四大要素为学习者、教师、教材和环境，这也是课程与教学组织的四大要素。② 同样，学前教育课程与教学组织的基本要素亦是如此。

(一)课程与教学组织的基本要素

为了进一步对现代意义上的课程组织进行揭示和阐发，有必要对其要素进行剖析。简要来说，课程组织的要素包括“内容转化”“学习经验”“学习机会”和“学习心理”。

1. 内容转化

一方面，人们可以竭尽所能地将教育内容排列组合成“完美”的课程结构，另一方面，学生却对这些教育内容熟视无睹，甚至厌恶和抵制它们，那么这样的课程组织无疑是没有意义的或者说是失败的。因而，课程组织必须实现“内容转化”，必须把从文化中选取出来的“教育内容”转化为学生的“学习经验”。过去，我国教育界只有从文化中选取而来的“内容”的观念，造成课程组织忽视“内容转化”的问题，以至于教学过于偏重于知识的授受，教师的角色被狭隘化为纯粹的“知识传授者”，学生被压抑为“知识的接受者”。现在，急需确立“内容转化”的

---

① 黄甫全．现代课程与教学论[M]．北京：人民教育出版社，2006：281.

② Schwab，J.. The Practical 3：Translation into Curriculum[J]. School Review，1973(81)：501-522.

课程组织理念。当然，这一理念真正得以践行，既需要课程专家们在原理、原则、课程方案、标准以及教学教材研制层面加以研究解决，更需要教师们基于学校和班课教学，结合学习领域与课目内容，针对确定的教学主题进行具体的设计与开发。可以说，“内容转化”的实现，需要大家开展深入而全面的研究和实践来予以推进。

2. 学习经验

“内容转化”就是将“教育内容”转化为学生的“学习经验”，因此，“学习经验”是课程组织中不可或缺的组成要素，学习经验指的是学习者与其能产生反应的环境中的外部条件之间的相互作用。这就需要我们在进行课程组织的时候，检视和确定所选择的教育内容是与学习适切的，所创建的外部条件是能激发和维持学习者的学习兴趣的，并且能将内容整合、转化和“融化”到师生实施教学活动的情境之中。唯有如此，教育内容才能转化为学习经验，并与学习者相互作用。长期以来，我国对“学习经验”的关注不够，尚未真正建构起“学习经验”这一概念。开展学习经验的专门研究和建构，以繁荣课程组织的理论与推进课程组织的实践，需要人们投身其中辛勤耕耘。

3. 学习机会

为了让学生获得“学习经验”，就必须提供丰富的“学习机会”。通过学习机会，学生才能与外部条件直接产生相互作用。因此，在进行课程组织的时候，我们应该关注如何通过对学生学习的外部条件的设计与开发，为学生创设学习机会，而不仅仅是为设计而设计，为开发而开发。

已有的研究指出，提供学习机会的基本原则有“恰当的实践”“满足感”“成功”“多样化途径”和“多样化结果”等。①恰当的实践。学生必须有机会开展相应的实践。比如，要发展学生解决问题的能力，学生必须有机会亲自去解决各种问题，而不仅仅是站在旁边观看其他同学如何解决。②满足感。所提供的学习机会，必须让学生感到满足。发展学生解决问题的能力，不仅要让学生有机会亲自去实践解决问题，而且应该让学生通过有效解决这些问题而获得满足感。如果某种学习机会不能让学生感到满足，学生并不享受这种学习机会带来的学习过程，那么学习很难持续下去。③成功。所提供的学习机会必须适合于学生目前的身心特点，所开展的学习活动必须在学生力所能及的范围之内，才能使学生的学习活动获得成功。④多样化的途径。可以通过提供多种学习机会来达到相同的目标，这需要人们发挥自己的创造性来设计与开发出多样化的学习机会。⑤多样化的结果。一方面，由于学生的个体差异，对不同的学生而言，同样的学习机会产生的结果各异；另一方面，通过巧妙的设计，同样的学习机会能带来多种预期的结果，比如，在地理和写作等课程的教学中，学生可以通过对相关历史事件的探究来获得历史知识。

4. 学习心理

要给学生提供丰富的学习机会，必须以“学习心理”为依据。在把握学生学习心理的基础上，设计与开发的外部条件，才能与学生的注意、兴趣、动机和想象等方面相适切，才能更好地引起学生的主动反应。

课程组织的心理学依据主要有四个方面：一是依据注意的规律，使学生学习的外部条件在声、形、色、光等方面能够长久地“引人注目”；二是依据兴趣心理学理论，使学生学习的外部条件中的各种因素“闪烁”着激发、维护和滋养学习兴趣的“亮光”；三是依据动机心理学理论，指导对学生学习的外部条件的设计与开发，从而激发学习的需要，维持学习的动力；四是依据想象心理学理论，使学生学习的外部条件既充满能刺激想象的多种“元素”，又具有放飞学生想象的广阔“空间”，为学生将学习升华为创造性的活动提供保障。当前，我们应大力开展和深化对“学习心理”的研究，以便为课程组织的研究与开发提供有效依据。

（二）学前教育课程与教学组织的基本要素

一般来说，课程的组织包括学习者、教师、教材和环境四大要素。课程组织并不仅仅是将选择出来的课程内容做出合理的安排，构成比较可行的教育方案或计划的过程，还要考虑课程组织中的“人”的因素。课程组织就是在一定的教育价值观指导下，将所选出的各种课程要素妥善地组织成课程结构，使各种课程要素在动态运行的课程结构系统中产生合力，以有效地实现课程目标的过程。

幼儿园课程组织就是使一切有幼儿参与的教育活动结构化或系统化过程。具体来说，幼儿园课程组织指创设良好的课程环境，使幼儿园课程活动化、兴趣化、有序化、结构化，以生成适宜的学习经验，达到良好的教育效果，从而实现课程目标的过程。①

从幼儿园课程组织的概念中，我们不难看出幼儿园课程基本要素包括幼儿的学习环境、幼儿的学习经验、教师的教育目标与教育观等。而这些要素有序化、结构化的过程，才使得课程内容有效地整合。幼儿园课程是幼儿学习和发展的载体，因此，课程内容的组织应贯彻《幼儿园教育指导纲要(试行)》精神，保证幼儿园课程的渗透性、综合性、趣味性和活动性。此外，幼儿园课程内容的组织不仅仅是预设的静态组织，更是一个动态生成的过程——在实际的教学活动中，往往会有很多意想不到的变化，这就需要教师根据当时的情景对课程内容做出相应的调整，以达到课程效果的最优化。

三、学前教育课程与教学组织的模式

(一)目标模式

目标模式，作为20世纪初开始的课程组织开发科学化运动的产物，以实用主义哲学为指导思想，以目标为课程组织开发的基础和核心，受行为注意心理学影响，通常被看做是课程组织开发的经典模式、传统模式。

博比特是目标模式的创始人，提倡“活动分析法”，他于1924年出版了《怎样编制课程》一书，详细阐述了课程组织开发的过程与方法。查特斯是美国视听教育的创始人之一，他也力求以科学的方法开发课程，主张通过“工作分析”确定课程目标。他们首创的目标模式，后经泰勒、塔巴、惠勒等人的继承与发展，不断修改、完善，得以系统化，对课程理论和实践产生了深远的影响。在此过程中，“现代课程理论之父”拉夫尔·泰勒是举足轻重的人物，他创立的“泰勒模式”被公认为目标模式经典形态形成的标志。

泰勒认为，在课程组织过程中，编制者必须回答四个问题：学校应该达到哪些教学目标？提供哪些教育经验才能实现这些目标？怎样才能有效地组织这些教育经验？我们怎样才能确定这些目标正在得到实现？这四个问题可以归纳为课程

① 张亚军．幼儿园课程概论[M]．上海：华东师范大学出版社，2015：40.

目标的确定、学习经验的组织和学习结果的评价，被后人称为“泰勒原理”。

1. 确定教育目标

泰勒主张，目标具有引导课程选择、组织和评价的主要功能，确定教育目标是课程组织与开发的出发点，并且认为目标的确定有三个来源和两道过滤网。三个来源分别是：对学习者本身的研究、对校外当代生活的研究和学科专家对目标的建议。通过这三个来源进行分析所获得的有关教育目标的资料，需要经过两道过滤网的甄选，一是哲学的，泰勒认为，每一个社区、学校都有其独特的哲学观，能一次筛选出与此哲学价值相一致的教育目标；二是心理学的，即利用学习心理学选择目标。

2. 选择学习经验

教育目标确立之后，就要选择相应的学习经验以达成所定目标，对此，泰勒在《课程与教学的基本原理》中提出了五条原则：

(1)为了达到某一目标，学生必须具有使他有机会实践这个目标所隐含的那种行为经验。

(2)学习经验必须使学生由于实践目标所隐含的那种行为而获得满足感。

(3)学习经验所期望的反应，是在学生力所能及的范围之内的。

(4)有许多特定的经验可以用来达到同样的教育目标。

(5)同样的学习经验往往会产生几种结果。

3. 组织学习经验

泰勒认为，为了使学习经验能够产生累积效应，必须进行有效组织，并提出了三条标准：一是连续性，即对课程中主要的要素进行直线式的重复；二是顺序性，强调后一经验必须建立在先前经验的基础上，并且更加广泛与深化；三是整合性，强调课程内不同学习经验之间的横向联系。泰勒提出了学习经验的两种组织，即横向组织与纵向组织，前者指不同领域学习经验之间的联系，后者指不同阶段(或学期)学习经验之间的横向联系。

4. 评价教育计划

泰勒认为，课程组织开发除了考虑以上三方面问题之外，还应该考虑评价问题。评价的目的是检查课程的实际效果和预期的教育目标之间的差距，评价至少要进行两次，分别在课程方案实施前期和后期。

以上四个环节，共同构成了泰勒关于课程组织开发的系统观点，其中，确定教育目标是出发点；选择与组织学习经验是主体环节，指向教育目标的实现；评价教育计划是整个系统运行的基本保证。

“泰勒原理”在世界各国的课程领域产生了巨大影响，一度成为20世纪五六十年代课程开发唯一的“科学”模式。随着时间的推移，泰勒建立的目标模式被不断修正和改造。例如，英国课程论专家惠勒对基于泰勒模式的课程编制程序的排列方式予以改造，将直线型的目标模式改为圆环形的目标模式，即确定目标→选择学习经验→选择学习内容→组织、统合学习经验与内容→评价→调整目标、确定新一轮目标。

目标模式对幼儿园课程编制产生过重要影响——在幼儿园课程编制过程中，强调课程目标的制定，强调课程目标的层层分解并落实于具体的教育活动，强调根据课程目标是否落实和达成来评价教育的结果，可以说，这样的指导思想和做法都来自课程编制的目标模式，几十年来对包括学前教育在内的教育实践，特别是课程与教育方案的设计和教材的编写起到了功不可没的作用。事物的长处和弊端有时往往并存于该事物的某些特征之中，课程编制的目标模式也是如此。目标模式采用行为目标的方式设置课程目标，并以此为出发点编制课程，使整个课程的运作成为一个具体化的和结构化的操作程序，这样做能提高幼儿园教育、教学过程的计划性、可控性和可操作性。但是，也正是目标模式的这种特征，会使依据目标模式编制的幼儿园课程因此而产生很多弊端。

(二)过程模式

20世纪五六十年代后，英国课程理论家劳伦斯·斯滕豪斯·宾特雷伊立足教育的内在价值及实践，针对目标模式在课程编制中所存在的缺陷，提出了课程编制的过程模式，被公认为是继目标模式之后出现的第一个重要的课程编制模式。

1. 对目标模式的批判

过程模式是建立在对目标模式的批判的基础上的，这主要体现在斯滕豪斯所著的《课程研究与开发导论》中。在这些批判中，最主要的有两点：

(1)误解了知识的本质。知识不是现成的、确定的和外在的，知识的本质在于可以通过知识的运用进行创造性思维。知识是学生思考的对象，应通过教育的过程帮助学生思考知识，进而获得思想解放。“教育通过将人引进人类作为思维系统的文化知识而增加了人的自由……作为将人类引进知识的教育，它在使学生的行为后果不可预测的程度上是成功的。”因此，课程应该考虑与关注知识的不确定性，鼓励学生个体化的、富于创造性的学习。但目标模式将知识视为一种控制与统治的工具，从而在根本上歪曲了知识的本质。

(2)误解了改善实践的过程的本质。目标模式的方法基本上是一种通过是目的明晰化来改善实践的尝试，但是在实践中，预定的统一目标框架往往在很大程度上束缚了教师与学生，此时，目标成了一种控制的手段与工具。“没有教师的发展，就没有教育的发展，而且发展最好的手段，不是通过明晰目的，而是通过批评实践。”因此，理想的做法是发展教师在课程实践中的批判、反思意识与能力，帮助教师改进教学。

2. 过程模式的基本内容

过程模式是以过程或程序为焦点，详细说明内容和过程中的各种原理，主张课程开发的任务是选择活动内容，建立关于学科的过程、概念与标准等知识形式的课程，提供实施的“过程原则”。

(1)内容的选择。过程模式的逻辑起点是内容的选择，强调知识、活动的内在价值，内容的选择不是以预期的学生行为为依据，而是以教育本体功能和知识本身固有的价值为标准。因此，在过程模式中，选择和鉴别知识及活动的内在价值是非常关键的。为此，斯滕豪斯引用了拉斯提出的用以“鉴别看来是含有内在价值的活动”的标准，共十二条：

第一，在所有其他条件相同的情况下，如果一项活动允许学生在完成它的过程中作出其所了解的选择，并能对选择带来的后果作出反应，则此活动比其他活动更有价值。

第二，在所有其他条件相同的情况下，如果一项活动在学习情境中允许学生充当主动的角色，而非被动的角色，则此活动比其他活动更有价值。

第三，在所有其他条件相同的情况下，如果一项活动要求学生探究各种观念，探究智力过程的应用，或探究当前的个人问题或社会问题，则此活动比其他活动更有价值。

第四，在所有其他条件相同的情况下，如果一项活动使学生涉及实物教具，即真实的物体、材料与人工制品，则此活动比其他活动更有价值。

第五，在所有其他条件相同的情况下，如果一项活动能由处于不同能力水平的学生成功完成，则此活动比其他活动更有价值。

第六，在所有其他条件相同的情况下，如果一项活动要求学生在一个新的背景下审查一种观念、一项对于智力活动的应用，或一个以前研究过的现存问题，则此活动比其他活动更有价值。

第七，在所有其他条件相同的情况下，如果一项活动要求审查一些题目或问题，这些题目或问题是人们一般不去审查的，是典型地被大众传播媒介所忽略的，则此活动比其他活动更有价值。

第八，在所有其他条件相同的情况下，如果一项活动使学生与教师共同参与“冒险”——冒成功或失败之险，则此活动比其他活动更有价值。

第九，在所有其他条件相同的情况下，如果一项活动要求学生改写、重温及完善他们已经开始的尝试，则此活动比其他活动更有价值。

第十，在所有其他条件相同的情况下，如果一项活动使学生应用已掌握的有意义的规则、标准及准则，则此活动比其他活动更有价值。

第十一，在所有其他条件相同的情况下，如果一项活动能给学生提供一个和他人分享制订计划、执行计划及活动结果的机会，则此活动比其他活动更有价值。

第十二，在所有其他条件相同的情况下，如果一项活动与学生所表达的目的密切相关，则此活动比其他活动更有价值。

对于拉斯提出的这十二条原则，斯滕豪斯认为，“就目前的讨论来说，我们没有必要接受他的标准。尚待解决的是，我们是能够发现它们对我们做出判断是有意义的及有参考价值的，以及当我们不同意拉斯的意见时，我们是否能够按照类似的形式提出方案。”

(2)过程原则。过程模式提倡学生主动地学习和建构，重视发现和探究的学习，教师的身份是“和学生一起学习的学习者”，是学生学习的引导者、咨询者和参考资料的提供者。为了协助教室情境中的教师和学生进行教学与学习，有必要提出一些教师应该遵循的过程原则。以斯滕豪斯领导并制订的“人文学科课程计划”为例，这些原则包括以下五条：

第一，教师应与学生一起在课堂上讨论、研究具有争议性的问题。

第二，在处理具有争议的问题时，教师应持中立原则，使课堂成为学生的论坛。

第三，探究有争议性的问题的主要方式是讨论，而非灌输式的讲授。

第四，讨论应尊重参与者的不同观点，无须达成一致意见。

第五，教师作为讨论的主持人，对学习的智力和标准负有责任。

(3)课程评价。和目标模式中的评价以目标的实现情况为依据不同，斯滕豪斯认为，课程评价应以在多大程度上反映知识形式、实现过程原则为依据。在学生的学习过程及结果评价中，教师不是评分者，而是诊断者和批评家。教师与学生从事的有价值的活动有其内在的标准，成绩评定就是通过批判地反映学生所做的工作来提高学生完成这些标准工作的能力。

第二节　学前教育课程与教学组织的策略及原则

在现实中，游戏活动、教学活动和生活活动并非互不相干、对立存在的，而是通过各种形式相互补充、相互融合。通过分析三种教育活动的相互关系以及不同融合模式，可以得出学前教育课程实施的具体策略和基本原则。

一、学前教育课程与教学组织的具体策略

上文所论述的教学活动，是与游戏活动和生活活动进行比较区分而言的狭义的教学活动，主要是指典型的、教和学的行为都比较明显的活动，俗称“上课”。而有学者认为，幼儿园的所有活动，都必然含有教和学的成分，“尽管在不同的活动中，教和学的目的性程度不一样，但教和学的本质因素必然存在。”①从这个意义上来看，幼儿园里的所有活动，包括游戏活动和生活活动，都属于广义的教学活动。从课程实施的角度，我们也可以说，课程实施即广义的教学活动，都有教和学的因素，课程实施的途径主要有游戏活动、(狭义的)教学活动和生活活

① 虞永平．学前课程与幸福童年[M]．北京：教育科学出版社，2014：160.

动。为了避免混淆，我们也可以把幼儿园的游戏活动、教学活动和生活活动统称幼儿园教育活动。

教学活动是正式的、典型的课程实施途径，其本身也有多种不同形式，如讲授—操作式、游戏—讨论式、讲授—表演—讨论式、观察—讨论—讲授式，等等，与非正式、非典型的课程实施途径相比，它更具有目的性和计划性，以及更明显的教和学的行为。

游戏活动和生活活动是非正式的、非典型的课程实施途径，但这两种活动中也有教和学的过程，而且在学前教育阶段，这两种教育活动的比重要高于正式的、典型的教学活动，因此必须加以关注和引导。

(一)在生活中渗透游戏和教学

鉴于幼儿的年龄特点和身心发展的需要，学前教育课程内容包含了生活活动的内容，主要体现为良好的生活习惯、卫生习惯、生活自理能力的培养。生活活动实际上也包含了丰富的、潜在的、各学科多领域的教育内容，并对这些内容有渗透和综合作用。生活活动不仅是课程实施的重要途径，也是课程计划的重要背景以及课程内容的重要来源。

在生活活动中，经常贯穿和渗透着游戏和教学活动。例如，入园晨练时经常与游戏活动相结合，让儿童进行一些简单的游戏和运动；又如，在睡眠环节，教师会按照不同年龄段的特点来指导幼儿学习穿脱衣服和整理衣服，这些都是教和学统一的过程。教师也可以利用生活活动中的一些突发情况来引导幼儿进行游戏或学习，如幼儿在轮候盥洗时发生了拥挤打闹，教师可通过游戏来转移注意力或化解矛盾，也可以乘机引导幼儿学习有序排队的日常文明规范。

(二)游戏活动和教学活动的优化结合

游戏活动和教学活动是学前教育课程实施过程中比较容易混淆的两个概念。如何区分这两个概念，正确理解这两个概念之间的关系，是学前教育工作者需要深入探讨的问题。

一般认为，“游戏是没有社会功利目的的，它强调的是‘过程’‘表现’和儿童的自主活动，它能够在最高程度上顺应儿童的发展。与游戏不同，教学主要是一种有目的、有计划的由教师对儿童施加影响的活动，它承担着文化传递的任务，它更多强调的是教师的作用。”①

但是，近年来产生了一些新的观点，如一些西方国家提出的“教育性游戏”(educational play)概念，把游戏定义为“有计划、有目的，通过结合成人主导的活动和自己发起的活动来实现各个领域的学习和发展”②的活动，采用了工具论的视角看待游戏。而教学的概念也被混淆、被否定，甚至有人认为幼儿的生活应该只有游戏和愉悦，因此在幼儿园不应该有教学活动。但无论是游戏充斥着教学的色彩，还是教学概念被异化，都促生了有偏差甚至错误的课程观，不利于课程实施的顺利进行。

实际上，游戏和教学存在着本质上的区别，正如前文所说，游戏是没有社会功利目的的活动，而教学是有目的有计划的活动，两者是学前教育课程实施过程中两种不同的活动，都具有不可替代性。但正是由于其不可替代性，才能够相互补充，互补长短，相得益彰。

在学前教育课程的实施过程中，通常很少有极端的、完全的游戏活动，也很少有极端的、完全的教学活动，大多数游戏活动掺杂着教学的因素，大多数教学活动需要游戏作为手段来辅助完成。

1. 游戏化教学

游戏化教学或教学游戏化是教育研究的一个老话题。首先，教学是学前教育课程实施的重要途径，也是实现教育目标和课程目标的重要手段。在课程实施的过程中，教育者非常看重教学的有效性。教学是有目的、有计划的知识传递过程，中小学普遍的正规的教学方法显然不适用于幼儿群体。在学前教育阶段，如何提高教学的有效性？游戏化教学就是主要的方法。游戏化教学就是要根据幼儿的认知发展水平和兴趣特点，在教学过程中加入游戏元素或融入游戏精神，以提高幼儿学习的兴趣，满足幼儿的需要，使教学活动更有效，最终达到教学的目的。由于游戏是契合幼儿天性的活动，因此，游戏化是目前我国大多数幼儿园普

---

① 朱家雄．幼儿园课程(第二版)[M]．上海：华东师大出版社，2011：55.

② [美]卡特伦，艾伦．幼儿教育课程——一种创造性游戏模式[M]．李敏谊，郭宴欢，杨智君，等，译．北京：中国轻工业出版社，2019.

遍采用的教学方式，合理利用游戏化教学模式，在学前教育课程实施过程中能够产生较好的效果。

其次，在游戏化教学的概念中，教学和游戏的主体地位不同。其逻辑起点是课程计划和课程目标，教学是核心和目的，游戏则作为辅助教学的手段和工具，为教学服务，从属于教学。教师依照游戏的特点来组织教学，使幼儿在学习过程中获得乐趣，产生"学中玩"的体验。按照朱家雄提出的"幼儿园教育活动性质向度"，游戏化教学相当于偏向"纯教学"一端的位置，即"更多的教学，更少的游戏"(见图 6-1)。

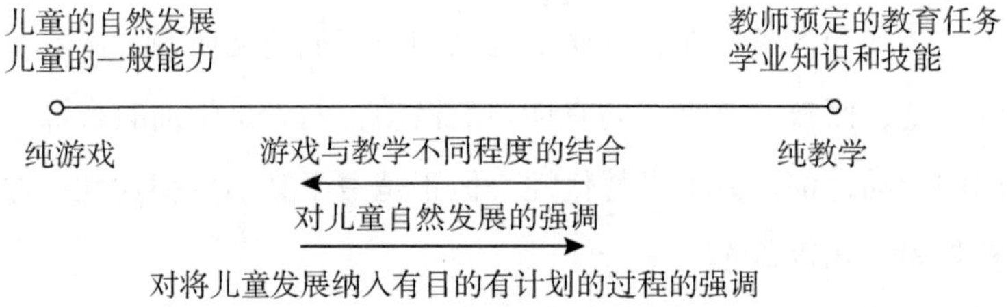

图 6-1 幼儿园教育活动性质向度①

2. 游戏教学化

《幼儿园工作规程》(以下简称《规程》)中指出："以游戏为基本活动，寓教育于各项活动之中。""幼儿园应当将游戏作为对幼儿进行全面发展教育的重要形式。"此外，在《幼儿园教育指导纲要(试行)》以及《3—6 岁儿童学习与发展指南》中都提出要"把游戏作为幼儿园的基本活动"。"基本活动"意味着游戏应该是幼儿园教育活动中基础性的和根本性的主要活动。学前教育课程实施中的游戏活动有两种性质类型，一是自主游戏，二是工具性游戏。自主游戏是幼儿自发和主导的游戏，教师基本不参与和干预；工具性游戏是除了自主性游戏以外的其余的游戏，包括教师发起、幼儿主导的合作游戏，儿童发起、教师主导的指导游戏，以及教师发起和主导、儿童参与的教学游戏。② 自主游戏属于"纯游戏"向度，是学前教育课程中不可或缺的活动，能满足儿童的天性需要，并促进幼儿的自主学

① 朱家雄．幼儿园课程(第二版)[M]．上海：华东师大出版社，2011：57.

② 王振宇．论游戏课程化[J]．幼儿教育(教育科学)，2018(04)：3-8.

习。工具性游戏也不可以被自主游戏所取代，因为幼儿园作为教育机构，其所开展的游戏活动必须区别于游乐场中的纯粹娱乐的游戏。自主游戏和工具性游戏相结合，成为幼儿园的基本活动。

游戏教学化是指在游戏中融入基础知识和生活常识，让幼儿在游戏的过程中学习一定的知识和技能。相对于“游戏化教学”把游戏作为从属地位的活动，“游戏教学化”是以游戏作为核心，在游戏中加入教学的要素，为游戏提供教育价值的教育模式。虽然加入了教学的要素，但其逻辑起点和最终的落脚点还是游戏本身。

二、学前教育课程与教学组织的原则

课程组织的基本原则，是课程组织过程中必须遵循的基本要求。幼儿园课程组织应该遵循哪些基本原则？这是幼儿园课程理论研究与实践需要回答的问题。

（一）整体性原则

整体性既是幼儿园课程组织的一个基本原则，更是一种指导思想。人本质上应该是身心各方面和谐统一的整体。幼儿教育的目的就是把他们培养成为身心和谐、全面发展的儿童。为此，幼儿园课程需要把各种教育因素有机地组织起来，使它们相互支持、相互强化，只有按这样的原则组织起来的整体优化的课程结构才能转化为幼儿的完整、系统的学习经验，以达到促进其身心全面和谐发展的目的。

根据这一原则，我们不应该把幼儿园课程组织仅仅理解成集体教育活动的编制，而要把集体教育活动与生活活动、自由游戏等各种活动有机地结合起来；不应只考虑“显性”的教育影响，也应充分考虑幼儿可能获得的“隐性”经验；不应只重视直接教学，也应该重视间接教学；不应把幼儿园课程看作仅属于幼儿园内部的教育工作，而应把家庭、社区的教育资源尽量发掘出来。因此，在幼儿教育阶段应力求为幼儿提供完整、全面的内容体系，而不是片段的、零碎的知识点，幼儿在与外在环境相互作用的过程中，是用全身心与环境对话，而不是以单独的某一学科或身心某方面来处理问题。换句话说，我们需要促进幼儿身心的全面发展，必然应在课程内容的选择上把握住整体性、综合性和全面性。

整体性原则的另一个方面是从儿童的角度出发，关注其学习与发展的整体性。《3—6岁儿童学习与发展指南》中指出，“儿童的发展是一个整体，要注重领域之间、目标之间的相互渗透和整合，促进幼儿身心全面协调发展，而不应片面追求某一方面或某几方面的发展”。每个儿童都是一个整体，每个集体也是一个整体，教师需要关注每个儿童，促进儿童各感官的参与和身心健全发展。

概括地说，幼儿园课程的整体性原则，要求课程设计者树立整体观和系统观，不要把课程组织看成一个个要素、部分的简单相加，一个个环节的简单连接，而要把课程各要素、各部分、各环节都看成是课程整体系统中的要素、部分、环节，看成是相互联系、相互渗透、相互影响、不可分割的，从而使课程组织成为一个具有合理结构和内在逻辑联系的整体，使之发挥“整体大于部分之和”的效应，这是课程组织的整体性原则的关键所在。

（二）生活化原则

学前教育的主要任务不是向幼儿传授科学文化知识，而是使幼儿获得各种生活体验和常识。因此，学前教育课程实施必须坚持生活化原则，使各种活动具有生活的色彩和意义，与幼儿生活产生联系，使儿童在轻松、亲切和自由的生活情境中习得各种经验。

生活化的是幼儿园课程内容的基本特点。课程组织的生活化原则就是要使幼儿园教育目标具有生活的色彩和意义，要对幼儿一日生活中蕴藏的教育机会进行分析，选择适合幼儿学习的生活经验，把富有教育价值的内容纳入课程领域，增强教育的人文精神。它既体现在幼儿园课程内容的选择上，也体现在幼儿园课程的组织上——关注选择幼儿园课程内容，即贴近幼儿的生活经验和生活实际，加强教育与生活的联系，使幼儿园教育生活化；又考虑组织幼儿园课程内容，即“寓教育于一日生活中”，使幼儿园的生活“教育化”。幼儿园的生活中处处蕴藏着潜在的有价值的教育内容，教师可以随机将这些内容纳入计划，生成课程——这既可以看作教育生活化，也可以看作生活教育化。

课程组织的生活化原则，要求设计者对一日生活中主要环节的教育功能和可能蕴藏的教育机会进行分析，如哪些内容可以结合幼儿园一日生活中的有关环节自然地实现？哪些内容需要专门组织的教育教学活动才能达成？再者，对幼儿的生活环境和生活变化规律进行分析，以使课程安排更符合幼儿的需要，更具有广泛的教育作用。

幼儿学习的内容与幼儿的生活经验相联系，课程内容与幼儿的生活经验相结合，有利于调动幼儿学习的兴趣，同时也有利于幼儿对相关内容的理解，还有利于幼儿对所学内容的现实意义的感知。因此，为幼儿选择学习内容时，要尽量选择那些贴近幼儿生活的内容，不要人为地将幼儿的学习远离他们的生活。需要注意的是，幼儿园课程的生活化是原则而不是目的，其目的在于让幼儿的学习更加自然且有效。因此，不应把它理解得过于极端，即在强调教育生活化的同时，不能忘记或降低教育目标、要求。

(三)主体性原则

课程组织的主体性，是指要把课程组织成教师主动引导的、幼儿积极参与的教育教学过程。

幼儿是学习的主体，只有幼儿的主动参与、主动建构，课程才能内化为他们的学习经验，促进身心发展；也只有在主动学习的过程中，当今社会最需要的、以创造性为最高表现形式的人的主体性品质才能逐渐形成。研究表明，幼儿的主动学习包括以下特质：内在的学习动机；对目标的直接行动，即动手操作，亲身体验；实际解决问题；表达和分享经验。因此，幼儿园课程的组织要充分考虑如何让幼儿在与课程环境(如教师、同伴、内容、情境等)的相互作用中主动学习。

幼儿的主动学习需要教师的积极引导，只有在教师科学而艺术地引导下，才能取得高效率且与目的契合。而教师科学而艺术地引导的前提之一是教师主体性的发挥。具体体现在课程组织中，就是课程计划的灵活性、开放性，就是教师的自主权。教育过程中有很多不确定性，很难准确预测，需要教师在与幼儿的教学交往中根据实际情况作出适当的反应。因此，无论是他人或教师自己制定的教学计划，都应“留有余地”。缺乏弹性的计划不仅束缚了教师，更束缚了幼儿。

同时，幼儿学习的内容必须能转化成幼儿自身的活动，并且要有适当的难度。活动是幼儿发展的基础，幼儿的发展是在其与周围环境交互作用的过程中实现的。幼儿有什么样的活动，就有什么样的发展；没有幼儿自身的活动，也就没有幼儿的发展。因此，教师的主要作用在于如何让幼儿的身心更加积极有效地活动起来，只有这样，幼儿才能获得真正的发展。从这个意义上讲，教师尽可能地少讲、精讲，是幼儿获得更多的发展机会的必要前提。

当然，并不是所有的活动都能促进幼儿发展，只有那些有适当难度的活动，对幼儿的发展才有促进意义——这里所说的适当难度是指幼儿需要努力但可以克服的障碍。没有一定难度的教育活动只会浪费幼儿宝贵的时间和受教育机会。如果活动的要求大大低于幼儿身心的能力，或者没有达到一定的身心负荷，那么，他们的身心力量就派不上用场，得不到发展或发展缓慢，甚至还有可能会衰退和钝化。幼儿经过努力克服了困难，获得了成功体验，对提高他们活动的兴趣和自信心是很有帮助的；如果难度过大，幼儿几经努力，还是接连不断地失败，他们可能就会垂头丧气，对自己失去信心。平时，许多教师在课程设计和实施过程中，对课程内容的形式考虑得比较多，而很少考虑如何通过适当调整活动的难度来促进幼儿的发展。这不能不说是幼儿园课程设计和实施的一个盲区。幼儿学习的内容应该是幼儿感兴趣的，幼儿是较情绪化的，他们的学习绝大多数是由兴趣决定的。没有兴趣的学习，对幼儿来说是没有意义的。为幼儿选择的内容应该是幼儿具有自发兴趣的或者是经过教师的引导，可以让幼儿感兴趣的。幼儿一般不会像具有理性智慧的成人那样为了“美好的明天”而学习，他们的学习一般都是由他们对活动本身的兴趣所激发的。

(四)游戏化原则

游戏是学前儿童最喜欢的活动和重要生活，幼儿园必须“以游戏为基本活动”。在游戏中，幼儿的身体能获得充分锻炼，展开丰富的想象，缓解紧张的情绪，体验愉悦。幼儿在游戏、活动中学习，能收到事半功倍的效果。游戏化原则就是采用游戏化的方式组织课程，通过游戏调动幼儿的学习积极性，促进幼儿健康和谐发展。

关于游戏化课程的设计组织策略，石筠弢先生在其博士论文《学前教育课程的基本特性》和著作《学前教育课程论》中进行了详尽论述。他认为“游戏作为一种精神存在于课程之中”，我们应当“充分开发和利用游戏因素，使非游戏活动游戏化”。

1. 游戏作为一种精神存在于课程之中

他认为：“游戏性是一种精神态度，游戏是这种态度的外部表现形式。”游戏化幼儿园课程并不是要幼儿园课程都以游戏的方式表现出来，而是强调游戏精神在课程中的体现。如果把游戏理解为一种精神，最直接的体现为：一是关注幼儿的主体地位，尊重幼儿的选择权和决定权；二是关注环境的创设和材料的提供，强调儿童与环境和材料的互动；三是关注活动的过程，将目标隐含在过程之中。基于这种精神去设计幼儿园课程，并将这种精神渗透于课程内容之中，既是游戏化幼儿园课程的设计思想，又是重要的组织策略。

2. 充分开发和利用游戏因素，使非游戏活动游戏化

幼儿园的非游戏活动是对幼儿园除了游戏以外的全部教育活动的总称。如何使幼儿园非游戏活动游戏化？

第一，在教学活动中引入完整的游戏，使教学游戏化。幼儿园游戏既是活动内容，又是活动途径，因此教师应利用游戏来组织教学活动。一种是整个教学活动就是一个完整的游戏，游戏在规定的教学时段里可以反复进行，如体育游戏“老狼老狼几点钟”，音乐游戏“找小猫”、科学游戏“吹泡泡”等；另一种是游戏只是在整个教学环节中的某个特定时间段出现，成为教学活动中的一个环节，如用猜谜语的方式导入活动，也可以把某些游戏用于教学的结束环节，以巩固特定的知识或技能。

第二，利用游戏因素，使非游戏活动具有游戏性。这种设计主要通过富有游戏性的语言来组织活动。

一是以假想的方式组织活动，包括对角色的假想与对情节的假想，并以此来串联活动中的各个环节。二是以“做做玩玩”的方式组织活动。幼儿用各种材料来自己动手做各种小实验或手工制品，再利用这些作品进行游戏，这是幼儿园课程中使非游戏活动游戏化的又一种策略。三是以比赛的形式组织活动。比赛活动能激发幼儿的活动兴趣，是促使非游戏活动游戏化的一种有效手段。

第三，运用生成策略将创造性游戏有机地融入课程。创造性游戏对儿童发展的特殊影响是其他游戏不能替代的，因此，在幼儿园一日活动中要有专门的创造性游戏时间。由于这类游戏的目的隐含在过程中，它对幼儿发展的影响是一种渐性积淀的过程，不像音乐、体育、语言等游戏的目的来得直接，它常常会被由教师设计的语言、音乐、体育等游戏，或被为学习活动而延伸的区域活动所替代。由教学活动生成游戏，主要有两种渠道：一是从文学作品活动中生成游戏，幼儿

常用自己喜爱的方式，表达自己对文学作品中角色、情节的理解，从而生成新的游戏；另一种是从社会领域活动中生成游戏。

在教学活动中，运用生成策略，适时地引发幼儿的创造性游戏，其关键仍在于环节的创设和材料的提供。幼儿园课程游戏化是一个动态的课程建构过程，它需要寻求有效的整合策略，使课程和游戏自然、有机地融为一体。

(五)平衡化原则

学前教育课程实施的平衡化原则是指在幼儿园的课程实施过程中，要平衡各种活动的开展时间比例和频率，保证儿童游戏活动、教学活动和生活活动以及各种不同形式的活动均衡开展，不能有所偏颇。例如，幼儿园活动要保证动静结合。根据儿童的发展特点，幼儿园在每天的课程实施过程中“要保证儿童两小时的户外互动实践，其中一小时为运动。”“要控制集体的学习活动实践，大班每天最多不超过一小时，幼儿年龄越小，集体的学习活动时间应相应减少。”①

(六)综合性原则

学前教育课程实施需要多方面的教育内容和课程内容，包括德、智、体、美、劳等方面的教育，也涵盖了健康、语言、社会、科学、艺术等领域。《幼儿园工作规程》提到，“德智体美等方面的教育应当互相渗透，有机结合”，“综合组织健康、语言、社会、科学、艺术各领域的教育内容，渗透于幼儿一日生活的各项活动中，充分发挥各种教育手段的交互作用”。这就要求教师在实践中把各种内容和要素以有机整合的方式，建立多样化、多层次的有机联系，发挥课程的综合功能，实现幼儿的整体和谐发展。

(七)互动原则

学前教育课程实施的互动原则，具体是指在课程实施的过程中应注重教师与幼儿之间、幼儿与幼儿之间的相互交往、相互作用和相互影响，以保证课程实施的效果。交往是人类生存和生活的基本活动，课程实施是教师对幼儿施加影响的

---

① 高敬. 幼儿园课程[M]. 杭州：浙江教育出版社，2010：164.

教育过程，如果教育过程中缺乏互动，教师与儿童或儿童之间不交往、不交流，则无法实现课程实施。积极的互动能促进和谐的师幼关系，提高幼儿参与活动的兴趣和动机，使幼儿获得愉快的情绪体验，提高课程实施的实际效用。因此，在课程实施过程中，教师除了注重与幼儿的外部言语和行为的互动，还要注重与幼儿的情绪情感互动，以耐心、关怀、接纳和尊重的态度与儿童交往，以促进课程实施的顺利进行。

第三节 学前教育课程与教学组织的途径

一般认为，学前教育课程在是儿童在幼儿园环境中获得的、旨在促进其身心全面发展的教育性经验。① 从这个意义上讲，学前教育课程可理解为在幼儿园中幼儿的全部活动或全部教育活动。

学前教育课程与中小学课程在设计和实施方面都有所不同，由于幼儿的年龄与身心发展特征，学前教育课程一般由各种类型的教育活动以一定的方式组合而成，学前教育课程的具体组织途径也涵盖了各种类型的教育活动实践。具体而言，学前教育课程组织的途径主要包括游戏活动、教学活动和生活活动。

一、游戏活动

在各种各样类型的活动中，游戏活动是学前教育中对学前儿童最重要的教育活动。那究竟什么是“游戏”，什么是符合学前儿童教育需要的“游戏活动”？尽管包括教育界、心理学界、哲学界和社会学界在内的学者多年以来进行了大量的研究和讨论，但对于游戏的定义，始终没有达成一致意见。我们可以从以下几个方面来理解游戏和游戏活动的内涵。

(一)游戏与人类生活

从人类起源的时期起，游戏就已经成为人类生活的一部分。最初的人类游戏只是为了在劳动之余休闲放松以及抒发情绪。通过考证，人们发现原始人的游戏

---

① 刘焱．学前教育基本原理[M]．大连：辽宁师范大学出版社，2002：222.

虽然与现代游戏有相似之处，但原始人的游戏往往是与生活高度融合的，主要有想象性游戏和运动性游戏两种。① 想象性游戏是模仿生活情境所进行的舞蹈或其他动作游戏，如模仿动物和植物而进行的舞蹈，或者模仿狩猎、恋爱、战争等情境的舞蹈或戏剧。运动性的游戏就是涉及运动的、带有玩耍和娱乐性质的游戏，包括人与人之间、人与动物之间的互相追逐游戏、各种投掷游戏和各种球类游戏，等等。起源于希腊的奥林匹克运动会就是从运动游戏发展而成的。除此之外，人们还通过考古发现原始人已经有儿童玩具，主要是各种玩偶小玩具。可见，无论是现代社会还是原始世界，游戏都是人类生存和生活必不可少的活动之一。

随着时间的推移和社会的发展，游戏的性质发生了多次转变，它曾经变得与劳动分离甚至对立，越来越淡出劳动人民的生活，甚至越来越强调游戏是贵族和儿童等非劳动人民的权利；又曾经转变成一种罪恶的存在，特别是因为功利主义和宗教反对游戏享乐的风气，将游戏视为一种毫无意义甚至有害于人的成长与发展的活动。到了现代社会，随着科学技术的进步和劳动生产效率的提升，人们有更多的休闲时间，开始愈加注重劳动以外的娱乐和精神生活的满足，游戏再度成为大多数人的生存和生活权利，并且成为高质量现代生活标准的重要标志之一。

但是，游戏从不曾完全退出人类的生活，即使当"游戏罪恶论"盛行的时期，游戏仍然是学前儿童的主要活动。自从福禄贝尔的幼儿园运动开始，广大学龄前幼儿进入学前教育机构进行学习生活，游戏也成为教育的重要手段之一。甚至有人说，游戏是儿童的生活本身，是儿童的全世界。"对儿童来说，游戏就是生活本身。游戏在儿童的大脑、身体、思想和情感中存在着。一个全神贯注于游戏的儿童是有创造力的、自由的和快乐的。通过不同种类和不同深度的游戏，儿童学习并成长着。游戏是严肃的事情，是儿童的全世界。"②至今，没人会不承认游戏与游戏活动对于学前教育的价值和意义。

(二)游戏的特性

游戏对人类发展具有重要意义，但人类世界的游戏的种类之多、范围之广，

① 华爱华．幼儿游戏理论[M]．上海：上海教育出版社，2015：7.

② Evans, M. Play Is Life Itself[J]. Theory Into Practice, 1974(04): 267-272.

使得如何准确定义游戏成为一个难题。有学者就从游戏与非游戏的区别，及其冲突对立面的辩证分析来确定游戏所具有的特征。①

一是游戏的愉快性与严肃性。游戏是愉快、好玩的活动，它必然具有一定的趣味性，符合儿童追求快乐的天性。但游戏不是非严肃的活动，绝大多数时候，儿童对待游戏的过程和结果都是严肃认真的。

二是游戏的过程性与目的性。游戏没有外部强加的目的，对于儿童来说，游戏是出于内部驱动力的推动，而不是为了实现一定的外在目标。但游戏又是有目的的实践活动——这是针对儿童的每一个具体游戏行为而言，指向的是游戏活动本身的过程或结果。对于人部分的游戏活动，儿童所追求的都是游戏过程的快乐和自身需要的满足，因此，游戏的手段和过程比目的更重要。

三是游戏的自由性与规则性。对于其他行为和活动来说，游戏是自由的，但游戏是有规则约束的，而规则是自愿遵守的。可以说，游戏的自由性和约束性是相对而言的，游戏的自由性是与其他教学活动或现实生活的范围和规则相对的；而游戏的规则性则是针对不同的游戏所制定的、以保证游戏能顺利开展的游戏内部规定。游戏的自由和规则应保持适当的平衡。

四是游戏的虚拟性与现实性。游戏是假象的虚拟活动，但游戏活动从属于现实，并用假象改造现实。有学者用“佯信性”来表达这种“明知虚拟而又信以为真”的状态，因为“虚拟性”和“真实性”的混合使游戏充满了无穷的魅力。②

五是游戏的练习性与探索性。游戏多数是已有知识技能的练习，是基于已有经验的，但也会通过对未知事物或领域进行力所能及的探索而提高游戏的水平和能力。

六是游戏的活动性与幻想性。游戏主要以活动为表现形式，要求活动者积极参与，但静态的幻想有时也是一种游戏。

(三)学前教育中的儿童游戏类型

儿童游戏的分类问题是另一个复杂的问题，研究者出于不同的研究目的和游戏理论，从不同的角度对游戏进行分类。了解不同类型的游戏特征，有利于教师

---

① 华爱华．幼儿游戏理论[M]．上海：上海教育出版社，2015：86-96.

② 尚俊杰，曲茜美．游戏化教学法[M]．北京：高等教育出版社，2019：29.

在课程实施过程中更好地开展游戏活动，促进儿童的发展。但由于游戏的分类标准较多，以下选取我国幼儿园中最基本的几种游戏类型进行介绍。

首先是象征性游戏。象征性游戏也称模仿性游戏、戏剧性游戏、装扮性游戏、社会性游戏、角色游戏等，是学前儿童的最典型游戏之一，具体是指通过使用替代物表示另一个事物并以扮演角色的方式来模仿现实生活的游戏。象征性游戏有三个构成要素：第一个要素是情景迁移，也就是在游戏中，儿童把现实生活的情境迁移到假想的情景中，以真实情境为基础却又脱离真实情境来进行游戏。第二个要素是替代物，即通过一个当前的物体来替代一个不在眼前的物体，“以物代物”来实现情境的迁移。第三个要素是角色扮演，儿童通过模仿现实生活情境中的不同人物角色来进行游戏。

其次是结构游戏。结构游戏是指儿童通过操作各种材料，进行物体构造的活动。最常见的结构游戏是堆积木、捏橡皮泥、折叠纸张，还有拼乐高等运用其他各种材料来进行搭建的游戏。结构游戏包括三个主要特征：一是从材料的角度，结构游戏是一种素材玩具；二是从儿童行为的角度，结构游戏是一种构造活动，通过搭建、塑性等操作，能锻炼儿童的大小肌肉、关节等身体部位的灵活性和协调性；三是从认知的角度，结构游戏是一种空间知觉和象征能力的体现。① 象征性游戏和结构游戏可以相应地统称为“创造性游戏”。

最后是规则游戏，它与创造性游戏相对。虽然几乎所有游戏都有规则，但规则游戏中的规则的意义是规范游戏过程中的行为和关系，规则一般在游戏前就决定了，不能随意更改。而创造性游戏通常是儿童按照自己的需要、意愿和兴趣进行的，以儿童的自由创造为主，不受外显的规则约束。规则游戏所具有的特性是规则性和竞赛性，规则性是指以游戏规则作为协调游戏者之间关系的行为准则；竞赛性是指游戏会产生胜负结果，游戏者需要付出一定的意志和努力，以追求游戏的胜利，如棋类游戏、躲猫猫、音乐游戏、体育运动比赛等。一般来说，由于规则游戏对儿童认知水平的要求较高，规则游戏通常出现在创造性游戏之后，在儿童发展中期才开始出现和发展，并逐步取代创造性游戏。②

---

① 华爱华．幼儿游戏理论[M]．上海：上海教育出版社，2015：174-175.

② 华爱华．幼儿游戏理论[M]．上海：上海教育出版社，2015：182-183.

（四）游戏活动的作用与价值

游戏是幼儿园的基本活动，也是课程实施的重要途径，其独特性决定了它在学前教育中的独特作用与教育价值。我们可以儿童发展与教育推进两方面来阐述游戏活动在学前教育课程实施中的作用和价值。

第一，从儿童发展的角度，儿童是人的一生生理和心理快速发展的重要阶段，游戏能促进儿童的身心发展和各方面能力的提高。在生理上，游戏给儿童提供了不同形式的肌肉和动作锻炼，小至折纸、堆积木等结构游戏，大至追逐、攀爬等运动性的规则游戏，从小肌肉群的发展到大肌肉群的锻炼，给予儿童不同的感官刺激和体验，对儿童的身体机能和运动能力起到训练和发展作用。在心理上，游戏有助于儿童认知能力、社会交往能力和情感情绪的发展。例如，智力游戏能促进儿童的思维能力；语言游戏能促进儿童的语言能力；角色游戏能促进儿童的社会交往能力以及让儿童体验不同的情感情绪。

第二，从教育推进的角度，游戏对学前教育课程实施具有推动和促进作用，有助于课程改革的顺利进行。游戏具有愉快性和趣味性，能提高儿童参与活动的兴趣和动机，调动儿童的学习积极性；另外，游戏中蕴含着各种知识、技能与文化，如数学知识、历史知识、科学知识、音乐技能、社会文化等，通过游戏活动，儿童能在愉快的氛围中潜移默化地吸收各种文化知识，提升各种技能与解决问题的能力，这对于达成课程目的、推动课程改革有重要意义。

总之，游戏是符合儿童天性的活动，通过游戏活动来实施课程，让儿童在游戏活动中自由地活动和学习，使儿童的天性得到发展，无论是对儿童的成长，还是对课程的实施实践都具有不可替代的作用和价值。

（五）教师与游戏活动

在学前教育课程实施过程中，游戏包括教师组织的游戏，也包括儿童自发的游戏。但无论是教师组织的游戏，还是儿童自发的游戏，都是为了达到一定的课程目标和教育目的而开展的，这就要求教师掌握必要的策略，以保证游戏活动更好地进行。

首先，教师要为儿童创设有利于游戏的物质环境。物质环境包括适当的时间、空间和材料。根据不同游戏的特点，儿童所需要的物质环境不尽相同。这就要求教师根据不同的游戏，给儿童提供充足且适当的时间、空间和材料。例如，儿童进行自发的结构游戏时，所需的时间可以稍微短一些，空间也不必过大，材料要适合儿童的肌肉和动作发展水平，让儿童有所选择。若是进行多人的象征性游戏或与体育运动相关的规则性游戏，则要给儿童提供足够的时间和更大的空间，避免拥挤，也要为儿童提供安全的材料或器材。

再者，教师要为儿童提供适宜的心理环境。儿童的游戏都应该在轻松、自由、愉快的心理状态下进行。因此，在进行游戏之前和游戏过程中，教师都应该了解儿童的心理发展情况，给儿童创设平等、民主、和谐的活动氛围，使儿童在游戏中获得真正的愉悦和成长。

此外，教师在儿童的游戏活动中充当的角色也会影响游戏的进行。在儿童自发的游戏中，教师应做好观察者的角色，观察儿童进行游戏的水平、过程和状态，适时为儿童提供或补充时间、空间、玩具材料等物质支持，避免不恰当地干预甚至破坏儿童的自发游戏。

当实施由教师组织的游戏时，按照教师控制游戏过程的程度，可以通过三种方式参与儿童的游戏当中，即指导式参与、合作式参与和平行式参与。指导式参与是指教师直接发起和组织儿童进行游戏，教师控制游戏的进程，儿童在教师的指导和安排下进行游戏。合作式参与是指教师和儿童在游戏过程中是平等的合作关系，教师以合作者的身份进入游戏当中，在适当的时候给予儿童建议和指导。平行式参与是教师控制程度最低的参与方式，即教师与儿童同时在同一空间进行游戏，但互相不交流，教师不直接影响儿童游戏的进程，而是起到间接的榜样和激发作用。

二、教学活动

按照前文对教学的几种理解，教学主要指教师的教和学生的学的统一活动。在学前教育中，教学以活动的形式进行，称为“教学活动”。因此，学前教育的教学活动主要指“教师按照明确的课程目标和课程内容，有计划、有组织，循序渐进地引导幼儿获得有益的学习经验的一种教育活动，是幼儿园课程实施的主要途径。”①由于长期以来形成的课程与教学研究领域中的传统观念的影响，“教学”曾等同于狭义的“课程实施”。随着理论和实践研究的发展，学前教育领域对课程与教学的理解发生了转变。学前教育中的教学与基础教育或高等教育中的教学的内涵和表现形式有所不同，基础教育或高等教育主要以“上课”的形式进行教学，而在学前教育主要以“活动”的形式进行教学。因此，在学前教育领域更强调“教学活动”。然而，教学活动不是学前教育课程实施的全部，而只是其中一种途径。

(一)教学活动的特性

第一，教学活动具有计划性。计划性是教学活动区别于其他课程实施途径的最显著的特征。相对于其他课程实施途径，教学活动与课程计划的关系更接近，因为教学活动更倾向于按照课程计划有目的、有组织地进行，它承担着文化传递和知识传递的功能，更看重教师的作用。

第二，教学活动具有活动性。好动是幼儿的天性，在学前教育阶段，很难要求幼儿像小学或中学以上的学生那样长时间安静地坐在座位上接受知识。活动是一种动态的行为和实践，强调教学活动的活动性，使幼儿能在各种实践活动中运用多种感官协调行动，实现教、学、做合一。教学活动的方式种类繁多，“从教师的教授方法看，有讲解、提问、演示、示范、范例等；着眼于儿童的学习活动，有观察、练习、游戏、发现、操作等；着眼于教师与幼儿的相互作用，有谈话、讨论等”②。

第三，教学活动具有开放性。开放性与封闭性相对，强调在课程实施的过程中，避免刻板和僵化地实践课程计划，而是针对不同的环境和儿童兴趣的变化来进行教学和引导。具体表现为活动内容的开放性、活动过程的开放性、活动空间的开放性以及师幼关系和教师角色的开放性。③ 总之，教师要以开放的态度，灵活处理教学活动中出现的课程计划以外的各种情况。

---

① 侯敏莉．幼儿园课程与教学理论[M]．北京：高等教育出版社，2016：68.

② 许卓娅．幼儿园课程理论与实践[M]．南京：南京师范大学出版社，2002：149.

③ 袁爱玲，何秀英．幼儿园教育活动指导策略[M]．北京：北京师范大学出版社，2007：171-173.

(二)教学活动的组织形式

在我国，教学活动的组织形式主要有集体教学活动、小组教学活动和个别教学活动。①

集体教学活动是指在幼儿园以集体为单位进行的，为促进幼儿身心和谐健康发展，由教师有目的、有计划地实施的教与学的正式活动。在我国，集体多数为一个班级，因此也称为班级教学活动。班级是追求教育效率的产物，因此，集体教学活动也体现了教师的主导作用与教学效率。集体教学活动面向集体中的全体儿童，教学活动目标的制定和教学内容的选择要符合大多数儿童的身心发展水平和理解能力，活动方式要让大多数儿童感兴趣并主动参与。教师应充分利用“集体”的教育功能，培养儿童的集体意识与集体主义精神，使儿童在集体活动中学会遵守集体规则，提高集体交往能力。但是，由于集体教学活动要求教师在同一时间面向多个的儿童，容易使教师忽视儿童的个体差异，不利于儿童的个性发展和创造力的培养。

小组教学活动是指以小组为单位进行的，为促进幼儿身心和谐健康发展，由教师有目的、有计划地实施的教与学的正式活动。小组教学活动具有两个基本标准：首先，小组的人数标准是 2 人或 2 人以上，一般不超过 10 人。其次，小组成员组成一个“共同体”，具有共同的任务目标，又有分工配合的活动过程。凡是只有 1 人或超出人数标准，或者一组人互不相干、各自独立的活动，都不能称为小组教学活动。在小组教学活动中，教师要充分利用“小组共同体”的教育作用，引导儿童明确小组的活动目标，培养儿童的团队合作精神和合作能力，鼓励儿童自由结组、分工以及自己解决与他人的矛盾冲突，提高社会交往技能。

个别教学活动是指教师针对个别幼儿进行的，有目的、有计划地组织实施的个别指导活动。个别教学活动有两种方式，一是对集体或小组教学活动中的个别幼儿进行教学和指导，二是对单个幼儿提供个性化的教学和指导。个别教学活动的优点是，教师可以根据每个幼儿的不同需要进行有针对性的教学。

---

① 侯敏莉．幼儿园课程与教学理论[M]．北京：高等教育出版社，2016：69.

（三）教学活动中教师的作用

教学活动由教师的教和儿童的学组成，涉及知识、技能、价值观等学习经验的传递，因此，相比游戏活动，教学活动中教师的作用相对突出，也更关注活动的结果。教师的教育观、儿童观和课程价值观影响着教学活动的进行。

在教学活动的组织过程中，教师要把握好课程计划与实际活动过程的关系，“既要预设一定的教学内容，又要在教学活动中善于发现幼儿感兴趣的事物、游戏和突发事件中所隐含的教育价值，把握时机，积极引导；关注幼儿在活动中的表现和反应，敏感地察觉他们的需要，以及以适当的方式应答”。①

另外，虽然在教学活动中教师的作用相对突出，但人们越来越认识到承认和尊重儿童主体地位的重要性。在教师和儿童的教与学的双边活动中，可能存在着许多矛盾。“例如，知识体系本身的矛盾，教师对知识的传递与儿童认知结构之间的矛盾，教学进程与儿童的发展水平、兴趣爱好之间的矛盾，等等。正是这些矛盾的存在，促使教师在教学目标的制定、教学内容和材料的组织和选择、教学手段和方法的运用等方面做出不断的改革和更新以使其教学能够更好地适合儿童的发展水平和需要。”②在教学活动中，教师应以儿童为主体，发挥教师的主导作用，成为儿童学习活动的支持者、合作者和引导者，与儿童形成“合作探究式”的和谐的师幼互动关系，营造自由、轻松、愉快的学习氛围，摒弃让儿童处于被动、盲从地位的做法，积极引导儿童主动参与的探索和发现活动。

三、生活活动

生活活动是指“幼儿园一日活动中满足幼儿基本需要的活动”③，是学前教育课程的重要组成部分。陶行知提出“一日生活皆课程”的理念，他认为“生活即是教育”，“过什么生活便是受什么教育……我们想要受什么教育，便须过什么生活”。④ 可见，学前教育课程并不只是教学活动和游戏活动，还包括其他生活

---

① 侯敏莉．幼儿园课程与教学理论[M]．北京：高等教育出版社，2016：69.

② 朱家雄．幼儿园课程(第二版)[M]．上海：华东师大出版社，2011：182.

③ 侯敏莉．幼儿园课程与教学理论[M]．北京：高等教育出版社，2016：66.

④ 严方．陶行知教育论文选辑[M]．重庆：民联书局，1946：13.

活动。

生活活动主要包括幼儿入园、进餐、喝水、盥洗、如厕、睡眠、离园等环节。① 从早上入园到下午离园，儿童在幼儿园中用于生活活动的时间约占一日活动时间的40%~50%，是儿童一日活动中用时最多的活动。科学、有序的生活活动，对儿童的身心发展、良好生活和卫生习惯的养成、生活自理能力的提高具有重要作用。

(一)生活活动的主要环节

1. 入园

“一日之计在于晨”，入园是一日活动的开始，做好入园活动对开展一天的课程与教学具有重要意义。入园一般包括晨检、晨间接待和晨练。晨检是幼儿入园的第一步，主要指通过各种手段了解儿童的身体状况和安全情况，以保障儿童的健康和安全，预防疾病传播以及各种不利因素进入幼儿园。晨间接待指教师对入园的儿童和家长进行问候和互动，迎接幼儿到班级，安抚幼儿的情绪等。晨练是指儿童入园后、早餐前，根据场地和实际情况，教师给幼儿适当的玩具、材料或体育活动器材，让儿童进行简单的锻炼活动的过程。

2. 进餐

进餐是人的基本生理需求，进餐环节是保教人员渗透饮食及营养教育的重要途径，是“食育”的主要环节。在一日活动中，儿童会进行多次的进餐，如早餐、点心、午餐等，所占一日生活的时间比较多。教师应把握好进餐环节的组织和实施，以帮助儿童养成良好的进餐习惯。在进餐环节，教师需注意以下几点：“重视进餐前的活动，组织幼儿开展安静的进餐前活动，如手指游戏或者听故事等；尊重幼儿的个体差异，因人而异地帮助幼儿学会正确的进餐方法，允许幼儿根据个人不同情况及需求选择进餐方式，愉快进餐；教师间分工明确，配合默契，注意调节进餐氛围；选择合适的时机，向幼儿介绍饭菜的名称及营养价值，教师可

---

① 廖莉，吴舒莹，袁爱玲．幼儿园生活活动指导[M]．福州：福建教育出版社，2015：2.

以针对挑食和偏食的幼儿设计一些活动，以帮助幼儿养成良好的饮食习惯。”①

3. 喝水

喝水也是人的基本生理需求，水是促进细胞生长的重要元素，对儿童的身体发展具有不可替代的作用。虽然喝水是人类的基本活动，但如何引导儿童正确科学地喝水，如何利用喝水环节进行教育，是学前教育课程的重要部分。首先，教师或保教人员必须给幼儿提供足够的水，使幼儿对水的需求量保持适当的平衡。因此，教师应坚持良好的作息制度，按时按量让幼儿喝水，并培养幼儿养成喝水前洗手、有秩序地拿取杯子接水、喝完水要把杯子放回原处等良好习惯。教师也可以针对喝水时出现的具体问题进行随机教育、因人教育，在喝水活动中贯彻教育目标。

4. 盥洗

盥洗包括洗手、洗脸、漱口和刷牙等活动，涉及儿童良好生活卫生习惯的养成，也有助于儿童身体的健康成长。从小班入园开始，教师就应该及时、耐心地指导和鼓励儿童学习盥洗，形成良好的盥洗习惯。例如，教师应培养儿童喝水前及饭前、便后要洗手，进餐后和睡眠后要适时漱口、刷牙、洗脸的生活习惯，指导儿童注意安静有序地盥洗、保持盥洗室的卫生清洁等。另外，要对个别儿童的不良盥洗习惯及相关问题进行预防和纠正，根据不同儿童的需求给予适当的个别指导。

5. 如厕

如厕能力是儿童的基本生活自理能力的重要方面。虽然如厕是人的本能活动，但如果从小不给幼儿提供正确的指导，将会对他们的健康和成长造成不利的影响。培养儿童的如厕能力，对儿童的生理健康、排泄习惯、生活自理能力和性保护能力的培养非常重要。对于如厕的教育，教师应做好以下几个方面：要给儿童创造舒适的如厕环境，让新入园的儿童慢慢熟悉新环境，获得如厕的安全感；指导儿童学习正确地如厕、擦屁股和穿脱裤子的姿势和动作；安排好儿童如厕的时间，引导儿童敢于表达自己的意愿，在需要的时候能自行上厕所；儿童如厕时，教师要跟随如厕，避免儿童在厕所滑倒或发生争抢便池等不安全事件，指导

---

① 侯敏莉．幼儿园课程与教学理论[M]．北京：高等教育出版社，2016：67.

儿童有序如厕；培养儿童便后洗手的良好习惯；组织儿童男女分开上厕所，做好男女有别的性启蒙教育。

6. 睡眠

在幼儿园中，睡眠环节一般是指午睡，包括午睡前后的儿童自理和良好的午睡习惯的培养。教师可在组织睡眠之前让儿童进行一些安静的活动，制造准备进入睡眠的氛围，引导儿童安然入眠；培养幼儿有顺序地穿脱衣服和鞋袜并整齐放好的习惯；培养幼儿安静地独自入睡的习惯；引导儿童按时睡眠、按时起床；培养儿童正确的睡眠姿势。在睡眠环节的各个方面，渗透良好生活习惯的养成，并鼓励儿童多练习穿、脱和整理衣服的技能。

7. 离园

离园环节主要指离园前的活动，是幼儿园一日生活中的最后一个环节，也是不可忽视的教育环节。首先，因为有些儿童知道快要回家时会呈现出兴奋的情绪，在教室里跑来跑去。此时，教师应利用各种形式的活动让儿童安静下来，对儿童提出一些任务和要求，如复习当天的课程内容，有利于稳定他们的情绪，也有利于他们形成遵守规律的良好习惯。其次，在离园前教师可安排儿童整理好一天活动中所使用过的各种物品，如玩具、图书、衣服等，并在整理过程中对幼儿的行为进行观察与记录，对个别儿童进行必要的辅导。最后，组织离园时，教师应做好检查家长接送卡或确定幼儿安全性的相关工作，保证幼儿的安全，并把握好与家长沟通的机会，创设更和谐的家园共育关系。

(二)生活活动的特点

生活活动作为广义的学前教育课程的一部分，区别于其他活动，它必然具有一定的特点。

一是基础性。生活活动关注的是幼儿最基础的日常生活行为。基于幼儿的认知发展特点和学习特点，越是与幼儿生活接近的活动，越能引发幼儿的学习兴趣。因此，吃、喝、拉、撒、睡这些最基本的日常生活活动正是学前教育课程内容的重要来源与实施途径。

二是真实性。与虚拟的游戏和抽象的教学知识不同，生活活动更具有真实性，幼儿在真实的生活情境中进行体验和学习，积累真实的生活经验，养成真实的良好生活习惯。

三是多发性。生活活动在幼儿园的一日生活里所占的时间最多，而且多数活动都是多次、重复进行的。

(三)教师与生活活动

生活活动是儿童一日生活中最基本的活动，与儿童良好生活习惯、生活自理能力的养成有紧密的联系。因此，教师在生活活动中需要做好引导者的角色，把握好生活活动的教育契机，充分挖掘生活活动的教育价值。

首先，教师应对生活活动保持重视的态度，避免只重视教学活动，轻视生活活动。生活活动不仅是保育员的工作，也是教师进行随机教育的重要时机。在生活活动中，会发生各种各样的偶发事件，教师应利用这些教育契机，对儿童做好引导，有助于实现课程目标。

其次，在生活活动中教师不仅要注意满足儿童的生理需要，培养儿童良好的生活习惯，还要注意儿童的心理发展。让儿童在日常的生活活动中体验愉悦，获得安全感，形成良好的师幼关系，以更好地促进儿童心理健康发展。

再次，教师应积极对待生活活动，避免将生活活动程序化。由于生活活动的多发性和重复性，教师容易在实际操作中消极对待，形成程序化的活动模式。这样不仅浪费了教育的时机，也在一定程度上削弱儿童的学习热情。因此，教师可采用各种方式，如把生活活动与其他活动有机整合，使生活活动和其他活动自然过渡等，有助于儿童保持学习和体验的积极性。

最后，教师应给予儿童充分的自我管理与学习机会，避免过度管理和包办替代。这与教师的角色定位有直接关系，若教师习惯以指导者、管理者的角色对待儿童，对儿童生活的照顾多于对他们生活自理能力的培养，就会导致儿童产生依赖性，不利于儿童自理能力和独立性的发展。

第四节　学前教育课程与教学组织的变革与趋势

社会更替、科技创新、学科理论发展等一系列挑战促使幼儿园课程不断变革，推陈出新。一方面，社会各方面的变化，特别是社会关系的复杂化、家庭结构的多样化、文化和语言的多样性等因素对幼儿的适应性提出了新的要求；另一方面，其他相关学科的研究和发展也不断推动幼儿园课程的变革。这些发展变化不仅对课程与教学的目标和内容的变革产生巨大的影响，也对学前教育课程与教学的组织和实施影响深远。

一、尊重学前教育规律

虞永平教授提出："尊重学前教育规律是推进幼儿园课程改革的根本问题。"

幼儿园课程不是书面的符号系统，不是静态的知识，而是具有动态性、过程性、游戏性和情境性的，是幼儿积极投入其中的多样化的活动，是幼儿在生活和游戏中获取直接经验的过程。

学前教育课程与教学组织首先要尊重儿童发展的规律，3~6 岁儿童处于人生发展的重要时期，这个时期的生活和教育将影响他们一生的发展。幼儿处于具体形象思维和感知运动发展阶段，他们主要通过与外部世界的相互作用来获得新经验，他们关注周围环境中生动有趣的事物，关注同伴，关注自己感兴趣的一切事物。幼儿的身心发展规律和学习特点，是我们开展科学保教的基础和前提。学前教育课程与教学组织从组织方式到组织过程都应遵循幼儿的身心发展规律和学习特点，否则就可能出现学前教育"小学化"的现象。

其次要尊重教师劳动的规律、儿童发展的规律。儿童的身心发展规律和学习特点决定了他们是在生活化和游戏化的活动中逐步积累新经验的。从课程与教学的内容而言，幼儿园比中小学的学习内容要简单一些，但这并不意味着幼儿园教师的工作就比中小学教师简单。幼儿园教师所进行的课程组织，并不仅仅是指组织教学活动，而是必须了解幼儿的身心发展规律和学习特点，关注儿童的现实生活，同时深入观察自己所面对的每个儿童的行为表现，分析他们的发展特点和需要，有针对性地为每个儿童提供适宜的、可选择的和有趣味的环境和材料，以便激发儿童与同伴、环境的相互作用。学前教育的内容需要教师以观察和分析为基础，进行挖掘、选择和创造。幼儿教师不只是课程的编制者，更重要的是环境的创设者和材料的提供者，要为教育活动付出大量劳动，否则儿童难以获得新经验，难以在原有基础上获得新发展。

二、立足实际，因地制宜

《幼儿园教育指导纲要(试行)》指出，幼儿园教育应从幼儿园的实际出发，从班级的实际出发，因地制宜地开展适宜于儿童的多样化活动。因此，幼儿园课程应该是因地制宜的，不是千园一面的，也不是一成不变的。课程的基础是生活，核心是活动，特质是全面性、关联性、协同性和应变性。幼儿园课程没有国家课程，国家要求幼儿园在《幼儿园工作规程》《幼儿园教育指导纲要(试行)》《3—6岁儿童学习与发展指南》的指引下，从本园实际出发，考虑幼儿、教师及环境资源等特点，因园制宜地选择和组织课程内容。也就是说，幼儿园课程是以园为本的，不是全国一统化和区域一统化的，不然难以保证幼儿园课程的适宜性和有效性。从科学的学前教育理念出发，深入分析和细化《3—6岁儿童学习与发展指南》的目标和内容，从幼儿的现实生活和环境出发，吸收周围生活中丰富多彩的课程资源，系统地计划和组织多种形式的、生动活泼的教育活动，不断总结课程建设实践经验，真正使幼儿园课程更适合儿童的身心发展需求，更生动有趣、更有效地促进幼儿的发展，进而在不断实践中形成科学的课程体系，构建真正具有适宜性、有效性的园本课程。

三、加强教师专业能力的发展

课程建设能力是专业能力的集合。学前教育课程与教学组织主要是指教师对课程的组织和实施。教师运用观察分析的能力、计划和设计能力、环境创设的能力、资源挖掘和利用的能力、各种活动的组织能力、评价和反思的能力，这些能力就是《幼儿园教师专业标准》中强调的教师的专业能力，是幼儿园教师有别于中小学教师的能力，也是幼儿教师的看家本领，是各师范院校针对幼儿教师要重点培养的能力。在课程与教学的组织和实施中，教师需灵活运用这些能力，将课程内容进行有效的组织以达到课程目标。因此，幼儿园课程建设能力就是幼儿园教师专业能力的灵活集合。

四、重视课程游戏化的建设

课程游戏化是一条符合儿童发展规律的幼儿园课程改革路径——让自由、自主、愉悦和有创造性的游戏精神融入整个课程，确保儿童的自由游戏时间，尽可能使用游戏化的活动方式，让儿童的学习更加生动、更加有趣、更加有效。

课程游戏化的核心问题不是教师没有观念，而是观念不能有效落地，不能转变为教育行为，不能更有效促进儿童的发展。对幼儿园教师来说，观念不能是空洞的，要有变式，必须与行为结合。而能否产生变式在一定程度上反映了教师对教育观念领悟的深刻程度。领悟需要理论与实践的融合，经过深刻领悟的观念，才会形成信念。如今，教师的儿童观和教育观，儿童的身心发展特点和学习规律正在不断被大家重视和遵循，对儿童活动过程的研究和探索也不断得到加强，幼儿园教育活动的类型正在日益多样化，幼儿园教育环境已经发生了很大的改变，幼儿园课程的游戏性正在不断提升。

【本章小结】

本章主要围绕学前教育课程与教学组织的相关问题展开讨论，共四节，主要帮助学习者理解学前教育课程与教学组织的概念，了解学前教育课程与教学组织的基本要素，掌握学前教育课程与教学组织的途径，理解学前教育课程与教学组织的模式，知晓学前教育课程与教学组织的类型以及原则，并在此基础上把握学前教育课程与教学组织的发展趋势。

【主题词】

学前教育课程与教学组织，课程组织的途径，课程组织模式，目标模式，过程模式，学前教育课程与教学组织的原则，学前教育课程与教学组织的发展趋势

【思考题】

1. 目标模式和过程模式的根本区别是什么？
2. 为什么说课程组织是课程“再设计”的过程？
3. 学前教育课程与教学组织应该遵循哪些基本原则？

第七章　学前教育课程与教学的方法

【本章导读】

学前教育课程与教学的方法是学前教育教学体系中的重要因素之一，是联系教师与幼儿以及课程内容的中介和桥梁。采用有效的教学方法及指导策略，能够促使幼儿积极地参与课程与教学活动，提高幼儿学习的积极性、主动性，不仅对教学效果有直接的影响，而且对实现教育目标、完成教学任务、提高教学效率和质量具有重要意义。

【知识地图】

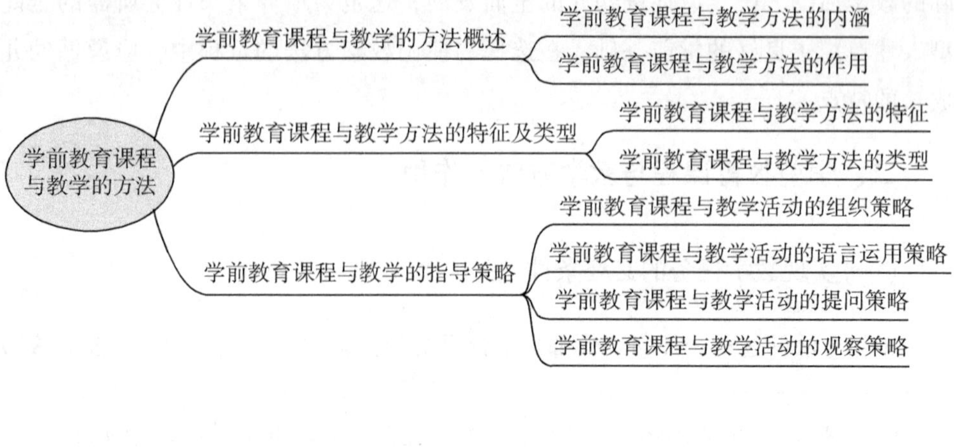

第一节 学前教育课程与教学的方法概述

一、学前教育课程与教学方法的内涵

学者们对课程与教学方法的认识有所不同，有的认为课程与教学方法，是在课程与教学过程中教师与幼儿为实现课程与教学的目的和任务或要求，在教学活动中所采取的行为方式的总称，“它指向实现特定的教学目标要求，受到特定的课程和教学内容以及具体的组织形式的影响和制约”。① 有的认为课程与教学方法是为了完成课程与教学任务，师生在共同活动中采取的工作方式，“是教师引导学生探讨与掌握知识技能、获得身心发展而共同活动的方法，它既包括教师教的方法，也包括学生学的方法”。② 还有的认为课程与教学方法是指在教学活动中，教师借以进行全面发展教育所采用的方法，它既要考虑教师怎么做，又要考虑幼儿怎样学。正是这些不同角度的定义为我们学习和了解学前教育课程与教学的方法提供了依据。

我们认为学前教育课程与教学的方法是指为实现课程与教学的任务要求，达成课程与教学目标，开展师幼共同活动所采取的方法，它既包括教师怎样教的方法，也包括幼儿怎样学的方法。随着社会及教育事业的不断发展，学前教育教学水平有了明显的提高，越来越多的幼儿教师将创新型教学方法运用于实际的教学活动之中，以促进幼儿的全面发展，这也为培养未来社会所需的全能型人才奠定了良好的学前基础。在选择与使用教学方法的过程中，应遵循幼儿成长的特点。

二、学前教育课程与教学方法的作用

(一)实现教学任务的必要条件

工作方法问题对于任何工作都是十分重要的，教学工作也不例外，要完成教

---

① 胡庆芳. 优化课堂教学：方法与实践[M]. 北京：中国人民大学出版社，2014.

② 王道俊. 教育学[M]. 北京：人民教育出版社，2016：215.

学任务，就得有一定的教学方法。在目的和任务确定之后，方法的好坏，就成为决定性的因素。如果没有运用适当的教学方法，就不可能达成教学目的，完成教学任务，进而也会影响整个教学系统功能的实现。

(二)联结教师与幼儿的纽带

在课程实施与教学过程中，正是通过有效的方法，才能将教师的教授活动与幼儿的学习活动有效地联系起来，共同为实现教学目的服务。正如古人有云："事必有法，然后可成，师舍是则无以教，弟子舍是则无以学。"

(三)促进幼儿发展的有效途径

科学有效的课程与教学方法具有促进幼儿的生理和心理由低级到高级、由不全面到全面、由不和谐到和谐、由不充分到充分发展的作用，可以增进幼儿的效能，激发学习的主动性、积极性。

(四)提高教学质量和教学效率的重要保证

课程与教学方法涉及普遍性的课堂变量，如学习的准备状态、动机作用、呈现的步骤和设施，智慧和情绪方面的功能以及个人的满足等。良好的教学方法旨在唤起准备状态，维持注意与兴趣，运用强化来调节学习行为，及时解决妨碍教与学中的智慧问题和情绪问题，尽力扩大因教学成就带来的满足感，从而取得良好的教学效果和教学质量，提高教学效率。

第二节 学前教育课程与教学方法的特征及类型

一、学前教育课程与教学方法的特征

随着社会及教育事业的不断发展，学前教育教学水平有了明显的提高，越来越多的幼儿教师将创新型教学方法运用于实际的教学活动之中，以促进幼儿的全面发展，这也为培养未来社会所需的全能型人才奠定了良好的学前基础。在选择与使用教学方法的过程中，应遵循幼儿身心发展的特征，即阶段性、连续性、整

体性和发展性。

（一）阶段性特征

儿童的身心发展过程是一个不断从量变到质变，从渐进性的量变到跃进性的质变的过程。各年龄段的幼儿在生理、智力、个性、教育、生活等方面的发展各有其特点。首先，幼儿教师在课程与教学实践过程中必须深入了解幼儿发展的阶段性规律，以身心发展的各种指标为依据，不断创新教学方法，采取科学合理的教学方法或策略，促进幼儿园教学水平的提高。其次，幼儿教师应针对幼儿的年龄与能力设置个性化的教学方案，选择适当的教学方法，满足幼儿的身心、兴趣、能力发展的需要，开发幼儿的创新思维能力，促进幼儿动手操作能力及思维结构的协调发展。最后，幼儿教师要遵循幼儿心理发展的规律，循序渐进并抓住"关键期"，及时施教。

（二）连续性特征

儿童身心发展是连续的、渐进的。身心发展的连续性表现为个体的整个身心发展是一个持续不断的变化过程。在一定社会教育条件下，相同年龄段的大多数儿童大致处于一定的发展水平，表现出基本相似的心理特点。儿童身心的发展不仅是连续的，而且遵循一定的渐进性，即每个阶段之间是不可逾越、不可颠倒的，前一阶段是后一阶段发展的条件，幼儿教育要遵循这一规律，在不同的发展阶段开展不同的教育活动。学前教育课程与教学的内容、方法、进度等要从幼儿的实际情况出发，按照其身心发展的序列来施教，做到循序渐进。

（三）整体性特征

儿童是一个完整的、能动的有机体，其智力、情感等各方面相互促进，相互制约，与外界环境进行信息交流，整体得到和谐发展。因此，学前教育课程与教学活动应体现出一定的整体性特征，必须建立一套完备的教学体系，同时兼顾课程与教学内容与教学目标的层次性、知识性以及趣味性。"但是，就目前的学前教育教学情况来看，教学内容与教学方法的选择差异性过大，缺乏统一的标准约束力，很难达到幼儿园教育教学标准。"①学前教育课程与教学要以促使幼儿德、智、体、美的全方面发展为宗旨，保障课程与教学目标和内容、教学方法、实施过程的整体性。幼儿教师应根据幼儿的年龄、入学的时间，幼儿的能力以及兴趣的个体倾向性展开个性化教学，在大班教学的基础上实现对幼儿个体的关照，并确立游戏为幼儿园教学的基本组织形式，不能让过多的书本知识替代游戏性的教学内容。

（四）发展性特征

"发展性原则就是通过教学使儿童在原有的发展水平上，得到身心和谐的充分的发展和持续的发展。"②学前教育课程与教学要把促进幼儿发展作为教育活动设计的出发点、落脚点，在了解幼儿原有水平的基础上，引导幼儿有所发展和提高。维果茨基根据儿童的身心发展特点提出了"最近发展区"理论。他认为学生的发展有两种水平：一种是学生的现有水平，指独立活动时所能达到的解决问题的水平；另一种是学生可能的发展水平，也就是通过教学所获得的潜力。

因此，学前教育课程与教学应关注幼儿的最近发展区，为幼儿提供难度适当的内容，调动幼儿的积极性，发挥其潜能，使其超越最近发展区而达到下一个发展阶段，然后在此基础上进行下一个发展区的学习。在此期间，教师要以发展的眼光评价幼儿，充分肯定幼儿的优点和进步，正确对待其错误和缺点，鼓励其不断进步，不断发展。

二、学前教育课程与教学方法的类型

学前教育课程与教学对幼儿一生的成长至关重要，只有在学前教育阶段打下良好的基础，才能使幼儿在未来的基础教育中体现出更大的潜力与优势。课程与教学方法关系到教育目标的达成效果，因此，在选用教学方法时，幼儿教师必须结合学前教育课程与教学的特点，根据教学内容与教学要求，结合不同年龄阶段幼儿身心发展的特点与规律以及幼儿个体的学习方式，采用能够有效激发幼儿的

---

① 陈浩姗．关于幼儿园教学特点及教学方法创新策略的探讨[J]．才智，2017(07)：137.

② 黄人颂．学前教育学[M]．北京：人民教育出版社，2015.

学习兴趣与热情，能够有效达成教学目标的适宜的方法，并不断转变教学理念，创新教学策略，促进课程与教学有效性的实现。学前教育课程与教学方法一般包括以下几种类型。

(一)活动法

活动法是一种以幼儿的实践活动为主的教学方法，幼儿园常用的活动法主要是实验法、游戏法和操作练习法。

1. 实验法

实验法是指教师提供一定的仪器设备，鼓励幼儿通过亲自动手操作来观察和寻找某些变化或产生这些变化的原因，验证自己的设想。实验法是课程与教学的重要方法，对提高相关课程与教学的有效性起到了关键作用。实验教学可以培养幼儿动手解决实际问题的意识与能力，以及幼儿的观察能力与归纳能力，从而推动幼儿对自然真理的探索与自主学习进程，进而养成实事求是的科学态度与一丝不苟的科学素养。在运用实验法时，要注意实验所用的器具必须符合安全、卫生的要求，实验程序是幼儿在教师的指导下可以独立操作的。教师可预先进行实验操作，掌握一定的实验指导能力，以便在观察过程中提供针对性的指导，促使幼儿在实验过程中获得成就感。实验法注重幼儿的亲身实践，因此在实验过程中，教师应给幼儿充分发挥的空间，少干预，并保证每个幼儿都有操作的机会。在实验结束后，还要注意引导幼儿总结实验结果和表达自己的发现。

2. 游戏法

游戏是幼儿最喜爱的活动，是幼儿生活的主要内容，游戏符合幼儿身心发展的需要，是幼儿特有的学习方式。游戏能促进幼儿身体、智力、语言、情感及社会性等多方面的发展。《幼儿园教育指导纲要(试行)》明确规定：幼儿园“以游戏为基本活动”，探索将教学游戏化、教育综合化的幼儿教育实践模式，把游戏融入幼儿园一日生活，充分体现寓教育于游戏之中。教师为幼儿提供平等表现机会，使幼儿的能力、个性得到和谐发展，让幼儿在教学活动、日常生活中积极探索、主动活动、思维活跃，因此，在学前教育课程与教学中适时、合理地采用游戏法是培养幼儿各种能力、促进幼儿全面发展的有效途径。在采用游戏法时，教师既可以将游戏作为课程与教学中的一个环节，也可以用一个游戏贯穿于整个教学活动中，并清楚地认识到游戏是为教育教学服务的，所选游戏的目标和规则应与教学要求相吻合。教师在开展游戏教学法时，还要了解幼儿园的真实环境，贴合实际来进行游戏环节的设置。例如，对于年龄较小的幼儿，可以在游戏教学法中融入更多关于角色扮演的内容，助力其口语表达能力的锻炼和提升。

3. 操作练习法

操作练习法是幼儿在教师的指导下，通过多次实践练习来巩固和掌握某种技能的方法。“操作练习法可帮助幼儿形成简单的技能和习惯，同时可以培养幼儿克服困难和认真工作的优良品质。”①在运用操作练习法时应注意明确练习的目的、要求和方法，以幼儿感兴趣的方式进行练习，观察幼儿练习的情况，及时作出反馈。在教学活动中运用操作法练习法应该注意以下几点：第一，在教学活动中，幼儿的操作安排在何时才是恰到好处的，应视具体的教学内容而定；第二，不要为操作而操作，有些活动虽然安排幼儿操作，但这种操作完全是由教师“操纵”的，幼儿处于被动地位，没有主动活动的机会，并不能达到幼儿主动探究学习的目的；第三，要考虑到个体差异，给幼儿提供不同操作材料，提出程度不同的操作要求。部分教师在实践中往往忽略这点，致使能力弱的幼儿束手无策，无法完成，同时又使能力强的幼儿因没有得到提高而失去学习的兴趣。因此，运用操作法要充分考虑个体差异，例如，开展排序活动时，可为能力弱的幼儿提供只有一个变量的材料，为能力一般的幼儿提供有两个变量的材料并配上表明变量特征的标记，让他们按照标记排序，为能力强的幼儿提供有两个变量的材料，让他们按特征排序。幼儿在完成了一种材料的排序后，可允许他们更换不同层次的材料进行活动。这样既满足了不同层次幼儿的需要，又能使每个幼儿用不同的方法练习操作。第四，不要让幼儿放任自流。幼儿的目的性、坚持性比较差，他们的操作活动如果没有教师的正确辅导，就会缺乏一定的深度，甚至会远离操作所要达到的目的。因此教师在幼儿操作时决不能放任自流，要及时观察，指点幼儿在操作活动中没意识到、没注意到的一些问题，启发、引导幼儿寻找在操作过程中产生错误或不完善结果的原因，从而获得正确的概念。

---

① 邵小佩．幼儿园课程与教学[M]．北京：北京师范大学出版社，2017：257.

(二)直观法

直观法是一种让幼儿直接感知认识对象的教学方法，它与幼儿思维的具体形象特征相适应，符合幼儿认识事物的规律，是幼儿园所有教学方法中最常用的方法。它不仅可以激发幼儿的学习兴趣，增强幼儿的注意力，而且能使抽象知识具体化，缩短幼儿掌握知识的过程，提高教学效果。幼儿园常用的直观法主要有观察法、参观法、演示和示范。

1. 观察法

观察法是指教师有目的、有计划地引导幼儿运用视觉、听觉、味觉、嗅觉等多种感官去感知所选定的客观事物与现象，使之获得感性经验，并在此基础上逐步形成概念的方法。观察是有意识、有目的、较持久的知觉过程。幼儿观察是幼儿在教师指导下有目的地感知客观事物的过程或幼儿自发的观察过程，是幼儿园教学的基本方法。幼儿的天性是对一切新奇的东西都有着极大兴趣的，周围的世界都能引起他们的注意。观察法可以帮助幼儿获得丰富的感性经验，有效地刺激感觉器官，发展观察力，促进智力发展，对幼儿的思维发展、语言表达能力的发展十分有益，是幼儿认识自然和社会的主要方法。幼儿运用观察法可以对个别物体进行观察，可以对不同事物进行比较观察，还可以对某个对象进行较长期的系统观察。运用观察法时，教师应为幼儿精心选择其感兴趣的观察对象，做好观察前的准备。观察开始时，教师要向幼儿提出观察目的，用设疑等方法引起幼儿观察的兴趣，先让幼儿自由观察，允许他们相互交谈，并鼓励他们发现问题、提出问题。在观察过程中，教师要充分发挥语言、手势的指导作用，从幼儿的兴趣点切入，启发幼儿从不同方面感知并用语言描述观察的对象，学习观察的方法。观察结束后，要总结观察的印象，让幼儿将观察到的知识进一步巩固和条理化。

2. 参观法

参观法是指幼儿进入一定的场景之中，通过多种感官来感知现象或事物的状况以获得新知识的方法。参观法有助于密切学前教育课程与教学内容和生活与时代的联系。教师根据课程与教学的目的与任务，组织幼儿在园内或园外的场所中活动，让幼儿通过对实际事物和现象的观察、思考而获得新的知识。参观法能够打破课堂和教科书的束缚，使幼儿的教育活动与实际生活紧密地联系起来，通过身临其境，耳闻目睹，接触社会，接受教育。参观法能够增强幼儿的学习兴趣，帮助幼儿深入理解和领会所学习的知识，扩大幼儿的视野，在接触实际场景的过程中增加幼儿能获得的信息量，提高幼儿提出疑问、解决问题的能力，增强幼儿对生活的热爱和社会责任感。运用参观法时必须服从教育目的，根据教育的要求进行；做好参观前的准备，确定参观的目的，选择参观的对象，强调参观时的注意事项。教师应指导幼儿的参观过程，鼓励幼儿积极地看、听、问、思考等，并做好参观后的总结。

3. 演示和示范

演示是指教师向幼儿展示各种实物、直观教具或做实验。示范是指教师通过自己的表演，为幼儿提供榜样。演示的种类很多，按演示教具来分，有实物、标本、模型、照片、图画、幻灯、录像、教学电影以及具体实验的演示等；按演示对象来分，有单个物体或现象的演示，有事物发展全过程的演示。演示之前，教师要根据教材内容确定演示目的，选好演示教具，做好演示准备。演示时，教师要让幼儿都能清楚地观察到演示活动，促使幼儿综合运用各种感官去充分感知学习对象，以形成正确的观念。此外，演示时要配以讲解，引导幼儿全神贯注于演示对象的主要特征和重要方面。演示后，教师要指导幼儿把观察到的现象同已有知识联系起来，及时地根据观察结果作出明确结论。示范分语言和动作示范两种。运用示范法时应注意演示和示范要结合起来进行，教师的示范则要富有情趣，要能引起幼儿的兴趣，而且力求化繁为简，突出重点。

(三)口授法

口授法是教师根据教学内容和幼儿的实际情况，提出设计好的若干问题，用谈话的方式启发、引导幼儿积极思考、探索，从而获得知识的一种教学方法。幼儿园常用的口授法有谈话法、讨论法、讲解与讲述等。

1. 谈话法

谈话法是教师和幼儿双方围绕某一个问题或主题，自由地发表自己的想法和意见，表述自己的感受和体验，进行相互交流、相互学习的方法。谈话法不像讲授法那样，教师讲幼儿听，信息单项交流，而是信息的双向交流，具有搭建师生沟通桥梁的作用。在谈话中，师幼之间都可以获得反馈信息，对于教师而言，根据这些反馈信息可以及时地调整和改善课程与教学相关活动，提高教学效率；对于幼儿而言，既可融会贯通地掌握知识，又能发展智力，在问答的过程中锻炼表达能力，并有助于吸取关于社会事物和现象的经验，形成一些正确的观念。教师通过谈话法，能引导幼儿相互交流，全面而多维度地培养学生的交流能力。在运用谈话法时，应注意谈话必须在幼儿已具有某一方面的知识时才能进行，一般来说，话题与幼儿生活的关系越密切，就越具有可谈性。教师应鼓励幼儿大胆地说出自己的想法，并充分尊重他们的意见，允许幼儿争论，但谈话必须有明确的要求和步骤。

2. 讨论法

讨论法是教师和幼儿围绕某个论题进行的思想碰撞或思想发散。具体而言，是指在学前教育课程与教学中，在教师的指导下，幼儿以全班或小组为单位，围绕教学活动的中心问题各抒己见，通过讨论或辩论活动，获得知识或巩固知识。由于全体幼儿都参加活动，可以培养合作精神，激发学习兴趣，增强学习的独立性。讨论法也能更好地发挥学生的主动性、积极性，有利于培养学生的独立思维能力、口头表达能力，促进学生灵活地运用知识。在活动过程中，教师的首要作用是引导，而不是指导，教师要善于启发、引导幼儿自由发表意见。教师参与幼儿的讨论时，应少问多说，即多表达个人见解，以此引发幼儿表达自己的见解，应在平等的讨论中潜移默化地影响幼儿。讨论结束时，教师应进行小结，概括讨论的情况，使幼儿获得正确的观点和系统的知识。

3. 讲解与讲述

讲解法是向幼儿说明一些简单的、基本的知识和道理，让幼儿了解规则及其意义，知道一些基本的事实，知道判断事物的基本标准，即什么是对的，什么是不对的，应该怎样做和为什么要这样做。讲解法不是幼儿社会学习的唯一方法，但是一种重要的方法。讲解法的使用有一个基本的前提，那就是依靠幼儿自己的探索和思考很难把握事实、道理或规则的本质，而教师的讲解有助于降低幼儿理解的难度。幼儿园教育中的讲解应该是感性的、生动的、具体的，关注幼儿的兴趣和已有经验的。讲述则是运用语言向幼儿叙述事实材料或描绘所讲的对象。运用讲解与讲述法时，教师的语言应生动、形象、清晰、准确，富有感情，简明扼要，能引起幼儿的兴趣，使其容易理解和接受，必要时还可适当重复。根据实际需要，还可将它与其他方法结合起来使用，以收到更好的效果。

(四)实践法

实践法是指幼儿通过操作实践、亲自探索去感知、发现客观事物的学习方法，通常包括探索发现法和感知体验法。

1. 探索发现法

探索发现法是指在教学活动中教师引导幼儿通过自身主动对事物、现象的探索，发现事物的特点、属性和相互关系的方法。对幼儿来说，就是在教师的引导和支持下，通过感知、操作和探索，发现事物的属性、特点和事物之间的关系，学习如何解决问题，教师主要提供鼓励和支持。探索发现法符合儿童身心发展的水平和需求，容易引起儿童的兴趣和激发儿童的内部学习动机，有益于儿童的主动性、积极性的发挥，也有利于儿童智力、创造力、自主性和自信心的发展，是幼儿园教学活动的重要方法。教师要结合幼儿的发展水平和年龄特点创造学习环境和物质条件，给幼儿充分的活动时间，教幼儿一些学习的方法，鼓励幼儿独立思考问题，充分调动幼儿的学习积极性，在此过程中应听取幼儿在活动过程中的想法和问题，及时给予指导和帮助，鼓励幼儿相互间合作和交流并进行必要的小结或评价，支持幼儿再探索的愿望。

2. 感知体验法

感知体验法是指幼儿通过感觉器官、自己的亲身体验认识、判别事物的特性，获得相关知识与经验的方法。教学过程中既是师生信息的交流过程，同时也是师生情感的交流过程。教师应尊重每个幼儿的人格，重视幼儿、欣赏幼儿、倾听幼儿的意见，接纳幼儿的感受，包容幼儿的缺点，分享幼儿的喜悦，让幼儿体验到亲切、温暖的情感，从而产生积极的情绪和良好的心境，在积极向上的精神状态下愉快地学习，并能主动克服困难，奋发进取。运用感知体验法时，教师应注意为幼儿创设真实的情境，让幼儿在真实的情境中去感受、去体验，以获得知识与经验，供幼儿感知体验的材料必须符合安全、卫生的原则。教师应为每个幼儿提供亲身感知体验的机会，观察幼儿感知体验的全过程，提供有针对性的指导。感知体验结束时，教师应注意引导幼儿自己归纳感知体验的结果。

第三节 学前教育课程与教学的指导策略

学前教育课程与教学活动的指导策略是教师为了促进幼儿的发展，在与幼儿互动的过程中所采取的一系列特定的指导方式、方法。在课程与教学活动中，教师要根据具体的活动情景和幼儿的实际需要及时调整方法。

一、学前教育课程与教学活动的组织策略

学前教育课程与教学活动的组织，就是执行具体的课程与教学活动方案以实现活动目标或教育目标，也包括在执行过程中根据实际情况对活动方案进行调整。一般来说，一项活动的具体开展，包括导入、展开等环节。

(一)学前教育课程与教学活动的导入策略

精彩的导入既能在一开始就把学生牢牢地吸引住，迅速调动学生的学习积极性，激发学生的学习兴趣，使学生进入主动参与学习的心理状态，又能使教师的讲课水到渠成、轻松自如。进入新课时，教师需要建立情境来引起学生的注意，激发学习兴趣，形成学习动机与建立知识之间的联系，活动导入的优化设计直接影响着课程与教学的效果。在学前教育阶段，导入环节是教师组织、开展课程与教学活动的重要部分，目的在于引起幼儿注意，激起他们的学习兴趣和求知欲望，以明确学习的任务和目的。富有趣味性、灵活多样的导入方式，能有效地激发幼儿的求知欲，吸引幼儿的注意力，发挥幼儿学习的主动性，促使幼儿大胆创造。

1. 演示导入策略

演示导入法即通过情境、小品、舞蹈、木偶等表演形式导入新课。表演形象直观、生动鲜活。导入采用演示的策略，能让幼儿身临其境，感同身受，吸引幼儿的注意，引导幼儿思考。运用演示导入策略时，一定要注意以下问题：要做好充分准备，实际演示之前，检查材料设备，设想可能会出现的情况；演示的内容与方式要紧扣活动内容与目标；演示的同时要结合清晰、简洁的语言说明与指导，讲清楚操作要领，充分调动幼儿的多种感官参与；要向幼儿说明情况，引起

注意，正强化恰当的操作方法。

2. 材料导入策略

这种运用新奇、特异的玩教具材料或实物、图片、模型等来引起幼儿注意，激发幼儿兴趣的方法是幼儿园，尤其是低龄段活动中常用的导入策略。课程与教学活动导入选用恰当的材料，化抽象为直观，变枯燥为生动，既增加了活动的趣味性，又能激发幼儿学习的兴趣，培养其观察力与思维能力，对启发幼儿的思维具有明显的效果。

3. 故事导入策略

故事导入法是利用幼儿爱听故事的特点，在教学活动中根据具体内容，恰当穿插一些趣味性较强且寓意深刻的故事。采用故事形式导入活动，能吸引幼儿的注意力，培养其观察、想象、创造的能力。当教师运用故事导入策略时，要注意所讲的故事、所编的儿歌，应与活动内容紧密联系，成为活动过程的有机组成部分，并且要注意所选、所编的故事要有教育性、科学性、艺术性与趣味性。

4. 问题导入策略

由于幼儿受自身知识经验的限制，令其感到困惑的事物总是很多，他们一旦察觉事情的变化与自己的预期有出入，疑惑也会随之产生。如果巧妙地设疑问难，使幼儿处于暂时的困惑状态，那么幼儿的思维就会活跃起来，他们会为了寻找新的信息来解决问题而将自己的兴奋中心转移到解决矛盾的过程中。教师在运用此策略时，悬念的设置要从幼儿的“最近发展区”出发，恰当适度，引发悬念的事物应贴近幼儿的实际生活，要以教学内容的关键为切入点，引导幼儿积极活动。

5. 游戏导入

喜欢游戏是儿童的天性，游戏可以激发和培养幼儿的兴趣，实践也证明游戏可以调动幼儿学习的积极性。课程与教学活动采用游戏作为导入策略，这种导入方式生动活泼，突出了学生的直接感受，学生在兴奋的情绪中，主体性得到最大限度的发挥，便会主动积极地思考和理解新知识。运用游戏导入策略时必须首先在硬件设施方面有充足的准备，包括游戏场地及游戏需要用到的材料，以保证幼儿有充分发挥的空间。游戏内容不能仅凭教师的个人喜好来选择，要以幼儿的兴趣为基础，同时能达到一定的课堂效果。

6. 视频导入

在导入新课中适当地运用影视导入法，能直接刺激幼儿的感官，吸引幼儿的注意，引起幼儿的共鸣，烘托课堂气氛，融洽师生关系，在轻松愉悦环境中感悟新知，获得学习的乐趣。所选取的视频要能匹配教学内容，视频长度不能太长，让幼儿带着问题看视频并思考，视频播放结束后，教师应引导幼儿进行讨论。

7. 音乐导入

生活离不开音乐，美妙的音乐可以感染人的情绪。音乐对人表达感情变化、心理活动、思维走向等方面有着很好的效果。积极向上、健康高雅的歌曲，可以陶冶幼儿的情操，丰富幼儿的情感，使得幼儿的情感表现得更为直接和强烈，而这种情感的冲动，正是对幼儿智力的启迪和促进，能够激发他们巨大的创新思维潜能。只有寓教于乐，育教于美，增强幼儿的人文情感、社会情感和思想品德情感，教学的德育功能才得以体现，才能实现育人任务。

8. 谈话导入

谈话法以平等交流、易于接受的特点被孩子们所喜欢，而教师有目的的引导性谈话能直接在新内容与幼儿已有的认知结构间建立联系，以引起幼儿的注意，产生学习动力。教师要掌握对教学内容的理解，并从幼儿的实际出发，巧妙设计谈话内容。教师的语言应富有感染力，态度和蔼可亲，要循循善诱、巧妙点拨，让幼儿在轻松、愉悦的情绪体验中学到知识。

（二）学前教育课程与教学活动展开环节的策略

1. 悬念策略

在心理学上，悬念是指人们急切期待的心理状态。在学前教育课程与教学活动中使用悬念策略，可以使幼儿集中注意力，唤起学习兴趣，激发探究的欲望。

2. 情感感染策略

幼儿教师应该善于根据幼儿大多情感化地活动，以及其认知活动总是充满浓浓的感情色彩这一特点，在活动的关键之处凝理注情、动人心灵，设法使幼儿入情以获得强烈的情感体验，达到活动目的。

3. 随机应变策略

幼儿以无意注意为主，注意集中时间也短，在活动中其注意力很容易分散，而被某一新事物、某一新情境所吸引。教师在活动过程中应根据情境需要做出有利于幼儿发展、有利于教育目标实现的调整，而不是拘泥于预定计划与目标，这也是生成性思想的体现。

4. 奇特操作策略

好奇心是幼儿的一大心理特点，在活动过程中利用新颖奇特的玩具或材料引导幼儿进行操作，能有效地激发幼儿的学习兴趣，形成积极活跃的课堂教学体验。

5. 启发诱导策略

活动的意境，往往是由教育活动的主导者——教师营造的，善于点拨、启导有力的教师总是能循循善诱。

6. 参与表演策略

人本主义教育心理学家罗杰斯认为：真实问题情境中的活动是最能引起个人态度和情绪的学习方式。让幼儿身临其境地参与到教育活动中来，不仅能体现幼儿在教育活动中的主体地位，还能增加教育活动的情趣。

7. 竞赛策略

根据研究表明，大脑处于竞赛状态时的效率要比平时的效率高得多，即使对毫无直接兴趣的智力活动，因渴望竞赛取胜而产生的间接兴趣，也会使人们忘记事情本身的乏味而兴致勃勃地投入到竞赛中去。在幼儿园教育活动中运用恰当的竞赛手段，也是符合幼儿身心发展特点的。

(三)学前教育课程与教学活动结束环节的策略

在日常课程与教学活动中，人们往往会忽视结束环节的策略，这使得整个教学活动虎头蛇尾，头重脚轻，从而影响整个教学活动的效果。组织良好的结束环节可以对教学活动内容、活动目标进行有效梳理和升华，可以拓展幼儿的思维，开拓幼儿的视野，巩固所学的知识，具有促进幼儿学习迁移的作用。

1. 总结归纳策略

在教学活动的结束环节，教师用准确简练的语言，将活动的主要内容，尤其是直接实现目标的内容加以总结归纳，使幼儿加深对所学的知识、技能的印象的策略就是总结归纳策略。教师在使用此策略时要注意：充分调动幼儿的主体性参与，教学效果会更好；根据本班幼儿的实际水平与特点，决定是否先启发幼儿回忆并复述要点；还可以用引导幼儿创编儿歌、游戏、或使用已有的儿歌、游戏等形式做形象化的总结。

2. 水到渠成策略

水到渠成地结束教育活动，是指按照活动内容的顺序，依据幼儿的认知规律一步步地进行，最后自然收笔。这种结束策略的成果体现在结束方式上，铺垫却在整个活动过程中，它要求教师精心设计活动内容及其结构，准确把握活动的进程与时间、节奏，环环相扣，才能有效地达到预期目标。水到渠成的结束方式避免了常规活动中教师突然中断幼儿的活动而影响幼儿的情绪。

3. 操作练习策略

教师在活动结束时，引导幼儿进行多种多样的操作活动、练习，巩固所学知识，并进一步形成技能的结束策略，就是操作练习式策略。教师在运用此策略时要注意操作练习材料要充分，最好是能有生活材料、自然材料、废物利用材料，便于幼儿将生活与所学知识进行双向迁移，领会学习的意义。设计的操作活动在内容上要能集中运用所学知识，并与前面各环节有机联系，自然过渡。

4. 延伸拓展策略

在教育活动结束环节中，有的教师在做总结时，会以本次活动作为导线，将幼儿的活动巧妙地引入下面或以后的活动中去，使活动的内容间、幼儿的各类活动间具有了连续性，这种策略就是延伸拓展策略。教学活动应是引导幼儿不断地探索、学习、因此，延伸拓展策略应作为教学活动的主要结束策略。

5. 游戏表演策略

这是在学前教育活动的结束环节中经常看到的结束策略。幼儿的身心发展特点决定幼儿在学习活动中容易疲劳，而幼儿天生喜欢游戏，在游戏中易兴奋，易掌握所学内容，因此，当用提问、复述、总结、评价等方式显得单调，尤其是以这些方式来巩固复习所学知识的效果可能不好时，应当尽量组织生动活泼的游戏表演来结束活动。

二、学前教育课程与教学活动的语言运用策略

(一) 有声语言的运用

1. 语调策略

语调，通俗地说就是说话的腔调，是一句话里语音高低轻重的配置。幼儿教

师的语调策略，就是要求幼儿教师能根据幼儿的身心发展特点、个性特征和教育目标、教育内容、说话的场合等因素恰切地使用和调控自己说话的腔调。因此，语调策略要求幼儿教师在语言使用上应做到：发音准确，说标准普通话；发送指令、讲授知识、讲述故事等活动中注意语音的高低调配、轻重音的分配以使表意清楚，重点突出；在日常的教育活动中，语调上要注意舒缓有致，不能过于慢条斯理或语速过快，符合幼儿的注意力和神经反应加工速度；巧妙地处理儿化音、变调，做到说话抑扬顿挫，清晰动听；根据不同场合采用相应语调。

2. 修辞策略

语调体现的是语言的音韵美，修辞则体现了语言的形式美，当然，具备某些修辞形式的语言如排比等，在语调上也很美。修辞是语言表意、表情的主要功能要素，是幼儿在教师语言中感受语言艺术美的重要方面。为了达到美化语言的良好效果，幼儿教师在语言的修辞策略上可从以下几个方面努力：采用形容叠用、摹声等修辞手段，刺激幼儿的联想；用拟人、比喻、夸张等手段，刺激幼儿的想象；施展绘声绘色的描述技巧，来刺激幼儿的“内视觉”，激发起他们对新事物的再造想象力；把枯燥的词语概念，编成儿歌、故事等形式，使之转化为生动、直观的事物形象。

3. 节奏策略

幼儿教师语言的节奏策略是与语调策略、停顿策略紧密联系的语言策略，主要由语音的强弱、语速的快慢构成，教师语言的节奏策略要求幼儿教师在说话时要注意：多使用短句，尽可能避免使用长句；多使用“散句”，尽可能少用“整句”；多用幼儿熟悉的、富有表现力的词语与句式，避免过多生疏的附加成分；注意恰当地使用排比和重复。

4. 语气策略

幼儿教师语言的语气策略是指幼儿教师在教育活动中恰当地调控与驾驭自己说话的语气、选择合适的句式来表意表情，引导幼儿在语言及其他方面积极、健康地发展。此策略要求教师在使用语言时要注意语气柔和，多使用疑问句、祈使句和感叹句，少使用陈述句，并适当使用语气助词，以渲染情绪氛围，加强表意效果。

(二)无声语言的运用

幼儿教师的无声语言策略是指不以语言为载体来传达信息的策略，主要包括体态语策略、表情策略两个方面，虽大多以前者为主，但这两种策略经常交织在一起使用。具体又可分为肢体语言、面部语言与手势语言。

1. 肢体语言

教师的身体会呈现出大量的无声语言。例如，教师服饰是一种重要的体态信号，是文化的“象征”，思想的“形象”，是一个人的自我表白，也是静态的语言，具有特定的语义。教师着装应朴实、整洁，得体的打扮，高雅的装束，可提高教学的自信心，使学生肃然起敬，从而给学生以质朴的熏陶和美雅的无声教育。

著名画家达·芬奇说过，眼睛是心灵的窗户，在教学过程中教师常将目光投向学生，或注视，或扫视，或点视，这目光是期待，是关爱，是无声的指令，上课伊始用目光扫视全班同学，可稳定教学秩序；提出问题后，环视全体同学可表示对学生回答的期望和鼓励；授课时，不时扫视学生，使学生感到不存在“被遗忘的角落”；讲课时，若有个别学生注意力不集中，心飞书外，或有小动作，用目光这一无声语言，诉以警告，可引起该生的警觉。师生可以通过目光交流真实的情感，表达密切的关系。

2. 面部语言

著名作家罗曼·罗兰说，面部表情是多少世纪才培养成功的语言，是比嘴里讲的复杂千百倍的语言。蕴含丰富信息的教师面孔常常是学生最关注的目标。学生能从教师的面部表情上得到相关的信息，以确定自己应做何种反应。实践表明，教师表情温和亲切，学生的心理压力就会减少甚至消失，不仅师生感情得到沟通与交流，学生的思维之门也会为之打开，接收信息的灵敏度也会随之提高，所以在教师表情的无声教育下，学生能产生平静愉快的心境，充分发挥感受力、记忆力、思维力。

3. 手势语言

教师的一举一动都在学生的注视之中，其生动形象的手势、准确规范的动作，都具有潜移默化的教育作用。手是会说话的工具，能做出众多的不同姿态造型，描摹事物，披露微妙情感。自然安详的手势可助升华情绪，柔和而舒展的手势可助抒发感情。手势有时可助语言，有时可代语言，它犹如音乐家的指挥棒，牵动学生的感情之弦，激发学生的想象和思维，加深学生的理解和感受。

总之，在教育教学中在合理运用有声语言教学，并恰当运用无声语言，使有声语言与无声语言紧密配合，寓有声于无声，动静结合，就能充分发挥其内在的教学价值。

三、学前教育课程与教学活动的提问策略

(一)教师提问概述

在幼儿园集体教学活动中，提问是一种最直接的师生互动活动。提问是一门科学，是一种教学艺术，是提高教学质量的有效手段，也是教学过程中的重要环节。有效的提问能培养幼儿的思维品质，如预测、分析、验证、推理。西方学者德加默提出这样一个观点："提问得好即教得好"。这种看法不无道理，恰当的提问能激发幼儿的学习兴趣，使其思维进入积极状态。师生间的相互交流与理解同教学效率的高低息息相关。因此，幼儿园集体教学活动的效果，很大程度上也就取决于教师提问的技巧与质量。

1. 教师提问的含义

"提问是教师根据幼儿园教学目标与要求向幼儿提出一些问题，要求幼儿回答，通过回答这种形式引导帮助幼儿获取或巩固知识的一种方法。"①在学前教育课程与教学活动中，合理的提问可以促进师幼双方展开积极互动，引导幼儿积极思考，有效地支持和推动幼儿深入学习和探究。

2. 教师提问的原则

(1)面向全体幼儿的原则。

幼儿园的一切活动都是为了促进幼儿的发展，所以教师在进行行动设计时要时时处处落实"以幼儿发展为本"的理念，提问设计也不例外。教师提出问题应该是面向全班每一个幼儿的，并使每个幼儿都有这样的感受，从而愿意参加问答活动。

---

① 沈龙明．实用课堂教学艺术[M]．长春：东北师范大学出版社，1999：75-76.

(2)因人而异原则。

集体教学中的提问，要考虑不同层次的幼儿，设计不同层次难度和灵活性较大的问题，可要求幼儿重组所获得的信息来创造答案。稍难的问题，问能力较强的幼儿，他们经过思考后回答，有助于启发全体幼儿的思维。基础的、综合性的提问是为了巩固教学效果而设计的，要考虑中等能力的幼儿，这样做可以吸引大部分幼儿的注意力，调动他们的积极性。而对于能力相对弱的幼儿，要适当设计一些难度不大，经过认真思考能够回答的问题，帮助这些幼儿恢复自信，提高学习兴趣。

(3)开放性原则。

心理学家对人类的研究证明，幼儿期是思维异常活跃、求知欲最旺的时期，教师的职责就是要引导启发幼儿积极动脑筋，勤思考，获得知识和经验。因此，教师的提问应有启发性，引起幼儿联想或想象，让幼儿有选择地运用现有知识进行分析和重组。

(二)教师提问的类型

1. 知识水平提问

知识水平提问是要求学生通过回忆检索已有知识来回答问题。问题的答案，教师已给出，学生不需要深入思考，只需要从记忆中提取材料，就可以回答此类问题。知识水平的提问可以用来确认学生是否掌握了所学内容。但此类提问给学生留有思考的空间较少，因此在课堂上不宜过多使用，一般在课堂引入阶段，教师检查学生对已学知识的掌握情况，或在课堂讲授阶段，教师了解学生对新内容的了解程度时，适合使用此提问方式。

2. 理解水平提问

理解水平提问要求学生用自己的话对事实或事件进行叙述，对照、比较事实或事件的异同，能把知识由一种形式转变为另一种形式。理解水平提问一般用于检查学生理解、掌握知识的情况，帮助学生组织所学内容并进一步加工。此种提问一般用于讲授新课之后。

3. 应用水平提问

应用水平提问要求学生把所学的概念、规则、理论等应用于某些问题，将所学知识迁移到新问题情境之中。它可以用来考查学生对程序性知识掌握的情况，一般在新内容的讲授或练习中使用此种提问。

4. 分析水平提问

分析水平提问要求学生运用学过的知识来分析新学知识的结构因素，厘清事物的关系和前因后果。这种问题没有现成的答案，学生要根据所学内容分析资料，理解知识结构，找出事物间的联系，以确定原因并进行推论，因此对学生的要求较高，一般适合年龄稍大，具有一定分析能力和批判性思维能力的学生。教师在学生回答这类问题时应给予鼓励和帮助，以促进学生的分析能力的不断提高。

5. 综合水平提问

综合水平提问要求学生在记忆中检索与问题有关的知识，对知识进行整体性理解，并将这些知识以一种新的、有创造性的方式结合起来，形成新的联系，有利于学生积极深入地思考，对学生的思维能力，特别是创造能力的培养具有重要作用。这种类型的提问适合在课堂讨论、合作学习、探究学习等学习方式中运用，在提问后，教师应给予学生足够的时间去思考，此外，教师应注意学生间的合作和探究，使学生能综合运用已学知识，还能利用同伴资源进行社会建构，激发新的想法来解决问题。

6. 评价水平提问

评价水平提问要求学生对所给出的材料给出自己的价值判断和选择，这种提问是最高水平的提问，它能帮助学生根据一定的标准评判事物的价值，从不同角度认识和分析问题，评价事物。学生对事物进行评价，必须对相应的知识有深入的理解，并能分析、综合所学知识，产生新的知识及自己对某事物的独特看法或观点。

(三)教师提问技能的运用策略

1. 尊重差异性

在教学活动中，幼儿是学习者，是教学活动的主体，因此教师的一切教学设计及教学活动均须尊重幼儿的个性发展及个性差异，尊重并鼓励幼儿在阅读、语言组织、语言表达过程中充分表现自身独特的感受及体验。幼儿在回答问题的过程，不管其感受或体验是否符合问题的标准答案，教师都不应对其进行否定或批评，而应让幼儿畅所欲言。教师应认识到，对同样的问题，出现多种不同的回答，恰好体现了幼儿语言的独特性和学习语言的必要性，同时反映了幼儿思维的活跃性。

2. 注重目的性

在幼儿语言教学活动中，语言感知及语言表达均具有多样性，作为学习主体的幼儿个性活泼，思维活跃，因此为了在有效时间及空间内实现有效教学，在应用提问式教学方式过程中，教师在设计问题和提问时，必须明确和强调其目的性。只有明确目的，才能有效引导幼儿进行思考，并促使其掌握相应的知识。问题的解决过程应就是教学重点、难点解决的过程。只有这样设计教学活动，才能在有限时间及空间内，尽最大努力引导幼儿进行思考，增强其思维能力，拓展其知识水平，促进幼儿的全面发展。

3. 体现层次性

幼儿的认识水平具有一定的局限性，因此在语言教学活动及其他所有教学活动中，都必须严格遵循循序渐进的原则进行教学。提问式教学的应用尤其要重视循序渐进，即问题的提出必须具有明确的层次性，由简到难，层层深入。在语言教学活动中，教师提问必须有严格的逻辑性，问题的设置要由易到难，由浅入深，多层次设问，层层递进。有层次性的问题可有效降低学习难度，提高幼儿回答问题的积极性，同时可有效培养幼儿形成清晰的思维框架，促进其养成良好的思考方式。

4. 合理把握难易程度

幼儿的知识水平较低，知识经验相对缺乏，语言组织及语言表达能力等也相对较为狭窄和简单，因此在践行提问式教学时，教师必须熟悉和掌握幼儿的知识水平与认知能力。所提问题不能过于简单，但也不能过于复杂——过于简单的提问无法达到提高幼儿能力的效果，不能激发幼儿思考，而过于复杂的提问会挫伤幼儿回答问题的积极性，导致课堂气氛沉闷，影响教学顺利、有效进行。无效的问题虽然可以活跃课堂气氛，但却无实际意义，反而造成教学时间的浪费。因此，在提问过程中，教师须合理把握问题的难易程度，保证幼儿通过努力能够回答。

四、学前教育课程与教学活动的观察策略

(一)观察概述

1. 观察的含义

幼儿的发展状况是学前教育首先要面临的问题，学前教学课程与教学活动的合理开展始于对幼儿的观察。观察法是研究幼儿发展与教育教学的有效方法之一。“观察幼儿是我们教师教育教学工作中不可缺少的重要内容，通过观察可以了解到幼儿的经验获得、能力发展、心理需要、学习方式，更好地进行教育。”①唯有通过观察和分析，才能真正了解孩子的内心需要和个别差异，以决定如何协调环境，并采取应有的态度来配合幼儿成长的需要。观察是判断和评估幼儿发展的基础，是判断和调整教育活动的依据，使反思和提升教学智慧成为可能。

2. 观察的原则

(1)客观性原则。

在学前教育课程与教学活动观察过程中，不可带着主观色彩去观察幼儿，应注意克服期待效应。每个人都希望自己的辛勤劳动能换来成功，都渴望孩子能向着自己期待的方向转化、发展，但不可有意无意地以自己的主观经验来判断和记录，否则会导致观察结构逐渐失去准确性。

(2)自然性原则。

根据幼儿的发展特点与水平，观察要获得客观准确的结果，就必须观察幼儿在平时状态下的自然行为。教师在观察时应尽可能不对幼儿的正常活动产生干扰，要在自然条件下进行观察。

(3)目的性原则。

观察是一种有目的、有计划的感知活动，观察源于目的。教师要带着特定的目的去观察，才可能从纷繁的现象中找到改进教育教学、评价幼儿发展的有用信息。观察目的包括评价幼儿在语言、身体、认知、情感和社会性上的发展水平；鉴别幼儿的兴趣和学习风格；制订计划，满足幼儿的个体需要；确定进步的幅

---

① 杜存彬．观察在教学活动中的作用[J]．宁夏教育，2014(09)：32-33.

度；为家长提供信息。

(4)准备性原则。

作为一名幼儿教师，在观察幼儿时需要具备关于本专业和观察方法这两大方面的基本知识和经验。本专业知识包括生理学知识和经验、幼儿心理学知识和经验及幼儿教育学知识与经验，等等。

(二)观察方法

在学前教育课程与教学活动中，观察幼儿的方法很多，常见的观察方法包括实况详录法、取样观察法、等级评定法、描述观察法、行为检核法等，教师或观察者可以根据实际情况选择恰当的方法。

1. 实况详录法

实况详录法又称持续记录法，是指幼儿教师教学活动过程中持续不断地、尽可能地记录被幼儿所有的行为动作表现，然后进行分析的一种方法。记录的内容包括幼儿本身的状态，或与他人互动时所做的每一件事和所说的每一句话，以及幼儿所处的背景、环境场所等。在实况详录法实施过程中，幼儿教师要忠实地按照时间顺序进行记录，并以此进行客观的、毫无主观推测的描述。

2. 取样观察法

取样观察法是按照事先确定的标准抽样部分对象为样本或抽样被观察者的“目标行为”进行观察，然后以样本或目标行为的结果推论总体状况。取样观察法不是详细地描述行为或事件，而是缩小范围的聚焦观察。取样观察法首先对观察的行为或事件进行分类，通过分类将其转化为可以量化的材料；其次用具体的、可感知的方式对每种类别进行界定；最后根据类别设计出记录表，从而便于记录。常见的取样方法有时间取样法和事件取样法。

一是时间取样法。时间取样法是指幼儿教师在教学活动中，根据事先设定的观察对象、观察问题，在一个确定的短时间阶段里观察幼儿，主要记录行为出现与否、行为发生的次数以及持续的时间。在实施实验取样观察法时要明确观察目的，制订观察计划；确定观察的目标行为和操作定义；抽取具有代表性的时间，选择恰当的记录方式。

二是事件取样法。事件取样法是指幼儿教师在教学过程中期待幼儿的某种预选行为出现，然后对其进行观察，以期了解某种特定行为出现的条件和过程。运用事件取样观察法时，教师或观察者须等待所选行为、事件的发生，然后作记录，侧重于事件的性质、过程及起因如何等，可以是叙述式的观察记录，也可以作编码记录。

3. 等级评定法

等级评定法是在教学活动过程中，幼儿教师对幼儿进行观察后，根据幼儿的表现，用等级评定量表对所观察的行为事件的特征加以评定的一种方法。在使用等级评定法时不需要对教学活动中的每次观察到的具体事实进行描述或记录，而是凭借总体印象，对幼儿的行为特征给予量化的评定，即用数量化的形式来判断行为事件在程度上的差异。例如，为了解幼儿的社会行为，可用此方法分别记录每个儿童在一小时游戏活动中与其他小朋友接近或说话的次数等。

4. 描述观察法

描述观察法主要是对幼儿在日常生活中的自然行为进行观察并记录。使用描述观察法时，教师可以在平时的细致观察中，用记叙性和描述性语言记录观察对象的动作、语言和活动，从中获得对幼儿个体或群体的认识。描述观察法比较灵活和方便，观察者可以较少地受到限制，在方便的时间、地点都可以自由地观察幼儿，对幼儿日常生活中的自然行为获得鲜明的印象。这种观察法适合幼儿教师或家长在幼儿园或家庭日常生活中使用，观察者可以随手记下幼儿的行为表现、言谈举止，从而分析其发展状况。根据观察记录和目的要求及效果不同，描述观察法可分为日记描述与轶事描述。

一是日记描述法。日记描述法是幼儿教师在教学活动过程中，记录一个或几个幼儿在教学活动过程中的表现和行为信息，主要是幼儿在教学活动中发生的新行为或新事件。运用日记描述法观察时应记录以下三项内容：第一，确定并记载幼儿的年龄、观察时间、地点、观察对象所处的环境。第二，观察并记录幼儿的发展、变化和新的行为。第三，观察时，应当注意观察幼儿的表情。日记描述法对幼儿的记录较为全面、详细，可以记录幼儿在各方面的发展情况，从而揭示教学活动中幼儿实际的发展、变化的过程。

二是轶事记录法。轶事记录法是指在教学过程中幼儿教师对可以表现幼儿个性或对幼儿某方面的发展有价值、有意义的行为或事件所做的记录。这些特定的行为、事件都是教师或观察者亲眼所见，“对幼儿自然表露的行为进行原始、真实的记录，以便了解幼儿的发展需要，为幼儿提供更适宜的帮助与指导。这种方法简单而方便，只需教师在发现值得记录的典型行为和事件时将其记录下来即可。”①

5. 行为检核法

行为检核法是将在教学活动中要观察的行为项目排列成清单式的表格，然后通过观察，检查该行为在教学活动中是否出现的一种方式。实施行为检核法时，必须在观察前制订好观察表格，列出所要观测的具体项目，在教学活动观察过程中，只要所列行为一出现，便可在该项目上做出记录。采用行为检核法进行观察时，既可在教学活动现场观察记录，也可以边观察边记录，还可以事后进行记录。进行行为检核时，应尽量保持客观。依据观察目标，可谨慎地配合使用其他的观察法。

（三）观察的步骤

学前教育课程与教学活动观察是一项系统性工作，在进行观察前，要做好充足的准备，按照步骤执行，通过实事求是的观察，把握幼儿的实际发展状况，有效的观察通常涉及以下几个步骤：

1. 设定观察目标，制订观察计划

了解幼儿现有的经验和当前的兴趣，结合课程与教学目标及现阶段教学内容，根据所要研究的问题及观察对象等，设定观察目标，制订观察计划。明确观察的目的、重点、范围以及要搜集的材料，何时观察、观察多久、间隔观察还是持续观察等，以及怎样观察与记录。

2. 依据计划，实施观察

幼儿教师在教学活动观察过程中要注意看、听、问、思、记等方式的互相配合，以便达到最佳效果。在记录时应该客观地记录内容，以便后续工作的开展。

3. 解释观察资料，分析观察结果

幼儿教师在教学活动观察进程中应详细检查记录材料，确保材料全面完整、

① 夏靖．轶事记录法在幼儿评价中的应用[J]．学前教育研究，2003(Z1)：50-52.

正确无遗漏，对需要加以说明的情况应做好备注，在观察结束后将记录材料进行分类并整理保存。幼儿教师对记录材料应进行分析研究，提出自己的认识和见解，并加以理论的论证，撰写成研究报告。在报告中，须对观察中发现的问题提出解决方案或改进措施。

【本章小结】

本章主要探讨了学前教育课程与教学的方法与指导策略。学前教育课程与教学的方法与指导策略是幼儿全面发展教育的手段。常用的教学方法包括活动法、直观法、口授法、实践法；常用的课程与教学指导策略包括组织策略、语言运用策略、提问策略、观察策略等。教师通过组织教学活动和吸引幼儿主动参与，让幼儿获得生活、社会、自然等方面的知识和经验，形成简单的概念，发展幼儿的智力，培养幼儿初步的学习兴趣和习惯。

不同的教学方法与指导策略有不同的使用范围，教师要善于进行恰当的选择，创造性地加以运用，力求使教学取得较好的效果。在选择课程与教学方法及指导策略时，要根据教学内容的特点并与教学情境相适应，充分考虑幼儿的现有发展水平，满足其身心健康成长的需要。

【主题词】

学前教育课程与教学的方法，学前教育课程与教学的指导方法，活动法、直观法、口授法、实践法，组织策略，语言运用策略、提问策略、观察策略

【思考题】

1. 什么是学前教育课程与教学方法，常用的教学方法有哪些，运用这些教学方法时应注意什么？

2. 学前教育课程与教学方法与指导策略的选择依据有哪些？

3. 设计一次主题教学活动，进行实践练习。

第八章　学前教育课程与教学评价

【本章导读】

课程与教学评价是学前教育评价的核心组成部分。但是，在我国学前教育领域中，课程与教学评价仍是学前教育评价中较为薄弱的环节之一。综观我国多年的课程改革，虽然课程评价对于学前教育工作者来说已不是什么新鲜事物，但大多属于经验层面上的积累，到目前为止尚未形成系统的评价理论和实践。① 近年来，课程与教学评价逐渐得到重视，20 世纪 80 年代初，我国经历了第三次学前课程改革，课程与教学评价改革促进了评价理论的提升及实践的运用。作为学前教育专业工作者，要促进学前教育课程与教学评价的发展，应做到以下几点：首先，要掌握学前教育课程与教学评价的相关理论及实践方法；其次，能够厘清我国学前教育领域课程与教学评价的历史概况及发展趋势；最后，了解并借鉴国外学前教育课程与教学评价的经验，促进我国学前教育课程与教学评价的发展。

---

①　石丽娟，刘勇 . 20 世纪 80 年代以来我国学前课程改革研究[J]. 保定师范专科学校学报，2004(07)：80-85.

【知识地图】

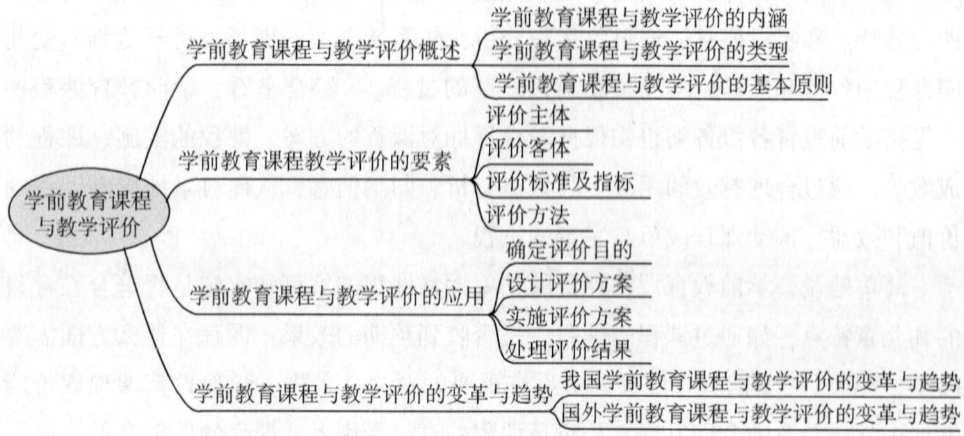

第一节 学前教育课程与教学评价概述

学前教育评价是学前教育体系的重要组成部分，是对学前教育各个层面、各个环节进行价值判断的过程，包括对儿童、教师、课程与教学、教育管理等进行的综合性评价，其中，课程与教学评价是学前教育评价的核心环节，是提升学前教育保教质量的重要保证。了解学前教育课程与教学评价的含义、依据、类型及基本原则，是把握课程与教学评价的基础。

一、学前教育课程与教学评价的内涵

课程与教学是相互联系又有所区别的概念，因此课程评价与教学评价之间既存在紧密联系，又有所区别。了解学前教育课程评价与教学评价之间的关系，能帮助我们更好把握学前教育课程与教学评价的概念。

(一)学前教育课程评价的含义

关于学前教育课程评价的定义，多数学者倾向于将学前教育课程评价等同于幼儿园课程评价。虞永平认为，学前教育课程评价就是在对幼儿园课程的计划、活动以及结果等有关问题的量或质的记录的基础上做出价值判断的过程。① 这一定义强调的是课程评价的判断功能。王坚红认为，幼儿园课程评价是针对幼儿园课程的特点和组成要素，通过收集和分析比较系统全面的资料，科学地判断幼儿园课程的价值和效益，从而推动课程改革的过程。② 综合来看，学前教育课程评价是指学前教育各级各类机构根据教育目标对课程的方案、课程的实施、课程的成效等，通过合理有效的手段，收集、分析、归纳信息，从而科学地判断课程的价值和效益，推动课程改革与完善的过程。

简单地说，学前教育课程评价就是要探索课程的编订和实施是否符合教育目的和儿童特点，如通过课程的学习，是否收到预期的效果；课程在什么方面需要改革，等等。③ 学前教育课程评价具有重要的意义。首先，学前教育课程评价能够促进学前儿童的全面发展。儿童是课程的直接受用者，课程的质量高低直接影响着儿童是否能健康、全面地发展。通过课程评价，可以有效判断课程是否符合当前儿童的需要，是否能促进儿童的发展等，以保证课程的适宜性、有效性、科学性；其次，学前教育课程评价能够促进学前教师专业水平的提高。教师是课程的实施者，课程评价能帮助教师有意识地回顾、反思课程实施过程，发现课程实施中存在的问题，从而调整教育教学策略，增强教师的专业素养；最后，学前教育课程评价能够促进学前教育质量的提升。课程质量是学前教育质量的核心部分，对课程进行的现实诊断、价值判断，都是为了科学地推动课程改革，提升课程质量的同时，也促进了学前教育质量的提升。

【知识链接】

我国幼儿园课程评价的观念发展过程

2001 年 9 月教育部颁布的《幼儿园教育指导纲要(试行)》将教育评价作

---

① 虞永平，彭俊英．对我国幼儿园课程评价现状的分析和建议[J]．人民教育，2003(11)：23-24.

② 马娥．近 20 年国内学前教育评价研究文献综述[J]．延安职业技术学院学报，2009(03)：7-9.

③ 杨晓萍，王善安，郭光亮．学前教育课程基础[M]．重庆：西南师范大学出版社，2018：73.

为与总则、教育内容与要求、组织与实施相并列的四个基本领域之一，并进行了专门阐述。它在第四部分围绕幼儿园教育评价，提出了评价的发展性、合作性、标准的多元性以及多角度、多主体、多方法、重视过程、重视差异等原则。虽然这些原则是针对不同的评价因素(包括评价目的、标准、方法、主体等)分别提出的，但它们均无一例外的是统一于发展性评价的观念之下的。以往的学前教育评价以区分评价对象的优劣程度为目的，重视评价分等鉴定的功能；而发展性评价则以诊断和改进学前教育、促进教育活动的参与者(尤其是幼儿与教师)能在原有基础上得到发展为目的，评价的价值定位在发展功能上。无疑，《幼儿园教育指导纲要(试行)》的颁布即意味着幼儿园教育评价观的根本转型——由竞争本位的、分等排序为核心的评价观转向以人的发展为核心的评价观。随着评价观念的转变，强调对教育过程而不是对教育结果的关注、多方评价主体的积极参与、让教师成为课程评价的主人、评价内容的全面化、结合运用多种评价方法等主张已经逐渐成为幼儿园课程评价的大势所趋。①

(二)学前教育教学评价的含义

学前教育教学评价是根据一定的学前教育目的和教学原理，运用切实可行的评价方法和手段，对学前教师的教育教学活动过程进行全面考察、价值判断并实施教学改革的过程。学前教育教学评价具有一定的规律，包括两个方面的内容：第一，对学前教师教学活动设计与指导有效性的评价。对学前教师教学活动设计的评价包括对教学目标、教学内容、教学过程及教学方法等方面的评价。对教师指导有效性的评价包括对教师的指导策略、师幼互动、重难点把握等方面的评价。第二，对幼儿参与活动有效性的评价。在教学活动过程中，幼儿的表现直观反映了教师所组织教学活动的质量，如幼儿在活动过程中的参与度、学习方式、学习程度、情感状态等，都是学前教育教学评价的内容。

---

① 虞永平，彭俊英. 对我国幼儿园课程评价现状的分析和建议[J]. 人民教育，2003(11)：23-24.

教学评价能够帮助教师对教育教学活动进行诊断，发现教学过程中的问题，从而保留优点，改进不足，优化教学质量。

(三)学前教育课程评价与教学评价的关系

根据“整合关系”理论，学前教育课程与教学是相互融合的统一整体，因此，学前教育课程评价与教学评价之间也是相互融合的、统一的——在论述课程评价的同时，也包含着对教学的评价，而教学评价的过程中，也体现了对课程的评价。在本章中，是将学前教育课程与教学评价作为一个统一体来进行论述的。

二、学前教育课程与教学评价的类型

学前教育课程与教学评价是一个综合性的价值判断过程，包含着对不同教育观念、教育目标、教育实践、教育要素的筛选与扬弃。此外，岗位要求、评价目的、评价主体的不同，评价活动也会受到影响。根据不同的分类标准，可以将学前教育课程与教学评价划分为多种类型，本章选择性地介绍几种常用的评价类型。

(一)诊断性评价、形成性评价、总结性评价

根据评价的功能及其进行的时间段不同，可以把课程与教学评价为分诊断性评价、形成性评价、总结性评价三种类型。

1. 诊断性评价

诊断性评价也称教学性评价、准备性评价。诊断性评价是指学前教育机构在教育活动开始之前或者确定具体的学前教育课程与教学之前，为了使课程与教学计划和内容能更好地满足幼儿发展的需要、能更有效地实施而进行的预测性评价。①

【案例讨论】

在开展某项教育活动之前，教师可以通过各种方法对幼儿进行诊断性的

① 杨晓萍，王善安，郭光亮．学前教育课程基础[M]．重庆：西南师范大学出版社，2018：76.

评价，以了解幼儿具备哪些知识，以及能力和态度上的准备，在设计和组织活动时就能做到有的放矢，根据幼儿的发展水平调整教育日标和内容。比如，某大班教师计划组织一次“认识小鸟”的活动。她原来设计的活动目标是让幼儿认识各种各样的鸟，概括鸟的共同特征并形成关于“鸟”的科学概念。在进行这一活动之前，她为了了解幼儿对于鸟已经具备了哪些知识，他们的心目中的“鸟”概念是什么，就进行了一番调查。结果发现，幼儿知道很多种鸟，但是对鸟的理解却是五花八门的，所以就更谈不上对鸟的共同特征的关注了。教师同时还发现，幼儿对不同的鸟明显表现出不同的态度，有的幼儿还知道鸵鸟也是鸟。根据这些了解，教师改变了原先的设计，把目标的重点从认识鸟的名称及其共同特征改为和幼儿谈论各种各样的鸟，包括知道哪些鸟？它们是什么样的？生活在哪里？你喜欢它们吗？为什么？等等。这样的活动，由于教师对幼儿的已有经验作了了解，充分调动了幼儿的主动性、积极性，从而取得了较好的效果。

诊断性评价是教育工作者了解课程与教学是否符合幼儿当前发展水平的一个极为重要的途径。教育工作者在进行课程与教学设计之前，通过诊断性评价，可以对教育对象进行“摸底”，了解幼儿的“最近发展区”，从而设计更符合幼儿发展水平的课程与教学活动。

2. 形成性评价

形成性评价也称过程性评价。形成性评价是在课程开发或课程实施、发展或完善过程中进行的评价，其主要目的在于搜集课程开发或实施过程中各个局部优缺点的资料，作为进一步修订和完善的依据。①

【案例分析】

在一次认识海洋动物的主题活动中，教师组织了各种形式的教学活动：首先是讨论，交流各自知道的有关海洋动物的知识；然后集体参观“海底世界”里的动物，参观归来后交流心得，提出未解决的问题，并分头收集资料

① 李雁冰．课程评价论[M]．上海：上海教育出版社，2002：9.

寻找答案；最后进行集体交流，汇报自己的发现，等等。整个活动历时几个星期，在这个过程中，教师不断地了解幼儿的发展，作出评价，并根据评价的结果有意识地引导幼儿深入探究，而在某个教学活动中的评价主要是对幼儿的探索过程进行评价。因为活动时间往往很短，形成性评价经常渗透在教育活动的过程中，所以教师的评价形式也是多种多样的，幼儿在活动过程中会有各种表现，这些都是幼儿的学习情况的反映，也是可供教师评价的信息。教师对幼儿的反馈，就是发生在活动中的形成性评价。①

形成性评价是在教育过程中持续进行的评价。其目的在于了解教育活动的反馈和成效，以便及时调整教育策略、优化教育过程。形成性评价通常都是非正式的评价。在一个持续时间较长的教育过程中，教师需要及时了解幼儿的发展情况，以便根据这些反馈信息来计划和组织下一阶段的教育。比如，幼儿语言的表现是最容易被教师注意到的，如他们提出问题，回答教师提出的问题，和同伴交流和讨论以及自言自语，等等，幼儿通过语言，表达他们的发现、困惑和情感体验。教师通过倾听幼儿的语言，就可以了解到的儿的学习情况，包括他们知道了什么，他们的认识有何不足之处，还有什么疑问，等等。②

3. 总结性评价

总结性评价也称终结性评价、结果性评价。它是一种对课程实施以后所获得的实际效果进行验证的评价方式。总结性评价一般只涉及课程及教学实施的结果，不涉及课程实施的过程，是事后的评估，“旨在验证课程的成功程度和推广价值”，为各级各类决策者提供信息。③

各类学前教育机构通过总结性评价，对每周、每月、每学期、每年的教育教学进行评价，为下一阶段的课程与教学的修正与完善提供有力的支撑。以幼儿园期末总结性评价为例，每个学期结束后，幼儿园的管理层会作为评价者对本学期内课程与教学实施做总结性的评价，给予教师一定的指导意见，以期在新学期到

① 刘立民．幼儿园科学教育[M]．北京：北京理工大学出版社，2016：102.

② 刘立民．幼儿园科学教育[M]．北京：北京理工大学出版社，2016：102.

③ 王春燕．幼儿园课程概论[M]．北京：高等教育出版社，2007.09.

来时，能改进教育教学中存在的不足之处，优化课程与教学的各个环节。

(二)内部评价与外部评价

根据评价的主体不同，可以将学前教育课程与教学评价划分为内部评价与外部评价两种类型。

1. 内部评价

内部评价又称自我评价，是指由幼儿园内部或教师本人对照课程评价标准，对本园或教师的课程实施状况与效果作出分析和判断的一种评价方式。内部评价可以使评价过程成为教师自我认识与提高的途径，有利于改进工作。① 内部评价可以是教师的自我评价，也可以是管理层或其他教师对某个教师的评价，可以是对教师课程实施方面的评价，也可以是对教师教学活动方面的评价。表 8-1 就是对教师教学活动进行评价时所使用的表格。

表 8-1 **教学活动评价表②**

	评价要点	评价等级		
		A	B	C
目标	目标的年龄适宜性			
	目标的可落实性			
	目标的和谐性			
	目标实际达成程度			
内容	内容的年龄适宜性			
	内容与目标的一致性			
	内容的科学性			
	内容的生活性			
	相关环境、材料的适宜性			
	内容的实际完成情况			

① 王春燕．幼儿园课程概论[M]．北京：高等教育出版社，2014：133.

② 虞永平．幼儿园教学活动的评价[J]．早教教育，2005(02).

续表

	评价要点	评价等级		
		A	B	C
教师	教师讲解的适宜性			
	教师教学策略的适宜性			
	教师对幼儿的关注			
	教师评价的适宜性			
幼儿	幼儿的投入程度			
	幼儿的互动机会			
	幼儿面临的挑战			
	幼儿的学习习惯			

2. 外部评价

外部评价又称他人评价，是由有关人士或专门人员组成评价小组，对幼儿园课程的整体实施状况作出判断的一种评价方式。外部评价通常是为教育主管部门有效管理课程提供决策信息。①

【案例讨论】

某幼儿园领导与教职工认为本园的目标已基本达到，但未经外部人士的评价，故拟进行一项目标游离式评价，邀请幼教界的某权威人士，与其他园的园主任、教师、家长和某教育心理专家一起组成评价小组。在对该园目标并不了解的基础上(未听取有关目标的汇报)，评价人员用三天时间连续观察机构的运行情况，与儿童、家长、教职工等相关人员谈话，审阅书面记录与材料，最后根据所掌握的全部资料，写出评价报告，向该幼儿园提供了相当可观的有关工作情况的信息，不仅肯定了某些预定目标的成效与影响，而且指出了一些明显却未预料到的积极或消极影响。②

① 王坚红．学前教育评价：理论·方法·实践[M]．北京：人民教育出版社，1994：45-46.

② 王坚红．学前教育评价[M]．北京：高等教育出版社，2016：150.

外部评价可以是教育主管部门组织的、对所属管理范围内教育教学机构的评价，也可以是教育教学机构自行组织的，以提升课程与教学质量为目标的评价。这种评价能以“局外人”的身份，站在更客观、中立的角度，对学前教育课程与教学进行更全面、专业的评价，提出完善意见，帮助幼儿园提升课程及教学质量。

(三)量化评价与质性评价

1. 量化评价

量化评价是指用简化的数字、数量对复杂的教育现象和课程现象进行分析和解读，进而得出结论的评价方法。量化评价以科学实证主义为基础，认为数字能说明一切，只有通过定量化研究才能得出科学、客观的结论。① 量化评价能够真实地呈现数据及统计结果，客观解释教育教学现象。与其他评价类型不同，在量化评价过程中需要通过定量的方式解释评价结果，给出数据支撑，用证据说话(见图8-1)。

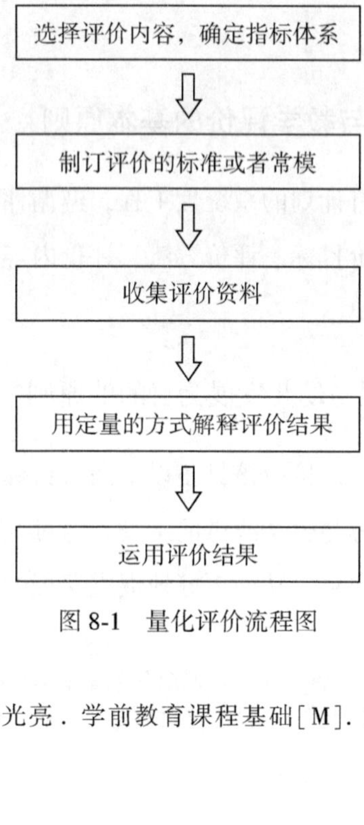

图8-1 量化评价流程图

① 杨晓萍，王善安，郭光亮．学前教育课程基础[M]．重庆：西南师范大学出版社，2018：79.

量化评价采用数字的方式来处理评价问题，而数字的表达相对精确，也容易进行比较，而且有着严格的评价程序，至少看上去是非常精确和严谨的，多年来人们都相信量化的评价结果是非常可信和客观的。① 这只是看到量化评价的优点，由于课程与教学评价是非常复杂的社会综合性活动，很多时候没有办法进行量化研究，而且即使采用了量化评价，也有可能由于某种因素导致量化结果出现偏差或者误差。

2. 质性评价

质性评价也称"自然主义评价"，即通过自然的方法，全面充分地揭示和描述评价对象的各种特质，以彰显其中的意义，促进对课程的理解。② 质性评价与量化评价相对，它通过描述的方式对课程与教学进行评价，具有主观能动性。如何保证质性评价的信度与效度呢？苏贵民在《幼儿发展评价》一书中提出，可以通过以下四个方面来提升质性评价的信度与效度：一是对于同样的事件要使用不同来源的信息加以相互印证，二是在评价资料中尽量保留和使用幼儿、家长或者教师所用的语言，三是在不同时段对同一个人进行观察或者访谈，四是使用录音工具记录访谈现场的声音。

三、学前教育课程与教学评价的基本原则

评价是一项有目的、有计划的系统性工程，遵循评价的基本原则，才能保证学前教育课程与教学的评价目标、评价方法、评价内容、评价实施等要素的科学性、严谨性。

（一）坚持以促进课程与幼儿发展为目的的原则

从课程评价的目的看，评价应该具备以下两大目标：第一，有利于改进与发展课程。评价只是促进课程与教学改进的工具，通过评价，应该要对课程与教学进行诊断、甄别、调整与完善，从而更好地促进课程的优化；第二，有利于促进

① 苏贵民．幼儿发展评价[M]．重庆：西南师范大学出版社，2016：30.

② 杨晓萍，王善安，郭光亮．学前教育课程基础[M]．重庆：西南师范大学出版社，2018：79.

幼儿的发展。课程与教学最终的落脚点是幼儿，能否促进幼儿的发展是衡量课程与教学质量的关键，评价作为课程质量提升的手段之一，也应该以促进幼儿发展为原则。

（二）坚持多主体协同进行评价的原则

首先，以教师自我评价为主的评价。教师是课程与教学的实施者，教师专业水平的高低决定着课程与教学能否落到实处。只有让教师成为课程评价的主人，才能调动教师的反思意识，提高教师的反思能力。促进教师对课程和幼儿的研究，使评价过程成为推动教师专业发展的有效途径。[①] 其次，注重家长的参与。家长参与课程与教学评价，有助于家园沟通，形成合作、共育、共赢的局面；最后，要鼓励幼儿参与评价过程。幼儿是课程与教学的直接体验者，应该让幼儿学会表达，评价教育教学活动中哪些环节比较喜欢、有趣，哪些地方不好玩，更希望教师开展哪些活动，怎么开展，等等。

（三）坚持评价过程与方法科学化的原则

课程与教学评价应该做到真实、客观、严谨，确保评价结果的科学性。因此，评价过程中要尽量保持客观、真实、自然，数据收集基于科学的研究方法，评价结果的统计分析要做到科学有效。同时，适当将定性评价与定量评价结合起来，做到优势互补。

（四）坚持“以评保改”的原则

课程评价最重要的环节是通过评价结果对课程与教学进行改革，实现“以评促改”。因此，应正确看待评价结果，分析评价结果在实际工作中该如何应用，切实发挥评价结果的作用，杜绝“为了评价而评价”。

---

① 杨晓萍，王善安，郭光亮．学前教育课程基础[M]．重庆：西南师范大学出版社，2018：79.

第二节 学前教育课程与教学评价的要素

评价要素是指进行教育评价过程中所涉及的人员、内容及方法等。尽管课程与教学评价的类型繁多，不同类型的评价在实施过程中会有所不同，但都会涉及这些评价要素。学前教育课程与教学评价包括评价主体、评价客体、评价标准与指标、评价方法四大要素。

一、评价主体

课程评价的主体即课程评价的实施者。教育行政管理部门人员、幼儿园园长、教师以及家长等均可以成为评价的主体。不同主体所进行的课程评价具有不同的视角和目的。① 幼儿作为评价的主体不是通过语言，而是通过自己的行为反应和发展变化来表现对课程的感受。因此，他们的行为表现和发展变化具有重要的评价意义。幼儿园课程的评价人员由谁承担，取决于课程评价的目的、种类、评价人员与被评价者的利益关系等因素。例如，如果课程评价的目的是总结性的(如向教育行政部门做有关课程发展的报告、决定课程的优劣等)，那么课程评价人员应从那些不受评价对象制约和影响并具有评价知识和经验的人中去选择；如果课程评价的目的是形成性的(如为课程编制和改进提供指导意见、发现课程实施中存在的问题等)，那么课程评价人员应从那些接近评价对象并具有评价知识和经验的人中去挑选。②

【学者观点】③

佩恩(Payne)曾提出，课程评价人员在下述领域内应能充分胜任：确定

---

① 杨晓萍，王善安，郭光亮．学前教育课程基础[M]．重庆：西南师范大学出版社，2018：135.

② 朱家雄，胡娟，孔宝刚，等. 幼儿园课程概论[M]. 上海：复旦大学出版社，2015：74.

③ 朱家雄，胡娟，孔宝刚，等. 幼儿园课程概论[M]. 上海：复旦大学出版社，2015：74.

制订评价计划需要的信息；制订一项用于评价某一具体课程的计划；确定、理解、综合相关的研究、测试和评价文献；以适当的形式确定评价目标和基本数据的需要；批评性地评价一项提出的评价方案和研究；阐述理论评价模式和“真实生活”需要；阐述输入、处理和结果变量；与评价小组和课程实施人员工作时适当处理人与人之间关系的能力；区分横向与纵向研究的利弊，进行系统、功能和任务分析，制定一种有效的测量—管理过程；从几种体系中编制出一种主要的评价系统；以计算机程序设计或数据处理术语，描述评价方案和分析条件；确定评价方法的选择或制定标准所应用的适当的数据收集程序，应用适当的数据处理程序为特定课程制订一种成本—效益分析，利用评价资料来制定关于课程的决策设计(课程计划预算系统)，控制评价课程单元的活动；设计描述形式、职责、程序、接受主客体以及日程的数据表达体系，时机合适时重新设计并改善评价方法。

佩恩的这一观点由桑德斯(Sanders，JR.)做了补充，他提出，评价人员还应具有以下评价能力：

(1)描述对象——了解什么内容正在被评价，其范围、重要特征是什么，并能描述对象的本质；

(2)描述评价背景——了解有哪些与评价相关的因素对对象和评价具有或可能具有显著效果，使评价的适当目的概念化——能清晰地阐明各种目的，确定评价方向；

(3)确定评价对象的价值或优点——能区分并证明标准的正确性，这些标准将用于准备对评价对象做判断性或价值性论述，然后系统地应用这些标准；

(4)坚持道德标准——表明具有正确的职业行为知识。

二、评价客体

评价客体的概念是与评价主体的概念相对应的。“评价客体即评价对象。”其主要内涵是指评价的内容和范围而言。从一般意义上来看，幼儿园课程评价的内容和范围是比较广泛的，大致可以划分为课程方案评价、实施过程评价、课程效果评价。①

(一)课程方案评价

课程方案评价，主要是考察和评定学前教育课程所有的基础理念以及所强调的主要价值取向，是否与社会文化背景相契合，是否与教育对象的实际状况相契合；考察和评定学前教育课程的目的、内容、方案等是否在课程理念的统合之下具备整体性，并能发挥其总体的功能。② 首先要对课程与教学评价需要进行评估；其次，要筛选适宜的课程方案。

(二)实施过程评价

课程方案的实施是整个课程系统运作的中心环节。如果说课程方案是施工蓝图，课程实施就是施工过程。对实施过程的评价，教师主要是通过不断反思，考察课程目标、课程内容和教育教学方式与幼儿的发展水平的适应程度来实现的。评价结果将直接服务于课程的完善，是最有可能使幼儿受益的部分。③

(三)课程效果评价

课程效果评价是一种终结性评价。它是对课程实施后在幼儿和教师身上所引起的发展变化做分析和评判，是衡量课程方案和教师教育教学行为适宜性的最终环节。课程效果评价是检验学前教育质量的必要手段。“课程效果，有的是显性的，有的是隐性的；有的是长效的、有的是短效的；有的是预期的，有的是非预期的。”因此，对课程效果的评价是一项非常复杂的工作。课程的效果主要通过幼儿的发展、教师行为这两个方面作出评价。④

---

① 杨晓萍，王善安，郭光亮．学前教育课程基础[M]．重庆：西南师范大学出版社，2018：136.

② 李子建，杨晓萍，殷洁．幼儿园园本课程开发的理论与实践[M]．北京：人民教育出版社，2009：74.

③ 杨晓萍，王善安，郭光亮．学前教育课程基础[M]．重庆：西南师范大学出版社，2018：137.

④ 杨晓萍，王善安，郭光亮．学前教育课程基础[M]．重庆：西南师范大学出版社，2018：137.

三、评价的标准及指标[①]

评价标准是根据评价指标体系，拟定的每个指标所应达到的水平。评价工作，其实就是把幼儿园课程的各个要素和环节的状况与评价指标和标准进行对照，从而对整个课程运作系统作出价值判断的过程。因此，指标与标准的科学性、合理性不仅对评价工作本身起重要的指导和规范作用，而且其中所包含的教育价值观将长期影响幼儿园课程实践，对课程实践具有导向作用。与《幼儿园工作规程》和《幼儿园教育指导纲要(试行)》《3—6岁儿童学习与发展指南》的基本精神相违背的评价指标和标准，将对学前教育产生消极影响。

(一)幼儿园课程评价的指标

指标是评价的维度或内容(项目)，标准是评价的依据，是评价维度应该达到的水平。任何一项课程评价准则通常都由许多指标构成，这些指标的集合形成指标体系。幼儿园课程评价须根据学前教育的特点和评价目的，科学地确定评价指标，评价指标应当正确地反映课程相关要素的本质内涵。同时，评价指标应当是可观察、可测量的。

(二)幼儿园课程评价的标准

幼儿园课程评价的标准“是衡量幼儿教育之价值的现实的操作性尺度。”[②]在不同的价值观念指导之下，会有不同的评价标准。从宏观上看，一个国家在一定时期，有大致统一的课程评价标准，它反映了国家幼教课程政策的基本精神。但这样的评价标准可能操作性较差，它通常体现为课程评价的指导思想和原则。评价者通常会基于这些指导精神，根据不同的评价目的，制定比较具体的评价标准。这些标准通常表现为比较实际的问题。

---

① 杨晓萍，王善安，郭光亮．学前教育课程基础[M]．重庆：西南师范大学出版社，2018：138-140.

② 虞永平．幼儿园课程评价[M]．南京：江苏教育出版社，2009：36.

【知识链接】①

美国幼儿教育协会(NAEYC)认为，以下标准在课程评价中不可或缺：

(1)接受该课程的孩子是否放松、愉悦，并积极参与其中；

(2)是否有足够的受过专门训练的教师；

(3)成人对不同年龄和有着不同兴趣的幼儿的期望是否有适当的变化；

(4)幼儿各方面的发展是否都受到重视；

(5)教师们是否经常一起讨论设计和评价课程；

(6)是否欢迎家长来园参观，参与讨论课程并提供意见。

四、评价方法

学前教育课程与教学评价具有一定的方法或方法体系。课程评价的方法与一般的学前教育科研方法是通用的，可以分为定性评价、定量评价两大类：

(一)定性评价

定性评价是评价者用语言文字作为收集和分析评价资料、呈现评价结果的主要工具的评价方式。“定性评价来自社会学和人类学的传统，强调对现象的描述、解释和归纳，具有人文主义的价值判断倾向。”②

(二)定量评价

定量评价是评价者收集与被评价对象相关的数量性的实证信息，用数量化指标来显示评价结果的评价方式。“定量评价来自自然科学和心理学的实验传统，强调实证的求知方法，以评价结果为焦点，力求精确的测量资料，强调评价的可靠性和推断性，具有科学主义的价值判断倾向。”③显然，这两种类型的评价各有利弊。因为幼儿园课程是一个非常复杂的系统，仅依赖定性或定量的方法都无法

① 李玮，李艳丽.《指南》背景下幼儿教师教学实践指导：幼儿园课程[M].北京：中国轻工业出版社，2016.

② 王坚红.学前教育评价：理论·方法·实践[M].北京：人民教育出版社，1994.

③ 王坚红.学前教育评价：理论·方法·实践[M].北京：人民教育出版社，1994.

完成对课程的正确评价。“只有将二者有机结合，使质量互补，交叉验证，才有可能极大地增强评价的有效性与准确性。”①

【知识链接】

另一种评价：学习故事②

学习故事是一套来自新西兰的儿童学习评价体系。在新西兰各类早期教育机构中，学习故事被广泛用来帮助教师观察、理解并支持儿童的持续学习，同时记录每一个儿童成长的轨迹和旅程。近年来，学习故事这套评价体系也得到了国际早期教育界的认可，英国、德国、加拿大等国家的很多早期教育机构开始把学习故事作为对儿童学习评价的手段。随着新西兰和中国早期教育界间的交流日益频繁，学习故事也受到了中国早期教育工作者的高度关注。学习故事是什么呢？

(1)学习故事是一套由明确教育价值观引领的学习评价体系；

(2)学习故事是一套用叙事的方式进行的形成性学习评价体系；

(3)学习故事是一套能够帮助儿童建构作为学习者的自我认知的学习评价体系。

第三节　学前教育课程与教学评价的应用

教育评价是一个过程，是具有一定程序和系统的活动过程；它以一定教育目标或一定教育价值观为依据，以对评价对象的功能、状态和效果进行价值判断为核心，以科学的评价方法、技术为手段，其最终目的在于不断完善评价对象的行

① 王坚红．学前教育评价：理论·方法·实践[M]．北京：人民教育出版社，1994.

② [新西兰]玛格丽特·卡尔．另一种评价 学习故事[M]．周欣，周念丽，左志宏，等，译．北京：教育科学出版社，2016.

为，提高教育质量，为教育决策服务。① 课程与教学评价是教育评价中的核心环节，在实践应用过程中，课程与教学评价应遵循着一定的步骤，即不管是运用哪种类型的评价，评价者可以依照确定评价目的、设计评价方案、实施评价方案、处理评价结果这四大步骤进行评价活动。

一、确定评价目的

任何评价，都是含有某种价值取向、有目的的社会活动。确定评价目的，是开展评价活动的第一步，只有明确评价的目的，才能确定评价的对象、内容、方法、工具等。那么，评价者如何确定评价目的呢？通过“评价三问”可以帮助评价者明确评价的需要及意义，确定评价的目的。

（一）为什么而评

通过回答“为什么而评”这一问题，可以帮助评价者厘清思路，明确进行课程与教学评价的直接目的是什么——是诊断课程与教学方案是否科学合理，还是发现课程与教学实施过程中的问题，从而优化课程与教学过程？是衡量课程与教学效果是否达到质量标准，还是进行比较和鉴别？不同的评价目的，决定着评价后期的方向和结果。

（二）由谁来评

根据评价的目的不同，评价的组织者和实施者也不一样。如果是为了对学前教育课程与教学的质量进行评估定级，就需要由权威的评价机构，或者上级教育行政或业务主管部门组织实施；如果是学前教育机构内部为检查课程与教学实施的效果而进行的评价，则可以由幼儿园的管理人员执行，各班教师配合；如果是教师在使用课程或进行教学过程中为了诊断和改进教学而进行的非正式的评价，则可以由教师本人实施；如果是为了了解幼儿对课程及教学的意见或者建议，则可以通过一定的方式让幼儿对课程与教学进行评价。不同的评价主体，采用的评

① 教育评价[J/OL]百度百科，2020，19(3)：4 [https：//baike. baidu. com/item/%E6%95%99%E8%82%B2%E8%AF%84%E4%BB%B7/2944791？fr=aladdin.

价手段与评价方法也不一样。

(三)评什么

评价的对象和具体内容直接取决于评价的目的。在教育评价中，既要全面完整地反映评价对象的事实面貌，又要从实际出发，节约人力和物力，在条件允许的情况下，选择可行的、能够真正说明问题的内容进行评价。比如，在对一种课程模式进行评价时，要根据评价的目的，决定是只评价该课程的实际效果，还是评价该课程的全部结构。如果是前者，就只须评价课程实施以后幼儿的发展状况；如果是后者，就要对课程的目标、内容体系、方法手段的合理性，课程结构的独特性以及课程实施的效果进行全面的评价。①

二、设计评价方案

评价方案是指整个评价工作的总体结构和工作计划，是依据一定的评价目的，根据教育活动和评价活动的一般规律，对评价的目的、内容、范围、方法和程序等方面加以规范的基本文件。评价方案是评价工作的关键性指南，能确保评价达到预期的目的。一般来说，设计评价方案需要设计评价的指标体系、选择适宜的评价方法等。② 具体而言，评价方案的设计主要包括四个方面的工作。

(一)明确评价要达到的目的

评价方案的设计，要以评价所要达到的目的为依据。对评价目标进行全面、深入的分析，有针对性地建立评价的指标体系，才能做好评价方案。如果要评价幼儿课程是否符合幼儿的发展水平，就要考察幼儿认知、技能、情感发展的总体水平及发展的具体细化指标，并以此作为制定课程与教学评价体系的依据。

(二)设计评价指标体系

评价的指标体系，是关于被评对象各级各类因素的集合体及其相应的权重系

---

① 刘立民．幼儿园科学教育[M]．北京：北京理工大学出版社，2016：106.

② 张晓焱．幼儿园管理[M]．北京：航空工业出版社，2014：260.

数集合与量化方法。

【知识链接】

评价权重①

权重是指在评价指标体系中，每项指标相对重要程度的标志，即每项指标在总体中所占的比例。目前确定评价指标权重的最简便易行且经常使用的方法是调查统计法。该方法要首先把确定下来的评价指标制成问卷；然后把问卷发给有经验的教育工作者或专家，请他们对各项指标的重要程度作出判断，给出分数；最后统计每项指标的得分，并计算出平均分，再将各项指标按隶属关系进行归一化处理，就得出每项指标的权重。

例如，几位专家对教师基本素质的 3 个指标(政治态度、职业道德和业务能力)进行打分，最后统计出 3 个指标的平均分分别是 4.13、4.79、3.51，将各项指标的平均数进行归一化处理。

"政治态度"指标的权重=4.13/(4.13+4.79+3.51)=0.33

"职业道德"指标的权重=4.79/(4.13+4.79+3.51)=0.39

"业务能力"指标的权重=3.51/(4.13+4.79+3.51)=0.28。

用同样的方法可以计算出其他各级指标的权重，最后填入评价指标表，定量指标就设计完成了。

(三)确定收集评价资料的方法与步骤

收集评价资料有多种方法，如实地观察、填表调查、访问谈话、查阅文件、口头或书面汇报等，应根据评价的目的、内容等适当选用。评价时可以使用其中某一种方法，有时也可以将多种方法结合进行，这样可以提高评价的可靠性。

① 张晓焱. 幼儿园管理[M]. 北京：航空工业出版社，2014：261.

【案例讨论】

幼儿园区域活动中儿童行为的观察与评价①

教师想了解幼儿宇宇的角色游戏发展水平，对宇宇进行了如下的观察。

观察对象：宇宇，女，4岁半。当教师宣布小朋友们可以去选择自己想玩的游戏后，她快速地跑到娃娃家，伸手从台上抱起了一个娃娃，并拿了一个小纸片放在娃娃的嘴边，这时我问她："放在娃娃嘴边的是什么东西呢?"她很得意地说："吸管。我喂娃娃吃药，她嗓子发炎了，我是医生。"回答完我的问题后，她就开始在活动室里走来走去，接着走到一个拼插的玩具柜边，用几个塑料条搭成了一条腰带的形状，束在自己的腰间。过了一会，她走到"肯德基"的柜台前，没有说一句话，自己动手拿起了"汉堡包"，张开嘴装作吃了一口，又放了回去。接着又拿了另外一个"汉堡包"，做了同样的动作，这样的动作她重复了5次，然后离开，又在活动室里走来走去，直到游戏结束。

从宇宇一系列的行为活动中可以分析出，在游戏活动前，宇宇已经具有了玩某种游戏的动机和意图，能较合理地选择与自己的游戏主题相关的游戏材料，并会主动找替代物来替代游戏中的"用品"，但在游戏中缺少与他人合作、交往的行为。

从案例中可以看出，教师运用描述性语言，对观察到的幼儿游戏行为进行记录，并对幼儿的游戏水平进行分析和评价。

(四)准备评价表格与文件

涉及评价方案时，应根据评价指标体系及计划采取相应的方法，制订出适宜可行的评价表格与文件。在设计表格时，应注意全面、合理、科学，尽量考虑周到，保证重要的评价信息不至于遗漏，并让使用者能方便、准确地运用。

---

① 王丽新．幼儿园课程、说课与评课[M]．北京：北京理工大学出版社，2018：180.

三、实施评价方案①

评价方案的实施，是直接评价评价对象的阶段。前面的步骤为实施评价提供了技术上的准备，在具体实施评价方案时，还须执行一些必要的措施，以保证所收集的评价资料的可靠性和真实性。

(一)收集评价资料之前的工作

评价正式实施之前，要做一定的宣传发动工作。评价的组织者有必要对评价所涉及的对象，如教师、幼儿、家长等人员做必要的解释。有的教师害怕自己的教学评价结果低于同行，就对班上的幼儿进行训练，甚至猜题押宝，在评价过程中对幼儿进行提示、泄题等。有的家长担心自己的孩子在评价中落后于他人，也用各种方法进行“补课”，人为地影响了评价结果的可靠性。这些行为的出发点都是可以理解的，但是它们有意无意地成为实施评价方案时的干扰因素。所以，评价者一定要取得家长与教师的理解和合作。此外，也要对幼儿进行适当的解释，以免其产生紧张的情绪。

(二)收集评价资料的过程

收集评价资料的过程，依评价目的的不同而不同。在幼儿园的科学教育活动中，很多评价都是由教师担任评价者，负责收集资料，有的还要求在较长的一段时间中持续地收集有关资料。这就要求教师平时勤观察、勤记录，全面准确地收集资料、整理保存和积累资料。例如，在日常生活中，幼儿往往会表现出不少学科学的行为，如专心致志地探索自然现象，摆弄科技产品，而对周围的事情“漠不关心”。这些其实都可能是反映幼儿对科学的态度或反应的有价值的资料，不能遗漏。

教师在评价幼儿的过程中，不能随意发表议论和评论，如“某某很好”“某某不行”等，因为这样既会对幼儿产生不利的影响，又会影响自己记录评价资料时的客观程度。

---

① 刘立民．幼儿园科学教育[M]．北京：北京理工大学出版社，2016：108.

如果评价资料需要以文字记载的方式加以收集，则教师应特别注意记录的客观性。教师应以纯描述性的文字加以记载，并避免一切带有主观色彩的词汇。比如，“他对自然角很有兴趣”则属于带有主观推断的评价，而客观的记录应该是：“他在每天早晨来园以后，都会到自然角中去观察。每天观察自然角平均有××时间。”如果评价活动的规模较大，一般需要聘请测试员。聘请的测试员要经过培训，以免在评价中出现对标准的把握宽严不一的现象。在正式实施评价方案时，组织者要对评价现场进行巡视，及时处理测试员遇到的问题。

(三)获得评价资料之后的工作

在获得评价资料以后，要及时对评价资料进行汇总和统计整理。这一阶段的工作需要认真、精确地分析资料，如将评价资料加以归类并汇总等。有些量化统计的工作可以由计算机辅助完成。

四、处理评价结果

经过前三步的工作，评价者已经获得了有关评价对象的事实材料。评价者要对这些材料进行全面、认真的分析，形成对评价对象的综合性评判意见，以此分析和诊断教育工作中的问题和不足，也可以检查过去教育活动的效果，并对今后的教育工作提出意见和建议。

(一)对评价结果进行处理，提出改进意见

对收集来的事实材料加以适当处理(如统计分析、归类总结、集体研讨)，进而对所得的结果作出正确的解释、分析，说明工作的成绩和存在的问题，并根据分析提出改进工作的意见和建议。评价工作领导小组应组织人员写出评价报告，将评价结果和参考意见反馈给被评价者。①

(二)对资料进行分类整理，建立评价档案资源

对评价过程中的有关资料分类整理，并保存下来，建立评价资料档案，妥善

① 蔡华，周先莉．幼儿园管理[M]．长春：东北师范大学出版社，2009：155.

保管，以便进一步改进。教育评价的结果，要通过评价报告的形式提供给有关的对象，或者反馈给教师，供其改进教学，或者报告园方，使其了解情况。总之，要使教育评价的结果发挥作用，使其真正成为改进工作或作出决策的依据。

第四节 学前教育课程与教学评价的变革及趋势

随着时代的发展，教育观念不断地转变，教育评价越来越受到人们的重视，课程与教学评价作为教育评价的重中之重，在理念与实践中都获得了较为快速的发展。了解国内外学前教育课程与教学评价的变革与趋势，把握课程与教学评价的发展历程，有助于提升课程与教学评价质量，推动学前教育课程与教学改革。

一、我国学前教育课程与教学评价的变革及趋势

如王春燕学者所言："从中国 1903 年第一个学前教育机构的诞生至今已有百年的历史，纵观这百年的发展史可以明显地看出，学前课程的发展与变革是贯穿百年学前教育发展的一条主线。"①随着学前教育课程的发展，课程与教学评价也发生了相应的变化，呈现出新的发展趋势。

(一)我国学前教育课程与教学评价的变革

学前课程评价是研究学前课程价值的过程，伴随着课程目标、内容和实施的改革，课程评价的改革是历史的必然。纵观我国的课程评价历史，其发展经历了从无到有进而受到高度重视的历程。在此过程中，课程评价的价值取向也不断发生着深刻的转变。② 根据时间的划分，我国学前教育课程与教学评价的变革可以划分为四个阶段。

1. 20 世纪 80 年代以前

我国的学前教育起步比较晚，课程的发展也相对滞后。1903 年至 1918 年，

---

① 张月月，黄朝宾．我国学前教育课程的历史发展及启示[J]．新课程研究(下旬)，2014(10)：21-22，23.

② 石丽娟，刘勇．20 世纪 80 年代以来我国学前课程改革研究[J]．保定师范专科学校学报，2004，17(03)：80-85.

我国的学前教育课程主要是模仿日本的模式。1904 年 1 月 13 日，中国第一个学前教育法规《奏定蒙养院章程及家庭教育法章程》颁布，其中对蒙养院的课程目标、课程内容和教学方法都做出了具体规定，但其主体内容都是参照日本的相关资料。① 五四运动后，西方先进学前教育理念传入中国，学前教育课程进入了新时期，20 世纪 50 年代至 60 年代中期，学习苏联经验，在探索中发展，中华人民共和国成立后，政府在借鉴老解放区幼儿教育经验的基础上发展新的幼儿教育，但 20 世纪六七十年代遭遇了严重的挫折。1966 年至 1976 年间，“文化大革命”使我国的教育事业遭受重创，教育的发展基本处于停滞状态，学前教育课程体系也遭到严重破坏，进入空白期。

总之，20 世纪 80 年代之前，国内有关学前教育方面的研究很少，其中，关于学前教育课程与教学评价方面的研究更少，评价仍处于被忽略的状态。

2. 20 世纪 80 年代

学前课程改革以前，我国实行单一的分科课程或分科教学模式，评价几乎是课程领域的空白领地。80 年代，由于目标模式的引入以及国外课程评价理论的发展，学前课程评价问题开始受到学前教育界的关注，并逐渐影响课程的编制。南师的幼儿园综合教育课程把教育评价看作主题结构中的一部分，用来检查和评定教育的效果。“主体的教育评价是由教师对幼儿的具体表现，做出观察记录并进行分析”，也就是教师根据幼儿的一些表现来对幼儿做出评价，评价主体是教师，评价的目的是检验课程目标的达成情况，重视对课程实施结果的评价，斯克里文将这种评价取向称为“结果性评价”取向。②

3. 20 世纪 90 年代

20 世纪 90 年代，随着课程改革范围的扩大以及目标模式的广泛采用，课程评价已成为课程改革实践中被普遍重视的要素，综合课程、游戏课程等课改实验都把评价看作课程整体改革中的一个环节，并强调建立本课程的评价系统。在评价取向上，人们逐渐认识到“结果性评价”的不足：忽略了被评价对象——儿童

① 张月月，黄朝宾．我国学前教育课程的历史发展及启示[J]．新课程研究(下旬)，2014(10)：21-22，23.

② 石丽娟，刘勇．20 世纪 80 年代以来我国学前课程改革研究[J]．保定师范专科学校学报，2004，17(03)：80-85.

的主体地位、个体差异和教育过程中的非确定性因素；评价标准单一；按评价结果对儿童进行横向比较、纵向排队并区分儿童的优劣，不利于儿童的发展等。为此，“过程性评价”取向开始引起关注，它强调对整个教育过程进行评价，强调关注儿童在生活、学习过程中的变化和发展，评价方式是纵向比较，评价的目的是了解儿童的发展状况，更好地促进他们的发展。①

4. 21 世纪初

21 世纪初,《幼儿园教育指导纲要(试行)》的一个显著特点便是将教育评价正式列入其中。这是教育评价首次出现在国家性文件中，体现了全社会对评价的重视。它提出“教育评价是幼儿园教育工作的重要组成部分，是了解教育的适宜性、有效性，调整和改进工作，促进每一个幼儿发展，提高教育质量的必要手段。”②

纵观中国多年的课程改革，虽然课程评价对于学前教育工作者来说已不是什么新鲜事物，但大多属于经验层面上的积累，到目前为止尚未形成系统的评价理论和实践，而《幼儿园教育指导纲要(试行)》的教育评价理念也只是为人们开展课程评价提供了宏观指导，课程评价理论仍是学前课程理论建设中较为薄弱的领域之一。幼儿园课程的评价，一方面是衡量课程对幼儿的发展起了多大的作用，即在多大程度上促进了幼儿的发展；另一方面是衡量课程方案本身的合理性，即课程的设计是否合理，尤其是事先的设计与事中的设计或称生成性设计的比例与适当性；还有一个方面是课程实施的环节、策略的适当性。长期以来，由于幼儿园课程评价牵扯的因素过多(关系到政治经济背景、文化传统、敬育观念等)、涉及范围太广(涵盖幼儿园所有的保育和教学活动)、表现方式比较内隐(如教学目标的适应程度)，再加上变量多，多重因素的关系交叉重叠，操作难度较大，因此被晾之一旁。一些开展课程评价的幼儿园，也存在对性质不同的幼儿园课程都用同样的课程评价工具等问题。这一切都与对幼儿园课程评价的实践研究不够有关。在国际上，幼儿园课程评价已经成为一个相当活跃的领域，形成了丰富的

---

① 石丽娟，刘勇 . 20 世纪 80 年代以来我国学前课程改革研究[J]. 保定师范专科学校学报，2004，17(03)：80-85.

② 石丽娟，刘勇 . 20 世纪 80 年代以来我国学前课程改革研究[J]. 保定师范专科学校学报，2004，17(03)：80-85.

理论，但在我国无论是理论研究还是实践都属于探索阶段。

【学者观点】

近20年来我国学前教育课程评价存在的问题①

虽然我国学前教育课程与教学评价已经获得了一定的发展，但是，与某些发达国家相比，仍需要不断改进。学者马娥在《近20年国内学前教育评价研究文献综述》中指出，我国学前教育课程评价还存在以下问题：

第一、缺乏元评价的研究。元评价就是对评价过程及其结果本身的评价进行综合性价值判断，是对一个评价的价值和优缺点的评估，即对学前教育评价的再评价。为了有效地推动学前教育评价的良性发展，必须重视并研究评价的价值问题。

第二、缺乏宏观的评价研究。例如，对学前教育改革的科学性、学前教育理论水平和科研水平、学前教育管理人员和组织机构设置的合理性等方面的研究几乎是一片空白。

第三、缺乏本土化评价研究。我国长期以来采用国外教育评价模式和理念，缺乏理性思考，导致国内学前教育评价的相关领域停留在经验总结和具体技术操作层面上，本土化的评价理论水平不高。

随着社会的发展，学前教育评价的标准、内容、方法等各个要素都在不断地变化。因此，我们必须加强学前教育评价的理论和实践研究，使其逐渐地充实、完善和丰富，充分发挥其反馈、矫正作用，从而为学前教育决策提供科学的服务。

(二)我国学前教育课程与教学评价的发展趋势

近几年来，随着学前教育课程改革发展的浪潮，我国学前教育课程与教学评

---

① 马娥．近20年国内学前教育评价研究文献综述[J]．延安职业技术学院学报，2009，23(03)：7-9.

价在各方面都取得了较大的进步。综合学者们的观点，我国学前教育课程与教学评价的发展呈现出新的发展趋势。

1. 评价取向由“重结果”转向“重过程”

学者石丽娟认为，我国的课程评价最初主要是对结果的评价，目的是对儿童进行横向比较，课程评价未发挥应有的价值。① 随着学前教育课程改革的不断发展，人们关于课程评价的理念不断更新，逐步意识到评价的意义不在于评价本身，评价的目的不是为了“指出课程与教学存在的问题”，而在于评价过程对课程改革与发展所起的作用，发挥评价促进幼儿发展的功能。因此，课程与教学评价逐步从“重结果”发展为“重过程”趋势，而“重过程”的评价，也是今后课程与教学评价的趋势。

2. 评价过程由“静态评价”变转向为“动态评价”

静态评价只关注幼儿已经学会的东西，以此来说明其个体的实际发展状况，也就是说，幼儿活动的结果受到更大的关注；而动态的评价关注的仅仅是幼儿日常生活学习过程中的外在表现及其潜在的发展。

动态评价在学前教育评价中的实际应用在国外已开展相当长的时间。1990年，美国早期教育协会和美国教育部早期教育专家协会在《3 — 8 岁儿童适宜课程和评价指导》中就提出：对幼儿的评价应依赖于教师对幼儿长期定时和固定的观察，通过记录幼儿的行为，收集他们的作品，这样才能反映幼儿的一贯性行为；对幼儿的评价，应能反映他们能做的辅助工作或独立做的工作。根据此指导，美国的早期教育机构在评价幼儿发展方面进行了许多卓有成效的实践。

目前，我国一些幼教机构在对幼儿发展进行评价的过程中，也逐渐摒弃静态方式。学前教育课程评价伴随着课程运作的全过程，是持续的发展性评价；评价的目的在于更好地促进幼儿的发展，是以幼儿终身发展为导向的。

3. 评价情境由“人为评价”转变为“真实评价”

人为情境中的评价是指脱离了幼儿学习、生活的真实情境，人为地设计情境并依据此情境对幼儿开展的评价。人为情境中的评价一般采用传统的智力测验的

---

① 石丽娟，刘勇 . 20 世纪 80 年代以来我国学前课程改革研究[J]. 保定师范专科学校学报，2004，17(03)：80-85.

方法来评价幼儿的发展；而真实情境中的评价则是指在幼儿真实的生活、学习情境中对幼儿的发展情况进行的评价，即“评价发生在教室的真实情境中；评价基于对真实表现的解释，而不是对设计活动的解释”。

费尔德曼教授和加德纳教授在中文版《多元智力理论和儿童能力评价》一书的序言中再次批评了“对教育成功与否的评价过分地依赖心理测试和标准化测量，把标准化学业课程和具有同样倾向的标准化测验推向学前教育”的倾向，并指出：“在过去，教育系统成了筛选机器。而现在我们的目的是让每一个儿童都受教育。这就要倡导一种完全不同的方法，让教育去适应每一个儿童的水平，并让他们得到最大限度的发展。”多元智能理论进行的教育评价研究提供了比较成功的评价方法，它将评价置于有意义的、真实世界的活动当中；消除课程和评价之间的界限；重视儿童在学习中表现的活动风格等，倡导“把评价学习的方法以自然的(也是系统的)方式融入幼儿园教师里每天的日常活动中去”。

4. 评价要素由“单一评价”转变为“多元化评价”①

学前教育课程评价的多元化主要包括评价主体的多元化、评价内容的多元化及评价方式的多元化三方面。

第一，评价主体的多元化。以往对幼儿发展的评价基本上是由教师进行的，家长及其他人很少参与。在积极贯彻《幼儿园教育指导纲要(试行)》精神的今天，幼儿园课程评价是一个多主体共同参与、相互支持与合作的过程，这些主体包括教师、幼儿本人、家长及管理人员等，他们在评价过程中将发挥各自独特的作用。针对我国的现状，教师、幼儿和家长参与幼儿园课程评价显得尤其重要。

一是幼儿教师。教师是在幼儿园和幼儿接触最多的人，也是幼儿心灵成长的启蒙者和引路人。幼儿教师的评价贯穿幼儿园日常生活、活动的全过程之中，受制于教师固有的教育理念，特别是教师自身的课程价值观。幼儿园教师应该做出有利于幼儿发展的决策，成为有效的评价者，获得对每个幼儿的正确理解，成为幼儿真实的观察者和理解者。

二是幼儿本人。幼儿园课程评价最终应指向是幼儿的全面发展，幼儿对自己

① 殷文靖．浅析学前教育课程评价的发展方向[J]．科教导刊-电子版(下旬)，2015(12)：41-59.

的发展有自评或互评的权利，从此意义上说，幼儿是幼儿园课程评价最直接的评价主体。幼儿对知识的自我建构往往是其自主探索、合作交流、自评及互评的结果，幼儿的发展是通过与外界的交互作用得以实现的。幼儿教师应根据幼儿园课程目标的要求，从各领域中的认知目标、情意目标以及动作技能目标等层面给予幼儿更多的自评或互评机会。

三是幼儿家长。当前家长在幼儿园课程评价中的积极性及其发挥的作用正在提升。家长作为评价主体，主要是通过对课程本身及其实施过程中的某些内容和状况的了解，进而对幼儿园课程作出评判。需要指出的是，家长对子女发展的期望往往会演化为对幼儿园课程及幼儿教育事业的期待。幼儿园无视家长的评价作用并不可取，但完全被家长的评价所左右也是幼儿教师做评价时要留心关注。

第二，评价内容多元化。单一的评价内容仅关注认知结果，而多元评价则涉及所有领域，如社会的、情感的、认知的和运动的等，也涉及幼儿的情感和倾向并注重对个体发展独特性的认可，同时也很注重对课程目标进行评价。

一是传统课程评价过分追求量化评价，抛弃了许多暂时无法定量而又极为重要的评价信息。重视幼儿的外在行为目标，忽视其内在的情感体验、兴趣、需要及态度的培养。幼儿园课程内容的目标就是本着能促进幼儿身体、认知、能力、社会性、情感等方面的全面发展，这决定了幼儿园课程评价的内容也应该包括这些方面的发展情况。课程发展的一大趋势便是走向统整和开放，幼儿园课程的整合性和开放性也将加大，不再只为发展某一些能力而进行某些活动。

二是课程目标应纳入幼儿园课程评价的内容。在传统幼儿园课程评价中，课程目标是制定评价标准的重要依据，是不容被评价的。而泰勒的学生、澳大利亚著名课程理论家惠勒却提出“必须对课程目标本身进行评价”这一著名观点。他认为课程目标应该成为评价主体对课程进行评价的一个重要视角。诚然，课程活动是一个过程，因此，必须随时对课程目标进行评价、改进，才能更利于整个课程的运转和发展。

第三，评价方式多元化。单一的幼儿园课程评价通常是以幼儿讲故事、跳舞、数数、绘画、识字以及书写等技能的习得程度来衡量课程实施的效果。例如，泰勒所关注的是“目标达成度”，关注的是一种静态的结果，忽视了过程的重要价值。以此为代表的传统课程评价方式，具有标准化、客观化、求效率、等定量化的特点；多元化评价则注重对幼儿成长过程中的发展变化进行动态的描述，而不是为了获得一个总结性的判断。它力图通过自然的观察和调查，全面充分地阐释幼儿在活动过程中的各种特质，以彰显其意义，促进理解。多元化的评价方式要求将传统“量化评价”与“质化评价”相结合。幼儿园课程评价已经成为了解幼儿、促进幼儿发展的重要手段。

多元评价的典型范例是目前国外较多使用的档案袋评价法。档案袋用来有目的地汇集幼儿在较长时间内、在课程的一个或多个领域中所获得的进步和成长。制作档案的过程是教师发展幼儿和幼儿发现自我、确立自我动机及展开自我创造的过程。它一般可分为陈列类、文件类、过程类及评鉴类等形式，主要包括幼儿的系列作品及其产生过程的说明，使幼儿能够学会判断自己的进步，有利于为幼儿提供一个学习发现自我、确立自我动机以及展开自我创造的机会。显然，动态的、真实的、多元化的学前教育课程评价模式将为幼儿园课程的长足发展奠定坚实的基础、提供有力的保障。

二、国外学前教育课程与教学评价的变革及趋势

国外学前教育评价具有一定的发展历史，同时，由于国外教育政策的支持，近十年来，国外学前教育课程评价发生了重大改变，课程评价在评价主体、评价内容、评价方式等方面都取得了成效。在此以英国与美国为例，着重介绍这两个国家的学前教育课程与教学评价在政策支撑下的发展，为我国学前教育课程与教学评价的改革提供借鉴。

(一)英国学前教育课程与教学评价的变革及趋势

英国是西方具有悠久历史的发达国家之一，特别重视学前教育课程与教学评价的发展。近年来，英国也不断完善了课程及教学评价体系——基于儿童发展的档案袋评价、基于教师反思的反思性评价、基于其他利益群众的监督评价以及基于上级教育机构的宏观评价。[①]

---

① 丘静．英国学前教育课程评价及启示[J]．现代中小学教育，2016(10)：114-117.

1. 基于儿童发展的档案袋评价

对于公民教育课程的评价，有些学校会收集学生的文件资料，并以此制作成一个档案袋。目前，英国的很多学校正在发展运用以档案袋为依据的评估方式，即搜集学生在公民教育方面取得的进步，包括学生平时的书面作业、小组任务完成情况、观察报等①，英国会给每一个幼儿建立一个档案袋，该档案袋会从幼儿出生开始建立，到学前教育阶段结束时作为幼儿发展水平评价的主要依据。档案袋里面记录的内容需要教师和家长共同提供，幼儿所做的、所说的，都可以通过教育者的观察以文字、照片或者影音的方式记录于其中，主要包括：三个首要的学习领域，分别是交流和语言，身体发展，个性、社会性和情感发展；四个特别的学习领域，分别是文字、数学、对世界的理解、艺术表达与设计；三个有效学习的特征，分别是游戏和探索、主动学习、创造和批判思维。②

2. 基于教师反思的反思性评价

英国教师教育具有注重基于经验基础的自我反思的传统，入职与发展档案制度最突出的特点就是关注教师个体的专业发展需求，强调教师个体在专业发展中的主体性与外在引导有机结合。③ 在英国的《教师标准(早期)》〔*Teachers' Standards*(*Early Years*)〕中明确指出，教师必须能够反思教学活动与教育方案的有效性，以支持活动内容的不断提升，使其制定的保教计划能够符合和满足所有儿童的需要。在英国，幼教工作者对课程的反思评价内容包括课程目标、课程内容、课程实施、孩子是否感兴趣、材料等。另外，反思评价还包括反思评价工作日记、与其他教师的交流讨论等。英国特别重视教育工作者之间的相互交流，在《教师标准(早期)》中强调教育工作者必须明白团队合作的重要，并且能致力于团队工作，必要时能够支持和引导其他教育工作者的有效教育和保育工作。④

3. 基于其他利益群体的监督评价

英国接纳并鼓励其他利益群体对幼儿园课程进行监督评价——其他利益群体

---

① 钱晓坚．英国中小学公民教育课程研究[D]．重庆：西南大学，2016：34.

② 丘静．英国学前教育课程评价及启示[J]．现代中小学教育，2016(10)：114-117.

③ 董烈霞，田友谊．英国教师入职与发展档案制度及其对我国教师教育评价的启示[J]．当代教育科学，2016(13)：61-64，47.

④ 丘静．英国学前教育课程评价及启示[J]．现代中小学教育，2016(10)：114-117.

包括家长、社区人员等。家长在英国的幼儿园课程评价中扮演着非常重要的角色。首先，家长是评价材料的重要提供者。教师对每个儿童的评价不仅仅是基于对儿童的观察，其中还需要家长的配合。因为对幼儿园课程中儿童的评价除了评价其行为的表现，还需要分析行为背后的原因，这就需要与家长经常进行沟通，家长是评价材料的提供者。其次，家长是评价结果的知情者。孩子的发展离不开家长的教育与引导，家长有权利知道孩子在幼儿园课程中的表现与达到的发展水平，并根据这些评价结果为孩子提供适宜的家庭教育。

4. 基于上级教育机构的宏观评价

英国政府层面对中小学校教育督导有严格细致的规定，有专门负责中小学校教育督导的机构，并定期发布政策文件为中小学校教育督导及学生评价的开展提供框架和指导。① 英国的上级教育机构，如地方教育当局、资格与课程局、教育与技能部、教育标准办公室等也定期就课程评价给予书面指导或临时检查，从宏观上把握，使幼儿园课程在促进儿童活泼成长的同时，又能使所有儿童达到义务教育的入门要求，即国家课程的学习要求。②

英国的学前教育课程与教学评价体系比较完善，能够从多方面、多维度建立科学的课程评价模式。在借鉴英国的评价体系的过程中，我们可以学习英国给幼儿建立一个可持续追踪的档案袋、发展教师的反思性评价、完善不同机构的监督评价机制等措施，促进我国学前教育课程与教学评价的改革与发展。

(二)美国学前教育课程与教学评价的变革及趋势

美国学前教育课程评价改革的内容随着美国政府对学前教育课程评价的不断支持，近十年来，无论是在评价主体、评价内容、评价工具，还是在评价方式方面都发生了一系列显著的变化。

1. 研究机构已成长为评价主体的中坚力量

在项目质量评价工作的实施中，评估主体是多元的，包括研究人员、项目评

---

① 张文军，谢一凡．英国公立小学学生评价机制探究——以伦敦 H 公立小学为例[J]．全球教育展望，2019，48(03)：51-59.

② 丘静．英国学前教育课程评价及启示[J]．现代中小学教育，2016(10)：114-117.

审人员、外部咨询人员、机构管理人员、教师或家长等。① 美国政府支持不同教育研究机构从各自的角度开展多种课程评价研究。各组织、协会及研究者纷纷参与到教育评价的活动中来，并逐渐成长为美国学前教育课程评价主体的中坚力量。这些评估内容通常包括幼儿在学业、社会性等各方面的入学准备和入学后的表现。他们通常抽取大量样本，通过严格统计的方法，得出具有较高可信度的结论。其中绝大多数研究还会对项目进行长期追踪，从中发现哪些计划是有益的举措、哪些是需要改进的，以促进评价工作的不断完善。②

2. 重视阅读、书写、数学的全方位评价内容

美国在评价内容的选择上坚持两项基本原则。首先，非常重视可行性原则。选取的评价内容要能够在日常教学中便于学生和教师收集，能反映学生的学习和发展特点，这样才能真正发挥积极作用。除此之外，还要坚持弹性原则。例如，在美国的综合素质评价中，认为学生是一个整体，学生的发展应该是全面且具有个性的。③ 美国“开端计划”所提出的《“开端计划”儿童发展结果框架》共分为八个领域，即语言发展、读写识字、数学、科学、艺术创作、社会和感情发展、学习方法、身体健康和发展，基本上与美国国家教育目标委员会所提出的身体健康和运动发展、情绪和社会性发展、学习方式、言语发展、认知概念和一般常识五大方面内容相一致。我们不难发现，虽然美国对于儿童学业成绩的重视导致学前课程评价的重心落在了对阅读、书写、数学等方面的评价，但是有关儿童发展的其他方面，如健康、身体发展等也有所涉及，日趋全方位的评价工作在美国学前教育领域如火如荼地进行着。

3. 日益完善的多样、分层评价工具是特定社会意识的反映

如今，随着评价地位的提高，人们对于旨在帮助专业人士做出明智选择的评价工具的需求日益增长。教育者需要借助评价工具获得有关幼儿的想法、学习方法、发展方式和行为方式的信息，从而判断幼儿是否需要获得额外帮助。同时，在评价工具的协助下，向家长呈现幼儿的发展也变得更为便利。这种需求的增

---

① 霍力岩，房阳洋，孙蔷蔷．美国学前教育项目质量评价：内容、特点与启示[J]．教育理论与实践，2016，36(13)：20-24.

② 丘静．英国学前教育课程评价及启示[J]．现代中小学教育，2016(10)：114-117.

③ 何云峰．现代基础教育研究(第 24 卷)[M]．北京：教育出版社，2018：14.

长，进一步促进了评价工具的多样化。

4. 多种评价方式相互融合，多元化评价理论日趋成熟

自2002年《不让一个孩子掉队》法案颁布实施以来，美国基础教育政策逐渐加强对教育公平的追求，英才教育缓慢发展。面对在国际性测试中落后的局面，美国在2015年新颁布的《让每个学生成功法案》中重新恢复对英才教育的关注与支持，提倡公平与卓越并举。21世纪以来美国英才教育的政策与实践，给了我们以下启示：为英才学生提供追求卓越的机会，注重英才学生的才能发展以及英才师资的培养。① 在关于《不让一个孩子落后》法案测试方法的回应中，美国教育协会(NEA)提出了关于"测试+"(testing plus)的观点，该观点认为应该改变将测试作为问责唯一手段的方式；主张教师给儿童提供多种测试的机会，测试的标准在州范围内应一致，其中应包括评价的理念和方式。因此，当学前教育课程评价由对儿童聪明与否的划分转变成为促进儿童发展的手段，其评价也从重"量化评价"转向重"质化评价"。

【本章小结】

课程与教学评价是学前教育评价的核心环节。本章分四个小节对其进行论述。第一小节中主要阐述了学前教育课程与教学的概念、类型、基本原则等原理，第二小节阐述了课程与教学评价的基本要素：评价主体、评价客体、评价标准与指标、评价方法。第三小节阐述了学前教育课程与教学评价的四个步骤，包括确定评价目标、设计评价方案、实施评价方案与处理评价结果。第四小节主要阐述了我国学前教育课程与教学评价的历史及发展趋势，同时，介绍了以英国、美国为代表的国外学前教育课程与评价发展的现状。通过本章的学习，能帮助读者厘清学前教育课程与教学评价相关概念，掌握学前教育课程与教学评价理论与实践，促进评价的科学性、专业性、导向性。

【主题词】

学前教育课程与教学评价，评价主体，评价客体，评价标准，评价指标

---

① 肖甦，韩云霞. 21世纪以来美国英才教育的发展与趋势——基于对NCLB以及ESSA的分析[J]. 外国教育研究，2017，44(06)：3-14.

【思考题】

1. 简述学前教育课程与教学评价的概念及其类型。
2. 简述学前教育课程与教学评价的要素。
3. 简述英国学前教育有哪些课程与教学的评价方式。
4. 试述当前我国学前教育课程与教学评价的发展趋势。
5. 论述实施诊断性评价的基本步骤。

第九章　学前教育课程开发原理

【本章导读】

课程开发是课程研究领域的重要问题。人们在思考如何把人类经验传递给下一代时，清楚地认识到要把人类知识的全部领域都纳入学校教学内容是不可能的，必须对需要传递的知识有所选择。因此，课程开发的首要问题是斯宾塞提出的“什么知识是最有价值的?”另外，当这些有教育价值的知识组成不同性质的学科，这些学科又应如何统整、如何编排？支配这些过程的价值取向是什么？对这些问题的阐述，就是课程开发的原理。本章为读者介绍了学前教育课程开发的内涵、主要模式和基本原则，包括区分课程开发与课程设计的定义、课程开发的主要模式及其对学前教育课程的影响，还有在课程开发的过程中需要遵循的一般原则。通过了解课程开发的原理，有利于形成科学、正确的学前教育课程观，从理论上促进对学前教育课程开发过程和方法的把握。

【知识地图】

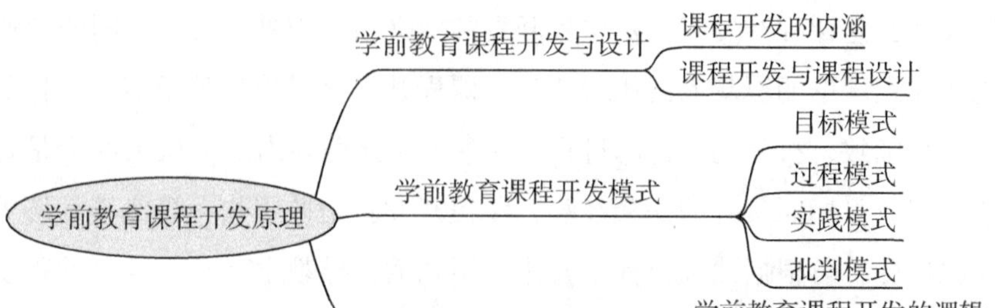

第一节 学前教育课程开发与设计

从确定课程目标到选择课程内容，再到组织和实施课程，然后到评价，形成一门完整的课程或一个完整的课程体系，也是一个完整的课程开发过程。课程开发过程必然遵循着一定逻辑和程序。只有深入了解其原理，才能更好地实现课程改革，达成教育目的。

一、课程开发的内涵

课程开发(curriculum development)，也称课程编制、课程研制，是课程领域的一个重要术语。自从课程研究出现，如何“形成”一门课程，就是课程研究者们一直研究的问题。最初，在英语世界有多个与课程开发接近的概念，如curriculum design，curriculum construction，curriculum making，curriculum building，curriculum planning(课程设计、课程建构、课程制作、课程建设、课程计划)等，这些概念的定义之间没有十分明确的界限，表达的都是“如何制定课程”。到了1935年，卡斯韦尔与坎贝尔的《课程开发》(*curriculum development*)一书出版之后，“开发”一词才被课程研究和工作者广泛地使用。

何谓“开发”？开发这个词与创建、发展、形成等词语意思相近，表示不断改进的过程。在不断发展的社会，学校也会不断发展，学生也会不断产生新的需要和兴趣，课程的理论与实践也需要不断地改进，才能满足社会和学生发展的需要。因此，课程开发一词成为课程研究领域的重要概念，课程开发的过程也成为课程研究的重要主题。

到底什么是课程开发呢？对课程开发的定义，国内外学者有不同的理解。

现代课程理论的奠基人博比特认为，课程开发是对培养孩子能力目标的行为和活动进行细致、科学的安排的过程。① 他从社会需要出发，认为课程是青少年必须通过完成目标而具备的一套经验，课程开发就是按照这一套经验的培养要求细分课程目标，再根据课程目标来安排一系列的指导教学活动。这是课程研究领

① Bobbitt，F. How to Make a Curriculum[M]. Boston：Houghton-Mifflin，1924.

域对课程开发的最初理解。

英国的菲利普·泰勒和科林·里查兹把课程开发定义为："一系列精心计划的活动总和，通过它们设计出学程或教育活动模式，并提供给教育机构作为其学程或教育活动模式的方案。"①

奥利瓦从分析课程定义和课程目的的角度，探讨了课程开发的定义："如果课程被认为是一种在学校指导下使青少年获得学习经验的计划，那么它的目的就是为排列和指导这些经验提供一种媒介。提供这种媒介并使其正常发挥作用的过程就是课程开发。"②

钟启泉. 从改进课程的角度，认为课程开发是指"借助学校教育计划——课程的实施与评价，以改进课程功能的活动的总称"。③ 其将课程开发局限为课程改造和课程改革的过程。

黄甫全使用了"课程研制"的术语，认为"课程研制就是为人的学习活动进行计划、实施和总结反馈的过程。课程研制要处理两大内容，一是学习活动本身的计划安排、实施和总结，二是提升学习活动的各种条件的计划、开发、配合应用和评价改善。"④他认为，使用"研制"一词更能表明教育工作者要根据社会发展的需求而不断探索和研究，设计、编制和实施新的课程。

二、课程开发与课程设计

不同的学者对课程开发的界定有相似之处，不同的主要是定义背后的课程观和历史背景。但长期以来，研究者们对"课程开发"和"课程设计"两个概念产生混淆，有的人认为两者意思相近，有的人认为两者所指代的活动过程有所不同。通过明晰这两者的区别，能让我们更好地理解课程开发的真正含义。

"设计"主要指"在正式做某项工作之前，根据一定的目的要求，预先指定方法、图样等"。"开发"有"通过研究或努力，开拓、发现、利用新的资源或新的

---

① Taylor, P. H. & Richards, C. An Introduction to Curriculum Studies[M]. Windsor, NFER Publishing Company, 1979: 48.

② Oliva, P. F. Developing the Curriculum[M]. Boston: Little, Brown and Company, 1982: 25.

③ 钟启泉. 现代课程论[M]. 上海: 上海教育出版社, 2006: 361.

④ 黄甫全，王嘉毅. 课程与教学论[M]. 北京: 高等教育出版社, 2002: 157.

领域”的含义。在时间和程序维度上，“设计”偏重于行动前的计划，“开发”指包括计划在内的整个行动过程。因此，可以说课程开发和课程计划有着一定的内在联系，课程开发的过程涵盖了课程设计的过程。施良方认为，课程开发是“为完成一项课程计划的整个过程，它包括确定课程目标、选择和组织课程内容、实施课程和评价课程等阶段。”它是一个不断改进的过程。而课程设计是“为课程所采用的一种特定的组织方式，它主要涉及课程的目标以及课程内容的选择和组织。”①综合来看，课程开发是一个更具综合性的术语，它涵盖了更宽广的范围和程序，包括课程目标的制定、课程内容的选择与组织、课程实施和课程评价等过程。而课程设计是指课程开发过程的前段——课程计划的制定，包括确定课程目标和课程内容，只有在计划完成之后，才能进行课程实施和评价，进而完成整个课程开发过程(见图 9-1)。

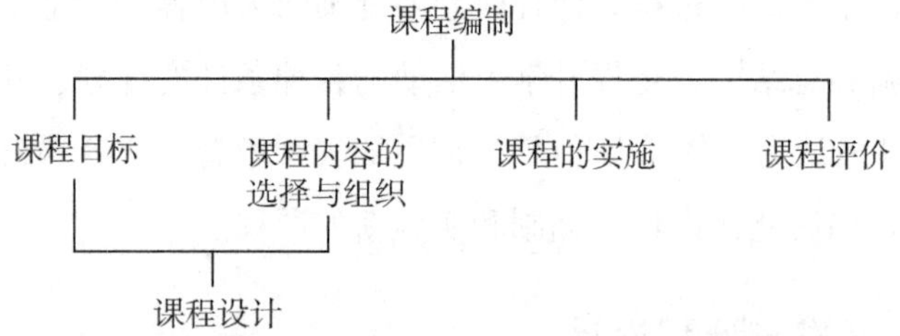

图 9-1 课程编制与课程设计②

然而，已有的研究对课程开发的定义大多基于结构和过程的程序性定义，但在现实中，课程开发并不一定完全按照确定课程目标、课程内容的选择与组织、课程实施和课程评价的固定流程来进行。随着课程研究的发展，课程开发出现了多种不同的模式，在不同课程开发模式的影响下，课程开发的方式和程序都会有所不同。因此，有必要从各个角度进一步探究课程开发的实质及原理。

① 施良方．课程理论：课程的基础、原理与问题[M]．北京：教育科学出版社，1996：128.

② 施良方．课程理论：课程的基础、原理与问题[M]．北京：教育科学出版社，1996：128.

第二节　学前教育课程开发模式

无论是国家一级的课程开发，还是校本、园本课程开发，都要受到一定的哲学、历史、文化、政治、心理学等众多因素的影响，这些因素都决定了课程开发的价值取向。而课程开发更关涉确定目标、学习经验和内容、组织、实施、评价等操作的相互关系和相互作用的一般性问题。对这些问题的不同理解和不同的操作方式，形成了不同的课程开发模式。“课程开发模式就是关于课程开发的价值取向及相应的操作方式的统一。”①换句话说，课程开发模式就是课程开发在实际或理想中的运作方式及其规律。研究和理解课程开发模式的意义，在于为人们提供确定课程要素和开发程序的基本方式。

20 世纪以来，课程开发已经形成了多种主要模式。有学者根据处理课程开发内部和外部的诸多关系的方式及其取向，把各种课程开发模式概括为七种：目标模式、过程模式、情境模式、研究模式、自然模式、实践折中模式和批判模式。② 而对学前教育课程开发影响较大的有目标模式和过程模式，近年来实践模式和批判模式也受到越来越多的关注。③

一、目标模式

目标模式产生于20 世纪初期，植根于行为主义心理学和实用主义哲学，是课程开发的经典模式。目标模式强调在课程开发的整个过程中，要始终以明确的目标为核心，围绕课程目标，按照从行为目标的确定，到课程内容的选择与组织，再到课程的实施和评价这一经典程序进行课程开发。它是一种有条理的、系统性的课程开发过程。

(一) 目标模式的建立

现代课程理论研究起源于 20 世纪初期，其标志是 1918 年博比特出版的《课

---

① 张华．课程与教学论[M]．上海：上海教育出版社，2001：94.
② 黄甫全，王嘉毅．课程与教学论[M]．北京：高等教育出版社，2002：163-176.
③ 朱家雄．幼儿园课程(第二版)[M]．上海：华东师大出版社，2011：146.

程》一书。博比特是第一位系统探讨课程开发过程的研究者，也是课程开发目标模式的创始人。他建立课程开发目标模式的出发点是基于对传统教育的“形式训练说”的批判。他认为“形式训练说”严重脱离社会与儿童实际生活，其课程大多基于教育者的个人经验或传统习惯，缺乏充分的科学依据，不利于现代工业社会和儿童发展需要。在崇尚科学的思潮下，立足于现实社会生活的需要，学校课程开始注重开发过程的科学性和课程内容的实际功用和价值，课程开发走向以科学为基础的有组织的、讲究实效的理性决策道路。

博比特提出的课程开发模式是以社会效率为原则，以实用主义哲学为基本价值观，以行为主义心理学的行为训练方法为方法论。一方面，社会的发展和需求是课程开发的基础，教育终究指向社会，而人在受教育之后都要通过参加社会工作和职业来谋生。社会真正需要怎样的实用性知识和技能，需要什么样的人才，都是在课程开发之前必须清楚的。另一方面，博比特认为学生所接受的课程是他们必须通过完成目标而具备的一系列经验，课程就是让学生通过获得一定的经验而达成教育的目标，让他们为更好的成人生活做准备。① 因此，他在 1924 年出版的《如何编制课程》中明确提出“活动分析法”，即分析人类社会和生活中的各项活动，如语言活动、公民活动、社交活动、体育活动等，把这些活动或行为进行分解成具体化和标准化的行为目标，包括价值、习惯、态度和知识等各种能力单位，以此作为课程目标，进而选择达成目标的一系列经验。有人概括总结了博比特的课程开发主张：“这种理论以社会为指向，要求学校充分研究社会的具体工作，并从中找到社会对人才的要求，以此来设定课程目标。当课程目标设定之后，则通过对学生经验的组织，使之逐渐达成这种目标。而且，学校课程尤其要关注那些不通过专门训练就很难达成的目标，以此来提升教育的效率。整个过程以科学精神为指导，注重实证调研；同时坚持民主立场，使课程面向社会上的大多数成员。”②

博比特的课程开发主张在当时具有革命性的意义，可以说是科学化的课程研

---

① ［美］博比特．课程［M］．刘幸，译．北京：教育科学出版社，2017：35-36.

② 郑国民，刘幸．博比特以及他所开创的现代课程理论［J］．课程·教材·教法，2016（08）：122-127.

究的“拓荒者”。他的课程开发思想和主张对后来的课程开发理论和实践领域都产生了重大的影响，尤其是以“活动分析法”为代表，他的课程开发主张成为课程开发目标模式的雏形。

查特斯是博比特之后另一位有影响力的课程研究领导者。与博比特相似，查特斯也看重课程目标的确定，把确定人类活动的基本单位作为课程开发的首要任务。查特斯主张的课程开发模式是：“首先必须确定目标，然后选择课程内容，在选择过程中，必须始终根据目标对课程内容进行评价。”①

到了 20 世纪 20 年代后期，美国“全国教育研究学会”对课程研究领域进行了大规模的回顾和前瞻，当时的委员会主席拉格在该学会第 26 期《年鉴》中提出了课程开发的三个阶段：①确定基本目标；②选择活动和其他教学材料；③发现最有效的教材组织方式。②

(二)泰勒原理

泰勒被誉为“现代课程理论之父”。因其影响之重大，以泰勒为代表的课程开发目标模式，被称为“泰勒原理”(Tyler Rationale)。泰勒是博比特的学生，泰勒原理的核心和首要问题是教育目标的确定，这明显是受此前的博比特等人发起的以教育目标具体化、标准化为特征的课程改革运动的影响。如果说博比特的课程开发主张创造了目标模式的雏形，那么泰勒则在继承和发展博比特等人的主张的基础上，奠定了目标模式在课程开发领域的经典地位。

泰勒的课程原理形成于著名的“八年研究”大规模课程实验。他在总结前人经验的基础上，对“八年研究”进行了系统总结和归纳，进而提出了他的“课程原理”。1949 年，泰勒出版了代表作《课程与教学的基本原理》，此书被公认为研究课程的经典之作，在后世广为流传，影响甚大。在书中，泰勒系统阐述了课程开发目标模式的理论基础和基本观点，总结了课程开发的基本程序、步骤和方法。在书中，泰勒开宗明义地提出课程开发的四个基本问题：①学校应该达到哪些教

---

① Charters, W. Curriculum Construction[M]. Macmillan, 1923: 84.

② Rugg, H. The Twenty-Sixth Yearbook of the National Society for the Study of Education: The Foundations and Technique of Curriculum-Construction, part I. Curriculum-Making: Past and Present [M]. Bloomington, Illinois: Public School Publishing Company, 1927: 51.

育目标？②如何选择可能有助于达到这些目标的学习经验？③如何为有效的教学组织学习经验？④如何评价学习经验的有效性？①

在泰勒看来，这是课程开发者必须要回答的四个问题。对这四个问题的思考对应四个环节：①确定课程目标；②选择学习经验；③组织学习经验；④评价学习经验。这四个环节也是课程开发者必须遵循的课程开发步骤。与博比特、拉格等人的课程开发模式相比，泰勒原理最大的创新体现在他增加了“评价”的环节。他提出了评价基本原理，并认为评价作为课程开发中一个不可或缺的环节，对目标是否达成具有反馈作用，必须建立在清晰地陈述目标的基础上。

泰勒提出这四个问题，并不是为了给予这些问题以确切的答案。他认为，课程开发的具体要求会因教育阶段和学校性质的不同而有差别。但在他看来，对回答这些问题的程序的阐述，本身就构成了考察课程与教学的基本原理。②

1. 学校应该达到哪些教育目标？——确定课程目标

在泰勒看来，确定教育目标是课程开发的首要任务，只有确定了目标，才能开展其他步骤。“如果要设计一种教育计划并不断地加以改进，那么，就极其需要对所要达到的目标具有某些概念。这些教育目标是选择材料、勾画内容、编制教学程序，以及制定测验和考试的准则。教育计划的各个方面，实际上就是达到基本教育目标的手段。因此，我们如果要系统地、理智地研究某一教育计划，首先必须确定所要达到的各种教育目标。”③可见，目标是课程的核心，教育目标的确定，将影响着整个课程开发的方向和过程。尽管泰勒原理中包含了四个方面的要素或环节，但泰勒最看重对目标的研究，其余三个要素都被置于目标的下位。这是经典的“目标—手段论”。

泰勒重点讨论的不是具体确定怎样的目标，而是如何确定目标。泰勒认为教育目标的来源应该是多方面的，主要包括：第一，对学习者自身的研究。也就是课程开发者希望学生的行为方式发生哪些变化，具体指学生的现状与公认的常模

---

① [美]泰勒．课程与教学的基本原理[M]．施良方，译．北京：人民教育出版社，1994.

② 施良方．西方课程探究范式评析[J]．华东师范大学学报(教育科学版)，1994(3)：27-33.

③ [美]泰勒．课程与教学的基本原理[M]．施良方，译．北京：人民教育出版社，1994：1.

的差距，这个差距就是达成目标的需要。第二，对校外当代生活的研究。这会受到社会效率主义的影响，泰勒认为应当使学生达到承担社会上的各种工作所需要的知识水平或技能。第三，学科专家对目标的建议。这是出于对学科知识逻辑的强调，因为教材通常是学科专家撰写的，主要反映了他们的观点。但泰勒也指出，学科知识应该重视对全体学生的贡献，而不是以培养学科专家为目的。

2. 如何选择可能有助于达到这些目标的学习经验？——选择学习经验

学习经验指“学习者与他所能反应的环境的外部条件之间的相互作用”①。泰勒的学习经验论强调学生与环境或课程内容的互动以及学生的主动参与。但在课程开发时，教师的作用也不可忽视。泰勒认为，教师应根据教育目标，确定哪些经验能使学生有机会实践既定的目标行为，并通过安排丰富的环境和构建多方面的情境，为不同的学生提供各种学习经验，以引起每个学生产生所期望的反应。

3. 如何为有效的教学组织学习经验？——组织学习经验

学习经验的组织是课程开发的一个重要环节，因为它“极大地影响着教学的效率，以及极大地影响主要教育变化发生在学习者身上的程度。”②泰勒认为，学习经验是通过累积，从量变到质变，以达到目标所要求的程度的。如何实现学习经验的质变，这就需要对学习经验进行有效的组织，以使学习经验之间达到相互强化的效果。

泰勒提出了三个组织学习经验的标准：连续性、程序性(阶段性)和统整性(整合性)。连续性指不断重复主要的课程要素。程序性指每一个后续的经验都要建立在先前经验的基础上，使学习经验不断深化。统整性指学生行为、课程经验及其要素之间存在横向联系，应避免相互之间的割裂。学习要素的组织除了要达到这三个标准，泰勒还提出了“逻辑组织”和“心理组织”原则以及两者有机统一的要求。逻辑组织是指学科的知识逻辑，体现在学科领域的专家对学科知识的理解和安排；心理组织是指学习者的心理发展特点，体现在学习者对学习经验的吸收能力和水平。在组织学习经验时，既要考虑三个组织标准，又要平衡和统一

① ［美］泰勒．课程与教学的基本原理［M］．施良方，译．北京：人民教育出版社，1994：49.

② ［美］泰勒．课程与教学的基本原理［M］．施良方，译．北京：人民教育出版社，1994：66-67.

两种组织原则，这就是泰勒提出的组织学习经验的原理和要求。

4. 如何评价学习经验的有效性？——评价学习经验

泰勒将评价问题引入课程开发领域，对课程开发的理论与实践做出了重大的历史贡献。评价，即确定课程与教学计划在实际上实现教育目标的程度。“既然教育目标本质上是指人的变化，即所指向的目标使学生的行为模式中产生所期望的某种变化，那么，评价就是确定实际所发生的行为变化的程度问题。”①之前的课程开发不涉及课程评价，即无法确定学习经验是否有效，也无法确定课程与教学是否达成了教学目标。经过对教育实践的考察，泰勒发现并提出了这个问题，他认为，制订课程计划后，需要较全面地检验这些计划和方案实际上是否起作用，以指导教师通过各种手段使学生达成所期望的结果——这就是需要评价程序的理由。

评价的程序主要遵循三个步骤：一是界说教育目标，也就是先要对教育目标有清晰的了解，才能知道教育者期待学生产生哪些行为变化；二是给学生提供情境，让他们有机会表现所期望的行为；三是编制评价工具，通过编制客观的、具有信度和效度的评价工具，以获得评价结果。

(三)目标模式的创新与发展

泰勒原理以目标作为课程开发的核心，确定教育目标既是课程开发的出发点，又是选择、创造和组织教育和学习经验的指南和关键要素，也是开发评价工具进行课程评价的依据。自泰勒的著作《课程与教学的基本原理》问世以来，目标模式被不断地修正、深化和改造，形成了庞大的理论体系。然而，这些目标模式的“变式”始终没有超越泰勒模式的基本命题。

塔巴是泰勒的学生和助手，他对泰勒原理进行了扩充，把四个基本步骤扩展为包含八个细节的程序：①诊断需要；②形成具体的目标；③选择内容；④组织内容；⑤选择学习经验(活动)；⑥组织学习经验(活动)；⑦评价；⑧检查平衡

---

① [美]泰勒．课程与教学的基本原理[M]．施良方，译．北京：人民教育出版社，1994：85.

性和顺序性。[①] 和泰勒一样，她认为课程开发是一种技术活动，需要对社会文化、学生需求和知识特点等各方面进行分析而确定目标，以此来开发课程。确定目标后，开发课程的程序可按照直线型模式的顺序排列。

泰勒和塔巴的课程开发模式为直线型模式，英国学者惠勒则在此基础上把泰勒的直线型模型调整为圆环形模式。他认为，当评价结果与预期结果和预定目标不符时，直线型模式不利于反馈和对课程进行调整修订。[②] 也就是说，在直线型模式中，无法充分体现评价的作用和价值。因此，他提出的圆环型模型呈现为：确定目标—选择学习经验—选择内容—组织并整合学习经验和内容—评价—调整目标、确定新一轮目标。

(四)目标模式对学前教育课程开发的影响

课程开发的目标模式也就是以泰勒原理为代表的科学化、目标导向、程序性的课程开发的基本模式。谈论课程开发，都不可能绕过目标模式或泰勒原理。数十年来，泰勒的课程基本原理影响着世界范围内的课程研究。甚至有人认为，“不管人们是否赞同泰勒原理，也不管人们持什么样的哲学观点，如果不探讨泰勒提出的四个基本问题，就不可能全面地探讨课程问题。”[③]

在学前教育课程开发的过程中，通常强调课程目标的制定，把幼儿发展的行为目标作为课程目标并层层分解，落实到具体的教育活动，然后根据课程目标是否落实和达成来评价教育的效果。例如，教育部颁布的《3—6 岁儿童学习与发展指南》就提出了每个年龄阶段的儿童在各个生长和学习领域需要达到的水平和目标，为课程开发的目标制定提供了参照。这些指导思想和做法，都源自课程开发的目标模式。目标模式在世界范围内对包括学前教育在内的教育实践，特别是课程与教育方案的规划、设计，以及教材的编写、课程的实施、课程评价等课程改革都产生了巨大的作用和影响。

---

① 施良方．泰勒的《课程与教学的基本原理》——兼述美国课程理论的兴起与发展[J]．华东师范大学学报(教育科学版)，1992(04)：1-24.

② 张华．课程与教学论[M]．上海：上海教育出版社，2001：113.

③ Husen，T. et al.（Eds.）. The International Encyclopedia of Education [M]. Oxford：Postlethwaite. Pergamon Press，1985：1142.

但是，由于学前教育对象和教育要求的特点，目标模式在学前教育的课程开发过程中也呈现出了一些弊病和缺陷。朱家雄总结了依据目标模式开发的幼儿园课程可能产生三个方面的问题。第一，课程开发者确定的课程目标，往往难以与发展中的儿童相适合。因为，课程目标是由成人确定的，是基于社会文化对成人的要求、学生的发展水平和知识的逻辑性来确定。学前教育阶段应该更多根据儿童发展的水平和需要加以确定，但迄今为止，人们对儿童的身心发展水平、学习规律和他们的兴趣及需要的认识还不够深入，特别是儿童的一些无规则和创造性行为往往是不可预知的。两者的矛盾就容易使课程目标偏向课程开发者的主观意愿，成为强加于儿童的控制性任务，不利于儿童的天性和主体性的发展，也不利于幼儿园课程和活动的开展。第二，目标模式强调把儿童的可识别行为作为确定目标的依据，而忽略了那些难以转化为行为的方面，如儿童的价值观、情感、态度、审美情趣等隐性的心理素质。这些非行为的、意识层面的素质往往是幼儿时期需要发展的重点方面。第三，目标模式在确定行为目标时，往往会将行为目标层层分解成各个独立的部分，儿童学习的过程变成可以预先决定和操纵的机械过程，这样会将儿童的学习经验分割成"碎片"，不利于儿童的整体发展。①

【案例讨论】

幼儿园食育课程开发②

食育是指以食物为载体或中介的教育形态，它不仅关涉儿童的营养健康，以及其健全人格的养成和文化的传承，并具有规范个体行为、密切家庭情感、促进经济发展等广泛的社会功能，被视为智育、体育、德育的基础。随着社会生活方式的转变，近年来入园幼儿的身体状况呈现不断下滑的趋势，不科学的饮食习惯导致了肥胖等健康问题频发。因此，幼儿的营养状况和饮食行为逐渐引起了教育者的重视，不少人呼吁将食育引入幼儿园。幼儿园开展食育需要构建完整的食育课程体系，从理念、目标、内容、途径和评

---

① 朱家雄．幼儿园课程(第二版)[M]．上海：华东师大出版社，2011：148.

② 张秋萍．幼儿园食育课程的建构与实施[J]．学前教育研究，2018(08)：70-72.

价等方面探讨食育课程对于幼儿发展的促进作用。

1. 确定食育课程的目标：幼儿园食育课程的目标包含食知、食操、食趣、食礼四个维度，且四个维度是相互联系、不可分割的整体。

2. 选择食育课程的内容：从食育的理念出发，幼儿园食育课程应包含五个维度的内容，即食物、农耕、自然、身体和厨房。通过这五个方面的内容，让幼儿既了解食物本身，又了解与食物相关的知识。

3. 确定食育课程的实施途径：幼儿园食育课程可以通过常态化食育活动、食育环境创设、幼儿自我健康管理和家园合作四种途径来实施。

4. 确定食育课程的评价方式：教师和家长要对幼儿在食育活动中的行为表现进行详细的观察和记录，并做出及时、合理的评价。

讨论题：结合上述案例，谈谈课程开发的目标模式有何优点和缺陷？

二、过程模式

虽然目标模式的影响重大，但是在后来的理论和实践研究中，其缺陷被越来越多地发现，由此产生了诸多批判。斯滕豪斯就是其中一位批判目标模式的学者。他不仅对目标模式提出批判，而且针对目标模式的缺陷，提出了一种课程开发的新模式——过程模式。

（一）对目标模式的反思与批判

对目标模式的反思与批判，是斯滕豪斯的过程模式理论框架建立起来的前提和基础。在 1975 年，斯滕豪斯出版了《课程研究与开发导论》一书，并从一个课程设计者的视角，结合当时的理论研究和实践研究成果，对泰勒原理进行了详尽而透彻的分析与批判。

首先，斯滕豪斯讨论了波帕姆在论文《关于反对行为目标的争论之合理性》中所提及的对目标模式的十一种批判意见：①“琐碎的学习行为是最容易操作化的，因此教育的真正重要的结果将被忽视。”②“预先指定明确的目标妨碍教师利用课程上意外出现的教学机会。”③“除了学生行为的变化之外，还有其他类型的重大教育成果，如家长态度、教师及社区价值观的变化等。”④“可测量性意指可以客观地、机械地加以测量的行为，因此，目标方法中必然有某些否定人性的东西。”⑤“事先精确地计划学习者在受教育之后应怎么做是某种形式的不民主。”⑥“目标模式并非真实的教学方式；教师们很少按照学习者的可测量行为制定其目标，因此，让我们建立现实的教师期望吧。”⑦“在某些学科领域，如美术与人文学科，识别可测量的学生行为更加困难。”⑧“虽然不确切的、一般性的目标陈述在外人看来是有价值的，如果大部分教育目标能够被确切地加以陈述，一般来说谈谈也无妨。”⑨“可测量性意味着可数性；可以依据教师在学习者身上创造结果的能力，而不是依据现在作为能力指数的许多基础来评价教师。”⑩“目标很难产生。”⑪“在评价教学结构的价值时，真正重要的往往是那些出人意料的结果，然而前定的目标可能使评价人员忽视意料之外的事。”①

根据这些意见，斯滕豪斯总结了目标模式的两个基本障碍：第一，误解了知识的本质；第二，误解了改善实践的过程的本质。② 针对第一个障碍，斯滕豪斯认为，目标模式把知识的本质归结为基于社会需求的一般性行为标准，是可以预测的，是被规定好的有限能力和有限创造性。对此，他提出教育的意义在于“将人引进人类作为思维系统的文化知识，增加了人的自由”，也就是说，知识的本质是自由的思维，而不是人为的限制性的框架。正是因为知识让人能拥有自由的思维，因此，教育和课程的目标应该是具有创造性的、不可预测的。第二，有关课程开发的方法论，他认为目标模式的方法是通过使目的明晰化而改善实践，虽然在逻辑上有一定的合理性，但是真正参与课程实践的人是教师，目标模式在一定程度上体现的是对教师执行能力、能否达成目标的考验，而非真实的学生的发展。因此，课程开发不应把课程目标作为核心和依据，而应该通过批评实践，让教师发现教育实践中的问题并提出解决问题的方法，从而改进教育过程。

(二)过程模式的课程开发原理

1. 过程模式的理论基础

“过程模式是建立在与目标模式完全不同的教育观、知识观以及方法论原理

---

① [英]斯滕豪斯．课程研究与课程编制入门[M]．诸平，孙蕾，沈阳，等，译．北京：春秋出版社，1989：88-103.

② [英]斯滕豪斯．课程研究与课程编制入门[M]．诸平，孙蕾，沈阳，等，译．北京：春秋出版社，1989：98.

的基础之上的。"①目标模式是基于实用主义哲学和行为主义心理学确立的，而过程模式则立足于进步主义教育理论和现代发展心理学以及认知心理学的教育观和知识观。

进步主义的教育观源于卢梭及其之后的进步主义教育运动，集大成于杜威，在20世纪初形成系统的进步主义教育思想。进步主义者强调儿童的自由、兴趣和能力的培养，反对绝对的、客观化的知识和技能，认为知识是不确定的，是由个人自由发展而获得经验从而形成知识的，不是由成人强加给儿童的。他们十分看重经验，认为"经验是教育过程的核心，学生获得某种知识不是教师教导的，而是自行发现的；教育是生长发展的过程，是一种手段，而不是知识的灌输；教育不是生活的准备，教育本身就是生活，教育或课程开发应依据过程而不是最后的产品。"②

过程模式吸收了现代发展心理学和认知心理学对儿童发展与获得知识的认知过程的观点。发展心理学的研究表明，儿童不仅仅是知识的被动接受者，他们更多的是在主动探究的学习过程中获得知识的。认知心理学则以皮亚杰为代表，强调儿童在与外界环境发生交互作用中的"同化—顺应"机制，即儿童通过能动地与外界环境互动，使知识发生迁移，不断建构和重组自己的行动和观念。在此过程中，儿童自身的主动探究十分重要，而外在强加的、机械的"刺激—反应"或"输入—产出"机制都有悖儿童获取知识的教育规律。

2. 过程模式的原则

过程模式的原则主要强调了活动内容选择的原则和课程实施与教学的原则。③ 其中，对于活动内容选择的原则，斯滕豪斯借助了彼得斯的合价值性概念。在彼得斯看来，知识和教育活动本身具有其内在的标准，评价知识的价值应该根据这些固有的标准，而不是根据教育产生的结果。选择课程内容的标准，应基于内容本身的价值，而不是根据它作为手段来达到的具体结果来进行选择。

有关课程实施和教学的原则，主要以彼得斯的"程序原则"为依据。程序原

① 朱家雄．幼儿园课程(第二版)[M]．上海：华东师大出版社，2011：149.
② 汪霞．课程开发的过程模式及其评价[J]．外国教育研究，2003(04)：60-64.
③ 范敏．斯滕豪斯对课程开发"过程模式"的诠释[J]．国外教育研究，2017(06)：108-117.

则的本质含义在于“鼓励教师对课程实践的反思批判和发挥创造”①，也就是说，教师从事教育活动的价值，是在于他在教育活动或课程实践过程中的理解、判断和反思，并调整和创造出更有价值的教育活动，而不是在于教师希望达到和实际达到的结果。教师应该在课程中不断探究，而不是强调教授法的使用。

3. 过程模式课程开发的过程

在有关过程模式的研究中，斯滕豪斯和其他学者们似乎没有明确提出具体的课程开发的步骤和环节，在实践运用中比较难把握。但我们可以从斯滕豪斯的论述和其他一些学者的课程开发案例中进行理解。

斯滕豪斯认为，课程开发应遵循上述的两个原则，关键是确定能够反映知识内在价值的课程内容和程序原则。课程内容包括能反映各学科领域内在价值的概念、原则和方法，而程序原则就是贯穿在课程活动始终的总目的或总要求。这些总目的和总要求与目标模式中预设的教育目标或课程目标不同，它们不是课程评价的依据，对课程实施及其结果都不具有控制的性质；而是对教育过程中可能出现的种种学习结果进行概述，并使教师明确课程内容和实施过程中的价值标准和总体要求。②

在具体实践中，课程开发者或教师可以根据不同的视角进行课程开发。“罗生门模式”是其中一种代表性模式，它很好地反映了过程模式的理念。它的程序是：设定一般目标—实施有创造性的教学活动—记述一切结果与变化—评价教学活动引起的结果。③ 虽然它是从设定目标为起点，但指向的是一般的、宽泛的目标，是非行为性的，不是具体的行为目标。在实现这些一般目标的过程中，不同的教师可以创造不同的活动，包括编写新教材、选择和利用已有教材等。然后对学习者在教学活动之后的变化和结果予以详细的记述，再和原先设定的一般目标的实现程度比较并做出判断和反思，从而对课程开发的过程进行反馈和改进。在整个过程中，始终强调的是教师的引导行为和学生的学习过程。

---

① 张华．课程与教学论[M]．上海：上海教育出版社，2001：119.

② 汪霞．课程开发的过程模式及其评价[J]．外国教育研究，2003(04)：60-64.

③ 万立正．一种新兴的课程编制模式[J]．上海教育科研，1992(01)：56-59.

（三）过程模式对学前教育课程开发的影响

与目标模式相比，过程模式对学前教育课程开发具有更重要的影响和作用。基于对儿童发展规律的认识和研究的不断深入，在学前教育课程开发的过程中，人们普遍认为应“淡化课程目标的预设，强调儿童活动的过程；淡化教师在教育活动组织中的计划性和控制性，强调根据儿童的兴趣和需要组织活动，尊重儿童的选择和创造；淡化根据客观标准对幼儿园教育进行评价，强调过程性评价，强调教师自我在教育评价中的作用”。① 这些教育思想和价值观念都与过程模式的基本观点非常接近，因此过程模式的课程开发思路在一定程度上更适用于学前阶段。

儿童的认知发展特点决定了他们更多地是通过各种感官和情绪体验来获得学习经验的，过程模式对儿童主体性的肯定，以及对儿童作为主体的主动学习过程的强调，正是学前教育课程开发的基本价值观。儿童在各种幼儿园活动和情境中感知世界，这些活动和情境以及儿童参与的过程，本身就具有内在的教育和知识价值。另外，斯滕豪斯提出的“教师即研究者”的主张也是过程模式的一大亮点，它提示了教师的角色定位，教师在课程开发的过程中并不是课程目标和计划的被动执行者，也不是儿童行为的控制者，而是课程的研究者、环境的创造者，是儿童的引导者和合作者。例如，瑞吉欧幼儿教育实践就是一种以目标模式为课程开发模式的典型。瑞吉欧教育实践的最大特点是“动态性”和“生成性”，其实践者强调他们的教育应是在实验和接受反馈中不断改善和更新的。

过程模式针对目标模式的弊端进行了比较全面的批判，也有针对性地提出了一些新的观点。但也有学者认为，“斯滕豪斯对过程模式的构建比他对目标模式的批判要逊色得多。”②斯滕模式的过程模式的第一个问题是，他的论述大多停留在个人经验的基础上，尽管他提出了课程开发的指导思想和基本原则，但没有提出明确的程序和方案，在实际的课程开发过程中难以被把握利用；第二个问题是

---

① 朱家雄．幼儿园课程（第二版）［M］．上海：华东师大出版社，2011：150.

② 施良方．课程理论：课程的基础、原理与问题［M］．北京：教育科学出版社，1996：190.

过程模式的主观性和随机性。斯滕豪斯在理论上否定了目标模式的客观性和预设性，但他仅仅从反面去构建自己的理论，而没有注意到过程模式缺乏科学性、计划性和系统性的问题；第三个问题是斯滕豪斯强调教师在课程开发的作用，对教师的角色和要求存在理想化的追求，但在现实中，教师的能力和素质可能难以达到有效的课程开发的要求。这三个问题导致过程模式在实践中的影响远远小于目标模式，存在口号化的倾向。

三、实践模式

从20世纪初到20世纪六七十年代，课程开发的理论形态经历了多次的发展和改革。而美国课程专家施瓦布则认为，课程研究领域不断追求理论的变革，对实践领域的影响非常有限。由此，他从实践的视角出发，提出了课程开发的实践模式，并在课程领域引起了极大的反响，被认为是一种“范式的转换”①。

(一)对理论化课程开发模式的批判

施瓦布认为，传统的课程开发是“理论的”。“首先，课程领域应到了穷途末路之时，依照现在的方法和原理已不能维持其研究，也难以对教育进展做出重大贡献。课程领域需要新的原理，以便我们对课程领域中问题的特点和多样性形成一种新的观点。它需要有适合于这一整套新问题的新方式……其次，课程领域达到如此地步，其原因在于习惯性地、不假思考地、错误地依赖理论……最后，课程领域复兴的希望在于，把主要精力从用于追求理论(如追求普遍的原理和复杂多模式，追求固定的次序和不变的因子)，转向另一种运作方式，即实践—准实践—择宜的方式。”②

传统的课程开发大多只停留在理论探讨的层面，理论化的课程开发模式大多遵循一般的、普遍的原理，但正是这些原理的真理性和广泛性，使得其缺乏对实践所需要的具体性、特定性、可行性的关注。理论与实践的脱节，导致课程领域

① 施良方．西方课程探究范式评析[J]．华东师范大学学报(教育科学版)，1994(03)：27-33.

② Schwab, J. The Practical: A Language for Curriculum[J]. Journal of Curriculum Studies, 2013(05): 591-621.

种种危机问题的产生。施瓦布总结了课程领域的六种危机问题：一是课程专家在课程开发过程中几乎毫无作用。施瓦布以五门重要的高中理科课程为例，指出其中四门课程都是由学科专家进行开发和管理的，而课程专家和教师几乎没有做出任何贡献。二是课程开发中的各种原理、模型、元理论随处可见，但却很少关注课程领域中的实际问题和障碍。施瓦布认为，这个现象好像在说明，课程专家只负责拟定课程计划，而课程应该做什么、课程改革的实际运作却是另外的专家的责任。三是虽然有一些强调回到课堂实践的课程，但这些课程往往也缺乏对课程主题的审视，而且，有关这一类回到课堂实践的研究和课程非常少。四是课程研究大多从旁观的角度研究课程，例如，越来越多的有关课程的历史、论文选集、评论和批判以及课程计划的设计等类型的研究，都是从侧面研究课程，而非从课程实践本身去研究课程的。五是坚守旧有的理论和前人的研究，并不断进行重复研究，如对泰勒原理、杜威理论的不断重述。六是因个人主观原因对某些课程研究产生偏见并进行无休止的批判，为争论而争论。① 施瓦布引用了多个例子来说明课程研究中存在的各种问题和危机，有效地引起了课程领域的研究者和实践者的深刻思考与反省。

(二)实践模式的特点与运作方式

施瓦布对以往的课程开发存在的问题和危机进行了剖析，认为已有的相关研究都倾向理论研究，对理论过度依赖。而且，在美国此前的每次课程改革都是因为一个新的理论产生了，便否定旧有的理论，仅以新的理论为改革的基础和口号。然而，施瓦布对这种现象的反思和批判，并非全盘否定理论的作用，“施瓦布说的是不要只以一种课程理论(如60年代的布鲁纳理论)为依据，而是要以所有有关的理论为依据，更重要的是，不是所有理论都可直接拿来就用的，只有通过择宜或折中，方能成为课程改革的合理的理论依据。对各种理论的择宜所依据的准则，是四个基本要素(教师、学生、内容、环境)的平衡和协调。”②

---

① Schwab, J. The Practical: A Language for Curriculum[J]. Journal of Curriculum Studies, 2013(05): 591-621.

② 施良方．课程理论：课程的基础、原理与问题[M]．北京：教育科学出版社，1996：197.

实践模式强调的是要以所有有关的理论为依据，要考虑多方面的因素，互取所长，融合合作。既要考虑社会需求，也要考虑个人的发展，还要考虑生活和职业所需的知识与技能。那么如何将那么多理论作为依据，如何进行理论的融合呢？施瓦布认为，在课程开发的过程中，面对不同的情境和条件，需要根据实际情况和问题解决的需求选择不同的理论——这是一种相对的、随机应变的思路。具体而言，实践模式包括以下几个特点①：

1. 以实践兴趣为课程价值观

与目标模式注重课程开发技术和程序的价值取向不同，实践模式强调课程开发的“实践兴趣”。它不以课程目标为核心，也不强调课程开发的效率以及对教师和学生的行为控制。实践兴趣指向课程实践本身，强调在现实中的过程与行为自身的目的，强调与环境的相互作用。各种要素的相互作用使课程开发形成一个有机的“生态系统”，这个生态系统的要旨在于儿童兴趣、需要的满足和能力、德性的提高。

2. 以教师和学生为课程的主体

实践模式的课程开发以教师和学生为主体。实践模式强调课程需要从具体的实际情境中寻找问题并解决问题，而教师和学生则是最接近具体情境的人，他们比课程专家更容易接近和理解课程中的具体问题和困难，因此，他们更应该成为课程开发的主体和创造者。教师和学生通过彼此之间的互动以及与环境的互动而生成课程。教师是课程的主要设计者，在课程实施和教学过程中可以根据特定的情境对课程进行修正和调整，充分发挥自己的创造性。而学生则不应仅充当课程的被动接受者和受教师控制的一方，他们有权根据自己的兴趣和需要，对课程的内容和实施方式提出困惑、质疑并要求解答。总之，师生双方的互动和体验，在课程开发过程中尤其重要。

3. 过程与结果、目标与手段的统一

目标模式注重课程的目标和结果，过程模式注重课程开发的过程和手段，而实践模式强调的是课程开发的过程与结果、目标与手段的统一。施瓦布认为，“脱离特殊的实践情境的抽象结果是没有意义的，真正有意义的结果是在适应实

---

① 吴刚平．校本课程开发[M]．成都：四川教育出版社，2002：54-57.

际的兴趣、需要和问题的过程中实践的，是内化于过程之中的”①。另外，施瓦布赞同杜威提出的“手段与目标统一”的观点，认为目的内蕴于手段之中，手段是“期望中的目的”。因此，课程开发应重视过程与结果、手段与目的的连续性，避免将两者割裂。

4. 课程开发的主要方式：集体审议

面对这么多需要考虑的因素，施瓦布提出，在课程开发中要把过度依赖理论的方式转变为以实践为核心的另一种运作方式，具体的方法是集体审议。集体审议是指在特定情景中，由课程开发的所有相关人员或代表，包括校长、教师、学生、社区代表、课程专家、心理学家和社会学家等组成的“课程共同体”，通过对问题情境的反复权衡而达成一致意见，最终做出行动决策的课程开发运作方式。“它贯穿在整个课程开发的过程中，通常首先明确特定情景中迫切需要解决的问题，然后就各种事实判断和价值判断形成暂时的共识，充分考虑各种可能的途径来拟定各种备选的解决方案，再对各种备选方案反复权衡，选择最佳方案，最后还要对各种备选方案进行局部的‘预演’，反思已确定的目标，得出最终的一致的意见。”②

根据施瓦布的论述，可以概括出集体审议的两种艺术：实践的艺术和折中的艺术。实践的艺术是基于实践的复杂性提出的，主要指行为方式的规范、问题的发现与诊断、备选方案的预先生成和对方法性质的规范，都必须立足于具体情境以及在实践中问题的实质，从多个角度、多个背景、多个侧面入手进行分析和审议，探讨和选择课程开发的多种路径。折中的艺术是指在课程开发过程中，充分考虑各种相关的理论，针对具体的情境和问题对各种理论进行折中和调和的处理。它主要包括三个方面：一是将理论、观点与实际问题进行比较；二是对各种理论、观点进行修改和重组，使其适应实际的情境和问题；三是创造新的问题解决方法并形成备选的行动方案。③

---

① 张华．“实践的课程范式”及其应用[J]．国外教育资料，1998(05)：26-31.
② 史学正．施瓦布的课程理论述评[J]．外国教育研究，2005(01)：68-70.
③ 黄甫全，王嘉毅．课程与教学论[M]．北京：高等教育出版社，2002：172.

(三)实践模式对学前教育课程开发的影响

实践模式强调对课程“生态系统”的构建，在集体审议的过程中，重点是实现课程四个基本要素——学科内容、学生、教师、环境的协调与平衡，而不能仅依靠专家或教师。它使课程开发从理论到实践的“自上而下”的模式，转变成“自下而上”的模式。这与现代学前教育课程开发，特别是园本课程开发的要求是相契合的。

园本课程开发是“一个以幼儿园为基地进行开发的、开放民主的决策过程，由园长、教师、课程专家、幼儿及家长和社区人士共同参与幼儿园课程计划的制订、实施和评价等活动”，具有民主性、灵活性和多样性的特点。① 在我国，现阶段的幼儿园课程的权利主体和开发主体都是以幼儿园自身为主，根据幼儿园的实际情况，包括幼儿园及其所在地区的文化、教师和幼儿的需要和兴趣、社区和家长的资源等进行课程选择、改变、整合和创编，开发适合本幼儿园的课程，以期使幼儿园课程成为一个互动的有机的生态系统。这种课程开发模式明显受到实践模式的影响。

但是，在现实中的学前教育课程开发与理论上的实践模式必然存在差异，因为实践模式本身具有一些理论问题与缺陷。例如，施瓦布提出折中的艺术，根据实际情况把各种理论进行折中调和，各取所需，但是这样容易造成相对主义和课程开发者思路上的混乱。而且，集体审议的方法存在理想主义倾向，在现实中，不同的参与者由于背景不同、想法不一，很难实现最终的意见统一，也就无法顺利达成课程开发的共识。

四、批判模式

批判模式不是一个单一的独立的课程开发模式，而是一个庞大而复杂的理论体系。它出现于20世纪60年代，主要对西方的教育和课程领域产生了重要的影响。

---

① 陈时见，严仲连．论幼儿园的园本课程开发[J]．学前教育研究，2001(02)：27-29.

(一)批判模式对传统课程理论的批判

批判模式在20世纪60年代出现，成型于20世纪70年代的美国概念重建主义课程思潮。它以法兰克福学派的批判理论和后现代主义为理论基础，从批判教育学的视角对课程形成了新的认识，对已有的价值观和课程观发起颠覆性的革命，旨在把所有理念、意义和价值从过去固定的结构体中解构出来。批判理论和后现代主义的主张使得教育研究者以批判、解构为出发点，重新探究学校教育和课程中的种种问题，如文化关系、权力关系，以及教育和课程对意识形态、生活方式的依赖性，驳斥“符号暴力”“课程霸权”的课程形态。

在其发展过程中，批判模式涉及的理论取向众多，不同的研究者从不同的角度对不同的问题和观点进行研究，产生了多个理论思潮和理论取向，并且各理论思潮和取向存在某些交叉与重叠的部分。其中有三种相对独立的取向对课程研究领域有比较大的影响：概念重构取向、新马克思主义和批判教育学。

批判模式认为，在资本主义的后工业化社会中，学校教育已被资本主义所扭曲，体现为当时以泰勒原理为代表的传统课程范式。在传统的课程范式中，课程开发的所有要素都是出于政治意图，为统治阶级服务的，通过国家对学校的干预作用，使得“文化霸权”得以有效运行。批判模式的代表之一弗莱雷在著作《被压迫者的教育学》中对传统的学校教育进行了抨击。他认为在传统教育和课程开发的过程中，课程开发者和教师始终是压迫者的角色，而学生是被压迫的一方，他还举了一些典型特征来说明课程与教学中压迫与被压迫的师生关系：教师执教，学生受教；教师有知，学生无知；教师思考，学生是思考的对象；教师演讲，学生听讲；教师执行纪律，学生服从约束；教师做出选择，学生依从选择……①因此，弗莱雷强调教育要培养学生的“唤醒意识”，改变被动接受知识的灌输式教育，发展批判能力，从而反抗“被压迫”的社会结构。他提出“解放的课程”的四大原则：①以参与为基础，共同构建新课程；②尊重各校的自主权，进行各种不同的实验；③在课程中运用“行动—反思—再行动”的方法，加强理论联系实际；

① 施良方．课程理论：课程的基础、原理与问题[M]．北京：教育科学出版社，1996：222.

④加强教师培训，在实践中批判性地分析课程。① 通过这四个原则，彻底改革传统的驯化教育课程，建构解放教育课程开发模式。

(二)批判模式的一般原理与主张

从批判模式对传统课程开发模式的批判可以看出，传统的学校课程是把文化和权力联系在一起，通过其特定的社会地位和功能，把统治阶级的支配文化进行再生产，强加给学生。在这个过程中，学校课程从各方面给予支配阶级肯定和特权，并排斥、贬低从属阶级的历史、经验和理想。针对传统课程开发模式的弊端，批判模式提出了课程开发的三个关键问题：一是知识是如何通过学校产生的？二是学生在学校里获得的知识来源于何处？三是学习要学生养成的世界观和技能是为谁的利益服务的？② 对于这三个问题，传统的学校教育及其课程都是站在统治阶级或中产阶级的立场去思考和产生作用，例如，传统课程通过隐性课程的方式向中产阶级的子女传递他们熟悉的知识、规则和规范，对属于工人阶级的学生灌输为受他人支配的被动的、机械的工作做准备的意识，等等。批判模式强调课程工作者应该对这三个问题进行更深入的思考和反思，用批判的意识去改变传统课程的种种弊端。

针对传统教育的一切权力形式，如设定的课程目标、教材、教师等，批判模式认为教师和学生在教学过程中要始终带着批判的思维，反对课程的普遍性、统一性和整体性，丢弃教育和课程中的一切政治目的，把真正的民主和公平引入课程。派纳和舒伯特分别致力于“概念重构”的课程改革，提出应摒弃固有的课程开发理念和程序，主张从课程开发转向“课程理解”，即以不同的方式对待课程，把课程理解为国际文本和种族文本，从关注课程开发的技术转向关注不同学校科目之间的联系、一门科目内部不同观点之间的联系、课程与世界之间的联系。③

---

① 黄志成．弗莱雷解放教育课程建构论述评[J]．全球教育展望，2003(02)：58-61.

② 施良方．课程理论：课程的基础、原理与问题[M]．北京：教育科学出版社，1996：224-228.

③ 王保星．从“课程开发”到“课程理解”：美国课程范式转型的历史诠释[J]．河南大学学报(社会科学版)，2016(03)：1-6.

(三)对批判模式的批判

批判模式与其他课程开发模式不同，它以一种完全否定的姿态去批判传统的教育和课程。它反对一切权力形式，倡导学生参与批判，可以说与已有的课程观是完全对立、逆转的。有人视之为一种勇气、一种批判精神、一种最具吸引力的课程模式，但其弊端也是非常明显的。

首先，批判模式在对传统教育和课程进行批判时，全盘否定的姿态是一种极端主义，往往有过激之处，难以让所有人接受的。其次，批判模式只用“抵抗”这一范畴来概括学生的行为，忽略了学生的多样性和复杂性。再者，从文化的角度，批判模式强调尊重文化差异，把各种文化都引进学校课程，但有人认为批判模式没有充分考虑某些亚文化给学生带来的不良影响。另外，批判模式所探讨的课程内涵已超出通常所说的课程及课程开发的范围，它关注广泛意义上的学校教育，也把课程问题泛化成政治权力、教育机会、阶层种族歧视等社会问题。最后，批判模式的理论主张一定程度呈现出“二律背反”的问题，它反对“结构”，主张“解构”；反对“目的”，主张“手段”；反对中心，主张“去中心”；反对“普遍性”，主张“特殊性”。① 但实际上，这些理念在课程开发中往往不是非此即彼的关系，而是应根据课程需要来相互调和。

【知识链接】

高瞻课程模式

许多学前教育课程专家都主张对学前教育课程开发应根据不同国家、不同地区、不同幼儿园的实际情况，根据幼儿和教师的兴趣和需要，因地制宜地生成课程。但有一种新的课程模式对世界范围的学前教育领域都产生了较大的影响力，它就是高瞻课程(High/Scope Curriculum，又称“高宽课程”)。

高瞻课程教育核心在于主动参与式学习，围绕“学习方式”“语言、读写和交流”“社会性和情感发展”“身体发展和身心健康”“艺术与科学”五个内容

---

① 朱家雄．幼儿园课程(第二版)[M]．上海：华东师范大学出版社，2011：153.

领域提出关键发展性指标，具有相对明确而固定的课程目标、课程内容、实践方式和评价体系。可以说，高瞻课程是一种“目标模式”的课程模式。

高瞻课程认为，“使用一种课程模式并不意味着教育是刻板的、没有弹性的。事实上，一种优秀的课程模式允许你进行变化，以更好地满足你所教的幼儿以及地区的需求，就好比你可以能会遵循一个基本的食谱，但是可以根据自己的口味来变换调味品。比如你可以使用一种课程模式来教阅读，也可以选择能够反映当地语言和风俗的书籍。高宽课程支持这种灵活性，同时保持自己的标准和实践以保证课程能够获得积极且持久的结果”。①

第三节 学前教育课程开发原则

在课程开发领域，根据不同的价值观和课程观，呈现出不同的课程开发模式，它指向的是课程开发的依据和主要方式。实际上，无论采用哪种课程开发模式，都要遵循一定的逻辑和基本原则。了解课程开发的一般逻辑和基本原则，有助于课程工作者在不同的情景中把握基本的工作方向。

一、学前教育课程开发的逻辑

根据我国课程开发的实际情况，课程开发必然要考虑两个基本因素：一是作为教学内容的“学问的知识结构、系统、逻辑”；二是不同发展阶段儿童的认知方式、结构、过程是不同的。这两个因素作为课程开发的基本逻辑，是课程开发过程中必须予以考虑的。

作为教学内容的学问的知识结构、系统、逻辑，是指以学科为基础，把学科知识作为课程内容，并按照学科知识的专业的结构、逻辑，由浅到深地安排到课程与教学的过程中。这是一个内蕴于科学、学问本身的逻辑顺序。在设计课程目标、编制教材等活动中，学科知识的逻辑体系和内在联系是主要的依据之一。但

① [美]爱泼斯坦．高宽课程的理论与实践[M]．霍力岩，等，译．北京：教育科学出版社，2012.

是，学科知识逻辑是相对客观的，仅将学科逻辑作为教学逻辑，将学科结构作为教学结构，有可能忽略了在课程与教学中“人”的主观能动性。因此，除了把学科逻辑作为课程开发的基本逻辑，还需要考虑儿童的认知逻辑，包括不同阶段的儿童的认知发展、认知方式、认知过程的逻辑。根据皮亚杰等儿童认知心理学家的研究，儿童的发展阶段不同，其心智运算的结构在本质上也不同。儿童的认知水平是按照“感知运动阶段—前运算阶段—具体运算阶段—形式运算阶段”的规律发展的，在不同的阶段，儿童有其独特的学习和掌握知识的认知逻辑。

因此，钟启泉认为，“作为学科内容的知识体系、单元系列、学习课题，必须考虑到儿童的‘认识逻辑’加以编制；同时又不能丧失学问知识所具有的严密的逻辑性与科学系统性，这就是课程编制所要求的根本原则”。① 在课程开发的过程中，必须综合考虑这两种逻辑。

二、学前教育课程开发的原则

在学前教育阶段，作为课程内容的知识体系必须考虑儿童的认识逻辑，又不能丧失学问或知识所具有的严密的逻辑性和科学系统性。在具体实践上，也可以称为“领域”与“主题”的有机融合。《幼儿园教育指导纲要(试行)》指出，幼儿园的教育内容可以相对划分为健康、语言、社会、科学、艺术五个领域，这五个领域是宽泛的学科概念，体现了学科的融合，也从根本上区分了不同学科的特殊性。按照不同的领域来设计课程，划分不同的教育内容，每个领域内部的顺序安排又要遵循由浅入深、从简单到复杂的逻辑原则。“主题”是指围绕一个相对独立的社会或生活问题，组织与知识紧密耦合的内容，安排一系列密切关联的活动和经验的课程结构。在学前教育阶段，主题多数呈现为儿童的生活主题。因此，换句话说，“主题就是把学科知识恢复到儿童自己原来的经验，及杜威所说的‘使教材心理化’”。②

“领域”和“主题”有一定的区别，但不是学科知识逻辑与儿童认知逻辑的区

① 钟启泉．现代课程论[M]．上海：上海教育出版社，2006：265-266.

② 丁海东．当前我国幼儿园课程编制主导原则与教材文本特点分析及其实施建议[J]．学前教育研究，2010(09)：26-30.

别，而应重视两者的双重融合。领域是按照幼儿的心理发展水平，把相关学科结合起来，组成贴合幼儿生活的、幼儿能容易理解的宽泛的领域范畴。而主题则是以一定的学科或领域组合为基础，以社会生活事件和幼儿生活事件为来源的课程组织形式。在学前教育课程开发中，领域和主题的有机融合，是对学科知识的逻辑性和儿童认知发展特点进行双重考量的主导原则。

除了领域与主题的有机融合，学前教育的课程开发还需要遵循以下四个基本原则：

(一)生活化

课程开发的生活化原则，是学前教育课程区别于中小学课程的重要特点之一。对学前幼儿来说，成长是首要的，学前教育的首要任务是发现儿童生命成长的基本逻辑，以儿童生命成长为宗旨，和儿童一起构建有意义的经验，构建幼儿园课程。由于儿童的身心发展特点，他们是在自己的生活实践和体验中不断探索和学习，获得各种与生活密切相关的知识和能力，从而为以后的发展打下基础。因此，开发学前教育课程时，要加强课程与生活的联系，从贴近儿童生活的素材中选择课程内容，在课程实施中注重儿童的生活体验，通过教育把儿童的生活经验系统化、整体化。

(二)活动化

活动是学前儿童的天性需求，他们的生活是由各种活动组成的。学前教育课程开发活动化，就是要注重课程的活动性，通过调动学前儿童积极的外部活动来引发他们积极的内部活动，运用活动的方式来激发儿童的探索和学习兴趣，提高他们的兴奋度，使儿童能从主动积极的活动中得到发展。①

(三)游戏化

与活动化原则相关的，是游戏化原则。要使学前儿童在活动中能真正地参与和动起来，必须高度重视游戏的价值和作用。游戏的自由性、虚拟性、愉悦性等

---

① 石筠．论学前教育课程组织的基本原则[J]．学前教育研究，1998(06)：4-5.

特征，符合儿童的心理发展特点，深受儿童的喜爱。在课程开发中，要把生活、学习和游戏有机结合，使课程具有游戏精神，即使在知识教学中，也应借助游戏对儿童的吸引力，使教学过程变得轻松、有趣、欢乐，才能提高儿童的学习兴趣，充分发挥儿童的主体性。

（四）综合化

学前教育课程开发的综合化原则，也可以称为整体性原则，它有多个含义。一是要注意儿童发展的综合性。学前儿童的身心发展是统一的，他们的思维是综合的，他们的认知发展、感官发展、运动能力发展应是一个整体，难以分割成一个个独立的部分。因此，课程开发应坚持儿童发展的整体性，避免人为地割裂儿童的全面发展。二是课程目标要综合化。学前教育的课程目标应以综合的形式表述，避免把课程目标分解为细化的行为目标。三是课程内容的综合化。选择课程内容时，要注意不同领域之间、领域内部的知识的有机联系。把相关内容进行“领域”和“主题”式的综合，一方面促进学科的融合与统整，另一方面又要考虑不同领域的特殊性和独立性，才有利于儿童的综合新思维和心理机能的整体发展。四是课程实施方式的综合化，在课程实施过程中，应强调综合运用各种途径、技术和方法手段，如游戏与教学的结合等，生活活动与教学活动的结合等，将有利于提高儿童的学习积极性，更好地实现课程目标。

【本章小结】

课程开发是完成一项课程计划的整个过程，包括确定课程目标、选择和组织课程内容、实施课程和评价课程等阶段。本章介绍了课程开发的一般原理，对课程开发的相关定义进行了分析，对影响学前教育课程开发的主要模式——目标模式、过程模式、实践模式和批判模式的理论基础、主要观点、不足之处等方面分别进行了论述。其中，目标模式是课程开发的经典模式，课程开发研究始终绕不过泰勒提出的四个问题。但不论采取哪种模式进行课程开发，都必须遵循学科知识逻辑与儿童认知逻辑相结合的根本性原则，还要兼顾生活化、活动化、游戏化和综合化的原则。

【主题词】

课程开发，课程设计，目标模式、过程模式、实践模式、批判模式，泰勒原理，学科逻辑、认知逻辑

【思考题】

1. 简述课程开发与课程设计的关系与区别。
2. 简述学前教育课程开发的四种主要模式。
3. 如何理解泰勒原理是课程开发的经典模式？
4. 学前教育课程开发需要遵循怎样的逻辑与原则？

第十章　学前教育课程开发

【本章导读】

学前教育课程开发是幼儿园教育的重要课题，如何以法律法规及相关政策为指导，结合幼儿园现实的环境和条件以及幼儿的现实需求，进行学前教育课程开发，成为我们需要深入思考的课题。因此，本章介绍了学前教育课程开发的三种主要形式：园本课程开发、生成课程开发以及隐性课程开发，在明确三种课程开发形式的内涵、特点与功能的基础上重点分析了课程开发的原则、策略以及相关资源的利用等问题。

【知识地图】

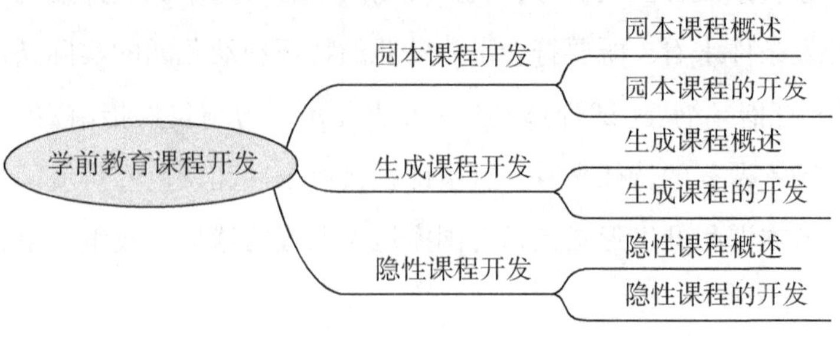

第一节 园本课程开发

我国是一个幅员辽阔的国家，每个地区的气候条件、环境资源、社会习俗、社会文化等都有巨大差异，大到整个区域、小到幼儿生活的社区都存在差异，因此，统一化的国家课程难以适应各个地区幼儿生活的物质文化环境以及不同地区幼儿发展的实际需求。为了有效提高幼儿教育效果，需要结合本地区的资源和条件开发园本课程，以全面、充分地满足不同地区幼儿的发展需求。

一、园本课程概述

园本课程是什么？园本课程的特点是什么？接下来我们将一起来了解。

(一)园本课程的内涵

园本课程作为一个术语，最初是由“校本课程”一词借鉴而来的，园本课程是幼儿园按照国家与地方政府课程的基本精神，结合本园幼儿的发展状况、现实需要、生长环境，同时以幼儿园的现状、背景、实际条件为基础而进行的课程选择、重组与整合或自主开发而形成的、适合幼儿园特点的个性化课程体系。

具体而言，就开发主体来看，开发主体包括幼儿园园长、课程专家、幼儿教师、幼儿、家长以及社区人员等；就开发场所来看，园本课程开发场所主要为幼儿园；就开发条件来看，既要符合本园幼儿的特征和幼儿园的实际条件，又要符合《幼儿园教育指导纲要(试行)》和《3—6岁儿童学习与发展指南》提出的儿童发展目标；就园本课程的特征来看，园本课程具有个性和特色性；就园本课程开发形式来看，园本课程开发形式包括对国家地方课程的选择、改编、整合以及自主开发。

【学者观点】

关于园本课程的内涵，国内学者的观点不尽相同，虞永平和陈时见分别提出了自己对园本课程内涵的理解。

虞永平认为，园本课程是指以幼儿园之“本”为基础的课程或是在幼儿园之“本”的基础上建立起来的课程。在此，“本”是指基础、现状、背景、实际、条件及可能等反映幼儿园现实的因素。因此，园本课程是指在幼儿园现实根基上生长起来的、与幼儿园资源、师资条件相一致的课程。①

陈时见指出，园本课程实质上是一个以幼儿园为基地进行课程开发的开放、民主的决策过程，即园长、教师、课程专家、幼儿及家长和社区人士共同参与幼儿园课程计划的制定、实施和评价等活动。在园本课程开发的过程中，教师应当是参与性的，而最终的决策应当由所有参与教育活动的人共同决定。②

中国著名教育家陈鹤琴、陶行知可以说是最早探究园本课程的学者，20世纪二三十年代中国幼儿教育几乎照搬外国模式，缺乏自身本土化的课程模式，外国化、宗教化现象异常突出。针对此现象，陈鹤琴、陶行知等人开始着手探索中国化、科学化的幼稚园课程研究。1923年，陈鹤琴先生创办南京鼓楼幼稚园，展开了全面的幼儿园课程实验研究，最终形成了单元中心课程——“五指活动课程”，并成为当时幼稚园的主要课程。1927年，陶行知先生在南京燕子矶创办了中国第一所乡村幼稚园，从乡村儿童生活和乡村本土实际情况出发，运用生活的方法，以寻求平民的、省钱的、中国化的幼稚园课程。这些探究活动的直接目的在于探索幼稚园课程的中国化，而不是探索建立园本课程，但其实践却在一定程度上促进中国幼稚园园本课程的发展，其课程开发理念也与我国当前的幼儿园园本课程的理念相吻合。

20世纪八十年代开始，中国的园本课程研究呈现快速发展的趋势，幼儿园课程改革成为我国学前教育改革的核心，很多幼儿园在借鉴相关课程基础上，从自身实际情况出发、考虑本园幼儿身心发展特点以及充分挖掘地方课程资源，开始开发、建构自己的园本课程。八十年代，1983年南京师大和南京实验幼儿园

---

① 虞永平．试论园本课程的建设[J]．早期教育，2001(08)：1-3.

② 陈时见，严仲连．论幼儿园的园本课程开发[J]．学前教育研究，2001(02)：27.

率先开展“幼儿园综合教育结构的探讨”教育实验；1984 年中央教育科学研究所与北京第五幼儿园、市崇文区第二幼儿园进行了以常识为中心的“幼儿园综合教育实验”。九十年代，东北地区的孙汀兰等人的“整体优化课程”实验(1988—1992 年)、浙江湖州市的朱静怡等人的“发展幼儿能力课程”实验(1985 年)、上海的仇佩英等人的“幼儿园情感课程研究”(1990—1995 年)等课程研究或实验呈现百花齐放的现象。

20 世纪九十年代，园本课程作为一个专业术语开始为大众所知晓。1999 年《中共中央、国务院关于深化教育改革全面推进素质教育的决定》中明确提出：“调整和改革课程体系、结构、内容，建立新的基础教育课程体系，试行国家课程、地方课程、学校课程”，由此开始了构建我国“三级课程体系”的改革。园本课程也作为一个专业术语走进大众视野。

进入 21 世纪以来，我国幼儿园园本课程逐渐走向科学化、系统化与全面化。2001 年《幼儿园工作规程》指出，幼儿园应充分利用周围的教育资源，注意幼儿的个体差异，因地制宜地组织教育活动。同年，教育部颁布的《幼儿园教育指导纲要(试行)》总则中指出：“城乡各类幼儿园都应从实际出发，因地制宜实施素质教育。”在第三部分“组织与实施”中指出：“教师要根据本《纲要》，从本地本园条件出发，结合本班幼儿实际情况，制定切实可行的工作计划并灵活地执行。”在教育部《关于印发〈幼儿园教育指导纲要(试行)〉的通知》中也明确要求：“贯彻实施《纲要》，要坚持因地制宜、实事求是的原则，认真制定本地贯彻《纲要》的实施方案。应从具体情况出发，切忌搞‘一刀切’对不同地区、不同类型、不同条件的幼儿园，分别提出不同的要求”。此后，幼儿园纷纷开始积极探索个性化的园本课程。

(二)园本课程的特征

学前教育园本课程不是国家课程、地方课程，必然有着和国家课程和地方课程不一致的特点，了解学前教育园本课程的特点有利于我们了解学前教育园本课程的内涵，促进园本课程的开发实践。具体来说，学前教育园本课程具有以下特征：

1. 课程开发的过程性

"'园本课程'不止意味着一个课程方案，它还意味着一个逐步建设、逐步完善的过程，一个各种课程资源得到开发、利用的过程，一个幼儿园课程自身的特点不断彰显、幼儿园特色日渐鲜明的过程。"①园本课程开发的过程性表现为课程目标设置、课程内容选择、课程实施方案的设计以及课程评价体系建构等方面的过程性。课程目标的设置是否合理、是否符合幼儿身心发展特点需要经历一段时间的检验，并应根据幼儿能力的变化而调整；园本课程内容需要在实践过程中不断优化、不断改进，课程资源需要不断开发、不断利用，幼儿园自身的特色需要不断彰显；园本课程实施方案需要经过实践的检验，在具体实施过程中不断优化；园本课程评价体系的建立也是一个不断完善的过程。作为一个完整体系的园本课程开发工作不是一朝一夕就能完成的，也不可能一蹴而就。

2. 课程内容选择的民主性

"园本课程不是外来的课程，而是根据国家课程或地方课程的基本精神，在幼儿园内部逐渐生长起来的课程。"②当前学前教育园本课程开发的民主性体现在课程决策权的再分配以及课程开发主体的多样性。一方面，园本课程体现了课程决策权的再分配，幼儿园拥有课程决策权并将课程决策权进行再分配，充分考虑各方力量的参与。另一方面，园长、教师、课程专家、幼儿及家长和社区人员都是课程开发的主体，在园本课程开发的过程中都有权提出自己关于课程方面的意见或建议。

3. 课程内容的生成性和时代性

"园本课程不是一成不变的。幼儿园的基础、现状、条件会随着幼儿园课程的研究不断发生变化，幼儿园课程也必须跟上这种变化，使园本课程真正拥有立足之'本'"。③ 学前教育园本课程强调以幼儿为"本"、以幼儿园为"本"，就意味着学前教育园本课程是一种生成性课程，其教育内容是根据幼儿的身心发展特

---

① 虞永平．试论园本课程的建设[J]．早期教育，2001(08)：1-3.
② 虞永平．试论园本课程的建设[J]．早期教育，2001(08)：1-3.
③ 虞永平．试论园本课程的建设[J]．早期教育，2001(08)：1-3.

点、幼儿的实际需要、兴趣，不断生成的探索性课程。同时“园本课程必须从内容上及时反映科技进步的成果和当地社会生活和社会发展需求的实际变化，必须能多层次、多途径、全方位满足社会发展和幼儿发展需求。”①当前，社会日益发展，带来日新月异的变化，因此学前教育园本课程必须体现社会发展的实际、反映社区生活的变化，只有紧跟时代的发展才能不断提高社区和社会资源的开发和利用效率，促进幼儿园教育效益的提升。

4. 课程体系的完整性

园本课程作为幼儿园课程的一部分，必须体现作为一个完整课程体系的特点，因此“学前教育园本课程必须包含明确的课程目标、课程内容、课程实施方案、课程评价体系等，缺少其中任何一个环节，就不构成完备的课程”。② 学前教育园本课程是一个完整的课程体系，具有国家课程和地方课程体系的组成部分，缺少课程目标，整个园本课程就成为无源之水、无本之木，课程内容的选择、课程实施方案的设计就会失去方向，课程评价体系就会缺乏评价标准的来源；课程内容是园本课程体系的血肉，而缺少课程内容的园本课程没有实践为依托，会导致课程体系成为没有血肉的空壳；课程实施方案是园本课程目标实现的途径，缺乏课程实施方案会导致课程目标最终无法实现；课程评价体系是检验课程目标实现效果的重要手段。因此学前教育园本课程必定是一个完整的课程体系。

二、园本课程的开发

如何有效运用园本课程是教育者应重点关注的课题，因此，什么是园本课程开发，以及园本课程开发有哪些条件和开发流程就成为接下来需要探讨的问题。

(一)园本课程开发的内涵

学前教育园本课程开发可分为广义的园本课程开发与狭义的园本课程开发。广义的课程开发是指幼儿园及教师对现有课程的处理及决策，包括幼儿园教师、

① 袁爱玲．冷静思考园本课程的热潮[J]．学前教育研究，2002(04)：5-6.
② 袁爱玲．冷静思考园本课程的热潮[J]．学前教育研究，2002(04)：5-6.

园长等人根据本园幼儿的实际情况与园所资源，对原有的国家课程和地方课程进行选择、改编、整合重组的过程，这种行为在日常教育活动中比较常见。狭义的幼儿园课程开发则指幼儿园园长、教师、家长、社区人员等课程开发主体在课程专家的指导下共同参与课程的决策过程。①

【案例讨论】

J幼儿园是一所以著名教育体系——瑞吉欧教育命名的私立幼儿园，幼儿园建筑物的墙上赫然写着瑞吉欧教育体系代表人马拉古基的教育名言。但在考察中，专家发现，除了幼儿园的名字，其他方面都没有体现出瑞吉欧教育体系的痕迹。从小班到大班出现的小学化倾向严重的识字和算术教学，也背离了J园提出的“健康、快乐、自主、自然”的教育理念。

J园园长明确地表示，幼儿园的课程体系包含三部分，即基础课程、特色课程和园本课程。其中，基础课程是指五大领域的教学活动，特色课程有外教英语、经典成语、感统训练和跆拳道，园本课程是指思维游戏、专业舞蹈、专业美术和英语(本园教师教授)。

据了解，J幼儿园既没有实质的区域活动，也没有相应的区域环境设置和材料投放，幼儿的学习活动以教师的集中教学为主。中大班每天安排的集中教学活动达3—4节。幼儿园硬件设施达标，但却缺乏富有教育意义的环境设置，教室内外只是简单的装饰美化性的布置。唯一经常更换的是教室外的幼儿的美工作品，因为这是显性的学习成果，可以向家长展示。②

思考：本案例中的J幼儿园的园本课程存在什么问题?

(二)园本课程开发的条件

我们并不主张所有幼儿园都进行园本课程开发，只有具备一定条件的幼儿园才能有效开发园本课程，否则容易走入误区。当前大多数研究者认为开发园本课

① 王春燕．幼儿园课程概论[M]．高等教育出版社，2014：288-289.

② 靳美玲，但菲．幼儿园园本课程案例分析[J]．小学科学·教师，2012(02)：1-3.

程应具备以下几个条件①：

1. 明确而独特的办园宗旨和教育哲学思想

目前国家通过颁发《幼儿园工作规程)》《幼儿园教育指导纲要(试行)》《3—6岁儿童学习与发展指南》等文件对学前教育的培养目标进行了统一规定，但是这种规定只是最基本的原则性方面的要求，具体实施方案还需要根据本地幼儿园的实际情况来安排与执行，而且统一化的培养目标和培养规格也难满足当今丰富多样的社会发展和个人发展要求。因此在国家颁布的培养目标的基本要求基础上，幼儿园必须具有自己独特的教育哲学思想和办园宗旨，即“幼儿园要根据教育目标、教育理念、幼儿特点、家长和社区的需求、教育资源和幼儿园环境以及教育者的办园志趣确立自己幼儿园的独特的发展方向”。② 目前我国有些地方的幼儿园在办园特色方面已走出了关键的一步，但还不成熟，在教育理念、教育哲学思想方面还需要不断创新。

2. 民主、开放和科学的幼儿园管理

园本课程的开发是幼儿园根据国家和地方教育文件对人才培养的基本要求，由课程专家、园长、教师家长、社区人员多方参与并共同完成课程开发的民主决策的过程，而不是由单个人进行决策的过程，因此要求幼儿园首先必须要有民主、开放的课程开发的组织结构，“它需要幼儿园园长纵向、横向的协调，需要幼儿教师广泛而积极的参与，需要家长的配合，需要社会强有力的支持”。③ 同时，学前教育园本课程开发的民主性，要求园本课程须依靠幼儿园内部的科学管理机制来保障课程实施的成效，即幼儿园需要建立有效的自我评价机制，在课程的开发与实施过程中能够不断通过自我反思发现问题、提出问题，最后高效地解决问题，从而为课程的顺利开发提供有效的制度保障。

3. 高素质和专业化的教师队伍

斯滕豪斯曾说过，“没有教师发展就没有课程开发”，可见教师在课程开发中的重要性。在学前教育园本课程开发的过程中，幼儿教师的专业化水平，如专

---

① 陈时见，严仲连．论幼儿园的园本课程开发[J]．学前教育研究，2001(02)：27.

② 袁圆．解析“园本课程”[J]．教育与教学研究，2010，24(08)：135-137.

③ 袁圆．解析“园本课程”[J]．教育与教学研究，2010，24(08)：135-137.

业知识和专业技能等是成功开发学前教育园本课程的关键因素。因为幼儿园教师是除了幼儿父母之外最了解幼儿发展特点和兴趣需要的人，在园本课程的开发过程中，幼儿教师是课程开发的主力军。美国幼教专家凯茨将专业的幼儿教师形象地比喻为："能接住孩子丢来的球，并且把它丢回去，让孩子想继续跟它玩游戏，并在玩的过程中不断创造出新的游戏来。"但教师只有具备相关的专业知识和专业技能才能有效"接住幼儿丢来的球"。因此在园本课程开发之前，需要对幼儿教师进行专业技能培训，全面提高教师的专业素质以打造一支高水平、高素养的教师队伍。

4. 有效的监督和服务机构

在园本课程开发的过程中建立有效的监督和服务机制，一方面能够为课程的开发提供有效的时间、场所、资金等资源支持，为园本课程开发提供有效的服务，保障课程开发的顺利进行；另一方面，幼儿园在园本课程开发过程中需要接受来自各方的意见和建议，及时发现存在的问题并提出解决策略，从而提高课程开发质量，以确保园本课程能够真正促进幼儿发展。

（三）园本课程开发流程

借鉴校本课程开发的一般流程，① 园本课程开发主要包括以下流程：建立课程开发的组织或机构、分析幼儿园现状、拟定园本课程开发目标、编制园本课程开发方案、园本课程实施与评价。②

1. 建立课程开发的组织或机构

当幼儿园已经具备开发园本课程的条件，并想要结合本园的实际情况和幼儿的发展特点开发一套园本课程，那么首先需要建立园本课程开发的组织或机构，成立园本课程开发委员会或者园本课程开发工作小组，该课程开发组织或机构应该包括园长、幼儿教师、课程专家、幼儿、幼儿家长和社区人员等具有广泛代表性的课程开发主体。一般而言，在课程开发委员会或者开发小组中，园长是具体

---

① 钟启泉，崔永漷．新课程的理念与创新：师范生读本[M]．高等教育出版社，2003：209-211.

② 王春燕．幼儿园课程概论[M]．高等教育出版社，2014：294.

工作的负责人；主管教学的园长协助进行课程开发工作；教研组长和教师具备一定的研究和课程开发能力，是课程开发的主体；幼儿家长和社区人员为园本课程开发提供课程开发资源；课程专家负责指导园本课程的开发，把控园本课程开发质量；幼儿也是课程开发的重要参与者。因此，课程开发组织或机构必须充分发挥每一位成员的作用，确保他们能有效参与园本课程开发。

2. 分析幼儿园现状

在实施幼儿园园本课程开发之前，课程开发组织或机构需要对幼儿园的历史背景、园所文化、园所幼儿的实际需求、幼儿家长情况以及社区资源等方面进行评估，同时结合园本课程开发的理论与实践，并在此基础上确立课程开发目标、选择课程内容。

3. 拟定园本课程开发目标

园本课程开发目标包括两个方面，一是幼儿园园本课程开发的成果目标和幼儿的发展目标，即幼儿通过园本课程能实现怎样的发展；二是幼儿的课程目标。

4. 制定园本课程开发方案

园本课程开发方案是幼儿园关于园本课程开发思路的概括，它包括园本课程开发的现状分析与规划意图，课程的理论基础，课程所坚持的儿童观、教师观和教育观，课程总目标，课程的内容结构，课程的组织实施建议，课程评价建议以及保证课程开发顺利实施的相应措施。

5. 园本课程实施与评价

园本课程的组织包括对课程内容的组织与教育活动过程的组织。课程内容的组织是指对课程内容的排列和呈现方式，幼儿园课程内容的组织形式包括活动课程、综合课程；教育活动过程的组织包括选择活动途径、活动形式、教育方法和学习方法等。园本课程评价包括对课程开发目标、内容、组织与实施、价值成果等方面的评价。

(四)园本课程开发的反思

在园本课程开发过程中需要处理好以下几个问题①：

---

① 陈时见，严仲连．论幼儿园的园本课程开发[J]．学前教育研究，2001(02)：27.

1. 以和谐发展为前提，建立科学的课程体系

幼儿发展是“整个的”，决定了幼儿的学习是整体性的学习，因此园本课程的开发应涉及与幼儿教育相关的社会、科学、健康、艺术、语言等领域，以促进幼儿的和谐、全面发展为指导思想，开展实质性的探索活动，形成科学的园本课程体系。

2. 避免流于形式，避免增加教师和幼儿的负担

当前，在园本课程开发过程中存在流于形式的现象，原因在于缺乏对园本课程的正确理解。首先，园本课程的开发形式多样，既包括对国家和地方课程的选择、改编、创新，又可以根据本园的条件及幼儿的需求来自主开发新编课程；其次，园本课程并不等于特色课程，园本课程的开发并不是强制性的，幼儿园应充分考量是否具备课程开发条件，而不是盲目跟风和模仿，或追求“花样翻新”，加重教师和幼儿的负担。

3. 发挥教师和幼儿的双重主体作用

幼儿是学习的主体，是知识的主动建构者；教师是教育主体，代表着教育方向。因此，对园本课程的开发应充分发挥幼儿的主体性，把幼儿当作课程的建构者之一。幼儿与教师处于平等地位，是主体与主体之间平等的交往关系——也就是主体间的关系。儿童不是接受知识的容器，教师也不是知识的灌输者，因此在园本课程的开发过程中应充分调动教师和幼儿的双重主体作用，既要认识到教师是园本课程开发的主体，又要重视幼儿作为课程建构主体的作用，从而调动幼儿的学习主动性，进而通过幼儿的主动学习来培养幼儿的兴趣，发展幼儿多方面的才能。

第二节　生成课程开发

在幼儿园集体活动、游戏活动开展的过程中，教师预先针对幼儿的年龄特点和发展水平设计好的，周到、细致、缜密的环节在实际实施过程中可能并没有达到预期效果，幼儿在活动实施过程中会产生各种各样新奇的观点和想法，提出一些意想不到的问题。即使教师能够按照自己设计的活动环节顺利开展活动，那么在这样的活动中幼儿是否能够主动学习、积极探索？因此，教师不仅需要预设课

程，同时也应时刻关注幼儿的兴趣和需要，发现有意义的活动并进行拓展和充实，形成生成性课程。

一、生成课程概述

了解生成课程内涵和特点，有利于我们更好地把握学前教育生成课程的开发。

（一）生成课程的内涵

“生成课程”一词最早见于贝蒂·琼斯所著的《课程就是发生的事》一书，约翰·尼莫教授用排除法对生成课程的涵义加以界定，提出生成课程不是“罐头式”的课程，不是“木乃伊式”的课程，也不是“放牛式”的课程。

学前教育生成课程是幼儿根据自己的兴趣经验和需要，在与环境和他人的交互过程中产生的活动。教师在幼儿游戏与其他活动中应发现一些有意义的活动，并及时介入进行随机教育，或者对该活动加以进一步的充实和扩展。①

【学者观点】

幼教专家卡络·科贝尔在《生成课程》前言中写道：生成，就是强调课程计划必须是从孩子和成人的生活中，特别是从孩子自身的兴趣中生长出来，它提醒我们孩子的自发性需要一个他们能够自由游戏和学习的空间，而课程则表明教师的存在、计划的存在。自发性和计划性是生成课程的两个面。

冯晓霞对生成课程作出的解释是：生成课程是“在师生互动过程中，通过教育者对儿童的需要和感兴趣的事物的价值判断，不断调整活动，以促进儿童更加有效学习的课程发展过程，是一个动态的师生共同学习、共同建构对世界、对他人、对自己的态度和认识的过程”。②

---

① 上海市教育委员会．上海市学前教育课程指南[M]．上海：上海教育出版社，2004：4.

② 冯晓霞．生成课程与预设课程[J]．早期教育，2001(08)：2.

生成性课程目标源于杜威“教育即生长”这一命题，杜威反对把某种外在的目的强加于教育，课程与教学目标是教育经验的结果，教育是生活、是儿童的生长、是儿童经验的改造。生活、生长以及经验的改造本身构成教育的目的。

1918年，克伯屈在美国哥伦比亚大学师范学院的学报上发表《方案教学》一文，认为“方案”是“在一个社会性的环境中，全神贯注地从事有目的的活动的过程”。

20世纪五六十年代，斯滕豪斯提出了课程编制的过程模式，强调教育过程而不是结果，给予课程生成性特征。斯滕豪斯还提出“教师即研究者”的口号，提倡扩大教师的专业自主性，使教师从课程的被动执行者转化为主动的反思者和实践者。斯滕豪斯课程的过程模式为幼儿园课程改革，重视教育过程中的生成提供了理论支持。

20世纪90年代以后，意大利瑞吉欧成功的方案教学经验得以推广，其教育理念受到越来越多的学前教育工作者关注。在瑞吉欧教育方案中，没有固定教育的课程目标，教育注重幼儿的内在品质；没有明确规定的教育内容，内容来源于儿童感兴趣的事物和现象；方案实施以“项目活动”为主要形式，方案留有弹性空间，可随时根据实际情况做适当的调整。瑞吉欧教育理念推动了生成课程理论与实践的发展。

1970年，琼斯教授根据美国的文化背景，并受瑞吉欧方案教学的影响，在其和尼莫合著的《生成课程》一书中正式提出“生成课程”的概念，系统地介绍了生成课程的思想，促进了生成课程理论的传播。

(二)生成课程的特点

对生成课程的特点主要通过生成课程与预设课程两者对比来把握，具体可从课程目标、课程内容、课程设计与实施、教师评价、师幼关系等方面来分析。

1. 在课程目标方面，表现为课程目标的生成性

杜威提出“教育即生长”①，强调教育目标是教育经验的结果，是儿童经验的不断改造。在杜威看来，教育没有任何外在的目的，教育的目的就是促进幼儿的

① 杜威. 民主主义与教育[M]. 王承绪，译. 人民教育出版社，1990：114-117.

生长，因此一切教育活动都要尊重幼儿的兴趣与需要，注重幼儿的学习主动性。杜威教育思想作为生成课程的思想渊源，其课程目标也强调生成性。和预设课程相比，在课程目标的产生时间上，生成课程目标是伴随着幼儿的游戏和集体活动产生的，而预设课程目标是在活动实施之前制定的；在课程目标的设置依据上，生成课程除了依据社会发展需要、幼儿园课程大纲与幼儿发展水平等方面，更关注幼儿的兴趣、需求和经验，而预设课程目标的制定在一定程度上忽视了幼儿实际的兴趣和需要。实际上，幼儿的兴趣和需要会根据幼儿与环境互动而获得的经验不断发生变化，因此生成课程目标的制定具有生成性。

2. 在课程内容方面，表现为课程内容的不确定性和灵活性

和预设课程内容相比，生成课程的不确定性首先表现在生成课程内容源于幼儿的日常生活，幼儿日常关注的人、事、物都可以成为生成课程的内容，而预设课程源于课程大纲或教师预先准备的课程内容；其次，生成课程是由幼儿引导的，幼儿的兴趣和需要引导着课程内容的选择，而在预设课程中，课程内容是由课程专家和教师掌控的。

3. 在课程设计与实施方面，表现为课程实施的创生性和相互适应性取向

在预设课程的实施过程中，教师只是课程的实施者，幼儿只是被动接受知识，课程的实施者严格按照预先设计好的课程方案和环节按部就班，一步步将教学方案呈现出来，教师对于幼儿在活动过程中提出的有意义的问题一般采取不理会或忽略的态度。而在生成课程的设计与实施过程中，需要给幼儿留出探索空间，课程设计只是展现活动的整体走向，课程设计和课程实施可能会部分重叠，即课程实施的过程也是课程设计的环节，幼儿不仅可以参与课程实施，同时也可以参与课程设计，一边活动一边设计，一边活动一边调整，教师和幼儿在活动过程中共同创造经验，都是经验建构的主体。

4. 在课程评价方面，表现为课程评价的多元化

预设课程采用的评价方式是终结性评价，这种评价方式关注课程实施的结果，忽视课程过程，旨在“验证课程的成功度和推广度”①，评价的依据是是否达成预先设计的目标，目标达成的高低是判断课程好坏的尺度。生成课程的评价方

---

① 朱家雄．幼儿园课程[M]．上海：华东师范大学出版社，2003：162.

式是形成性的，强调“以幼儿获得的非预期的发展和产生的课程新的生长点作为评价的标准”。①

5. 在师幼角色和关系方面，表现为师幼关系的平等性

在生成课程中，幼儿不是被动的知识的接受者，而是经验的创造者，幼儿和教师都是课程创造的主体，幼儿的兴趣和需要受到关注；教师则是幼儿活动的引导者和幼儿的研究者。

二、生成课程的开发

生成课程开发首先要确定课程开发原则，然后在把握课程开发原则的基础上明确生成课程的内容来源和开发策略。

（一）生成课程的开发原则②

一是兴趣原则。课程生成中最重要的步骤是获得儿童的兴趣点，明确儿童的兴趣所在，才能进一步探寻其兴趣背后的原因，并结合儿童的已有经验进行知识建构。因此，在生成课程的开发过程中，教师要有敏锐的观察力，能及时察觉和捕捉幼儿活动的关键点和兴趣，在了解幼儿的兴趣的基础上选择课程内容。

二是探究原则。“项目活动”是生成课程的重要形式，幼儿对周围事物的好奇心和探究欲望是项目活动的主题网络形成的关键步骤，课程内容是在探究欲望和好奇心的驱动下选择的，方案实施和实施后的评价都是幼儿不断探究和求真的过程，因此，探究原则是始终贯穿课程生成过程的重要原则。

三是平等原则。课程是师幼在平等互动的对话中生成的，体现了互动对话基础上的平等协商。课程生成并不是以幼儿为中心或者由教师来主导，而是由幼儿发起并由教师来组织的。在此过程中，幼儿和教师处于平等地位。

---

① 李艳霞．幼儿园预设课程与生成课程的整合研究[D]．呼和浩特：内蒙古师范大学，2010.

② 杨娟．瑞吉欧方案教学对我国幼儿园课程生成的启示[J]．基础教育研究，2011(24)：55-56.

(二)生成课程的内容来源

教师正确把握生成课程的时机和内容，灵活判断内容的价值，采取正确的课程生成策略是生成课程开发的重要环节。生成课程的内容主要有以下来源①：

一是幼儿的兴趣和需要。俗话说，“兴趣是最好的老师”，生成课程内容的选择应该充分考虑幼儿的兴趣和需要，并使之得到尊重和满足，幼儿学习的热情才能得到有效激发，幼儿的主体性才会得到有效发挥。

二是教师的兴趣。在生成课程中，教师是幼儿的引导者，教师和幼儿互相建构经验，教师将自己的兴趣爱好分享给幼儿并和幼儿一起进行探索，从而激发幼儿的兴趣，共同创设课程。

三是儿童发展的阶段任务。幼儿的每一个阶段都有不同的发展任务，应根据其发展任务来选择课程内容，为幼儿提供在技能、情感、认知等方面发展的机会，在儿童的发展过程再调整课程内容。

四是物质环境中的事物。皮亚杰提出幼儿的学习是在周围环境中建构经验的过程，物质环境对幼儿的发展产生重要影响。幼儿对周围物质环境中的建筑、花草树木等事物的关注都是生成课程内容的重要来源。

五是社会环境中的人们。幼儿每天都会见到形形色色的人，他们的职业或许会成为幼儿关注的重点。例如，幼儿在电视上看到奋斗在抗击疫情一线的医护人员，引起了幼儿对医护这一职业的兴趣，那么医护人员群体就是幼儿学习的重要资源，教师应适当抓住时机，引导幼儿兴趣的不断深入。

六是资料。教师从图书馆、会议等各种途径中获得的有关生成课程思想的资料可以充分有效地运用到幼儿园和环境的创设中，引发幼儿的兴趣。

七是共同的生活。幼儿在幼儿园以及社区中的日常发生的事，无论是积极的还是消极的，都可以作为教育的契机、课程的资源，如幼儿的同伴交往和幼儿的生活自理能力等对幼儿的发展至关重要的问题可以作为重要的课程资源，也是教师与幼儿建构经验的来源。

---

① Elizabeth Jones, John Nimmo. Emergent Curriculum, National Association for the Education of Young Children[M]. Washington, DC, 1994, pp. 125-127.

八是社会、社区、家庭、幼儿园的价值观。一些为社会所接受的价值观可以和幼儿一起讨论，主动创造条件引起幼儿思考。

(三)生成课程的开发策略①

生成课程开发时应该注重以下课程开发策略：

1. 关注表现性课程目标和生成性课程目标

表现性目标是指每个幼儿在具体情境中呈现的个性化表现，它追求幼儿的反应的多元性和差异性。生成性目标也称为形成性目标或展开性目标，是随着教育情境过程的展开而自然生成的课程目标，强调教师在具体情境中根据幼儿的个性差异提出目标。无论是表现性目标，还是形成性目标都体现生成理念。因此，生成课程开发在课程目标上要关注形成性目标和表现性目标，关注幼儿在教育情境中的表现，关注幼儿的个体差异，根据幼儿在实际教育情境中的表现来制订课程目标。

2. 关注课程实施中的突发性事件和问题

突发性事件和问题是指在课程实施过程中出现的、教师预期之外的偶发事件和问题。由于预设课程严格遵守教学设计的每一个环节，教师关注教育活动的结果而非过程，为了教育活动按照事先的安排顺利开展，其间出现的突发性的事件和问题往往被教师忽略。生成课程重视教育活动的过程，主张教育活动不能只关注结果，更应该关注幼儿在活动实施过程中的表现和反应，因此生成课程开发必须以课程实施中的突发性事件和问题作为课程内容的重要来源。然而在活动实施过程中，并不是所有出现的偶发事件和问题都具有开发价值，因此需要注意以下问题：首先对突发事件和问题的选择要符合幼儿园课程目标和课程标准对幼儿发展的要求，即“生成是在预设范围内的生成，而不是漫无边际的生成”②；其次对突发事件和问题的选择要具有教育意义，能够对幼儿的身心发展产生积极影响。

3. 注意弹性化的课程设计

传统教师将幼儿在活动实施过程中表现出的一致性和统一性作为课程评价的

---

① 赵文平．生成性课程开发的理念与策略[J]．教育科学论坛，2007(09)：12-14.

② 赵文平．生成性课程开发的理念与策略[J]．教育科学论坛，2007(09)：12-14.

标准，然而生成课程的特点决定了课程要“留白”，即要为幼儿和教师留出足够的表现和反应的空间，让他们在活动实施过程的实际教育情境中作出差异性的反应。首先，课程目标设计要有弹性，目标表述可以相对模糊，无需太过精确，为教育情境生成新的目标留下空间；其次，活动方案的设计要有弹性，活动方案设计只预设有关活动走向的整体框架，并不会预设幼儿的反应；最后，在课程实施的策略和步骤上要有弹性，教师在活动实施过程中应坚持课程实施的相互适应取向和创生取向，根据幼儿的反应和实际情况灵活调整。

4. 建立民主平等的师幼、幼幼关系

在生成课程中，教师和幼儿处于平等的地位，教师既不是知识的拥有者，也不是教学活动的主导者，而是幼儿学习活动的组织者、引导者、促进者。要建立民主、平等的师幼关系，首先需要尊重幼儿的主体地位，尊重幼儿的新想法和新问题，学会倾听，鼓励幼儿发表自己的想法和观点，让教师和幼儿成为“学习共同体”；其次应树立科学的儿童观，尊重幼儿之间的个体差异性，信任幼儿，平等地对待每位幼儿。

5. 加强教师的生成课程意识、提高教师的课程能力

不同于预设课程中的教师，生成课程对教师提出了更高的要求，要求教师有敏锐的观察力和灵活的应变能力、较强的生成课程意识，以便能够及时发现课程实施中的生成性目标和内容，有效利用课程实施过程中捕捉到的信息进行生成课程开发。教师的课程意识是指教师对课程系统的整体的认识，是教师的“课程哲学”。在生成课程的开发过程中，教师要具备以下课程意识：幼儿和教师都是课程的主体，是学习共同体，教师和幼儿在与环境交往的过程中共同建构课程；教学活动与游戏活动中的突发性事件和问题以及幼儿对周围环境的关注点都是生成课程的重要来源。

教师课程能力，就是“教师在参与一系列课程活动中所具备的心理特征，或者说教师顺利完成各项课程活动所具备的能力”。① 赵文平提出，生成课程开发需要教师具备以下课程能力：捕捉生成性问题和事件的能力；灵活调整课程实施

① 赵文平．教师课程能力——一个不容忽视的问题[J]．江西教育科研，2007(02)：89-92.

的能力；反思评价的能力；交往合作的能力，即教师与幼儿之间保持良好沟通交流的能力。①

6. 尊重幼儿的兴趣和个性差异性

生成课程重视不同幼儿之间的个性差异，重视为每一位幼儿留出表现自身差异的“空白”。生成课程开发的根本目的是为幼儿提供适宜其个性发展和生长的空间，尊重幼儿的兴趣和个性差异。建构主义理论认为，不同的学习者对于同一命题会有不同的理解，这正是基于学习者自身已有经验背景才建立起来的。幼儿是学习的主体，是知识的主动建构者，因此生成课程开发要充分尊重幼儿的兴趣和由于经验、背景不一样所带来的个体差异性，为幼儿提供足够的机会和空间来建构与自身经验相关的个性化知识。

【案例讨论】②

生成课程开发案例——关于主题的项目活动“恐龙课程”

课程主题：恐龙课程

组织者：Roberta

在 AnnaFrank 幼儿园，孩子们经常带一些恐龙玩具到学校，并时常谈论有关恐龙的话题，教师 Roberta 注意到这种现象，认为这是向孩子们介绍恐龙的好机会，于是他将孩子们的对话记录下来，开展认识恐龙的课程。下面是一组男孩的对话：

Federico：再没有恐龙了，都死了。

Francesca：所有的恐龙都死了，他们杀死恐龙，还把恐龙埋了。

Michele：不！他们没有埋恐龙，它们是自己死的。

Fabio：对，这不是真的。谁能杀死恐龙呢？因为原始人是在恐龙之后出现的。可卡通里有人又有恐龙，实际上不是这样的。

---

① 赵文平．教师课程能力——一个不容忽视的问题[J]．江西教育科研，2007(02)：89-92.

② 杨晓萍．基于建构主义学习理论的幼儿园课程设计[J]．山东教育科研，2002(02)：25-27+35.

Federica：恐龙死了，人就出现了。

Fabio：有恐龙时，其他动物都像昆虫一样，恐龙死了，它们就变大了，变成了猴子和其他动物，就像现在的动物。

教师将这一组对话记录下来，以便组织和实施恐龙课程。第二天，孩子们没有什么进展。于是，Roberta 决定等到孩子们有兴趣时再进行一个长期的恐龙课程的学习。到了第二个星期，孩子们的兴趣高涨起来，Roberta 决定让孩子们用陶土制做恐龙。

首先，她引发了一场讨论，问孩子们是从哪儿得到恐龙的知识的，有的说是从电视上看到的，有的说是从电影上看到的，还有的说是从哥哥、姐姐或其他亲戚那儿得知的。接着，Roberta 组织孩子们到当地图书馆搜集有关恐龙的资料，并带回幼儿园；同时，建议孩子邀请朋友和亲戚到幼儿园来，向他们请教有关恐龙的问题，这极大地激发了孩子们的兴趣和积极性。随后，孩子们开始用陶土制做恐龙，用水彩、粉笔画恐龙，有的孩子还表演了皮影戏，这样，孩子们获得了对恐龙的直接经验。但是，他们所做的和所画的恐龙都是自己想象的，并非真实的，在恐龙的大小、身长比例等方面遇到了困难。于是 Roberta 决定让孩子们画一只真实比例的恐龙。围绕着如何测量和绘制一只真实比例的恐龙，Roberta 和 6 个孩子(男女幼儿各 3 名)，展开了讨论：

Giudia：我们可以量一量书上的恐龙有多大。

Roberta：当然可以。

Federica：我想它的腿有天花板那么高。

Roberta：所有恐龙的腿都那么高还是只有一些?

Federica：只有一些。

Roberta：我们画一只真正的恐龙，怎么样?

Federica：我们也许得有一张跟桌子一样大的纸。

Roberta：可能还要大。

Federica：它得又大又长。

……

经过一番讨论，孩子们确定了恐龙的长度(27 米)，又找来一根长塑料绳、纸板等材料，在幼儿园的操场上绘制恐龙。经过实验、尝试错误、修正，一幅巨大的恐龙画完成了。孩子们把恐龙画到一张巨大的塑料纸上并在全园展览，展示他们的工作过程和结果。他们还挑选了其他一些画和雕塑，制作了请帖和海报，并思考以什么方式来展示自己的成果，其间一直表现出极大的兴奋和自信。

思考：在本案例中教师是如何体现课程的生成性特征的？

案例分析：恐龙课程不是事先规划的，而是以孩子的兴趣为出发点，通过教师和孩子们的互相交流生成的，师生共建的课程。孩子是主动的学习者，教师的任务是抓住时机，引导孩子正确思维，并在必要时提供帮助。

第三节　隐性课程开发

蒙台梭利认为幼年期的儿童具有“吸收力的心智”，对周围环境具有高度的敏感性。《幼儿园工作规程》中第三十条中也明确指出：“幼儿园应当将环境作为重要的教育资源，合理利用室内外环境，创设开放、多样的区域活动空间，提供适合幼儿年龄特点的丰富玩具、操作材料和幼儿读物，支持幼儿自主选择和主动学习，激发幼儿学习的兴趣与探究的愿望。幼儿园应当营造尊重、接纳和关爱的氛围，建立良好的同伴和师生关系。”因此，对幼儿教师来说，除了把握那些显而易见的课程，还需要觉察那些能让幼儿在不知不觉间“吸收”的环境，加强隐性课程开发，充分发挥其价值，使之成为促进幼儿发展的积极的影响源。

一、隐性课程概述

隐性课程作为学前教育课程的重要形式之一，了解其内涵、特点以及促进幼儿发展的功能对于隐性课程的开发具有重要作用。

(一)隐性课程的内涵

最早提到隐性课程的是美国学者杜威和他的学生克伯屈。杜威就曾指出，学生学习的不只是正规课程，还学到了与正规课程不同的东西。克伯屈认为任何一种学习都包含着"伴随学习"，"伴随学习"是伴随着"主学习"而产生的情感、态度的学习。1968年，美国学者菲利普·W·杰克逊在其所著的《班级生活》一书中首次提出了"隐性课程"的概念。

学前教育的隐性课程是指在整个幼儿园范围内，以间接的、内隐的方式，通过无意识的非特定心理反应的途径，对幼儿的情感、意志、态度、动机、价值观、信仰等特质发生影响的总和。它包括社会价值观和文化体系、幼儿园文化环境、师幼关系，乃至幼儿园的建筑设备、作息时间、班级安排、游戏及一日生活等。

【学者观点】

隐性课程一词来自国外，英文是"Hidden Curriculum"，大致可称为"隐蔽课程""潜在课程""潜课程""隐形课程""无形课程""潜隐课程""非正式课程"等，由于翻译的不同，学者们对隐性课程的理解也不同，其观点对理解隐性课程的内涵也具有一定的参考意义。

隐性课程也称潜在课程、隐蔽课程，是以内隐的、间接的方式呈现的课程，学生在显性课程以外所获得的所有学校教育的经验，不作为获得特定教育学历或资格证书的必备条件。①

幼儿园隐性课程又称隐蔽课程或潜在课程，是课程和教学计划之外的潜在的和非预期的课程，是幼儿园广义课程的重要组成部分。隐性课程不通过正式的教学进行，而是通过幼儿园情境有意或无意地对幼儿的知识、情感、信念、意志、行为和价值等方面发挥潜移默化的作用，从而促进教育目标的实现。②

【知识链接】

美国斯坦福大学艾瑞斯教授根据课程的功能将课程分为三种类型：③

---

① 全国12所重点师范大学．教育学基础[M]．教育科学出版社，2014：162-169.
② 宋彩琴．对幼儿园隐性课程建设研究[J]．当代教研论丛，2015(03)：133-134.
③ 冯晓霞．幼儿园课程[M]．北京：北京师范大学出版社，2000：6.

1. "显性课程"：显性课程也被称为"正式课程"，是指由官方制定的课程，这类课程具有外显性、计划性、组织性等特点。

2. "隐性课程"：隐性课程也被称为"隐蔽课程""潜在课程"和"非正式课程"，是指学习方法、奖励制度、组织结构、学校环境等因素的副产品，会产生非预期性影响。

3. "悬缺课程"：指学校应该提供却没有提供的学习经验，这类课程存在于"理想的课程"和"实际的课程"之间，属于流失的课程。

(二)隐性课程的特点

相对于显性课程来说，学前教育隐性课程包含显性课程所不具备的特点，具体来说体现在以下几个方面：

1. 幼儿接收方式的无意识性

相较显性课程，在隐性课程中幼儿总是在潜移默化地接受各种教育经验的影响。在显性课程中幼儿知道自己在学习什么。例如，当幼儿回到家中，爸爸妈妈问幼儿今天学到了什么，幼儿回答《猜猜我有多爱你》并用小兔子的方式向爸爸妈妈表达爱。显然，在显性课程中幼儿明显能够感受到自己在接收来自教师发出的关于知识的经验信号，而在隐性课程中幼儿是在无意中接受周围的人、物以及文化环境的影响。例如，当教师给了幼儿一个亲切的微笑和拥抱后，幼儿也模仿教师，以微笑的方式向他人表达友好，但幼儿却或许不会向父母说今天学到了"微笑"。

2. 教师呈现方式的间接性

在显性课程中教师一般通过直接的外显的方式呈现教育过程或内容，如通过五大领域的活动或具体的教育内容，教师会明确告诉幼儿今天要学习什么以及学习之后可以获得什么学习结果，教育过程是明显的。而在隐性课程中，教育过程是不明显的，幼儿不知道自己在学习什么，教师也有可能不知道自己在对幼儿施加影响。例如，教师对待他人的友好态度会在无形中影响幼儿，但教师自己可能意识不到这种影响，幼儿也意识不到自己在接受教师的影响。

3. 课程存在范围的广泛性

隐性课程存在于幼儿园的每一个角落，从幼儿园的整体物质环境、管理风格、园所风气、人际关系到教师的言行、穿着等都可以成为幼儿园隐性课程。可以说幼儿园的隐性课程无处不在，处处皆可以成为隐性课程资源。

4. 课程影响效果的不确定性和持久性

自进入幼儿园的第一天起，幼儿就在时时刻刻接受潜藏在幼儿园自然环境和人文化境等情境中的隐性课程的影响。隐性课程影响效果的不确定性是由于隐性课程不是以直接的方式呈现出来的，因此对于不同的幼儿，隐性课程的影响效果也不一样，善于观察环境、对周围环境比较敏感的幼儿可能受到隐性课程的影响会相对较大；影响的持久性表现在隐性课程对幼儿的影响通常是价值观、生活习惯、思想意志、品德等方面，幼儿长期潜移默化地接受隐性课程的影响，这些影响一旦产生作用将难以轻易改变，因此其影响效果具有长久性。

5. 可转化性

一些隐性课程资源可以被有效利用并最终以显性课程的方式呈现出来，能推动更多的隐课程转化为显性课程，扩大其影响对象和范围。

(三)学前教育隐性课程的价值

隐性课程对幼儿的发展具有不可替代的作用和价值。

1. 学前教育隐性课程的美育价值

蔡元培曾说，美可以“陶冶吾人之感情，使有高尚、纯洁之感情”。首先，幼儿园室外环境、室内环境是会在无形中影响幼儿的审美。苏霍姆林斯基说过：“我们十分重视给孩子们积累美的印象……孩子们跨进校门所看到的一切，所接触到的一切都是美的。绿树葱葱的小院全景是美的；绿叶映衬的串串琥珀般的葡萄是美的；各楼之间甬道的排排蔷薇是美的；盘绕着野葡萄蔓的学校正门门廊也是美的……”优美的幼儿园环境会潜移默化影响幼儿的审美感受和审美情趣。其次，教师自身的审美情趣也会影响幼儿的审美，如教师的仪表会直接或间接地影响幼儿的审美体验。正如黑格尔所说，“教师是孩子们心目中最完美的偶像。最有效的美育，应该是教育者对学生自然而然的美的影响、感染和示范。”

2. 学前教育隐性课程的德育价值

幼儿园隐性课程可以提高幼儿的道德判断能力，引导幼儿初步具有辨别是非、善恶、美丑、真假的能力。幼儿团体风貌、师生关系会影响幼儿道德观念的获得。例如，幼儿教师通过赞扬或批评某些幼儿的行为，使幼儿树立乐于助人、遵守秩序等道德观念。幼儿园的规章制度、物质环境、组织制度、校园文化等方面都渗透着幼儿园的道德要求和教育意志，通过模仿、暗示、感应等方式影响着幼儿的道德行为。例如，幼儿园里的图文标语"小草也是有生命的""不浪费粮食，节约从我做起"等会潜移默化地影响幼儿的道德行为。

3. 学前教育隐性课程的心理发展价值

首先，隐性课程影响幼儿的人格发展。优美的幼儿园环境、动听的师生对话、和谐的人际关系能有效地激发幼儿的想象力和创造力。其次，幼儿园活动形式的多样性、丰富性有利于培养幼儿的兴趣，激发幼儿的探究欲和求知欲。此外，良好的师幼关系、师师关系能引导幼儿学会关爱他人、与他人合作，从而培养幼儿良好的社会适应能力。

二、隐性课程的开发

了解隐性课程的内涵特点和功能是为了有效运用隐性课程资源，这涉及隐性课程的开发问题。那么隐性课程开发应该坚持什么原则？隐性课程来源于哪里？以及采取什么策略能有效地开发隐性课程？接下来我们将探讨这这些问题。

(一)学前教育隐性课程开发原则①

1. 整体性原则

首先是空间层面的整体性——处处有隐性课程，即隐性课程广泛存在于师生周围的各个空间和角落，从室内到室外，从幼儿园的花草到建筑，乃至幼儿园的园风，让幼儿和教师处处接受隐性课程的影响，增强隐性课程的扩散力、影响力，从而对个体产生较强的影响作用。其次是时间层面的整体性——时时有隐性课程，即时时刻刻发挥隐性课程的作用，让隐性课程对幼儿的积极影响在时间中积淀，从量变转变为质变，从而对幼儿产生持久性的影响。最后是内容层面的整体性，即隐性课程既包含物质、制度层面，也包含文化精神层面。

---

① 徐亚康．隐性课程的开发与实施[J]．贵州教育，2004(03)：27-28.

2. 动态性原则

教育的目的是为了培养全面发展的人，这种全面发展包括对社会的适应性，即一个全面发展的人必定能够高度适应社会发展的要求，其文化知识、观念等与时代的发展相适应，因此隐性课程内容必然是一种动态变化发展的，随着时代的发展，许多新元素应该不断地被运用于隐性课程中，成为隐性课程内容的一部分。

3. 反省性原则

隐性课程广泛存在于教师和幼儿的周围环境当中，既有教师意识到的隐性课程，也有教师未意识到的隐性课程——在教师未意识到的隐性课程中，既有可能对幼儿的发展产生积极影响，也可能产生消极影响，如教师对幼儿的一次过度的批评可能对幼儿发展造成持久的负面影响。因此，教师需要具备一定的反省的意识和能力，经常反省自己的言行是否会在无意识中伤害幼儿，避免对幼儿的生长发展产生负面影响，同时在自省的基础上，经常与其他教师、学生家长沟通交流以反思自己的行为。

4. 针对性原则

不同年龄阶段的幼儿发展具有差异性，尤其是3～6岁的幼儿在心理发展方面存在巨大差异。因此，要针对不同年龄阶段的幼儿选择不同的隐性课程内容，从而使其效果最优化。同时，不同幼儿由于来自不同的家庭，其个性、经历存在差异，因此在开发和实施隐性课程时，应以普遍性为基础，加强针对性，对不同性格的幼儿采取不同的方法，如对性格比较胆小的幼儿采取鼓励和宽容的态度，在幼儿勇敢尝试某件事时给予夸赞、表扬。

5. 因地制宜原则

不同地域的幼儿园有不同的地域环境和文化环境，同一个地区的不同园所的园风、园所管理制度和人际关系等方面也会存在差异。因此，幼儿园应该因地制宜，充分利用本地域的物质资源和文化资源，同时结合本园的园风、班风、幼儿园环境、设备等因素形成本园独特的隐性课程。

6. 潜移默化原则

教师开发与实施隐性课程是有意识的行为，但幼儿是在无意识的过程中接收隐性课程的影响，因此教师应有意识地营造相关情景，让幼儿置身于其中并自由自主地感受、领悟隐性课程中体现的积极的价值观、情感态度、生活习惯、思想意识、品德等。这种“润物细无声”“春风化雨”的教育方式，是隐性课程的特点和优势所在。

(二)学前教育隐性课程内容来源

学前教育隐性课程的来源主要包括以下四个方面：

1. 物质层面的隐性课程

《幼儿园教育指导纲要(试行)》明确指出：环境是重要的教育资源，应通过环境的创设和利用，有效地促进幼儿的发展。幼儿园物质层面的隐性课程组成部分包括幼儿园的选址、园舍环境的基本色调，幼儿园户外环境的创设，各班级室内空间的大小、不同区域划分与布置及活动材料的摆放、投放的多少等。园舍环境中潜藏着美感，能潜移默化地影响幼儿的审美感受；室内空间环境的设计对幼儿行为习惯形成产生潜移默化的影响，如活动材料的丰富和活动空间的宽敞有助于增加幼儿合作性行为，而狭窄的活动空间会增加幼儿的冲突，不利于幼儿的社会性发展。

2. 观念层面的隐性课程

幼儿园的园训、园风、教风等具体展现了幼儿园的文化。良好的园风和班风也会无形中影响幼儿集体感、责任感的发展。

3. 制度层面的隐性课程

幼儿园的各种制度，如幼儿一日生活的组织、安全管理制度、卫生保健制度、保教常规等都是幼儿园文化的体现，这些对幼儿的精神生活有着重要影响，例如，幼儿园一日生活的组织安排对于培育幼儿的自觉规范的行为、良好文明的习惯具有积极的影响作用，温馨有爱的入园离园制度能让幼儿心理上产生对幼儿园的归属感、安全感。

4. 人际层面的隐性课程

著名心理学家班杜拉提出幼儿是在通过观察他人的过程中学习的，模仿学习是幼儿最主要的学习方式。幼儿的天性之一就是好模仿，他们常常通过模仿教师、家长和同伴进行学习。因此，教师与幼儿、幼儿与幼儿、教师与教师、家长和教师之间的交往方式会对幼儿产生深刻影响。良好的人际关系环境有利于形成安全、温馨的心理环境，对幼儿积极自我意识的树立和自信心的形成起着润物无声的作用，而不良的人际环境对幼儿日后的待人接物将产生负面影响，如当幼儿看到教师以恶劣的态度对待某个幼儿，那么其他幼儿也有可能以同样的方式对待该幼儿，甚至以此方式对待身边的伙伴。

(三)学前教育隐性课程开发策略①

隐性课程资源开发要关注以下课程开发策略：

1. 物质环境、精神环境并重

人是环境的产物，每个个体从一出生开始就无时无刻不在与环境发生相互作用，环境对个体的心理发展产生深刻影响。古代孔子就曾提出“性相近、习相远”，强调后天对个体发展的重要性，其中环境作为影响个体发展的后天因素之一，必然要受到重视。因此，在创设幼儿园的环境隐性课程时，应考虑幼儿的年龄特点和需要，合理利用周围的社会、自然资源，创造能促进幼儿全面发展、有利于幼儿展开探索活动的物质环境和精神环境，使环境成为隐性的教育课程。

(1)创造和谐的物质环境。

和谐的幼儿园物质环境的创设，如园内空间、活动材料、设施的摆放等应该有助于引发幼儿的各种探索活动，有助于引发幼儿和周围环境的积极互动。例如，在小班幼儿的区角当中应该多摆放一些相同的玩具，因为小班幼儿喜欢模仿小伙伴，多摆放一些相同的玩具可以避免幼儿之间的冲突。在大班的益智区，教师可以通过减少一些活动材料或让材料的呈现方式更加零散，增加拼搭的难度，从而激发幼儿的探究欲望，同时也可以多设置一些需要小组合作的任务以引起幼儿的合作行为。

(2)创设民主平等的精神环境。

首先，建立民主平等的师幼关系。教师在教育中应尊重幼儿，尊重幼儿的主体性，使幼儿和教师处于平等的师幼关系中。比如，教师与幼儿谈话时，教师应该与幼儿的视线保持同一水平，可以蹲下和幼儿交谈，同时也应该学会倾听儿童、理解儿童。其次，教师引导建立平等和谐的同伴关系。例如，在每次区域活

---

① 邹妍，赫艳．浅析幼儿园隐性课程的开发与利用[J]．中国校外教育，2013(30)：146.

动后，教师要多引导幼儿总结并分享活动中和同伴的交流互动情况，让幼儿在交流过程中学会与同伴和谐相处，向同伴学习。

2. 重视显性课程中的隐性教育环节

幼儿园中的显性课程与隐性课程并不是全然分离的，任何显性课程中必然伴随着隐性课程。因此，教师在开展显性课程时，如集体活动，无论是在活动设计和活动实施过程中，都应该考虑将隐性课程融入显性课程当中，从活动材料的准备到活动各个环节的设计都应该考虑加入隐性课程因素，如教具的准备应该有利于激发幼儿的探索行为，环节的设置应该有利于发挥幼儿的主体性和主动性，教学方法应该能够适应幼儿学习特点和年龄特点，从而有效激发幼儿的学习兴趣等。

3. 彰显教师本身作为隐性课程的作用

教师与幼儿的关系是除了亲子关系之外的又一重要关系。在幼儿的眼中，教师具有权威性，教师的一言一行都会对幼儿产生影响。教师本身就是作为一种隐性课程存在于幼儿的身边。因此，教师应不断加强自身的专业知识、专业技能，在知识、品德、行为、思维方式等方面都能成为幼儿的学习榜样。同时，教师应树立正确的教育观、儿童观和教师观，及时了解其身心发展水平和特殊需要。教师还要能以身作则，做到仪表整洁、举止优雅，养成良好的行为习惯、积极的生活态度，从而潜移默化地影响幼儿的生活和行为习惯。

【案例讨论】①

在×园中，小二班和中一班是两个班风截然不同的班级，具有一定的代表性。小二班的主班教师周老师具有 17 年教学工作经验，教学经验丰富且教风亲切，她在贯彻×园“快乐”教育宗旨的基础上，结合本班幼儿的实际情况，制定出了“寓教于乐，从玩中学”的班风宗旨。在各种教育教学活动中，周老师没有照搬照抄教学参考书和网络资源，而是巧妙将游戏元素融入教育教学之中，让孩子们在快乐之中收获了知识。小二班的快乐教育还体现在日常饮水环节之中，周老师创意地开发了“水果味饮水法”，每次饮水之

① 蔡慧多．幼儿园隐性课程资源开发研究[D]．沈阳：沈阳大学，2018.

前让幼儿自己拿好小水杯，周老师耐心询问每一名幼儿："××，你想喝什么味道的水?""桃子味、酸奶味、苹果味……"一壶普通的净化水在周老师手中变成了缤纷的水果味，孩子们在日常喝水的活动中丰富了想象力，提高了语言表达能力，最重要的是养成了喝水的良好习惯。

与此相比，中一班的班风是一种截然不同的风格，生活老师贾老师对幼儿采用的是高标准、严要求的方法，餐饮、穿衣服和学习都是幼儿自己自主完成，老师在此过程中只是起到帮助的作用，并要求在活动过程中做到声音小、零交流，在这样班风氛围中，中一班形成了沉闷、严谨的班级风格。

思考：两种不同班级风格可能会对幼儿产生怎样的影响?

【本章小结】

本章主要探讨了学前教育课程开放的三种类型：园本课程开发、生成课程开发以及隐性课程开发。在了解三种课程的内涵、特点等方面的基础上解析如何有效开发利用课程资源。首先，园本课程开发应在具备明确而独特的办园宗旨和教育哲学思想，民主、开放和科学的幼儿园管理，高素质和专业化的教师队伍，有效的监督和服务机构等条件基础上，通过建立课程开发的组织机构、分析幼儿园现状、拟定园本课程开发目标、编制园本课程开发方案、园本课程实施与评价等课程开发流程，建构园本课程。其次，生成课程开发应在坚持兴趣性、探究性、平等性原则的基础上，关注表现性课程目标和生成性课程目标以及课程实施中的突发性事件和问题，注意弹性化的课程设计，建立民主平等的师幼和幼幼关系，同时加强教师的生成课程意识、提高教师的课程能力、尊重幼儿的兴趣和个性差异等课程开发策略。最后，在隐性课程开发过程中应坚持整体性、动态性、反省性、针对性、因地制宜和潜移默化等原则。注重物质环境和精神环境，并重视显性课程中的隐性教育环节，同时彰显教师本身作为隐性课程的作用等开发策略。

【主题词】

园本课程、生成课程、隐性课程，课程开发

【思考题】

1. 什么是园本课程？园本课程有哪些特点？
2. 试论述园本课程开发条件及开发流程。
3. 什么是生成课程？生成课程有哪些特点和功能？
4. 生成课程开发应该遵循哪些原则？
5. 请简述生成课程内容的来源？如何有效利用这些资源进行生成课程开发？
6. 什么是隐性课程？隐性课程有什么特点和功能？
7. 隐性课程开发应遵循什么原则？
8. 试论述隐性课程资源的类型，以及如何有效利用这些资源。

第十一章　学前教育课程与教学设计

【本章导读】

幼儿园课程是实现幼儿园教育目的的主要途径。幼儿园课程不同的价值取向，形成了目前存在于幼儿园课程与教学中的五种常见的课程组织形式——学科(领域)课程、综合课程、区域活动课程、主题活动课程和游戏课程。课程与教学的落实又体现在一日生活中的各项教育活动中。幼儿园课程设计是设计者依据持有的课程理念和价值取向对幼儿园课程做出规划和安排，重点处理和解决有关课程要素的问题，在设计的具体内容和环节上主要包括幼儿园课程目标的制定以及幼儿园课程内容的选择和组织。

本章节主要从课程设计的背景、概念及特征、步骤方面论述了学科(领域)课程、综合课程、区域活动课程、主题活动课程和游戏课程的设计，包括背景、概念及特征、步骤等，再辅以该课程设计在幼儿园课程中运用的举例，并通过案例讨论，进一步让课程设计者将理论转化成幼儿园课程设计的实践。

【知识地图】

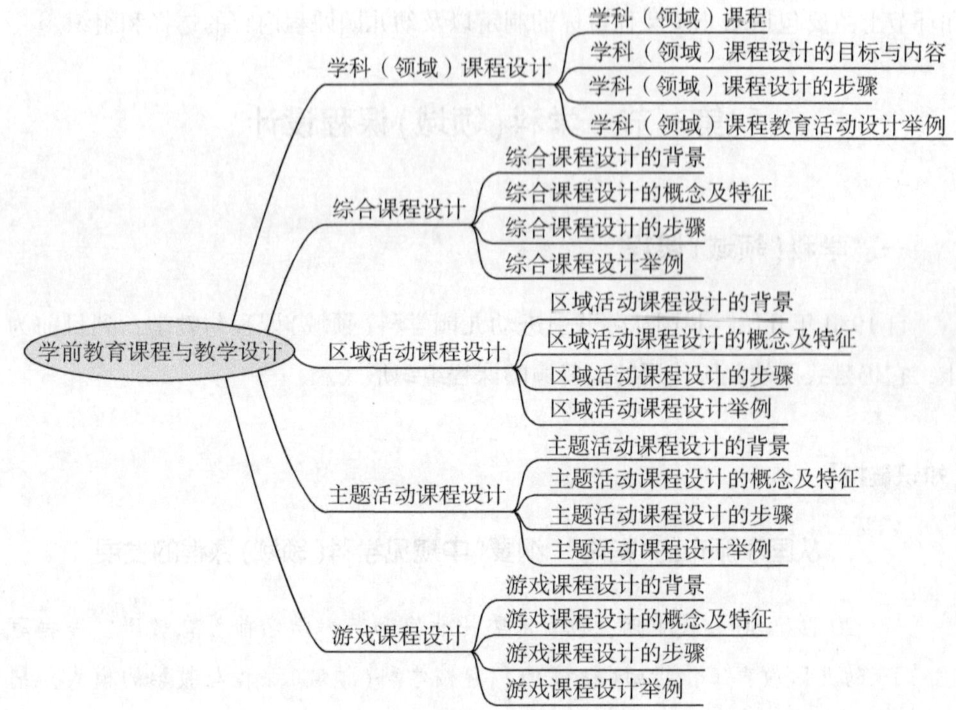

幼儿园课程是实现幼儿园教育目的的主要途径。幼儿园教育既要顺应幼儿的自然发展，又要有效地将幼儿发展纳入社会、文化所要求的轨道，两者缺一不可。在不同的社会运行状态、不同的文化背景以及不同的条件和情境下，人们对于幼儿园课程的价值会有不同的考量和权衡。[①]幼儿园课程不同的价值取向，形成了目前存在于幼儿园课程与教学中的五种常见的课程组织形式，分别是学科(领域)课程、综合课程、区域活动课程、主题活动课程和游戏课程。课程与教学的落实又体现在一日生活中的各项教育活动中。因此，幼儿园课程与教学的设计最终也体现在各个具体教育活动的设计中。

幼儿园课程设计是幼儿园课程编制的重要步骤，其质量直接决定幼儿园课程

① 朱家雄，华爱华，李慰宜．基于师幼共同成长的幼儿园课程开发与实践[M]．北京：北京师范大学出版社，2019：43.

实践的水平。幼儿园课程设计是设计者依据持有的课程理念和价值取向对幼儿园课程做出规划和安排，重点处理和解决有关课程要素的问题，在设计的具体内容和环节上主要包括幼儿园课程目标的制定以及幼儿园课程内容的选择和组织。①

第一节 学科(领域)课程设计

一、学科(领域)课程

自1950年开始，我国从苏联引进幼儿园学科(领域)课程与教学，到目前为止，它仍是我国幼儿园使用的最普遍的课程组织形式。

【知识链接】

从国家颁布的"指南""纲要"中窥见学科(领域)课程的发展

20世纪50年代中期，教育部委托北京师范大学学前教育教研室等编写了《幼儿园教育工作指南(初稿)》，它按学科(领域)课程与教学的模式，把教育内容重新分为五科：计算、音乐、美术、体育以及认识环境和发展语言。1981年10月我国教育部颁布了《幼儿园教育纲要(试行草案)》，把幼儿园教育内容分为语言、计算、常识、音乐、体育、美术六科。2001年2月教育部颁布《幼儿园教育指导纲要(试行)》又从五个领域(健康、语言、科学、社会、艺术)提出了幼儿园的教育内容及指导要点。2012年10月由教育部正式颁布《3—6岁儿童学习与发展指南》，它从健康、语言、社会、科学、艺术五个领域描述幼儿学习与发展，通过提出3~6岁各年龄段儿童学习与发展目标和相应的教育建议，指导幼儿园和家庭实施科学的保育和教育，促进幼儿的身心全面和谐发展。

① 高敬．幼儿园课程[M]．杭州：浙江教育出版社，2016：80-81.

(一)学科(领域)课程的内涵和特点

1. 学科(领域)课程的内涵

学科(领域)课程是以科学知识为中心的课程模式。它的特点是根据国家规定的培养目标，通过传授较全面、系统的知识技能来促进幼儿体、智、德、美的全面发展。①很明显，学科(领域)课程就是将幼儿园课程分为若干学科(领域)，以学科或领域为单位组织和实施教育、教学的课程。

按照学科或领域课程设计的各个教育活动，能使教育活动的实施者认清学科(领域)范围和内涵，并根据教育活动的结构化程度进行操作。结构化程度较高的学科(领域)教育活动，强调的是该学科本身的知识和技能的传递；结构化程度较低的学科(领域)教育活动，弱化的是该学科本身的知识和技能，强化的是幼儿在该领域的经验，强调的是各学科(领域)之间的联系渗透。

2. 学科(领域)课程的特点

学科(领域)课程的长处在于：一是学科(领域)课程将本学科(领域)的关键观念作为学科(领域)的核心，由此而开展的课程能让儿童接触人类文化和知识的精华，获得与此学科(领域)有关的特殊能力，有益于儿童对整个世界的认识。二是学科(领域)课程以科学知识为中心，关注学科(领域)内在逻辑结构，儿童按学科(领域)逻辑来系统掌握知识和技能，他们的学习效率会有所提高，也有可能在较短时间内获得人类通过许多年才积累的知识和经验。例如，数学学科专家认为，数学知识体系具有一定的逻辑结构，必须通过系统的教育，才能使儿童对知识之间的逻辑联系有所感知和理解，并在此基础上建立起相应的认知结构。因此，虽然幼儿数学教育所涉及的数学知识是粗浅的，具有一定的启蒙性质，可它仍然具有数学知识的逻辑结构，需要系统地对幼儿进行教育。三是由于学科(领域)课程的计划性和控制性强，使得学科(领域)课程具有较强的可操作性，教师可在教师参考用书和教材的指导下，分门别类地实施教育教学，能有效地把握教学的进程，也比较容易对教育教学效果进行评价。②

---

① 许卓娅．幼儿园课程理论与实践[M]．南京：南京师范大学出版社，2002：269.

② 朱家雄．幼儿园课程的理论与实践[M]．上海：华东师范大学出版社，2012：175.

学科(领域)课程的不足之处在于：一是容易忽视儿童的兴趣和需要，灵活性差。学科(领域)课程计划性强，但缺乏足够的弹性，无法很好地适应儿童的兴趣和需要。二是忽视儿童在不同水平上的发展。学科(领域)课程对儿童的兴趣与需要关注不够，不能很好顾及不同儿童在发展水平、学习方式、已有知识经验等方面的差异，容易忽视儿童在不同水平上的发展情况。

(二)学科(领域)课程设计的基础和取向

多年以来，课程专家确认了影响课程的三种主要来源：学习者、社会和知识，①所以幼儿园课程设计必须考虑幼儿园课程的主要影响源，并以此为基础。学科(领域)课程的内涵和特点决定了学科(领域)课程设计的基础和价值取向。

学科(领域)课程设计侧重建立在知识的基础上，对幼儿成长与发展中涉及的基本知识进行研究，确定幼儿主要的学习领域，考虑课程领域知识的性质，给予幼儿各课程领域中必要的知识与经验，并要注意避免让幼儿在各课程领域相分离的状态下学习，因为课程领域是人为划分的，而幼儿所面对的现实世界是一个“统一整体”，需要考虑各领域知识的相互联系、互相渗透。同时，学科(领域)课程设计属于学术理性主义取向的幼儿园课程设计，强调和突出幼儿园课程设计的知识基础，在设计时将幼儿园课程人为地划分为若干门学科，以学科名称来命名课程，从单一的学科出发确定课程目标、选择和组织课程内容，并由学科专家为每门学科设计、编制具有逻辑性和系统性的教材，实施分学科教学，给幼儿传授各学科的知识和技能。总的来看，具有学术理性主义取向的幼儿园课程设计在我国沿用最久、流传最广。

【学者观点】

幼儿园课程设计取向主要表现为以下三种倾向：一是学术理性主义取向。学术理性主义取向(academic rationalist conception)，主要表现为学科中心(discipline centered)的设计取向。该取向认为人类在漫长岁月中积累了反

---

① Armsrong，D. G. 当代课程论[M]. 陈晓瑞，主译. 北京：中国轻工业出版社，2007：46.

映人类集体智慧、代表人类文化遗产的系统知识，这些知识是支撑社会存在和发展的支柱，是人类文明进程中必不可少的部分，因此，学科知识作为课程设计的核心，是学校课程的基本特色。这种设计在古希腊、罗马时代就初见端倪，如“七艺”就是一种典型的学科中心设计。二是人本主义取向。人本主义取向(humanistic conception)主要表现为一种以儿童为中心的设计取向，在课程设计中强调以儿童为主要的基础和来源，使课程努力适应儿童。这种设计取向最初见于卢梭的作品中，他在《爱弥儿》(*Emile*)一书中竭力主张教师的任务在于为儿童提供学习机会，让他们自发地发现和掌握知识。其后在19世纪末20世纪初欧美分别进行的“新教育”和“进步主义教育”运动中，以儿童为出发点的理念盛行，活动课程适时而生，并迅速占据一片天地。三是社会重建主义取向。社会重建主义取向(social reconstructionist conception)主要表现为一种社会中心的取向，该取向的幼儿园课程设计，以培养改善和重建社会并促进社会发展的人才作为课程设计的出发点，强调现代社会所需要的未来人才的核心素质和能力，并据此制定课程目标和内容，以期培养符合社会发展要求的儿童。①

二、学科(领域)课程设计的目标与内容

自2001年《幼儿园教育指导纲要(试行)》颁布以后，将幼儿园学科领域课程与教学分为健康领域、语言领域、科学领域、社会领域和艺术领域，指出五大领域的具体教育目标是幼儿园课程与教学工作的总目标。2012年颁布的《3—6岁儿童学习与发展指南》进一步明确了五大领域的目标，每个领域按照幼儿学习与发展最基本、最重要的内容划分为具体的学习与发展目标。

三、学科(领域)课程设计的步骤

一般来说，幼儿园学科(领域)课程与教学的计划性比较强，可以分为几个步骤来设计。

---

① 高敬．幼儿园课程[M]．杭州：浙江教育出版社，2016：84-87.

（一）确定学科（领域）课程与教学目标

幼儿园学科（领域）课程与教学目标的设计，应根据知识本身的内在逻辑和幼儿的心理发展规律，在充分考虑幼儿的需要和兴趣的前提下，按照循序渐进的原则，逐渐将课程与教学的总目标层层具体化，最后变成各种教育活动的具体可操作的目标。第一步，教师可从整体上了解《幼儿园教育指导纲要（试行）》和《3—6岁儿童学习与发展指南》的基本精神，特别是幼儿园课程与教学的总目标，对幼儿园教育有整体认识和宏观把握。第二步，教师了解从事的某一学科对幼儿可能具有的发展价值和意义，结合自身已有的知识或经验，把握学科教育目标。第三步，教师在综合考虑各种具体情况的基础上，如自身、本园与本班幼儿的实际情况、社区中可以利用的教育资源、幼儿家长所具有的资源等，初步确定适合本班幼儿的学科教育目标。

（二）制定整个学期或学年的活动计划安排

教师可以根据《幼儿园教育指导纲要（试行）》和《3—6岁儿童学习与发展指南》中有关学科（领域）内容的相关阐述，在综合考虑自身特点、幼儿的需要和兴趣、家长与社区中可利用的教育资源的基础上，结合对幼儿园课程与教学总目标和学科（领域）目标的认识与把握，初步考虑与制定整个学期或学年的活动，以及可以达到何种目标或哪方面的目标，以便从整体上把握。

（三）具体教育活动目标和内容的选择与确定

教师初步设计的学期或学年活动计划仅仅是一个计划，在具体教育活动过程中可以根据幼儿的需要与兴趣、幼儿园或社区中的偶发事件、本班幼儿目标的达成情况等做出及时调整，从而选择、确定适合本班幼儿的活动目标与内容。

（四）具体教育活动过程的设计

在具体教育活动过程的设计中，教师在设计教育活动时，应按照不同学科（领域）的规律、特点来选用不同的教学方法，才能充分发挥学科（领域）课程与教学活动的优势。同时，教师应尽量在活动过程中多设计一些有趣的游戏活动，让幼儿通过游戏活动了解与掌握相关知识。此外，活动过程的设计要有一定的弹性，留有一些变化和发展的空间，特别是问题的设计应是开放式和启发性的。

在进行学科(领域)课程与教学活动设计时，需要注意以下几个方面：一是注意学科(领域)课程与教学目标和内容的需求化；二是注意学科(领域)课程与教学活动计划的弹性化和活动过程的灵活化；三是注意学科(领域)课程与教学方式的活动化和教育结果的经验化。

四、学科(领域)课程教育活动设计举例

《幼儿园课程指导丛书》是由赵寄石主编，南京师范大学出版社于 1996 年出版(2000 年修订)的一套教师参考书。这套丛书包括五个课程领域：健康、语言、社会、科学和艺术，其中科学领域包括科学和数学两个科目，艺术领域包括音乐和美术两个科目。

以下以小班科学领域中的“数学”科目为例来说明该课程教育活动的设计。①

【案例讨论】

广州市天河区荟雅苑幼儿园教育活动记录表

活动时间：2019 年 10 月 22 日　班级：小一班　组织者：段肖菊

活动名称	《小瓶子戴帽子》	涉及领域	科学
[活动目标]	1. 探索开合瓶盖的不同方法，学习用拧、按、拨等动作来开合瓶罐。 2. 感知各种瓶罐盖子的特征，能根据瓶口的特征，选择合适的盖子进行匹配。 3. 愿意和同伴分享探索的结果。		
[重点和难点]	重点：学习开盖的不同方法。 难点：能够根据不同瓶罐的特征，匹配合适的盖子。		

① 王志明，张慧和．科学·大班[M]．南京：南京师范大学出版社，2000：7-9，72-73.

续表

活动名称	《小瓶子戴帽子》	涉及领域	科学
[活动准备]	经验基础：会开简单的瓶子。 材料准备：有不同瓶盖的瓶罐。		
[活动过程]	一、谈话导入 师：找一找你喜欢的瓶罐宝宝，和别的瓶罐宝宝比一比，有什么不一样的？这些瓶罐宝宝的小帽子一样吗？是什么形状？什么颜色的？ 二、和瓶罐宝宝玩一玩，初步感知瓶盖的特征 幼儿自由探索不同的瓶盖，感知不同之处。 三、探索打开瓶罐的方法 师：里面有什么？有的瓶罐里藏着宝贝，请你找一找在哪里？你想知道里面是什么吗？请你想办法把小帽子拿下来，打开瓶罐看一看吧！怎样打开来？宝贝是什么？你是怎样把瓶罐宝宝的小帽子拿下来的？你还能把它的小帽子再戴上去吗？ 1. 请个别幼儿说一说各自开合盖子的方法，能用合适的语言表达并进行演示，请其他幼儿尝试。 2. 请幼儿把瓶罐的盖子盖好。 四、练习开合瓶罐盖子 1. 戴帽子比赛。听指令，打开瓶罐，将一块积木装进瓶罐后盖上盖子，比一比在规定时间里，谁装好积木的瓶罐最多。 2. 将每组瓶罐的盖子打乱后放在桌上，听指令，打开瓶罐并将一块积木装进瓶罐中，再盖上盖子。比一比在规定时间里，谁装好的瓶罐最多。 3. 分享盖盖子的经验。 师：你是用什么好办法很快找到盖子盖上的？		
[活动反思]	在本次活动中，我们从幼儿的自由探索入手，让孩子在摆弄瓶罐的过程中感知各种盖子的特点，从而探索打开瓶盖的不同方法。看到瓶罐，孩子们肯定会想办法打开瓶盖，寻找瓶子中的奥秘。所以，这次活动的目标应该是让孩子们学会打开瓶盖的方法。通过游戏的形式既调动了孩子们的活动欲望，又丰富了他们的经验。		

通过上述案例，可以看出学科(领域)教学包括哪些步骤？

第二节 综合课程设计

一、综合课程设计的背景

1983 年，南京市实验幼儿园与南京师范大学学前教育研究室协作开展了幼儿园综合教育的研究，他们率先研发的“幼儿园综合教育课程”打破了我国几十年来分科教学一统天下的局面。接着，在上海、北京、南京等地区，许多幼儿园提出了“融合课程”“整合课程”“渗透课程”等模式，从本质上说，这些都属于综合课程模式。

学前教育课程的价值取向是学前教育课程实施过程中所追求的目标，同时也是在实施学前教育课程时必须持有的价值观念。①综合课程设计取向并非极端地强调以儿童为中心的一元论，而是在综合的基础上强调儿童中心主义取向，兼顾社会中心取向，适当考虑但尽量淡化学术理性主义的学科中心取向，从而设计出既适合幼儿的兴趣或需要，又兼顾社会发展要求，还能让幼儿学习有益知识或经验的幼儿园课程。

二、综合课程设计的概念及特征

(一) 综合课程设计的概念

综合课程设计是指根据幼儿身体、心理发展的需要，顺应各种要素之间相互联系、交互作用的客观规律，将尊重幼儿发展与发挥教师主导作用相结合，合理地选择教育内容、教育手段和方法，科学地组织教育过程，使幼儿园教育能更有效地发挥整体功能。②

综合课程设计的方式有学科(领域)的综合、发展方面的综合、主题的综合、通过专题的综合、通过幼儿园环境的综合等，最常见的还是主题的综合和通过专题的综合。

---

① 石筠弢．学前教育课程论[M]．北京：北京师范大学出版社，2014：61.

② 许卓娅．幼儿园课程理论与实践[M]．南京：南京师范大学出版社，2002：281-282.

(二)综合课程设计的特征

根据综合课程的概念、内涵，综合课程设计具有如下特征：①

1. 整体性

幼儿是发展的个体，应注重教育效果的整体性，教育在幼儿的身心发展中正是整体性地发挥着作用。综合课程应整体地思考教育目标、教育内容、教育方法和手段之间的联系和作用，使幼儿园教育更好地发挥整体功能，使幼儿在园三年成为一个连续地积累生活经验的过程。

2. 联系性

综合课程十分重视各领域之间的联系，各教育要素之间的联系以及幼儿园和家庭、社会之间的联系，应防止各学科的教育要素在教育和教学过程中相互割裂，以充分发挥教育的整合功能。

3. 集中性

综合课程注重从社会的、自然的及幼儿自身发展的需要出发，在一个阶段内相对集中地进行某方面的教育，便于幼儿在学习过程中对信息的编码、储存和运用，有利于幼儿的积累、思考、提炼、归纳和内化。

因此，综合课程的长处在于能够通过综合性的方式来实施较低结构化的课程；同时，综合课程对学科界限的消弭是我国幼儿园课程发展过程中的一个重大进步，这种观念和课程设计思路已经被人们广泛接受。但是，综合课程也有其缺点，如不同主题之间的经验不能衔接，主题核心经验的局限性使综合课程经常出现关键经验缺失和遗漏问题。综合中课程的“拼盘”现象常常出现，使得经验之间的联系松散和形式化。此外，综合课程忽视了每个学科科目的独特性，没有针对性的学习知识的方法以及表述知识的方式。在进行综合课程设计时应注意尽量避免这些缺点。

三、综合课程设计的步骤

(一)明确综合课程设计的目标

根据国家的保育教育目标，结合新时期培养人的需要和多年办园的经验及特色，确定了综合教育课程设计的目标三元色素质目标，即促进幼儿在健康和动作、

① 许卓娅．幼儿园课程理论与实践[M]．南京：南京师范大学出版社，2002：283.

语言和认知、品德和交往三大方面能力的发展，美育自然渗透其中。这三大方面能力又分为三个层次，相对应 3 岁、4 岁、5 岁幼儿的发展，方便教师根据幼儿的实际水平不断地调整目标，促进幼儿在不同水平上的发展，同时形成目标层次，使目标细化、具体化，以保证幼儿身心健康、和谐发展这个总目标的落实(见图 11-1)。

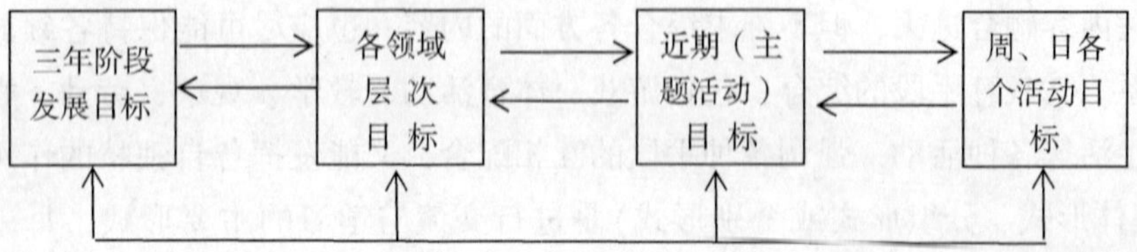

图 11-1　目标层次示意图

(二)进行综合课程设计的内容选择

进行综合课程设计时，要依据保教目标，根据季节、节日及幼儿认知规律、发展需要等，把教育活动划分成一个个相互独立又相互联系的阶段，以主题活动或专题等形式帮助幼儿积累经验，发展能力。①这些主题或专题主要包括以下内容：

一是促进幼儿社会性发展的主题或专题。如“我上幼儿园”“中国娃”“我与祖国心连心”等。

二是幼儿与周围自然环境相互作用的主题或专题。如“种子的秘密”“可爱的动物”“秋天的水果”等。

三是幼儿认识自己的主题或专题。如“身体的秘密”“我们的身体真美”“我长大了一岁”等。

四是根据幼儿的生活、兴趣生成的新主题或专题。如“卡通俱乐部”“恐龙乐园”“标志的世界”等。

(三)综合课程活动的设计与组织

1. 综合课程活动设计的原则

综合课程活动设计的原则包括：①教育活动应与儿童的个体差异相适应；②教育活动应与儿童群体特质相适应；③教育活动应与文化差异相适应；④教育活

① 张亚军．幼儿园课程概论[M]．上海：华东师范大学出版社，2015：186.

动应将发展与学习联结为一体。

2. 综合课程活动的组织

综合课程活动的组织应注重三个方面的综合和三个层次的综合。三个方面的综合表现为：①教育内容的综合，包括幼儿园教育的各个方面，以主题或专题的形式出现，尽可能将生活习惯、思想品德、计算、音乐、美术、体育活动等方面的相关内容融合进去，但不强求综合各方面的内容，也应尽可能保持各领域的内在联系。②教育手段的综合，包括游戏、体育活动、教学、观察、劳动、娱乐和日常生活等各种活动，强调各种手段的互相配合，又能发挥各自独特的作用。教学(集体形式、分组形式或个别形式)是进行交流与学习的主要形式，每一阶段的主要内容是由一定数量的教学活动和其他活动(日常活动)相互配合来贯彻的，才能使教学的作用得到充分发挥。③教育过程的综合，即把认知、情感、行为、能力的培养互相结合，并在统一的过程中以认识周围的生活为基础，从感情教育入手，着重培养良好的行为习惯，发展语言和思维能力。将此教育过程贯穿于幼儿三年的生活经验中，才能提高教育效益。

其中三个层次的综合表现为：①主题活动的综合，每个阶段集中进行某方面的教育，把各方面的内容有机地组织起来，改变不同科目各成体系分开进行的形式，也改变活动内容仅仅以教学方式进行的格局，使有关内容和手段互相联系、互相配合，让幼儿能多感官感受，并能运用各种手段表达。②周、日活动的综合，把一周一日的各项活动组成连续的教育过程，不能停留在互相分割的许多片段上。而这种综合性又随着实际要求和幼儿发展程度的提高而不断调整变化，使活动形式的综合服从于教育内容和教育过程的综合，以促进教育任务的落实。③个别活动的综合，每项活动能根据目标和幼儿原有基础，尽可能在各部分的有机联系中自然地进行，防止割裂，也避免强求拼合。个别活动的综合是由多种因素决定的，有很大的灵活性(见图 11-2)。

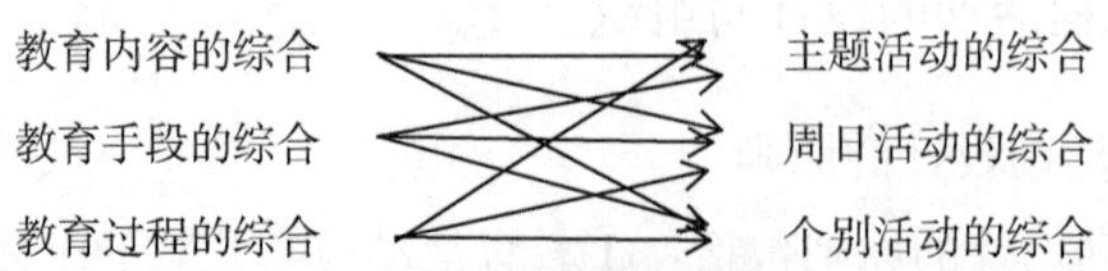

图 11-2 综合课程活动的组织示意图①

① 张亚军．幼儿园课程概论[M]．上海：华东师范大学出版社，2015：186.

四、综合课程设计举例

案例参考南京市实验幼儿园编著的《幼儿园综合教育课程主题活动方案设计》①，以广州市天河区荟雅苑幼儿园的主题活动为例。

【案例讨论】

广州市天河区荟雅苑幼儿园2019学年第一学期
"我与祖国心连心"国庆节系列活动方案

一、活动主题：《我与祖国心连心》——荟雅苑幼儿园国庆节系列活动

二、活动时间：2019年9月16日——2019年10月7日

三、活动地点：

活动地点：天河区荟雅苑幼儿园

社会实践地点：爱国主义基地

四、活动目标：

1. 了解国庆节的由来，知道祖国相关的知识。

2. 感受祖国的成功与伟大，体会作为中国人的骄傲与自豪。

3. 愿意用自己喜欢的方式大胆表达对祖国的热爱之情。

五、活动准备：

1. 活动横幅(生日会、文艺汇演)

2. 社会实践表(小中大班)

3. 环境布置物品：气球、国旗、彩带、红毯

4. 椅子191张

5. 各班节目表演物资

六、系列活动安排：

---

① 南京市实验幼儿园. 幼儿园综合教育课程主题活动方案设计·大班[M]. 南京：南京大学出版社，2007：12.

<table>
<tr><th>日期</th><th colspan="3">内容</th><th>负责人</th><th>备注</th></tr>
<tr><td>9.19</td><td colspan="3">“我爱我的祖国”生日会暨绿色环保自助餐</td><td>符××</td><td></td></tr>
<tr><td rowspan="14">9.20
—
9.29</td><td>班级</td><td>时间</td><td>内容</td><td rowspan="14">各班老师</td><td rowspan="14"></td></tr>
<tr><td rowspan="3">小班</td><td>2019.9.23—9.30</td><td>1. 美术活动《漂亮的国旗》。
2. 语言活动《爱祖国》。
3. 利用餐前、午睡、起床律动等时间播放爱国主义名人故事、视频、歌曲。
4. 小一节目排练《祖国祖国我们爱你》
小二节目排练《祖国的花朵》。</td></tr>
<tr><td>2019.10.1—10.7</td><td>社会实践活动</td></tr>
<tr><td>2019.10.8—10.12</td><td>社会实践分享活动</td></tr>
<tr><td rowspan="7">中班</td><td>2019.9.23</td><td>课件《国庆假期安全教育》</td></tr>
<tr><td>2019.9.24—9.27</td><td>美术活动:《制作国旗》
美术活动:《生日蛋糕》
音乐活动:《义勇军进行曲》
音乐活动:《国旗多美丽》
体育活动:《奥运会比赛》</td></tr>
<tr><td>2019.9.24—9.27</td><td>社会活动:《祖国妈妈过生日》
科学活动:《欢乐的国庆节》</td></tr>
<tr><td>2019.9.23—9.30</td><td>利用餐前、午睡、起床等时间播放爱国主义名人故事、视频、歌曲。</td></tr>
<tr><td>2019.9.23—9.30</td><td>排练独唱《我爱我的祖国》;舞蹈《我爱我的祖国》</td></tr>
<tr><td>2019.10.1—10.7</td><td>社会实践活动</td></tr>
<tr><td>2019.10.—10.12</td><td>社会实践分享活动(社会时间表、绘画日记)</td></tr>
<tr><td rowspan="3">大班</td><td>2019.9.23—9.30</td><td>1. 班会活动:《祖国妈妈过生日》
2. 美术活动:《我爱天安门》
3. 音乐活动:《我和我的祖国》
4. 家长助教:《爱国70年》</td></tr>
<tr><td>2019.10.1—10.7</td><td>社会实践活动</td></tr>
<tr><td>2019.10.8—10.12</td><td>社会实践分享活动(社会时间表、绘画日记)</td></tr>
<tr><td>9.30</td><td colspan="3">“我与祖国心连心”文艺汇演活动——国庆节系列活动</td><td>翁××</td><td></td></tr>
</table>

结合以上案例，分析如何通过专题的形式设计综合课程？

第三节　区域活动课程设计

一、区域活动课程设计的背景

区域活动自20世纪90年代初被引入我国后，国内对于区域活动的认识、研究逐步展开。2011年，教育部颁布的《教育部关于规范幼儿园保育教育工作防止和纠正小学化现象的通知》中，要求幼儿园须通过创设多种区域活动空间，配备丰富的玩具、游戏材料，为幼儿提供自主学习与探索的机会和条件。① 2012年教育部颁布的《3—6岁儿童学习与发展指南》中强调幼儿园教育应遵从幼儿的学习特点，强调直接感知、实际操作获取经验。我国的学前教育政策越来越明确幼儿的学习应以直接经验为基础，并“在游戏和日常生活中进行。”②

蒙台梭利肯定幼儿具有不同“有吸收力的心智”，且对教育环境的作用很重视，主张对教室进行空间划分，依据教育内容与目标为儿童提供的适宜的与能力相匹配的教具。③ 每一个区域内都设计制作了一套隐含自我纠正功能的教具，主张幼儿自由选择、自主地进行操作和探索。教师的主要作用则是环境和教具的提供者、观察者，且是“一个被动的观察者”，④在观察的基础上给予幼儿恰当指导，最终使幼儿获得自我发展。

人本主义取向的幼儿园课程设计，其根本目的是满足幼儿个体的兴趣、需要和发展，开发幼儿的内在潜能。课程关注幼儿个性的成长与发展，而并非传统的学术性知识。课程设计的出发点和依据是幼儿的兴趣、经验及个性需求，在课程选择上秉承以儿童为中心的思想，强调课程必须适应幼儿，而不是让幼儿去适应既定的课程。课程没有固定的范围与顺序，幼儿的经验和兴趣是课程组织的中

---

① 常凡．河南省幼儿园区域活动现状的调查研究[D]．开封：河南大学，2019.

② 李季湄，冯晓霞．《3—6岁儿童学习与发展指南》解读[M]．北京：人民教育出版社，2013：24.

③ [意]玛利亚·蒙台梭利. 发现孩子[M]．胡纯玉，译. 北京：中国发展出版社，2006：64.

④ [意]玛利亚·蒙台梭利. 蒙台梭利早期教育法 如何让孩子自主的学习[M]．祝冬平，译. 北京：中国发展出版社，2003：77.

心，应以遵循幼儿心理发展规律的方式来安排活动，打破学科界限，就幼儿所需要的基本经验和感兴趣的单元主题组成内容并进行综合教学。在教育活动中重视发挥幼儿的主体作用，强调幼儿的兴趣、自由与选择，反对灌输和压制；注重活动的灵活性和生成性，强调对预定计划的随机调整。①

二、区域活动课程设计的概念及特征

(一)区域活动课程设计的概念

许多研究者从课程角度探讨了区域活动的价值，认为能够促进幼儿获得经验、有效发展的一切幼儿园活动都是课程。霍力岩指出，区域活动是一种有别于集体教学方式的新型课程组织形式，区域活动与集体活动是两种主要的幼儿园课程活动组织形式，但两者有着不同的价值取向，代表着不同的教育观念和儿童观念，相对于中国传统以集体活动形式为主的幼儿教育来说，它是一个全新和比较陌生的“舶来品”。在幼儿园存在着多种形态的关系，②要有效发挥其价值，需要明确区域活动和集体活动在幼儿园课程中的地位应该同等重要，③ 不应偏倚，教师应围绕教育目标来整体设置适合的活动方式的观点。

区域活动课程设计是指教育者可考虑幼儿园的课程目标和幼儿的年龄特点，以幼儿感兴趣的活动材料和活动类型为依据，将活动室的空间相对划分为不同区域，创设活动区环境、选择和投放活动材料等问题，并制定相应的区域规则，让幼儿以个别或小组的形式，通过自主选择、操作、探索、学习，与材料、环境和同伴充分互动，在不同的区域活动中获得有益的学习经验，从而促进幼儿的学习和发展的一种课程“模式”设计。

【知识链接】

冯晓霞指出，所谓区域活动或活动区活动，指的是这样一种活动形式：

---

① 高敬．幼儿园课程[M]．杭州：浙江教育出版社，2016：86.

② 秦元东，王春燕．幼儿园区域活动新论：一种生态学的视角[M]．北京：北京师范大学出版社，2008：3.

③ 秦元东．区域活动与集体活动关系的形态分析与演变趋势——兼论我国幼儿园课程观的过去、现在与未来[J]．幼儿教育，(教育科学)，2008(07)：26-29.

教育者以幼儿感兴趣的活动材料和活动类型为依据，将活动室的空间相对划分为不同区域，让他们自主选择活动区域，在其中通过与材料、环境、同伴的充分互动而获得学习与发展的机会。①

(二)区域活动课程设计的特征

相对于其他幼儿园活动课程而言，区域活动课程具有一些独有的特征，在设计区域活动课程时，可从幼儿和教师两个层面来分析：

1. 幼儿层面

一是自由性。一般情况下，幼儿可根据自己的兴趣和需要自由选择任意区域进行活动。在材料上，幼儿可独自或者选择同伴自由地挑选、摆弄、操作、探索；在空间上，允许每一个幼儿在一定区域范围内自由走动，学习环境轻松且自由；在时间上，每个幼儿能自由控制自己的学习或活动速度，通过不断实践，积累并构建自己的经验和感受，与环境相互作用，达成自己想要的某种目的。

二是自主性。在区域活动中，幼儿既可以在某次活动中完成不同的学习材料和内容，又可以用同样的学习材料和内容通过若干次活动来操作。这正是幼儿充分享受自主和促进幼儿学会自主学习的主要体现。

三是生成性。由于幼儿可以根据自己的兴趣、需要、意志为导向来自主行动，并且活动的时间、内容、节奏、顺序、规则以及同伴的选择等，都能够由幼儿与同伴商量、协调，在摆弄与操作、探索与发现、交流与询问等过程中实现和生成活动。

2. 教师的层面

一是观察。观察是教师必备的能力之一。教师在区域活动中，并不是单纯地关注幼儿，还需要充分观察幼儿的行为，并能够根据幼儿的发展特点和水平即时调整教育的目标和内容，以及区域活动的形式和材料，创设更有益于幼儿成长的环境。

二是反思。在区域活动中，教师应思考如何在不干涉幼儿自由活动的情况下，适时引导幼儿往更好的方向发展，成为幼儿的引导者、发掘者、支持者和合

---

① 冯晓霞．幼儿园课程[M]．北京：北京师范大学出版社，2000：259.

作者。

三、区域活动课程设计的步骤

(一)了解幼儿的兴趣、水平和需求，拟定区域活动的种类

教师应通过观察，发现幼儿的兴趣和需求，并运用讨论的形式，和幼儿一起拟定区域活动的种类。而目前，活动区的命名和分类还没有统一规定。教师可根据活动室的规模大小以及幼儿发展需要，拟定本班的区域活动的种类。第一，拟定区域活动可根据《幼儿园教育指导纲要(试行)》中的相关内容进行划分，将活动区分为四大类型的区域功能：表现性活动区、探索性活动区、运动性活动区、欣赏性活动区。表现性活动区包括装扮区、建构区、美工区，探索性活动区包括益智区、科学区、沙水区、种植饲养区，运动性活动区是指在户外场地上引发的活动区域，包括固定运动器械区、可移动运动器材区、自然旅游区，欣赏性活动区包括阅读区和展示区；第二，不同幼儿园有自己的习惯称谓，如图书角、阅读角、表演区、故事角、积木区、科学区、装扮区、美工区、数学区，等等。

(二)合理规划区域活动的空间位置

区域活动的空间位置是教师根据活动的需要，合理地规划和安排的。如何更好地进行区域活动的安置，我们需要考虑以下几点：

第一，活动本身的需要。我们需要考虑活动本身的需要，从而合理安排每个区域的位置，比如美工区需要接近水源位置，以便幼儿更好地使用和清洗绘画工具；建构区需要较宽阔的位置，给幼儿提供创作的空间；阅读区需要温馨的环境及明亮的光线，为幼儿营造阅读的氛围，等等。

第二，动静分离。为了避免活动之间的相互干扰，我们需要根据幼儿在区域活动中的状态情况进行划分，比如图书区、美工区、益智区相对而言活动量较少，比较安静，而表演区、建构区、娃娃家比较热闹，容易喧哗，因此为了能够更好地满足幼儿对环境氛围的需要，最好将不同状态的区域分离开，并且越远越好。

第三，区域之间的界线。在有限的活动室内，为了避免幼儿因“界线”不明确而产生消极影响(分散注意力、无目的的“乱窜”等)，区域之间有必要进行位置的界定，可以借助储物柜、桌子、椅子等物品进行分隔，但也不能完全“封

闭”，否则会不利于幼儿的自由行动和交流，阻碍区域之间的相互融合和联系。然而，在设置“界线”时不能遮挡教师的观察视线，以免出现安全问题。

第四，教师可绘制出区域活动的分布图。

(三)确定区域活动课程的内容和目标

虽然区域活动是幼儿自由选择，在没有压力的环境下开展自主游戏的活动，但也并非是完全无目的、无教师参与与无影响的“绝对”自由天地。教师应该在保证幼儿自由参与活动的同时，关注幼儿的学习与发展，适时、适当地加以引导。同时，教师也应该通过不断地观察幼儿的活动过程，分析活动结果，调整活动内容和材料，来定位幼儿的“最近发展区”，进而更有效地去推动幼儿的自主学习和经验提升。

因此，在一定的时间内(一般以每个月为基本单位)，教师需要根据本班的幼儿发展水平、需求、教育目标等因素反思每个区域的内容和具体教育目标，并进行相对应的删减和增添(删减幼儿已完成的目标，增添难度更高一点的目标)，随之也要更换和投放对应的材料(见表 11-1)。

表 11-1　**中班初期的建构区活动计划**

<table>
<tr><th rowspan="2">具体教育目标</th><th colspan="3">发展水平目标类别</th><th rowspan="2">活动材料</th></tr>
<tr><th>认知</th><th>动作技能</th><th>情感社会性</th></tr>
<tr><td>能根据预定的计划，自行调整人数。</td><td></td><td></td><td>✓</td><td rowspan="8">各种各样的积木、周边建筑的图片、各种搭建方法的图片讲解、奶粉罐、各种纸盒、玩具汽车、卷纸筒、自制马路、标志图。</td></tr>
<tr><td>认识周边的建筑物，能说出相应的名字。</td><td>✓</td><td></td><td></td></tr>
<tr><td>能简单地介绍自己的搭建作品。</td><td></td><td>✓</td><td></td></tr>
<tr><td>能学会在榻榻米上尽量小心，不撞倒搭建完成的作品。</td><td></td><td></td><td>✓</td></tr>
<tr><td>能学会邀请同伴，一起将积木、纸筒等材料按照标识放好。</td><td></td><td></td><td>✓</td></tr>
<tr><td>能专心参与活动 10~15 分钟。</td><td></td><td></td><td>✓</td></tr>
<tr><td>愿意主动尝试友好地邀请同伴，使用材料时懂得遵守秩序，共同搭建。</td><td></td><td></td><td>✓</td></tr>
<tr><td>学会架空、覆盖、桥式和塔式等建构技能。</td><td></td><td>✓</td><td></td></tr>
</table>

(四)选择适当的区域材料

材料是教育意图的物质载体，它本身的特性及由这些特性所规定的活动方式往往决定着儿童可能得到什么样的学习经验，得到哪些方面的发展。在投放材料时需要注意以下几个方面：

第一，材料的安全性和卫生。安全是幼儿园的首要任务，因此材料的选择也必然要考虑安全的问题。

第二，材料的丰富性。不同活动内容、不同区域需要不同的环境和材料作为支撑。因此，教师需要有针对性地投放各种活动内容的材料；而同一活动内容可提供多种材料，以供幼儿根据自己的创作兴趣或意图自由选用。

第三，材料的相对稳定性和变化性。一般来说，不同活动区有一些基本的和相对稳定的材料，如建构区要有一些不同型号的积木，美工区要有折纸、剪刀、彩色笔等多种工具。但同时也应注意材料需要随活动内容、幼儿需要和兴趣等多种因素而发生不同程度的变化。

第四，材料的经济性和需要性。提供材料的目的是为了促进幼儿在和材料的互动中得到更好的发展，材料是提供给幼儿操作和探究的，因此可要根据活动的具体需要选择和提供一些非结构化的材料，如盒子、废纸、瓶瓶罐罐等。

(五)制定区域活动的规则

活动区是儿童自由活动的场所，但自由不等于放任、为所欲为，而应该是充分理解和掌握规则之后的自律、自由。在创设活动区时就必须考虑规则问题，因为有些规则就蕴涵在环境之中，教师要善于利用环境来暗示规则。同时，教师还可以和幼儿共同讨论区域活动材料的使用、玩法等，再运用图画的方式表示规则，能更好地加深幼儿对规则的掌握。

四、区域活动课程设计举例

以中班数学区域活动课程设计为例：

中班区域活动课程

（一）根据幼儿的兴趣、需求，拟定本班的区域种类

在学期期末，通过一年的观察和了解，发现幼儿的兴趣点，提供多个区域活动进行参考。我们确定了拟定的区域种类分别有建构区、美工区、数学区、装扮区（医院）、阅读区。

（二）合理规划区域活动的空间位置

根据本班的活动室的情况，进行合理的规划，并绘制对应的区域活动分布图。

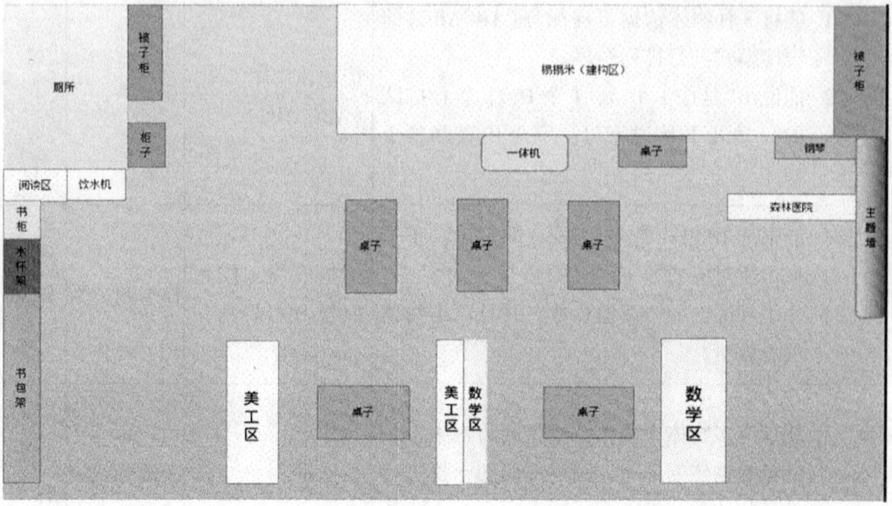

（三）确定区域活动课程的内容和目标

幼儿园中班数学区域活动学年目标、内容设计情况表

活动目标	活动内容	名称	投放材料
1. 能够依据不同物体的其中一个特性进行分类（如粗细、大小、长短等），每类的数量不超过5个。 2. 能说出“我把它们分开是因为它们的××相同”。	按物体的某一特征分类	吸管大分类	不同颜色、粗细、长短的吸管

续表

活动目标	活动内容	名称	投放材料
1. 能将物体按照相同数量进行分类。 2. 小手和嘴巴能协调对应地点数，并且说出物体的总数量。	按物体的数量分类	我和你一样	纸牌
1. 能将两种物体依据更迭循环（AABB AABB）的规律模式进行排列顺序。 2. 能说出“是按2个A，2个B，2个A，2个B排队的”（幼儿不是说字母，字母代表着某个物体）	按规律排序（AABB AABB）		
1. 能将3种物体依据更迭循环（ABCABC）的规律模式进行排列顺序。 2. 能说出“是按1个A，1个B，1个C排队的”（幼儿不是说字母，字母代表着某个物体）	按规律排序（ABC ABC）		
1. 能根据10以内数量（物体）的多少，正确取出相对应的数字（物体）。 2. 小手和嘴巴能协调地点数，并且说出物体的总数量。	按物取物，按数取物（10以内）	你来数一数	动物图片和数字卡片
1. 能从许多物体中找出数量相同的物体。 2. 能排除物体的形状、颜色方面的干扰进行等量物体的分类。	找等量	小蘑菇找家	不同颜色的塑料小蘑菇和数字卡片
1. 能进行5以内数字或物体的合成与分解。 2. 能说出“把x分解s和k；s和k合成x”。	5以内数字或物体的分解和合成	分和合	纸片和塑料膜、扑克牌
1. 能正确分辨生活中的图形（三角形、圆形等）。 2. 能排除颜色、大小方面的干扰并按图形进行分类。 3. 能画出或者组合成一些简单物体的形体结构。	图形分类及空间关系	小动物投食	纸盒和不织布、卡纸、纸盘子

(四)制定区域活动的规则

与幼儿讨论区域活动的内容、材料以及玩法，同时根据实际情况制定相应的游戏规则，并用图画的形式表达出来。

第四节　主题活动课程设计

一、主题活动课程设计的背景

当前我国幼儿园教育课程改革提倡课程统整化，强调的是以幼儿为学习主体的统整性课程，主要表现为以主题活动的形式来开展幼儿园日常的教育教学活动。主题活动体现了新的幼儿园儿童观、教育观和课程观，即以幼儿为主体，以主题的形式呈现统整性的教育内容，充分统整各种教育资源，引导幼儿积极主动地探究周围一切感兴趣的事物，建构自身的经验，使幼儿形成良好的个性，实现全面发展。①

在幼儿园众多课程模式中，主题式活动课程是一种综合性的活动课程。其综合性不仅仅体现在内容和形式上，更是追求从观念到目标，从目标到内容，再到资源、手段、形式的全方位整合。主题式课程给幼儿园的发展带来整体性的影响。因此，教师应将“主题”建构作为课程设计的组织形式，渗透《幼儿园教育指导纲要(试行)》精神，不断进行探索。②

二、主题活动课程设计的概念及特征

(一)主题活动课程设计的概念

课程设计是人们根据一定的价值取向，按照一定的课程理念，以特定的方式组织安排课程的各种要素或各种成分，从而形成特殊课程结构的过程及其产

---

① 韩曜阳．课程统整视阈下幼儿园主题活动设计与实施的行动研究[D]．重庆：西南大学，2018.

② 唐西迟．幼儿园主题式课程改革[J]．小学教育科研论坛，2003(09)：74-75.

物。①而主题活动课程设计是在一段时间内围绕一个主题的内容来组织的教育教学活动，它将各种学习内容都围绕一个中心，可以是一个问题，也可以是一个发生的事件，还可以是某一节日等，有机结合起来，从而打破了学科之间的界限，让儿童通过该主题的学习，获得与主题有关的比较完整的经验。② 2001 年 7 月，《幼儿园教育指导纲要(试行)》提出“以幼儿发展为本”的理念，以主题活动为核心的幼儿主题课程设计充分体现了该理念。

《幼儿园教育指导纲要(试行)》中明确指出，幼儿教育活动要能够充分注重综合性、生活性和趣味性，而主题活动打破了学科之间的界限，围绕幼儿的学习经验组织教育教学，对幼儿五大领域的全面发展有积极推动作用，恰好契合这一要求。在主题活动实施过程中，教师要基于幼儿整体发展和幼儿园园本课程目标，通过挖掘本地资源来设计新型主题活动，根据幼儿的既有认知经验对主题课程做出调整，赋予其丰富的教育价值，这对实现幼儿的全面发展有积极意义。③

主题活动课程设计要求围绕某个主题的课程理念和价值取向进行课程研究，它不是单一的研究，是针对幼儿年龄段的特点，结合幼儿园的园本课程，调动幼儿园、家庭和社区的资源一起完成的活动课程设计。

(二)主题活动课程设计的特征

1. 知识的横向联系(活动内容的融合性、联系性)

主题活动课程的知识涵盖五大领域，将各方面的学习内容联系起来，幼儿通过主题活动课程能获得完整的知识经验。例如，设计主题活动让幼儿认识大树，就不应只是认识大树的基本形态和各个部位，更要让小朋友在此基础上知道光、影，学会简单的测量，知道保护树木，懂得节约用纸等。

2. 各种教育资源的整合(资源的整合性)

主题活动课程调动了幼儿园、家庭和社区的资源，把各种资源和教学活动结

① 张华．课与数学论[M]．上海：上海教育出版社，2020：192.

② 陈文华．幼儿园课程论[M]．北京：科学出版社，2010：164-196.

③ 马秀珍．幼儿主题活动的有效开发实施策略[J]．华夏教师，2020(08)：44-45.

合起来，但不局限于课堂教学。例如，家长职业广泛，职业主题贴近生活，家长中有医生、警察、消防员等；可以请家长进入课堂，有仪式感的教学活动会更加真实。

3. 生活化、游戏化的学习(生活性、游戏性)

主题活动课程贴近生活，充分利用了资源，可以走出校门，走进社区、超市等处开展主题活动，丰富幼儿的生活经验。这种有趣的游戏化学习方式，使幼儿对活动内容更加印象深刻。

4. 富有弹性的计划(活动课程的预设性)

主题活动课程是建立在小朋友已有的知识或者生活经验上来深入开展的，因此，教师在设计主题活动课程的时候，要考虑到主题活动过程中的各种可能性，根据小朋友在活动过程中的反应和发现灵活地进行调整。

三、主题活动课程设计的步骤

主题活动课程设计是进行主题活动前的规划，具体表现为详细的执行方案，它具有预设性和可执行性，相关人员包括设计主题活动内容的执行者、参与者和主题资源的提供者。

(一)主题活动的相关调查

主题活动的相关调查是指在确定了主题后，对该主题展开包括教学资源、家长资源、社区资源等方面的资源调查。根据《幼儿园教育指导纲要(试行)》的指导精神，主题应尽可能地贴近幼儿的生活，最大限度地满足幼儿的兴趣和需要，同时与主题涉及的主要资源相结合，包括幼儿园、教师、家长和社区资源。幼儿的生活环境是主题活动的源头，其中各种各样的人、事和物都有可能成为主题的切入点。教师可以根据班级情况，提前做好各项调查，再和幼儿一起深入讨论其感兴趣的主题课程，有幼儿参与主题课程选择，能更好地发挥主题的有效性。教师可以通过思维导图的方式展示主题开展的基本线索，通过对主题目标、内容的确定和主题线索的呈现，进一步设计主题的环境、活动课程、区域活动、户外游戏及家长助教工作等。

(二)明确主题活动课程目标

主题活动目标，通俗地讲，就是通过主题活动，幼儿可以从中获得什么。幼儿园的活动课程目标要以《幼儿园教育指导纲要(试行)》中各领域的目标为指导，目标的制定除了结合幼儿年龄段的特点，还要具体、明确，有较强的针对性。主题活动目标的确定要遵从三个方面，分别是知识、技能和情感，并根据本班幼儿身心发展的特点及认识规律，制定各领域之间的整合目标。幼儿的学习活动是一个进行中的、可以改变的、开放的过程，如果设定的目标不能达到或者有偏差，教师要适当地进行调整。

(三)主题活动课程内容的设计与实施

1. 主题活动课程的准备

经过主题活动的相关调查，依据主题活动课程的目标，在主题活动课程实施之前，教师要做好课程的准备，包括课程资料的准备、环境创设的材料准备、幼儿前期经验的知识准备、家长物资或者人力资源的准备、社区资源的安排等。

2. 主题活动情境创设

主题环境的创设，是指教师围绕主题内容，设置相应的学习环境或营造身临其境的主题环境空间，使幼儿能够在与环境的互动中潜移默化地受到熏陶。①

3. 主题内各领域学习活动课程的设计

主题活动相关的预设课程应在考虑幼儿的学习特点和认识规律上，将五大领域的课程渗透在主题活动内容中。可以使用集体学习、分组学习和个别学习的方式开展主题课程学习，并通过区域活动、户外游戏活动、家长课堂助教、社区社会实践等活动形式开展主题活动，学习主题课程内容。

四、主题活动课程设计举例

《幼儿园教育指导纲要(试行)》指出："幼儿园应为幼儿提供健康、丰富的生

---

① 陈晓芳．幼儿园教育活动设计策略及教案评析[M]．北京：北京师范大学出版社，2007.

活和生活环境，满足他们多方面的需要，使他们在快乐的童年生活中获得有益身心发展的经验。”主题活动课程是以贴近幼儿生活的某一中心内容，即主题，作为组织课程内容的主线来进行教育教学的活动，现在根据某幼儿园大班“拜访大树”主题活动课程为例来讲解主题活动课程的设计。

（一）主题的形成

在学期末，教师查找了相关的主题活动资料，了解适合大班上学期开展的主题活动，并找出几个主题，如拜访大树、恐龙探险队、我爱地球等。然后召开班会课，和小朋友们一起选择感兴趣的主题作为下学期的主题。经过小朋友们的讨论，班级选取了“拜访大树”的主题。

（二）预设主题教学目标

根据“拜访大树”的主题，教师结合班级中孩子们的认知发展，预设了几个课程目标，如认识树的基本形态，了解各部位与树的关系，观察、记录大树笔记；分享大树与我们之间的关系，学会保护树木，爱护自然；乐于参与活动，体验“拜访”活动过程带来的乐趣。

（三）生成主题思维导图

思维导图能够帮助我们围绕主题，进行全面、系统的思考，发现与之相关的因素，有利于对主题进行全方位的了解和分析。在确定班级主题后，教师可以围绕主题的中心内容，延伸出其他部分的内容。比如根据“拜访大树”的中心主题，设计班级关于大树认知的精品课程、生成课程、区域活动的设计和材料投放、班级吊饰、主题墙的设计、班级特色活动、家长助教、社区实践活动等，并通过思维导图呈现出来，一目了然。

（四）主题活动课程内容的开展

《3—6岁儿童学习与发展指南》中指出，教师应理解幼儿的学习方式和特点，让幼儿在游戏和日常生活中进行学习；教师应创设丰富的教育环境，最大限度地支持和满足幼儿通过直接感知、实际操作和亲身体验获取经验的需要。

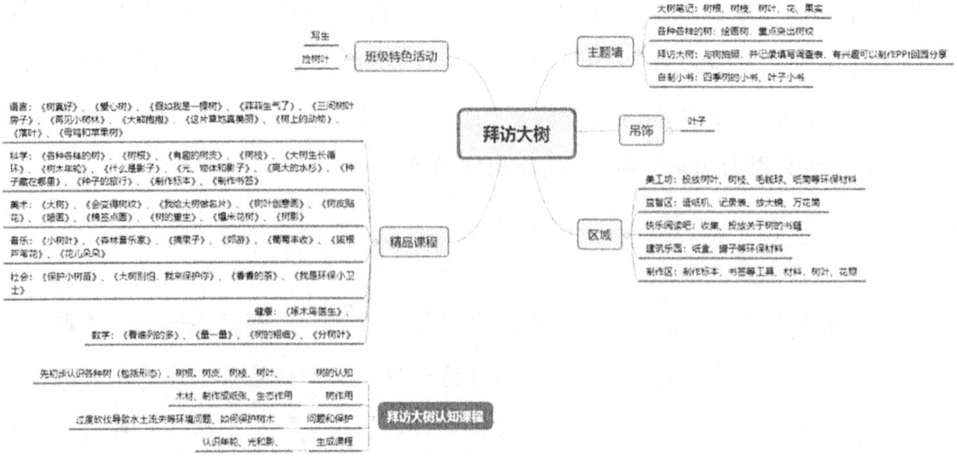

《拜访大树》思维导图

1. 主题活动课程的准备

在班级选好“拜访大树”的主题内容后，教师根据五大领域内容和预设的教学目标开展，做好精品课程，同时预设了一些主题下的生成课程，如与大树有关的课程、通过大树认识年轮、光和影的游戏等；在环境创设上，根据主题申购相关的环境材料、教学材料，发动家长收集树枝树叶等；假期布置孩子做好“拜访大树”的初步调查，如我认识的树木，我最喜欢的树木等。对于有对花草树木培育等感兴趣的家长，可以邀请参与家长助教活动。

2. 主题环境创设

在开学前做好主题墙的大框架，班级布置的色调与主题相符，给幼儿创设身临其境的意境。后期的主题墙会随着课程的推进再丰富内容，让此次主题活动在教室里留下孩子们的学习成果。

3. 主题活动课程的实施

根据课程准备环节中设计的精品课程，结合“拜访大树”主题由浅到深地对幼儿开展主题活动，从树的认知到树的作用，延伸到环境的问题和保护，再到生成课程。主题活动课程下的区域活动，设置美工坊，投放树枝、树叶、木块等材料进行手工制作、绘画；益智园投放造纸机、记录表、放大镜等材料进行探究实验；阅读吧投放介绍树木的书籍；建构区投放木头、纸

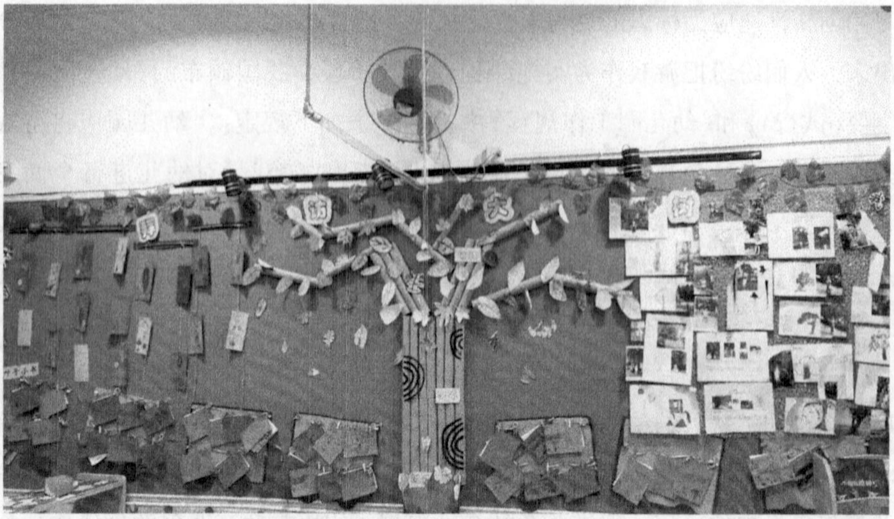

《拜访大树》主题墙

盒、罐子等建构深林、房子等；还有一个主题特色区是制作区，投放叶子、花瓣等材料来制作书签。户外游戏活动创设主题情境，结合主题音乐开展有意境和情景的游戏活动。家长课堂助教请家长来园介绍自己的种植心得，和幼儿开展种植活动等。社区社会实践可以组织到社区写生、捡树叶等社区活动。主题活动课程还可以结合园本课程、节日等方式开展主题教育。

第五节 游戏课程设计

一、游戏课程设计的背景

进入 21 世纪，国际竞争日趋激烈，迫切需要教育工作者努力培养一大批具有创新精神和实践能力、有理想、有道德、有文化、有纪律，德智体美劳全面发展的一代新人，为此我国教师相继开展了各种教育教学课程模式的改革与实验。早在 20 世纪 20 年代，陈鹤琴先生就主张对儿童进行“游戏性教育”，给儿童“充分的机会”，使他们获得完美的游戏生活。随着社会的发展，当教育进入以主动学习和创新性适应为标志的更为人性化的终身教育时代，游戏的教学价值逐渐体现出来，人们纷纷把游戏作为实施课程的重要手段，我国颁布的《幼儿园教育指导纲要(试行)》和《幼儿园工作规程》中都作出了如下规定：“幼儿园应将游戏作为基本活动，要寓教育于各项活动之中”，并指出“游戏是对幼儿进行全面发展教育的重要形式”。针对幼儿的发展，教育界提出了“游戏课程”的理念。游戏是幼儿喜爱的、主动的活动，其内在精神是自由性、开放性和体验性，游戏能促进儿童发展的功能已成为教育者的共识。

“课程是人的教育活动，课程价值体现着人的价值，而人的价值与人的全面发展关系密切。从人的整体价值来对待学前儿童，在教育上就必须：一要充分发展学前儿童在现阶段的价值，符合儿童的身心发展特点，二要充分体现学前阶段对儿童将来发展的价值，促进儿童社会性发展。”①学前教育课程的价值取向，即学前教育课程要使学前儿童成为何种特征的人，以及怎样保证学前儿童具备这些特征。学前教育课程，处于终身教育开端阶段，是在教育者有意识的指导下与学前教育情境相互作用，也是实现学前教育目的手段，能帮助儿童获得有益的学习经验，促进其身心全面和谐发展的各种活动。塑造完整人格，发展儿童的主体性，实施全人格教育和主体性教育等，在根本上其实是统一的，符合当前世界教育发展的共同趋势，也是学前课程在价值取向上的合理选择。游戏课程理所当然也应体现学前课程的这种价值取向，而且由于游戏课程强调游戏的内在精神实质，注重“乐趣”，所以其价值取向应更重视幼儿当下的现实存在，强调发展幼儿在现阶段的价值。与此同时，游戏能促进幼儿智力、社会性、身体素质等方面的发展，在幼儿情感的满足和稳定方面也具有重要价值，当学习以游戏形式进行时，幼儿往往能更快、更好地接受。教育的实质就是发展，所以针对儿童身心特点，适当采取游戏的形式，能使儿童的学习更积极有效，从而更好地促进其发展。

① 李素梅．游戏课程：学前教育课程改革新视角[J]．学前教育研究，2005(03)：15-17.

二、游戏课程设计的概念及特征

(一)游戏课程设计的概念

在学前教育教学活动中，游戏与课程有着不可分割的关系，它们之间联系的桥梁就是幼儿的成长与发展。理想中的学前教育课程在本质上就体现为游戏课程的模式。游戏课程设计是按照育人的目的、要求和课程内部各要素、各成分之间的必然联系，使课程的内容与形式体现游戏的特点，将游戏系统化、结构化、规范化地与课程融合在一起的教学设计活动。游戏是培养儿童的自我调节能力以及促进儿童的语言、认知和社会能力发展的重要工具，游戏课程设计并不主张放任自流，它强调通过游戏来促进儿童发展。游戏课程能够为幼儿搭建一个全环境支持系统，从环境、活动、课程等方面多维度地支持儿童成长，儿童能够在所构建的情景与环境中发展与学习。因此，在游戏课程设计时要从儿童的视角出发、了解游戏的内涵。不少学者对游戏这一名词进行了界定，其中古希腊教育学家亚里士多德认为，游戏是学习闲暇学科和发展理性的重要方法。夸美纽斯认为，游戏使儿童"自寻其乐，并可锻炼身体的健康、精神的活泼和各种肢体的敏捷"。"福禄贝尔认为，游戏是一种创造性的自我活动和本能的自我教育方式，是儿童"整个未来生活的胚芽，因为整个人的最纯洁的素质和最内在的思想就是在游戏中得到发展和表现的"。蒙台梭利认为，游戏是幼儿的工作，幼儿在游戏中学习。①我国著名儿童教育家陈鹤琴认为，幼儿是以游戏为生命的。不同的学者对游戏的定义有不同的见解，但都认为游戏对于人的成长、认识世界的作用是不容忽视的。综上所述，"游戏是幼儿的基本活动，是幼儿与周围环境相互作用的基本形式，是他们基本的对象性活动，通过这一特殊的活动形式能实现教育价值。"②

(二)游戏课程设计的特征

游戏是学前儿童基本活动形式之一，任何学前儿童都离不开游戏。在游戏课

---

① 陈鑫，安燕．新时代背景下课程游戏化与游戏课程化探析[J]．开封教育学院学报，2018，38(12)：231-232.

② 阮素莲．幼儿园课程概论[M]．北京：高等教育出版社，2014：170-196.

程中，学前儿童可以按照自己的愿望去构思、去建造。它有利于促进学前儿童的感知觉、动作、知识和智力的发展，有利于增强学前儿童的集体主义观念和集体主义情感，扩大儿童的知识面并且使他们更加全面地了解社会、认识社会。作为一种课程方案，游戏课程设计应具备以下几个特点：

1. 自由自主性

游戏既可以满足幼儿自主个性化的需求，加强其自我体验与感受，更符合幼儿的学习特点。由于游戏形式、材料和过程符合幼儿身心发展的特点，更能让幼儿产生兴趣，主动进行游戏。在游戏中，幼儿可以自主选择游戏的主题和内容，自主决定游戏的伙伴和情节，自主决定游戏的时间和环境等。同时，游戏又符合了幼儿的生理和心理发展水平，使幼儿愿意加入游戏中来，他们在游戏中的态度是积极的。游戏有动作，有情节，有玩具和游戏材料，游戏内容和形式丰富多彩，灵活多变，引人入胜，所以幼儿乐于参与游戏，并易于在游戏中受教育。在游戏中，幼儿与环境、同伴、成人相互影响、相互作用的同时，其作为主体既体现出自由自主，又在不断调节自己的愿望和动机，转化自己与他人的行为。

2. 创造探索性

游戏课程同时应具备创造性与探索性等多重特点，游戏有助于培养儿童的探索与创造精神。在游戏中幼儿可以学习运用策略解决问题；学习理解符号的意义并学习使用符号；学习与人交际与交往，掌握社会性交往的基本技能等。同时，游戏也有益于幼儿活泼开朗性格的形成与自信、坚韧等品质的培养。对于富有探索性的幼儿园游戏课程设计，教师须保证游戏课程的目的指向于游戏内部，且内容充满情趣，以灵活的方式与生动的情境选择、积极主动的氛围营造来保证幼儿能够通过游戏教学体验到愉悦、自由、涌动的感受，才能激发幼儿主动参与到游戏教学中，探索其中的奥秘和乐趣，沉浸在游戏课程活动中。孩子在游戏中学到的，正是现代社会所需要的人的最基本的素质。培养儿童的创造性，是现代社会对现代教育提出的一个基本要求。教师不仅要教给学生基本的知识与技能，更要教会学生学会学习，学会在不断发展与进步的社会中生存与发展。“学会学习，学会生存的核心内容之一是学会发现，学会创造。如何培养儿童的创造性，已经成为世界各国教育工作者持续探索思考的问题，许多研究表明游戏有益于儿童探索精神与创造性的培养。"①

3. 整体系统性

将游戏与课程结合可以将幼儿零散的社会生活经验、游戏体验系统化为教学活动，相较于单纯的游戏更有利于幼儿的成长与发展。游戏是幼儿社会生活的反映，社会生活是幼儿游戏的源泉。游戏本身的内容、儿童所担任的角色、儿童对待各种事物的方法、儿童所扮演的人物及其行为的特点、儿童的争论和谈话等都反映着他们的生活。幼儿不是天生就会做游戏，游戏不是幼儿的本能活动，游戏基本上是生活情景的再现。儿童的一言一行都重现着他们经常观察到的东西，也就是模仿着他周围的人的动作、语言、议论和评论。因为儿童游戏的内容反映的是社会上人的生活，所以儿童的游戏具有社会性。不同的生活背景或生活环境会影响幼儿的游戏，因为幼儿的游戏归根结底是对周围生活的反映。但"幼儿的游戏不是完全的生活"翻版"，而是将日常生活中的表象，加上自己的想象，升华成新的形象，然后借助游戏来学习成人社会的生活体验。"②

4. 过程参与性

游戏课程更注重幼儿在游戏中的过程与体验。幼儿参与游戏不仅能解决其内在心理需求，并且能在游戏和探究中学习。游戏是幼儿的一种重要学习方式。教师应尽量提高幼儿在游戏课程过程中的参与性，让他们通过多种类型的游戏提高自己的学习兴趣，并且在游戏过程中学到知识，所以参与性是整个游戏课程成功的关键和标志。幼儿的参与性具体来说不仅仅是指幼儿在游戏过程中的所有表现，还体现在全体幼儿积极主动地"动"起来，争着承担游戏中的每一个角色。教师要激发幼儿参与游戏课程情境的兴趣，因材施教，分层要求，充分尊重幼儿的主观意志。幼儿在参与游戏课程时，教师要让幼儿的心灵和思维真正融入游戏情境，形成游戏课程的内在参与。另外，只有游戏设计得恰到好处，才能使课堂节奏有起有伏，重点难点环环相扣，才能充分发挥游戏的作用。

三、游戏课程设计的步骤

学前教育课程设计是学前教育课程编制的重要步骤，其质量直接决定课程实

---

① 张钡．学前儿童游戏活动的特点[J]．文教资料，2008(08)：156-157.

② 阮素莲．幼儿园课程概论[M]．北京：高等教育出版社，2014：170-196.

践的水平。学前教育课程设计是指设计者依据已有的课程理念和价值取向对课程做出规划和安排，重点处理和解决相关课程要素的问题。在设计的具体内容和环节上，主要包括课程目标的制定以及课程内容的选择和组织。“课程从来都是承载教育目的与教育价值的实践载体，幼儿园课程的组织与实施便是学前教育目标实现的实质性操作。”①只有把游戏纳入学前教育课程及其教学的组织与实施过程中，实现游戏与课程的融合，游戏的教育价值才可能真正获得有效的发挥。游戏与课程相整合，具有必要性和适切性。一方面，应将游戏的基本精神融入课程之中，实现游戏的教育价值；另一方面应把课程引入幼儿的游戏活动中，使幼儿的游戏变成规范性、有序性和整体性的活动。

(一)游戏课程目标确立

课程目标是课程设计的起点，它制约着课程设计的方向，规定着课程内容的构成和学习活动方式的性质，它是一定教育价值观在课程领域的具体化，是课程本身要实现的具体目标。游戏课程应以幼儿的快乐体验和身心成长为出发点，把游戏能力和游戏精神的培养作为课程目标。游戏课程必须具有发展性，它不仅能够缓解幼儿内心的焦虑不安，给其带来愉悦和美的享受，而且还必须使幼儿不断地增强生活能力，通过有意义的学习获得成长。

(二)游戏课程内容选择

游戏课程的首要目标是激发幼儿对游戏活动的兴趣，重要目标是提高幼儿参与游戏的能力，最终目标是提高幼儿的学习、生活能力。课程内容是为实现课程目标服务的。教师应根据幼儿的兴趣和需要，力求站在幼儿的角度制定游戏目标，为幼儿的游戏课程实施提供一个泛化而非具体的目标。“将游戏精神渗透在幼儿的一日生活及教育教学活动的方方面面，锻炼幼儿的独立性、创造性、自主选择性、合作精神以及学习能力等各方面品质。”②在选择游戏课程内容时应遵循

---

① 丁海东．游戏的教育价值及其在幼儿园课程中的实现路径[J]．学前教育研究，2006(12)：32-34.

② 孟莎莎．幼儿园游戏教育课程的实践探究[J]．现代交际，2018(20)：133-134.

“大自然、大社会都是活教材”的基本原则，尊重幼儿的想法和权利，即由幼儿选择玩什么和怎么玩，教师以伙伴的身份来参与。同时教师要根据幼儿的年龄特点与学习需求，适时提供经验支持，创设合理的游戏环境，选择能够引发幼儿与物质环境相互促进的方式和方法，并投放适合幼儿的游戏材料，材料的选择应该简易、朴实、自然，让幼儿在游戏中探索、发现、创造，获得有意义的经验。同时，应避免幼儿的游戏课程内容种类单一、主题反复及水平不高等问题。

(三)游戏课程实施

游戏课程教学过程是一个亲历体验、感受的过程，教师应根据幼儿已有的发展水平实施教学，关注幼儿的知、情、意的共同发展；在游戏课程实施过程中，教师要尊重幼儿的自主意识，支持幼儿的自主活动，充分关注幼儿在游戏课程中创造性的发挥。创造性作为游戏课程的一个重要特征，是幼儿在游戏课程中发展能力的重要体现——幼儿在游戏课程中的创造性得以充分发挥，创造性思维得以充分发展，幼儿的探索能力与创新精神就能发展得越好。要在游戏课程实施中充分发挥幼儿的创造性，教师应该相信幼儿的创造性潜力，并支持幼儿的创造性行为。同时，教师对幼儿在游戏过程中所遇到的问题要有针对性地给予有效指导，对于能力发展水平较高的幼儿，教师的指导应该以引导为主，即通过启发的方式指导幼儿自己寻找解决的方法。

(四)游戏课程评价

课程评价是在课程结束后，对于课程目标、课程内容及课程实施的反思与对下次课程如何进行的展望。“游戏课程评价是必不可少的一个延伸活动，通过引导幼儿分享回顾过程，帮助幼儿整理与归纳，对原有知识经验进行巩固，对游戏过程中出现的问题进行解决，促进游戏水平的提高。”①在幼儿园的集体教学活动中，课程评价权掌握在教师手中。首先，游戏课程评价应基于观察，重表现性、过程性评价，即教师基于对幼儿游戏行为的观察来评价，通过观察幼儿的言行、表现以及对在游戏过程中产生的作品进行分析等方式了解幼儿的需要，发现幼儿

---

① 巫叶芳．初探幼儿游戏活动评价的有效性[J]．课程教育研究，2020(12)：231-232.

的兴趣、发展水平、个性特征等，为后续的课程设置打下基础；其次，要基于真实情境来评价，强调创设真实情境，即便是模拟情境，也必须能激发幼儿在真实情境中相似的反应，以考察幼儿在现实生活中分析、解决问题能力；最后，评价目的是为幼儿的学习与发展提供更适宜的帮助与指导。在游戏课程的评价环节中，教师要做倾听者，让幼儿自由发言，表达自己对游戏课程的见解。

四、游戏课程设计举例

大班游戏活动案例《好玩的积木》

(一)活动背景

材料投放：大积木若干。

环境创设：安全空旷的活动场地。

儿童的兴趣和前期经验：幼儿在家里玩的都是小积木，对于简单的拼搭，他们掌握得很娴熟，有的还能用积木拼出很多组合物品，可对于大块积木或能用在户外游戏的积木，幼儿就接触得比较少。为此，教师组织了这样一节活动课，锻炼幼儿的走跳技能。

教师预期：

1. 积极参与建构活动，体验搭建的快乐。

2. 能与同伴共同使用游戏材料来合作游戏。

3. 玩游戏时能注意安全，不给别人造成危险，具有一定的自我保护能力。

游戏玩法：根据自己的意愿，选择材料进行自主游戏。

(二)活动内容与过程实录

开展户外活动时，先让幼儿排好队，教师再让幼儿协助搬来一些积木，放到院子里。教师强调了游戏规则和玩法后，幼儿就着急地拼搭起来，教师发现幼儿拼得不够牢固，因为是新玩具，比较光滑，所以需要把积木嵌套紧密才能稳固，这样就能防止幼儿在积木上玩的时候滑倒。看着幼儿无奈的样子，教师和幼儿一起合作拼了一座小桥，有高有低，幼儿早已在积木的前面排好队，随时准备穿过小桥。只见幼儿都小心翼翼地走着，他们生怕摔倒了，生怕把积木踩坏了，这时，有一个幼儿脚下一滑摔倒了，教师赶紧和几个幼儿一起把他扶了起来，鼓励他要勇敢一点，相信自己一定能成功通过这座“小桥”，并叮嘱后面的幼儿要注意安全。幼儿一遍又一遍地走着，对这座桥充满了兴趣。过了很长时间，教师让幼儿停下，并鼓励他们自己去拼搭，拼搭的要求是：要稳，要平，要节省积木。幼儿认真拼着，不一会儿，一座小桥搭建好了，教师检查了一下，确认没有安全隐患后，幼儿自己玩了起来。随后，幼儿搭建了好多种模型，有小桥，有轨道，有斑马线……活动结束后，教师问幼儿：积木好玩不？幼儿异口同声地回答：好玩。最后，幼儿一起把玩具收拾到玩具柜里，快快乐乐地回活动室了。

(三)活动的特点及价值所在

活动的特点：积木是自然的、开放的材料，可以诱发不同层次幼儿之间的互动，为幼儿的多元化发展提供可能。

对幼儿学习发展的价值：这个游戏可以锻炼幼儿的空间想象能力、平衡能力、手眼协调的能力以及手指的精细动作。

反思：幼儿在搭建过程中考虑的因素较少，只是搭建出来一个组合块就准备去玩，在玩的过程中有的孩子不注意安全，后面的幼儿推前面的幼儿，这样很容易发生危险。其实，幼儿在玩的过程中推搡是很常见的，教师应该时时刻刻提醒幼儿要注意安全。在玩游戏的时候教师检查了玩具是否安全稳固，这还不够，应该告诉幼儿在搭建的时候要注意稳固性，时刻准备帮助幼儿。

【本章小结】

本章节主要从课程设计的背景、概念及特征、步骤方面介绍了学科(领域)课程、综合课程、区域活动课程、主题活动课程和游戏课程的设计，不仅清晰地阐述了五种课程设计的基本理论知识，还辅以不同的课程设计在幼儿园课程中运用的举例。通过案例讨论，能进一步让课程设计者将理论转化成幼儿园课程设计实践。

【主题词】

学前教育，学科课程，综合课程，区域活动课程，主题活动课程，游戏课程，课程与教学设计

【思考题】

1. 以《3—6岁儿童学习与发展指南》提出的目标为导向，结合《幼儿园教育指导纲要(试行)》，进行小班健康领域的课程与教学教育活动的设计。

2. 结合综合课程的特征，论述综合课程设计的步骤。

3. 什么是区域活动课程？区域活动课程应如何设计？

4. 以“中国二十四节气”为主题，设计系列主题活动。

5. 游戏是孩子最喜爱的活动。根据幼儿的特点，谈一谈游戏课程的设计要点。

参考文献

著作类

[1][美]安. S. 爱泼斯坦 . 学前教育中的主动学习精要——认识高宽课程模式[M]. 霍力岩，等，译. 北京：教育科学出版社，2012.

[2][美]艾斯纳 . 幼儿的知觉与视觉的发展[M]. 孙宏，等，译. 湖南：湖南美术出版社，1994.

[3]Armsrong，D. G. 当代课程论[M]. 陈晓瑞，主译 . 北京：中国轻工业出版社，2007.

[4]北京市教育科学研究所 . 陈鹤琴全集(第二卷)[M]. 南京：江苏教育出版社，1992.

[5]北京市教育科学研究所 . 陈鹤琴全集(第六卷)[M]. 南京：江苏教育出版社，1992.

[6]Bobbitt，F. How to Make a Curriculum[M]. Boston：Houghton-Mifflin，1924.

[7]辞海编辑委员会. 辞海 · 教育学 · 心理学分册[Z]. 上海：上海辞书出版社，1987.

[8]陈理宣 . 教育价值论[M]. 成都：四川大学出版社，2003.

[9]陈时见，何茜 . 幼儿园课程的国际比较：侧重幼儿园课程设计的经验、案例与趋势研究[M]. 重庆：西南师范大学出版社，2011.

[10]陈文华 . 幼儿园课程论[M]. 北京：科学出版社，2011.

[11] Creswell, J. W. Research design: Qualitative, Quantitative and Mixed Method Approaches[M]. CA: Thousand Oaks, 2014.
[12]蔡华，周先莉．幼儿园管理[M]．长春：东北师范大学出版社，2009.
[13]邓金·培格曼．最新国际教师百科全书[M]．教育与科普研究所，译．北京：学苑出版社，1989：7-11.
[14][美]杜威．经验与自然[M]．傅统先，译．北京：商务印书馆，2005.
[15][美]杜威．民主主义与教育[M]．王承绪，译．北京：人民教育出版社，1990：114-117.
[16]戴自俺．张雪门幼儿教育文集(上卷)[M]．北京：北京少年儿童出版社，1994.
[17] Edwards, C., et al. The Hundred Languages of Children[M]. Ablex Publishing Corporation, 1998: 62.
[18]傅统先，张文郁．教育哲学[M]．济南：山东教育出版社，1986.
[19]冯晓霞．幼儿园课程[M]．北京：北京师范大学出版社，2000.
[20]冯友兰．三松堂全集(第五卷)[M]．郑州：河南人民出版社，1986.
[21] Fowler, F. J.. Servey research methods (4th ed.)[M]. CA: Thousand Oaks, 2009.
[22][澳]格伦达·麦克诺顿，等．早期教育研究方法——国际视野下的理论与实践[M]．李敏谊，等，译．北京：教育科学出版社，2008.
[23] Goodlad, J. R.. Curriculum Inquiry: The Study of Curriculum Practice[M]. New York: McGraw-Hill, 1979: 60-64.
[24]高敬．幼儿园课程[M]．杭州：浙江教育出版社，2010.
[25]顾明远．教育大辞典[M]．上海：上海教育出版社，1998.
[26][德]黑格尔．小逻辑[M]．贺麟，译．北京：商务印书馆，1980：427.
[27]黄人颂．学前教育学(第三版)[M]．北京：人民教育出版社，2015：265.
[28]黄甫全．现代课程与教学论(第三版)[M]．北京：人民教育出版社，2014.
[29]胡庆芳．优化课堂教学：方法与实践[M]．北京：中国人民大学出版社，2014.
[30]何云峰．现代基础教育研究(第24卷)[M]．北京：上海教育出版社，2018.

[31]侯莉敏．幼儿园课程与教学理论[M]．北京：高等教育出版社，2016.
[32]黄甫全，王嘉毅．课程与教学论[M]．北京：高等教育出版社，2002.
[33]教育部基础教育司．幼儿园教育指导纲要(试行)解读[M]．南京：江苏教育出版社，1999.
[34][美]贾珀尔·L. 鲁普纳林，等．学前教育课程(第六版)[M]．赵俊婷，译．上海：华东师范大学出版社，2014.
[35]简楚瑛，等．幼教课程模式理论取向与实务经验[M]．台北：心理出版社，2007.
[36][捷克]夸美纽斯．大教学论[M]．傅任敢，译．北京：人民教育出版社，1984.
[37][苏]凯洛夫．教育学(上册)[M]．沈颖，等，译．北京：人民教育出版社，1953.
[38][美]卡洛琳·爱德华兹等．儿童的一百种语言[M]．罗雅芬，等，译．南京：南京师范大学出版社，2008.
[39][德]康德．形而上学导论[M]．北京：商务印书馆，1978.
[40]Keppel, G. Design and analysis：A researcher's handbook (3rd ed.)[M]. NJ：Prentice Hall, 1991.
[41]李鹏程．当代文化哲学沉思[M]．北京：人民出版社，1994.
[42][英]罗素．西方哲学史(下卷)[M]．北京：商务印书馆，1981.
[43]李德顺．价值论——一种主体性的研究[M]．北京：中国人民大学出版社，2013.
[44]刘晶波．社会学视野下的师幼互动行为研究——我在幼儿园里看到了什么[M]．南京：南京师范大学出版社，2006.
[45]联合国教科文组织．反思教育：向“全球共同利益”的理念转变[M]．巴黎：place de Fontenoy, 75352 Paris 07 SP, 2015.
[46]李秉德．教学论[M]．北京：人民教育出版社，2001.
[47]刘焱．学前教育原理[M]．沈阳：辽宁师范大学出版社，2002.
[48]李季湄，冯晓霞．《3—6岁儿童学习与发展指南》解读[M]．北京：人民教育出版社，2013.

[49][美]莉森纳·福拉里．早期教育的基本理念与最佳实践(第3版)[M]．霍力岩，等，译．北京：教育科学出版社，2019.
[50]陆有铨．躁动的百年：二十世纪的教育历程[M]．济南：山东教育出版社，2001.
[51][英]洛克．教育漫话[M]．徐大维，译．上海：上海人民出版社，2014.
[52][英]洛克．人类理解论见[M]．北京：商务印书馆，1975.
[53][美]理查德·罗蒂．文化政治哲学[M]．北京：北京大学出版社，2011.
[54]Lew，A. The International Encyclopedia of Curriculum[M]．Oxford：Pergamon Press，1992.
[55]李艳玲，王美娜．学前幼儿发展心理学[M]．北京：人民邮电出版社，2019.
[56]李雁冰．课程评价论[M]．上海：上海教育出版社，2002.
[57]刘立民．幼儿园科学教育[M]．北京：北京理工大学出版社，2016.
[58]李子建，杨晓萍，殷洁．幼儿园园本课程开发的理论与实践[M]．北京：人民教育出版社，2009.
[59]李玮，李艳丽．《指南》背景下幼儿教师教学实践指导 幼儿园课程[M]．北京：中国轻工业出版社，2016.
[60]孟宪承等．中国古代教育史资料[M]．北京：人民教育出版社，1961：15.
[61][俄]马克思，恩格斯．马克思恩格斯全集(第19卷)[M]．北京：人民出版社，1979.
[62][意]蒙台梭利．童年的秘密[M]．马荣根，译．北京：人民教育出版社，1990.
[63][意]蒙台梭利．童年的秘密[M]．北京：长安出版社，2010.
[64][意]蒙台梭利．发现孩子[M]．胡纯玉，译．北京：中国发展出版社，2006.
[65][意]蒙台梭利．蒙台梭利早期教育法：如何让孩子自主的学习[M]．祝冬平，译．北京：中国发展出版社，2003.
[66]McMillian，J. H. Educational Research：Foundamentals for the consumer[M]．Boston：Allyn & Bacon，2003.
[67][新西兰]玛格丽特·卡尔．另一种评价：学习故事[M]．周欣，周念丽，左志宏，等，译．北京：教育科学出版社，2016.

[68]南京市实验幼儿园．幼儿园综合教育课程主题活动方案设计·大班[M]．南京：南京大学出版社，2007.
[69]Oliva，P. F. Developing the Curriculum(7th Ed.)[M]. Boston：Pearson/Allyn and Bacon，2009.
[70]裴娣娜，刘翔平．中国女性百科全书[M]．沈阳：东北大学出版社，1995：267.
[71]裴娣娜．教育研究方法导论[M]．合肥：安徽教育出版社，1995.
[72]瞿保奎．教育基本理论之研究 1978—1995[M]．福州：福建教育出版社，1998.
[73]全国 12 所重点师范大学联合．教育学基础[M]．北京：教育科学出版社，2014.
[74]秦元东，王春燕．幼儿园区域活动新论：一种生态学的视角[M]．北京：北京师范大学出版社，2008.
[75]任平，孙文云．现代教育概论(第二版)[M]．广州：暨南大学出版社，2018.
[76]任钟印．世界教育名著通览[M]．武汉：湖北教育出版社，1994.
[77]阮素莲．幼儿园课程概论[M]．北京：高等教育出版社，2014.
[78]施良方．课程理论——课程的基础、原理与问题[M]．北京：教育科学出版社，1996.
[79]孙伟平．价值哲学方法论[M]．北京：中国社会科学出版社，2008.
[80]苏敏，朱立萍．幼儿园课程设计与组织[M]．上海：华东师范大学出版社，2017：3.
[81]桑新民．呼唤新世纪的教育哲学[M]．北京：教育科学出版社，1993.
[82]邵少佩．幼儿园课程与教学[M]．北京：北京师范大学出版社，2015.
[83]沈灌群．中国古代教育和教育思想[M]．武汉：湖北人民出版社，1956.
[84]石筠弢．学前教育课程论[M]．北京：北京师范大学出版社，2014.
[85][美]斯泰西·戈芬，等．课程模式与早期教育(第二版)[M]．李敏谊，译．北京：教育科学出版社，2008.
[86]单中惠，刘传德．外国幼儿教育史[M]．上海教育出版社，1997.

[87][苏]沙巴耶娃．教育史[M]．北京：人民教育出版社，1995.
[88]沈龙明．实用课堂教学艺术[M]．长春：东北师范大学出版社，1999.
[89]苏贵民．幼儿发展评价[M]．重庆：西南师范大学出版社，2016.
[90]上海市教育委员会．上海市学前教育课程指南[Z]．上海：上海教育出版社，2004.
[91][英]斯滕豪斯．课程研究与课程编制入门[M]．诸平，孙蕾，沈阳，等，译．北京：春秋出版社，1989.
[92] [美]博比特．课程[M]．刘幸，译．北京：教育科学出版社，2017.
[93]唐淑，冯晓霞．百年中国幼教[M]．北京：教育科学出版社，2003.
[94]唐淑．幼儿园课程实施指导丛书·总论[M]．南京：南京师范大学出版社，1997.
[95]唐淑．学前教育思想史[M]．北京：人民教育出版社，2009.
[96]Taylor，P. H. & Richards，C. An Introduction to Curriculum Studies[M]. Windsor，NFER Publishing Company.
[97]威廉·维尔斯马，等．教育研究方法导论(第9版)[M]．袁振国，译．北京：教育科学出版社，2010.
[98]王玉樑．价值哲学新探[M]．西安：陕西人民教育出版社，1995.
[99]王坤庆．教育哲学新编[M]．武汉：华中师范大学，2010.
[100]吴也显．教学论新编[M]．北京：教育科学出版社，1991.
[101]吴刚平．校本课程开发[M]．成都：四川教育出版社，2002.
[102]王春燕，等．幼儿园课程论[M]．杭州：浙江工商大学出版社，2018.
[103]王春燕．幼儿园课程概论[M]．北京：高等教育出版社，2007.
[104]王春燕．中国学前课程百年发展与变革的历史研究[M]．教育科学出版社，2004.
[105]王自勇．实用医药基础[M]．浙江：浙江大学出版社，2006.
[106]王春燕，等．幼儿园课程论[M]．北京：新时代出版社，2009.
[107]王相荣，等．幼儿教育政策与法规[M]．北京：新时代出版社，2008.
[108][美]沃兹沃思. 皮亚杰的认知发展理论[M]．武汉：华中师范大学出版社，1986.

[109][英]瓦尔·西蒙诺维兹，[英]彼得·皮尔斯. 人格的发展[M]. 唐蕴玉，译. 上海：上海社会科学院出版社，2006.
[110]吴俊申. 教育哲学大纲[M]. 台湾：商务印书馆，1935.
[111]王道俊. 教育学[M]. 北京：人民教育出版社，2016.
[112]王坚红. 学前教育评价：理论·方法·实践[M]. 北京：人民教育出版社，1994.
[113]王坚红. 学前教育评价[M]. 北京：高等教育出版社，2016.
[114]王丽新. 幼儿园课程、说课与评课[M]. 北京：北京理工大学出版社，2018.
[115]王志明，张慧和. 科学·大班[M]. 南京：南京师范大学出版社，2000.
[116]王善安. 学前教育课程基础[M]. 重庆：西南师范大学出版社，2018.
[117]许卓娅. 幼儿园课程理论与实践[M]. 南京：南京师范大学出版社，2002.
[118]袁振国. 当代教育学[M]. 北京：教育科学出版社，2004.
[119]虞永平. 学前课程价值论[M]. 南京：江苏教育出版社，2002.
[120]虞永平. 学前教育学[M]. 苏州：苏州大学出版社，2001.
[121]杨晓萍，王善安，郭光亮. 学前教育课程基础[M]. 重庆：西南师范大学出版社，2018.
[122]张华. 课程与教学论[M]. 上海：上海教育出版社，2000.
[123]钟启泉，崔允漷. 新课程的理念与创新——师范生读本[M]. 北京：高等教育出版社，2003.
[124]邹进. 现代德国文化教育学[M]. 太原：山西教育出版社，1992.
[125]中国学前教育研究会. 中华人民共和国幼儿教育重要文献汇编[M]. 北京：北京师范大学出版社，1999.
[126]张宗麟. 张宗麟幼儿教育论集[M]. 长沙：湖南少年儿童出版社，1985.
[127]中国学前教育史编写组. 中国学前教育史资料选[M]. 北京：人民教育出版社，1990.
[128]祝士媛，唐淑. 幼儿教育百科辞典[Z]. 上海：上海教育出版社，1989.
[129]张雪门. 幼稚园的研究[M]. 北京：北新书局，1929.
[130]张雪门. 幼稚教育概论[M]. 上海：商务书馆，1931.

[131]周玉衡，范喜庆．学前教育史[M]．上海：复旦大学出版社，2009.
[132]朱家雄．中国视野下的学前教育[M]．上海：华东师范大学出版社，2007.
[133]中国学前教育研究会．百年中国幼教[M]．北京：教育科学出版社，2003.
[134]中国学前教育研究会．中华人民共和国幼儿教育重要文献汇编[M]．北京：北京师范大学出版社，1999.
[135]《中国教育年鉴》编辑部．中国教育年鉴(1949—1981)[M]．北京：中国大百科全书出版社，1984.
[136]朱家雄．幼儿园课程(第二版)[M]．上海：华东师范大学，2011.
[137]朱家雄，华爱华，李慰宜．基于师幼共同成长的幼儿园课程开发与实践[M]．北京：北京师范大学出版社，2019.
[138]周采，杨汉麟．外国学前教育史[M]．北京：北京师范大学出版社，2012.
[139]郑建成．学前教育学[M]．上海：复旦大学出版社，2007.
[140]张焕庭．西方资产阶级教育论著[M]．北京：人民教育出版社，1979.
[141]张晓辉，倪志明．幼儿园课程[M]．北京：北京师范大学出版社，2012.
[142]中华人民共和国教育部．国家教育事业发展十三五规划学习辅导读本[M]．北京：教育科学出版社，2017.
[143]张晓焱．幼儿园管理[M]．北京：航空工业出版社，2014.

学位论文类

[1]蔡慧多．幼儿园隐性课程资源开发研究[D]．沈阳：沈阳大学，2018.
[2]常凡．河南省幼儿园区域活动现状的调查研究[D]．开封：河南大学，2019.
[3]韩曜阳．课程统整视阈下幼儿园主题活动设计与实施的行动研究[D]．重庆：西南大学，2018.
[4]李艳霞．幼儿园预设课程与生成课程的整合研究[D]．呼和浩特：内蒙古师范大学，2010.

期刊论文类

[1]秦元东．区域活动与集体活动关系的形态分析与演变趋势——兼论我国幼儿园课程观的过去、现在、与未来[J]．幼儿教育，(教育科学)，2008(07)：

26-29.
[2]唐西迟．幼儿园主题式课程改革[J]．小学教育科研论坛，2003(09)：74-75.
[3]马秀珍．幼儿主题活动的有效开发实施策略[J]．华夏教师，2020(08)：44-45.
[4]李素梅．游戏课程：学前教育课程改革新视角[J]．学前教育研究，2005(03)：15-17.
[5]陈鑫，安燕．新时代背景下课程游戏化与游戏课程化探析[J]．开封教育学院学报，2018，38(12)：231-232.
[6]张钡．学前儿童游戏活动的特点[J]．文教资料，2008(08)：156-157.
[7]丁海东．游戏的教育价值及其在幼儿园课程中的实现路径[J]．学前教育研究，2006(12)：32-34.
[8]孟莎莎．幼儿园游戏教育课程的实践探究[J]．现代交际，2018(20)：133-134.
[9]巫叶芳．初探幼儿游戏活动评价的有效性[J]．课程教育研究，2020(12)：231-232.
[10]虞永平．试论园本课程的建设[J]．早期教育，2001(08)：1-3.
[11]陈时见，严仲连．论幼儿园的园本课程开发[J]．学前教育研究，2001(02)：27.
[12]王春燕．中国学前课程百年发展与变革的历史研究[M]．教育科学出版社，2004：144.
[13]袁爱玲．冷静思考园本课程的热潮[J]．学前教育研究，2002(04)：5-6.
[14]靳美玲，但菲．幼儿园园本课程案例分析[J]．小学科学·教师，2012(02)：1-3.
[15]袁圆．解析“园本课程”[J]．教育与教学研究，2010，24(08)：135-137.
[16]冯晓霞．生成课程与预设课程[J]．早期教育，2001(08)：2.
[17]虞永平．试论园本课程的建设[J]．早期教育，2001(08)：1-3.
[18]杨娟．瑞吉欧方案教学对我国幼儿园课程生成的启示[J]．基础教育研究，2011(24)：55-56.
[19]Elizabeth Jones，John Nimmo. Emergent Curriculum，National Association for the

Education of Young Children, Washington, DC, 1994, pp. 125-127.
[20]赵文平. 生成性课程开发的理念与策略[J]. 教育科学论坛, 2007(09): 12-14.
[21]杨晓萍. 基于建构主义学习理论的幼儿园课程设计[J]. 山东教育科研, 2002(02): 25-27+35.
[22]宋彩琴. 对幼儿园隐性课程建设研究[J]. 当代教研论丛, 2015(03): 133-134.
[23]徐亚康. 隐性课程的开发与实施[J]. 贵州教育, 2004(03): 27-28.
[24]邹妍, 赫艳. 浅析幼儿园隐性课程的开发与利用[J]. 中国校外教育, 2013(30): 146.
[25]崔青华, 张丽霞. 杜威学前教育思想探析[J]. 河北学刊, 2011, 31(05): 252-254.
[26]王慧. 试论维果茨基"最近发展区"理论的现代教学启示[J]. 井冈山学院学报, 2006(04): 118-120.
[27]帅飞飞, 李臣之. 米德符号互动理论的教学意蕴[J]. 教育理论与实践, 2017, 37(07): 61-64.
[28]陈鹤琴. 现今幼稚教育之弊病[J]. 新教育, 1924(02).
[29]黄甫全. 大课程论初探[J]. 课程·教材·教法, 2000(05): 1-7.
[30]崔允漷. 课程与教学[J]. 华东师范大学学报(教育科学版), 1997(01): 54-60.
[31]杨敏, 田景正. 中国学前教育课程发展历程分析及其启示[J]. 学前教育研究, 2012(11): 56-59.
[32]马凤歧. 教育价值的理论问题[J]. 北京师范大学学报(社科版), 1994(06): 35-42.
[33]孙文云, 黄甫全. 新技术在艺术型研究中的应用与开发[J]. 高教探索, 2018(09): 17-22.
[34]高文. 试论课程与教学的一体化研究[J]. 外国教育资料, 1996(06): 13-17.
[35]施良方. 试论北美教学理论的形成与发展: 兼论教学理论与学习理论[J]. 教育研究, 1993(01): 53-60.

[36]刘启迪．课程理论发展与实践进展[J]．课程·教材·教法，2006(10)：3-9.
[37]石筠韬．我国学前教育价值取向探微[J]．学前教育研究，1997(06)：9-11.
[38]梁慧娟．改革开放40年我国学前教育事业发展的回望与前瞻[J]．学前教育研究，2019(01)：9-21.
[39]甘剑梅．学前儿童社会教育的内涵、性质与课程地位[J]．学前教育研究，2011(01)：53-59.
[40]李天顺．在《3—6岁儿童学习与发展指南》培训班上的讲话[J]．学前教育研究，2012(12)：4-7.
[41]孟宁．在《3—6岁儿童学习与发展指南》国家培训者培训班上的讲话[J]．学前教育研究，2012(12)：8-9.
[42]陈小慧，杨日飞．"幼儿为本"：新《幼儿园工作规程》的核心理念[J]．现代教育论丛，2017(03)：37-43.
[43]谢哲．2016年版《幼儿园工作规程》的主要特点和作用展望[J]．陕西学前师范学院学报，2016，32(07)：113-116.
[44]王媛．改革开放40年我国学前教育事业的发展与改革[J]．甘肃高师学报，2019，24(04)：85-89.
[45]高书国．建设教育强国需补学前六大短板[J]．中国农村教育，2018(11)：120-121.
[46]陈佑清．论教育的知识本位倾向[J]．湖北大学学报(哲学社会科学版)，1998(03)：76-81.
[47]唐小丹．罗杰斯教学理论对数学教学的启示[J]．贵州民族大学学报(哲学社会科学版)，2013(01)：178-180.
[48]陈浩姗．关于幼儿园教学特点及教学方法创新策略的探讨[J]．才智，2017(07)：137.
[49]杜存彬．观察在教学活动中的作用[J]．宁夏教育，2014(09)：32-33.
[50]夏靖．轶事记录法在幼儿评价中的应用[J]．学前教育研究，2003(Z1)：50-52.
[51]施良方．西方课程探究范式评析[J]．华东师范大学学报(教育科学版)，

1994(03)：27-33.

[52]汪霞．课程开发的过程模式及其评价[J]．外国教育研究，2003(04)：60-64.

[53]范敏．斯滕豪斯对课程开发“过程模式”的诠释[J]．国外教育研究，2017(06)：108-117.

[54]万立正．一种新兴的课程编制模式[J]．上海教育科研，1992(01)：56-59.

[55]张华．“实践的课程范式”及其应用[J]．国外教育资料，1998(05)：26-31.

[56]史学正．施瓦布的课程理论述评[J]．外国教育研究，2005(01)：68-70.

[57]黄志成．弗莱雷解放教育课程建构论述评[J]．全球教育展望，2003(02)：58-61.

[58]王保星．从“课程开发”到“课程理解”：美国课程范式转型的历史诠释[J]．河南大学学报(社会科学版)，2016(03)：1-6.

[59]虞永平，彭俊英．对我国幼儿园课程评价现状的分析和建议[J]．人民教育，2003(11)：23-24.

[60]虞永平．幼儿园教学活动的评价[J]．早教教育，2005(02).

[61]石丽娟，刘勇．20 世纪 80 年代以来我国学前课程改革研究[J]．保定师范专科学校学报，2004，17(03)：80-85.

[62]裘指挥．来自瑞吉欧理念的思考——关系和谐中建构幼儿教育[J]．学前教育研究，2003.

网络引用类

[1]教育部．修订《幼儿园工作规程》答记者问[EB/OL]．中华人民共和国教育部 2016[2020-4-23]．http：//www.moe.gov.cn/jyb_xwfb/s271/201603/t20160301_231286.html.

[2]教育部．教育部等四部门关于实施第三期学前教育行动计划的意见[EB/OL]．国务院妇女儿童工作委员会．2017[2020-4-17]．http：//www.nwccw.gov.cn/2017-05/17/content_156511.htm.

[3]评价定义．教育评价[J/OL]百度百科[2020]．https：//baike.baidu.com/item/%E6%95%99%E8%82%B2%E8%AF%84%E4%BB%B7/2944791？fr=aladdin.